Iris Hermann

Raum - Körper - Schrift

Mythopoetische Verfahrensweisen in der Prosa
Else Lasker-Schülers

Iris Hermann

Raum - Körper - Schrift

Mythopoetische Verfahrensweisen in der Prosa Else Lasker-Schülers

LITERATURWISSENSCHAFT

Für Günter und Günter

Iris Hermann
Raum – Körper – Schrift: mythopoetische Verfahrensweisen in der Prosa Else Lasker-Schülers.
Zugel. Diss., Bielefeld 1996

1. Auflage 2009 | ISBN: 978-3-86815- 503-7
© IGEL Verlag Literatur & Wissenschaft, Hamburg, www.igelverlag.com
Alle Rechte vorbehalten.
Igel Verlag Literatur & Wissenschaft ist ein Imprint der Diplomica Verlagsgruppe
Herrmmanstal 119 k, 22119 Hamburg
Printed in Germany

Die Deutsche Bibliothek verzeichnet diesen Titel in der Deutschen Nationalbibliografie.
Bibliografische Daten sind unter http://dnb.d-nb.de verfügbar.

Dank

Diese Arbeit wäre ohne die Hilfe anderer nicht entstanden.
Meinem Doktorvater Rolf Grimminger danke ich für die jahrelange Unterstützung, Ermutigung und Herausforderung, die auch in schwierigen Zeiten nie aufhörte. Von den zahlreichen Gesprächen mit ihm und den grundlegenden Diskussionen in seinen Seminaren und Kolloquien über die Literatur der klassischen Moderne hat diese Arbeit sehr profitiert. Rolf Grimminger gab u.a. den entscheidenden Hinweis, auf die mythischen Strukturen im Werk Else Lasker-Schülers zu achten. Werner Kummer danke ich für sein Interesse, das schon dem kleinen Vortrag galt, der diese Arbeit einmal war. Martina Stange verdanke ich viele Anregungen, lebendige Diskussionen und viel Stärkung im Produktionsprozeß. Philosophischen Rat gab mir Andrea Rödig, der ich auch für so vieles mehr danke.
Über die unmittelbar in der Endphase dieser Arbeit erfahrene Hilfe habe ich mich besonders gefreut: Frank Terpoorten hat kompetent dafür gesorgt, daß der Text eine äußere Gestalt bekam, ihm danke ich auch für sein großes Engagement in gemeinsamen Seminaren. Ulrike Kreutz hat wunderbar "mitgelesen", Carla Zoogbaum am "letzten" Tag eine wohltuende Ruhe bewahrt. Meine Freundinnen und Freunde haben an mich geglaubt, als mir selbst das schwer fiel, und sie waren einfach da. In letzter Zeit nahm Johannes Vetter in täglichen Ermutigungen ebenso Anteil, wie Marcos Antonio da Costa Mélo, der so vieles versteht. Für ihre besondere und besonders notwendige Hilfe danke ich neben Sylvia Liem vor allem Martin Schöndienst.
Wirklich danken kann ich denen nicht, die mich über lange Wegstrecken begleitet haben, aber ich möchte es etwas unbeholfen dennoch tun: Meinen Eltern Marianne und Günter Hermann für ihre nie nachlassende Unterstützung und Heidrun Hermann für ihre schwesterliche Solidarität.
Günter Iben danke ich für alles Unsagbare und manchmal auch kaum Glaubliche.

Bielefeld, im Dezember 1996
Iris Hermann

Inhalt

1. Einleitung 8
   Exkurs: Denken des Mythos - mythisches Denken bei
   Nietzsche, Klages und Cassirer 13
   Zum Mythosbegriff bei Nietzsche, Klages und Cassirer 13
   Kritik am Wahrheitsbegriff und Wissenschaftskritik 15
   Kunst und Mythos 17
   Ich und Welt im Mythos 20
2. Raum 23
   2.1 Raumfragen 23
   2.2 Raumbilder: Steinerne Imaginationen 30
   2.3 Raum und Psyche: das Raumgefühl 41
       Seelische Geographie 42
       Traumsymbolik 49
       Begehren als Suchbewegung 51
       Räume werden fragwürdig: Psychische Raummetamorphosen 53
   2.4 Gott steckt im Detail: Räume als Kosmos, Mythos und Utopie 56
       Paradies 56
       Kosmos 58
       Leere Räume 60
       Raum für die Kunst: das Café 67
   2.5 Die Ästhetik der Raumentwürfe und das Weltverhältnis in
       der Prosa Else Lasker-Schülers 69
       Die Flexibilität der Räume 69
       Wandern und Reisen 69
       Nächstes und Fernstes 73
       Innen- und Außenwelt 75
3. Körper 88
   3.1 Überlegungen zu Körper und Leib 88
       Exkurs: Von der Sinnlichkeit im Schreiben Nietzsches 93
   3.2 Körperbilder und Körpervorstellungen 96
       Pars pro toto: Auge, Hand, Blut, Herz 96
       Haut, Umhüllung 110
       Körper außer sich 115
       Kosmos und Chaos 120
   3.3 Leibspüren 124
       Élan vital 125
       Sexualität 128
       Gewalt 140

Pogrom	147
3.4 Körpermetamorphosen oder die Welt als Leib	150
Tanz	152
Körper und Weltverhältnis	158
4. Schrift	**164**
4.1 Sprache, Schrift, Kunst und Mythos	164
4.2 Schreibwege	175
Schreibinitiationen	175
Traumschriften	179
Schlachtengesänge	183
Bilderbriefe	187
Tödliches Spiel	194
4.3 Schrift und Mythos	196
Mythisches „Als-Ob"	196
Das „Gelobte Land" ist ein Buch	200
4.4 Schrift und Körper	206
Tätowierungen	206
Oralität und Literalität	211
4.5 Spiegelungen	217
5. Momentaufnahme	**231**
Literaturverzeichnis	236

1. Einleitung

Es geht um wenig und es geht um viel.

Das Wenige ist, daß hier der Blick sich fast ausschließlich auf Bilder richtet, Bilder in der Sprache. Viel ist, daß die Bilder, die Bilder in der Prosa Else Lasker-Schülers, das „Alles" ihrer Sprache sind. Das folgende Zitat ist sehr bekannt und oft wurde es zitiert, und doch muß man es noch einmal hervorholen:

„Ich sehe also aus dem Bilde das Leben an, was nehm ich ernster von beiden? Beides. Ich sterbe am Leben und atme im Bilde wieder auf."[1]

Die Welt erschließt sich über Bilder, sie ist in ihnen aufbewahrt. Die Bilder verscheuchen den Tod, sie beleben (wieder).

Was ein Bild genau ist, ist dabei kaum eindeutig zu bestimmen, aber es gilt, daß man für das Bild „äußere" und „innere" Augen braucht, denn: *„Was sich im Auge spiegelt, sind Bilder."*[2]

Anders formuliert ist das Bild *„Eindruck der äußeren Erfahrung, der sich in die Oberfläche des Bewußtseins einprägt, auf ihr abmalt oder von ihr widergespiegelt wird."*[3]

Erfahrung ist aber auch innere (oder sie wird dazu, denn sonst wäre sie keine) und auch als innere teilt sie sich in Bildern mit. Träume sind Bilder. Gerade in den Träumen, vor allem aber im Sprechen über sie, wird deutlich, daß sich Bild und Sprache in einem Wechselverhältnis befinden.[4] Ein stummes Bild kann man zum Sprechen zu bringen, und auch Sprache ist mitunter schweigsam und das Erforschen der ihr zugrundeliegenden zentralen Bilder kann ihren Redefluß wieder in Gang setzen.

Beides soll hier wechselwirkend geschehen: in der Analyse und in der Beschreibung, und nicht immer geht die anscheinend oberflächlichere Beschreibung der Analyse (als vermeintliche Tiefenbehandlung) voraus.

Noch einmal zurück zum Bild. Bilder werden nicht nur erlitten (auf- und eingeprägt), sie werden gemacht, sicher sind sie „Machwerke".

„Bilder sind Taten der Augen, und mit einem Bilde ist nicht alles gesagt, aber ein Gedanke täuscht stets vor, er habe die ganze Kette erschöpft, und lähmt."[5]

Bilder werden erkannt, sie sind das Wahrgenommene, die Funktion der Wahrnehmung. Hier genau schließt die zentrale Frage an, die ich im folgen-

---

1   Else Lasker-Schüler, Mein Herz, Bd. 2, S. 73.
2   Jürgen Blasius, Einleitung zu Volker Bohn (Hg.), Bildlichkeit, Frankfurt a.M. 1990, S. 7.
3   W. J. T. Mitchell, Was ist ein Bild, in: Volker Bohn (Hg.), Bildlichkeit, S. 55.
4   Vgl. a.a.O., S. 58.
5   Carl Einstein, Bebuquin, Stuttgart 1985, S. 36.

den stelle und die allem, was sich entwickelt, als stets präsente zugrunde liegen soll: Wie ist die Ästhetik der Prosa Else Lasker-Schülers zu beschreiben? Anders (und doch genau so): Was nehmen ihre Texte wahr, in dem doppelten Sinne von Wahrnehmung: im sinnlichen Erfahren der Welt und im Aufnehmen von etwas „Wahrem"? Wie geschieht das? Letztlich: Was macht die Ästhetik der Prosa Else Lasker-Schülers aus als besondere?

Bilder aber, die das Wahrgenommene aufbewahren, weil sie aus ihm die Zeit fortgenommen haben, sind das, was erscheint, Erscheinungen (in der Kunst): Phänomene.

Ein Phänomen ist „*etwas, was sich von sich her zeigt*" und

„*Alles was in der Welt erkannt werden kann, erweist sich dadurch als ein Phänomen [...], daß es in dem Welthorizont, in den es gehört, sich selbst und seine Weltbezüge zur Darstellung bringt. Phänomen-Sein heißt nichts anderes als Sich-Darstellen. Darstellung ist der allgemeine Titel für die Phänomenalität der Phänomene.*"[6]

Das Phänomenale von Darstellung ist aber, daß sie sich generell der Eindeutigkeit entzieht. Was erscheint, ist nicht so unproblematisch „aufgetaucht", wie es den Anschein haben könnte. Es verbirgt sich zugleich in dem, als was es erscheint. Seine Darstellung ist zugleich sein Verbergen.[7] Vieldeutigkeit ist den Phänomenen wie konstituierend beigegeben:

„*Die Vieldeutigkeit, die Brechung des Lichts, der perspektivische Charakter, können vor dem Sich-Zeigen der Phänomene nicht derart abgestreift werden, daß zuletzt das reine, ungebrochene Sein dessen, was im Phänomen zum Vorschein kommt, also die Idee im Sinne Platons, übrigbleibt.[...] Wir stellen nur fest, daß die unendliche Skala von Trübung, Verfälschung, Spiegelung und Trug, die wir durch die Worte „Sich-Zeigen", „Erscheinung", „Schein" bezeichnen, zum Phänomen als dessen Aura hinzugehört. Es gibt keinen Schnitt, durch den wir die Stelle bezeichnen könnten, wo die Wahrheit aufhört und der Trug beginnt.*"[8]

Wenn man die Vieldeutigkeit der Phänomene zu Ende denkt, bedeutet das, daß in dem, was aufscheint in der Kunst, sein (vorgestelltes) Gegenteil, sein eigentlich gut Verborgenes, immer mitschwingt und mitunter so als ob ein Schleier sich lüftet und bald darauf wieder alles verhüllt, im Augenblick einer Epiphanie (im Sinne von Joyce und Hofmannsthal) zum Vorschein kommt. Kunst ist das Spiel als paradoxes. Wenn Phänomene das Andere ihres Aufscheinens zulassen, dissoziieren sie es nicht, sie „denken" es mit und lassen sich nicht auf eine Substanz, nicht auf ein Objekt, nicht auf ein „Ding an sich" reduzieren und von der Vielfältigkeit an Anschlußstellen, die es bedeutet, isolieren. Gerade aber das Hinüberreichen zu ihrem zunächst Gegensätzlichen

---

6   Georg Picht, Kunst und Mythos, Vorlesungen und Schriften, Stuttgart 1993, S. 156.
7   Vgl. a.a.O., S. 164.
8   A.a.O., S. 203.

bildet eine Aura, die das Phänomen charakterisiert als eines, das „in der Welt" sich befindet. Und das bedeutet viel, denn *„in der Weise, wie wir Phänomene der Anschauung zu Gesicht bekommen, stellt sich unser Verhältnis zur Welt im Ganzen dar."*[9]

Wenn Phänomene, Bilder, das sind, was in Blick genommen werden soll, dann stellt sich das Problem, wie das adäquat, auf der Grundlage der hier skizzierten Diskussion um die Phänomenalität der Kunst, geschehen kann. Wie geht man mit Phänomenen um: phänomenologisch? Wie gehe ich mit den Bildern in der Prosa Else Lasker-Schülers um?

Phänomenologisch vorzugehen (und Hegel, Husserl und Heidegger „stünden bereit") heißt aber, unter dem Primat des Logos die Phänomene der Kunst zu betrachten.[10] Das jedoch würde kausallogische Begrifflichkeiten in der Rede über die Kunst privilegieren, die aber in ihren Phänomenen oft ganz andere Verknüpfungsmuster aufweist, z.B. solche, die der Ähnlichkeit der Bilder unabhängig von ihrem Gehalt an Ideen, metaphorisch und metonymisch (Verdichten ist auch Verschieben und umgekehrt) verbindende Relevanz zuspricht. Zu den Phänomenen „zurückkehren" heißt, daß man generell nichts ausschließt, sondern eine Perspektive wählt, die es gestattet, die in Blick genommenen Bilder „scharf" zu sehen. Es geht darum, Kunst als Kunst betrachten zu können. Das kann nur gelingen, wenn sich die Sprache, in der das geschieht, ihrem Gegenstand anzuähnlen vermag. Eine solche Sprache vermeidet das metaphorische Sprechen nicht, im Gegenteil, es wird, im Aufscheinenlassen der Phänomene, ihnen ähnliche Bilderwelten hervorrufen, die die betrachteten Phänomene ins (rechte) Licht setzen und die Vielfalt der Anschlußstellen zu anderen Bildern deutlich hervortreten lassen. Solche Anähnelungsprozesse agieren „immanent" und sie wollen das auch. In einem weiteren notwendigen Schritt sollen aber über den vom Text vorgegebenen Horizont

---

9 A.a.O., S. 334.
10 „Nun verweist aber das Wort „Phänomenologie" nicht nur auf das Erscheinen der Phänomene, es impliziert zugleich das noch nicht ausgewiesene Vorurteil, der Logos sei die Form der Erkenntnis, in der die Wahrheit der Phänomene aufgedeckt wird. Das ist seit Aristoteles die Grundüberzeugung der Metaphysik. Deshalb beruht Hegels „Phänomenologie des Geistes" auf der metaphysischen Setzung, daß in den Phänomenen selbst als ihre Phänomenalität das Wesen des Logos, und daß umgekehrt in der Selbstentfaltung der immanenten Strukturen des Logos die Phänomenalität der Phänomene zur Erscheinung kommt. Reduziert man, wie dies ebenfalls Hegel getan hat, die Strukturen des Logos auf die Subjektivität, so wird die Phänomenologie des Geistes zu einer Metaphysik der absoluten Subjektivität. Die späteren historischen Ausprägungen der Idee einer „Phänomenologie" sind dieser Gefahr nicht entgangen. Auch bei Husserl führt die phänomenologische Reduktion, trotz der Parole: „zu den Sachen selbst", schließlich auf das cartesische ego cogito zurück. Und selbst beim Heidegger von „Sein und Zeit" ist die Vorherrschaft des Logos über die Phänomene, die in ihm aufgedeckt werden, unverkennbar." (Georg Picht, Kunst und Mythos, S. 129).

hinaus Anknüpfungsstellen geschaffen werden. Bilder aus anderen Kontexten können hier jenen zusätzlichen Kommentar bedeuten, der den Stellenwert der Phänomene zu verorten vermag, ihr So-Sein, ihr Anderssein. Ein enger Kontakt zum Phänomen muß nicht ohne Theorie auskommen und wird es auch hier nicht tun. Wo aber in einem ersten Schritt die Annäherung an das Bild geschieht, entstehen „kleine" Kommentare, bescheidene Beobachtungen auf dem Grat zwischen Banalität und Geistesblitz. Wenn das gut ausgeht, dann ist der Blick auf Phänomenalität jene von Goethe so bezeichnete *„zarte Empirie, die sich mit dem Gegenstand identisch macht und dadurch zur eigentlichen Theorie wird."*[11]

Nichts auszuschließen heißt auch, in den Phänomenen der Kunst Erfahrungen zu entdecken, die in zunächst anderen Bereichen der Darstellung entstanden sind und in die Kunst Eingang gefunden haben. Was Rilke in seinem Gedicht *Das Einhorn* an den Schluß setzt, ist wie ein Kommentar zur Bilderwelt Else Lasker-Schülers (und auch der Jahrhundertwende und der klassischen Moderne) zu lesen:

„Doch seine Blicke, die kein Ding begrenzte,
warf sich Bilder in den Raum
und schlossen einen blauen Sagenkreis."[12]

Zwei Bewegungen sind hier eingefangen: zum einen ein Überschreiten des Blicks, der dazu führt, daß überhaupt Bilder entstehen; zum anderen das Anordnen der Bilder innerhalb eines weiten Horizontes, der als *„blauer Sagenkreis"* Romantik und Mythos umfaßt. Beide Bewegungen aber, die der Transgression und die des Zurückgehens auf ältere literarische und vor allem archaische/mythische Traditionen sind für die Kunst der klassischen Moderne und auch für das Werk Else Lasker-Schülers kennzeichnend. Eine Kunst der Transgression überschreitet Konventionen und Tabus sehr oft in der hier als „Zurückgehen" auf Archaisches bezeichneten Richtung, und so präsentiert sich die Kunst der klassischen Moderne in vielerlei Hinsicht als eine gleichermaßen respektlose und selbstreflexiv regressive Verbindung von Kunst und Mythos:

„In allen Künsten, in der Malerei und Plastik wie in der Musik und der Dichtung steigen im 20. Jahrhundert fontänengleich uralte und längst vergessene mythische Bilder und archetypische Konfigurationen auf. Die auf der äußersten Ebene neuzeitlicher Intellektualität durchgeführte Analyse der formalen Grundelemente künstlerischer Gebilde fördert [...] inhaltliche Implikationen scheinbar abstrakter Formgesetze

---

11 Johann Wolfgang von Goethe, Wilhelm Meisters Wanderjahre, in: Ders., Werke, Berliner Ausgabe, Bd. 11, Berlin 1984, S. 318.
12 Rainer Maria Rilke, Das Einhorn, Neue Gedichte, in: Ders., Die Gedichte, Frankfurt a.M. 1993, S. 453.

zu Tage, von denen das moderne Bewußtsein nichts ahnt. Je schärfer die Formanalyse durchgeführt wurde, desto elementarer vollzog sich der Durchbruch in die verdrängten Schichten mythischen Bewußtseins. Je abstrakter man vorging, desto dichter wurde die Magie."[13]

Was Georg Picht in Bildern des Hervorschießens beschreibt, ist auch anders zu denken. Mythisches stellt sich nicht unbedingt einfach dort ein, wo Kunst auf ihre eigenen Gesetze rekurriert, sondern wird unter Umständen als ästhetisierendes Mittel bewußt und sehr kalkuliert eingesetzt. Und: Auch mit dem Potential eines unbewußt Vorhandenen läßt sich „rechnen".

In diesem Zusammenhang ist zu sehen, wenn ich das Perspektiv, das ich auf die Prosatexte Else Lasker-Schülers gerichtet habe, mythopoetisch nenne. Mythopoetisch heißt zum einen, daß die Kunst sich auch neue mythische Strukturen zu geben in der Lage ist (als Mythopoiesis) und es weist zum anderen darauf hin, daß Mythos und Kunst zusammen aufgefunden werden können.

Was aber heißt Mythos?

Wenn Christoph Jamme bemerkt, daß das Nachdenken über Mythos so sei, als hätte man gar keinen Reflexionsgegenstand[14], dann ist genau das Gegenteil der Fall. Mythos macht alles zu seinem Thema und als Ausweg bleibt nur die Verständigung darüber, was denn unter Mythos begriffen werden kann. Ich will Mythos hier verstehen als eine Form der poetischen Rede, in der Dinge und Figuren, Sinnliches und Abstraktes, „übersinnlicht" und in Zeiten und Räumen plaziert werden, die über „real" verfügbare mitunter weit hinausreichen. „Übersinnlich" ist bewußt ambivalent gebraucht. Es meint auf der einen Seite eine Form der Sinnlichkeit, die mit „übersinnlich" eine verstärkte, mehr als sinnliche Sinnlichkeit meint (ein notwendigerweise paradoxer Zusammenhang) und auf der anderen Seite die Abstrahierung von sinnlichen Phänomenen überhaupt. Diese Definition soll es zulassen, über Mythisches als eine Form der poetischen Ästhetisierung zu sprechen. Der Blick auf Mythisches (der eher ein- als ausschließt) soll ins Herz einer Poetik vordringen, die Realismus, mit den Worten Batailles, *„für einen Irrtum hält"*[15], oder, mit den Worten Todorovs, *„nicht mehr an eine unveränderte äußere Realität [zu] glauben"* vermag und *„ebensowenig an eine Literatur, die die Transkription dieser Realität wäre."*[16]

---

13 Georg Picht, Kunst und Mythos, S. 370.
14 Vgl. Christoph Jamme, „Gott an hat ein Gewand", Grenzen und Perspektiven philosophischer Mythos-Theorien der Gegenwart, Frankfurt a.M. 1991, S. 21.
15 Georges Bataille, Das Unmögliche, Frankfurt a.M. 1994, Vorwort zur zweiten Ausgabe, S. 7.
16 Tzvetan Todorov, Einführung in die fantastische Literatur, Frankfurt a.M. 1992, S. 150.

Gerade der Bezug auf Todorov macht deutlich, daß sich Mythisches hier nicht immer trennscharf vom Phantastischen abgrenzt und das auch nicht muß. Der Welterklärungscharakter ist sicher etwas, was das Mythische vom Phantastischen grundsätzlich unterscheidet, aber nicht in jedem mythischen Element ist dieser umfassende Erklärungscharakter vorhanden.

Bei aller Flexibilität und Elastizität des Mythosbegriffs, der auch eher ein Bild vom Mythischen entwirft als tatsächlich eine Begrifflichkeit, ist das Gesagte doch auch in anderer Hinsicht zu strukturieren dort, wo nicht zu übersehen ist, daß das Werk Else Lasker-Schülers mit seinem Beginn um die Jahrhundertwende in diesem Zeitraum in einen machtvollen mythischen Diskurs eingebettet ist, der früher schon mit Friedrich Nietzsche[17] einsetzt, von Ludwig Klages[18] als seinem esoterischen Rezipienten fortgesetzt wird und im Neukantianer Ernst Cassirer[19] einen vorläufigen Abschluß findet (natürlich reicht die Diskussion um Mythisches und Mythos weiter, aber dann kann man diese Diskussion nicht mehr als Parallelaktion zum Werk Else Lasker-Schülers begreifen). Im folgenden sollen als Exkurs grundlegende Positionen dieses Denkens des Mythos (das schließt mythisches Denken mit ein) nachgezeichnet werden.

Exkurs: Denken des Mythos - mythisches Denken bei Nietzsche, Klages und Cassirer

Zum Mythosbegriff bei Nietzsche, Klages und Cassirer

Nietzsche und Klages scheint der Begriff des Mythos nicht allzu sehr zu interessieren, sie reden oftmals viel eher selbst „mythisch", als in einer Metasprache über den Mythos. Wo es dennoch geschieht, betont Nietzsche die Bildhaftigkeit, den Erklärungscharakter, den Primat des Wunderbaren. Klages hingegen, und dabei beruft er sich auf Nietzsches *Zarathustra*, hebt die grundsätzliche Verwandlungsfähigkeit des Mythischen hervor, mithin eine Eigenschaft, aber damit liefert er keinerlei Definition des Mythos. Klages und Nietzsche

---

17 Für Nietzsches Positionen sind vor allem zu nennen: Die Geburt der Tragödie, in: Ders., Sämtliche Werke, Kritische Studienausgabe, hg. v. Giorgio Colli und Mazzino Montinari, Bd.1, Also sprach Zarathustra, Bd. 4, Zur Genealogie der Moral, Bd. 5, Über Wahrheit und Lüge im außermoralischen Sinne, Bd. 1, München 1993.
18 Ludwig Klages, Der Geist als Widersacher der Seele, Bonn 1981.
19 Ernst Cassirer, Philosophie der symbolischen Formen, Bd. 2, Zweiter Teil, Das mythische Denken, Darmstadt 1987; Cassirer, Wesen des Symbolbegriffs, Darmstadt 1983.

formulieren keine Mythos-Theorie, aber beide entwerfen sie in ihren Texten ein Verhältnis zur Welt, das eminent mythische Züge trägt.

Cassirer, der sich vom Mythos mit einem neukantianischen Gestus am deutlichsten zu distanzieren scheint, spricht von ihm auf der Metaebene der Definition am liebsten. Eine Theorie des Mythos ist sein ausgesprochenes Desiderat. Wie den anderen beiden, geht es auch ihm nicht um Details der mythischen Erzählungen, sondern um eine bestimmte Bewußtseinshaltung, um ein Selbstverständnis, ein spezifisches Weltverständnis, das sich im Mythischen ausdrückt. Mythos ist für ihn eine eigenständige Denkform, die genetisch dem rational-empirischen Denken zugrundeliegt, bzw. sich, wie in der abendländischen Zivilisation geschehen, zu ihm hin entwickelt. Auf der Gegenfolie des reinen Erkenntnisdenkens und orientiert an den Kantschen Kritiken, entfaltet er sein Verständnis des Mythischen als eine notwendige Realität, als reales Unbewußtes, wie er es in Anlehnung an Freud nennt, als ein Denken, das von Unmittelbarkeit und Sinnlichkeit (freilich nur in vermittelter Form) geprägt ist. Cassirer versucht das Mythische genauer zu bestimmen, indem er nach den Bedingungen des Auftauchens mythischer Formen fragt.[20] In welchen Formen taucht Mythisches auf, welche Strukturen bildet es, welche Verknüpfungsgesetze lassen sich erkennen? Seine Fragestellung bleibt bewußt immanent, grenzt sich ab von metaphysischen Erklärungsmustern (die Cassirer insbesondere bei Schelling erkennt) und ebenso von psychologischen (Vico: Mythos als Bann gegen die Urangst) und (sozial-)historischen. Er geht davon aus, daß Mythisches (und darin erweist es sich dem rational-empirischen Denken als durchaus verwandt) eine Vermittlerrolle übernimmt zwischen Innen- und Außenwelt, bzw. vorher dazu beiträgt, daß es zur Ausbildung eines Selbstbewußtseins (in der Innenwelt) und zu einem spezifischen Objektbewußtsein (in der Außenwelt) überhaupt erst kommt. Hat Cassirer damit aber nicht psychische Mechanismen beschrieben, für die Mythos verantwortlich zeichnen soll, also genau das getan, was er eigentlich nicht tun wollte?

Wie Nietzsche und Klages, so weist auch Cassirer darauf hin, daß diese mythische Vermittlung zwischen Innen- und Außenwelt sich in ästhetischen Akten vollzieht, oder, anders formuliert, daß Mythos als *„das vielleicht früheste und allgemeinste Erzeugnis ästhetischer Phantasie"*[21] zu gelten hat.

Die mittlere Welt, die als Mythos zwischen Innen- und Außenwelt tritt, ist eine Welt der Bilder und nimmt ihre Vermittlungsfunktion ähnlich wie die

---

20 Genau dies wird Foucault zu einer seiner Fragestrategien verwenden, auch er fragt nach den Bedingungen des Auftauchens. In diesem Punkt orientieren sich Cassirer und Foucault an Kant.
21 Ernst Cassirer, Philosophie der symbolischen Formen, Bd. 2, S. 30.

Sprache wahr. Beide, Sprache und Mythos, haben einen Verweisungscharakter, der jedoch die Spannung aushalten muß, daß Ding und Zeichen, Signifikat und Signifikant sich nie richtig „decken", weil eine elementare und dennoch fruchtbare Diskrepanz bestehen bleibt.

Während Cassirer das Eigenartige des Mythischen vor allem mit seinen spezifischen Funktionen beschreibt, lehnen es Klages und der Nietzsche des *Zara-thustra* ab, daß sich Mythos in irgendeiner Hinsicht als funktional erweisen muß. Mythos legitimiert sich für sie einzig und allein schon darin, daß er eine Gegenwelt zur rationalen Erkenntniswelt darstellt.

Der frühe Nietzsche der *Geburt der Tragödie* beschreibt seine Mechanik des Apollinischen und Dionysischen in erster Hinsicht als funktionales Spiel, das er psychologisch deutet. Das Apollinische wird so erklärt, daß es das Individuum vor der grausam ungebändigten Lust am Dasein, für die das Dionysische steht, schützt. Das Entsetzliche wird gebannt als schöner Schein, gespiegelt wird ihm von seiner unmittelbaren Schärfe viel genommen. Übergroßes Begehren, das die Vernichtung des Ich bedeuten könnte, reduziert sich auf ein erträgliches Maß.

Kritik am Wahrheitsbegriff und Wissenschaftskritik

Für Nietzsche, Klages und Cassirer bildet der Mythos eine Gegenwelt zum rationalen Erkenntnisdenken und damit auch zum wissenschaftlichen Denken. Da ist es nur folgerichtig, daß sich in mythischen Strukturen Wissenschaftskritik als ein wichtiges Merkmal erweist, zumindest wenn es um mythische Inszenierungen in der Moderne geht.

In seinem berühmten Text *Über Wahrheit und Lüge im außermoralischen Sinne* formuliert Nietzsche als eine Form der Wissenschaftskritik eine Kritik am Wahrheitsbegriff. Nietzsche verknüpft eine grundlegende Sprachskepsis mit dem Zweifel an der von Sprache „transportierten" Wahrheit. Deutlich weist er auf den relationalen Charakter von Wahrheit hin, denn Wahrheit sei immer eine von Menschen gemachte und deshalb nur relativ gültig. Wenn er in demselben Text die Grenze des kausalen Denkens aufzeigt, indem er das Bild eines resignierten „theoretischen Menschen" entwirft, dann wird das dort interessant, wo er die Resignation nicht als Endpunkt der abendländischen Entwicklung setzt, sondern an dieser Grenze eine Retterin auf den Plan ruft: Die Kunst kann aus dem Mangel der Sprache eine Tugend machen, alle Zweideutigkeit, die das kausale Denken untergräbt, verleiht ihr ihre notwendige vieldeutige Basis: Verstellung als ästhetisches Verfahren wird in der Kunst zum bereichernden Prinzip. Nicht anders als die Kunst, die dort in Erscheinung tritt, wo die Verzweiflung des theoretischen Menschen in Kunst umschlägt, setzt auch Mythos die Sprache in ihrer mangelnden Eindeutigkeit und Verstellungskunst als notwendige Basis für seine Inszenierungen ein, ja Kunst und Mythos sind auch in Nietzsches Text nicht zu trennen. Fügt Nietzsche in der *Geburt der Tragödie* in dieser Hinsicht kaum etwas hinzu, so setzt aber dann *Zarathustra* zum großen Rundumschlag an. Ihm ist nichts mehr heilig, was der abendländischen Kultur bis dato als heilige Kuh galt, sei es Vernunft, Ethik, Wahrheit, Metaphysik oder Religion. Maßstab ist für ihn kein alles überwölbender Tugendhimmel mehr, sondern zum Richtungsmesser ruft er die eigene, individuelle Vernunft aus, die sich danach richten soll, was dem Individuum guttut. Diese Rationalitätskritik versieht er mit wunderbar bissigen Bildern.

Klages Gestus ist noch radikaler als der Nietzsches, so weit das nach dem oben Gesagten überhaupt noch möglich ist. Radikaler heißt aber auch vereinfachender, er meint, die ganze Welt in seinem doch arg simplen Grundgegensatz von „Seele" und „Geist" unterbringen zu können. Davon abgesehen, knüpft er an den *Zarathustra* an, nicht an die Sprache, die bei aller streckenweisen Unzugänglichkeit sehr schöne Bilder entwirft, aber im rebellischen Gestus, und da ist er dann vielleicht auch am besten. Seine Rebellion richtet sich wie bei Nietzsche gegen ein naives Kausalitätsdenken, gegen ein allgemeines Sittengesetz, das er im Negativbegriff „Geist" zusammenfaßt. Längst nicht so ausgeklügelt wie bei Nietzsche ist seine Wissenschaftskritik, die sich mehr darauf beschränkt, auf das den Kosmos zerstörende Potential des Denkens hinzuweisen. Es ist eine Zivilisationskritik, die in manchen ihrer Aspekte erstaunlich neu und „grün" klingt. Wer die Natur zerstört, beraubt die Menschen aber nicht nur seiner Lebensgrundlage, sondern darüber hinaus (und das ist seine eigentliche -esoterische- Kritik) vernichtet er die Urbilder, die die Menschen für ihr „seelisches" (die Gegenfolie zum toten Geistleben ist das Leben der von Klages ungemein körperlich interpretierten „Seele") Leben unbedingt brauchen.

Auf der anderen Seite folgt er der Metaphysikkritik Nietzsches, wie sich in der Konstruktion dieses Dualismus ja auch schon andeutet, nicht. Klages hält an einer Form von Metaphysik fest, wenn er vehement und kontinuierlich „etwas Unsichtbares, etwas „Übersinnliches" einklagt.[22]

Ernst Cassirer formuliert keine deutliche Wissenschaftskritik. Er läßt aber auch keinen Zweifel daran, daß er Mythos für das primitivere Denken hält, das sich dann, nach bestimmten Zwischenschritten, zum rationalen Erkenntnisdenken fortentwickelt und das bei allen Defiziten den Höhepunkt der abendländischen Kulturentwicklung darstellt. Ohne Mythos gäbe es das Er-

---

22 Ludwig Klages, Der Geist als Widersacher der Seele, S. 1273.

kenntnisdenken nicht, so Cassirer, man muß ihn in seiner Eigenart gelten lassen, aber all das auf dem Hintergrund dessen, daß er als überwunden zu betrachten ist.

Kunst und Mythos

Kunst und Mythos bilden bei Nietzsche, Klages und Cassirer einen Zusammenhang. In der *Geburt der Tragödie* ist die Kunstentwicklung das explizite Thema. Nur vordergründig geht es Nietzsche hier um die griechische Tragödie und ihre geschichtliche Entwicklung. Die griechische Kultur ist die Folie, die der Altphilologe Nietzsche ausbreitet, um auf ihr sein Kunstverständnis, das bei ihm immer auch Weltverständnis ist, zu entfalten. Kernstück ist die Mechanik, in der Apollinisches und Dionysisches in einem ständig notwendigen Wechselspiel Kunst erschaffen. Während das Apollinische die bewußte Gestaltung, das Einzelne, das Geschehen, die Geschichte, die Ausdeutung meint (und als all das unentbehrlich ist), ist das Dionysische das kaum Benennbare, Dunkle, Grausige, die Verzückung, die Verschmelzung des Subjekts mit der Außenwelt, das ozeanische Gefühl und der Todestrieb zugleich. Mit Freuds Augen könnte man das Apollinische als das Bewußte, das Dionysische als die Sphäre des Unbewußten bezeichnen, doch gehen die beiden Prinzipien nicht darin auf (so redet Nietzsche vom Apollinischen als vom Traum). Diese Mechanik des Ästhetischen bedeutet für Nietzsche zugleich aber ein ganzes Weltverhältnis, rechtfertigt sich doch für ihn das Dasein allein als ästhetisches. Eingekleidet in zahlreiche Beispiele des antiken Griechenland, führt Nietzsche das hier Gesagte in mancherlei Varianten vor, ohne dem Dualismus apollinisch-dionysisch etwas hinzuzufügen. Für die von ihm entwickelten Kunstprinzipien wählt er die Namen griechischer Gottheiten, läßt sich von den ihnen zugeschriebenen Eigenheiten die Dramaturgie der Mechanik ausgestalten: Der Gott des Lichts und des schönen Scheins trifft auf Dionysos, der den Schrecken verkörpert und zugleich die grausame Lust, die mit ihm verbunden ist. Im Kampf der beiden Gegner erkennt man, daß sie sich brauchen, aufeinander nicht verzichten können, sie funktionieren nur als komplementäre Prinzipien. Mit dieser Vorgehensweise, Erkanntes mythisch zu benennen, in einem Mythos zu erzählen, führt Nietzsche genau das vor, was er inhaltlich vertritt: Es ist das Mythische, das, im Wechselspiel von Apollinischem und Dionysischem, am ehesten dazu geeignet ist, der Sehnsucht nach dem Ursprung, der Rückkehr zu einem „Ur-Einen" wie er es nennt, Ausdruck zu geben. Die Macht der Fiktion (und hier insbesondere die der mythischen) wird sehr hoch angesetzt: Mythos ist Kunst, Kunst ist Mythos und das Dasein ist ein ästhetisch zu betrachtendes. Das Leben findet sich (unentfremdet möchte man hinzusetzen) vor allem in der Kunst, die das Leibliche mit einschließt und gerade im Bild des Tanzes das Dionysische betont. So wie Nietzsche den Mythos gebraucht, weitet er ihn aus, macht ihn funktional. Sehr suggestiv beschreibt er seine lebensnotwendige Funktion, die Integration des Schreckens in die Lebenswelt, ohne den diese farb- und leblos bliebe. Er folgt damit der Urangstthese Vicos nur bedingt, der Schrecken soll schließlich nicht nur einfach gebannt, sondern bewußt kanalisiert, erträglich, produktiv gemacht werden. An dieser Stelle schlägt Nietzsche den Bogen zur modernen Kunst, indem er das Dionysische als die Dissonanz in der Musik (die ja ohnehin die dionysische Kunstgattung ist), das Inkommensu-rable in der Geschichte begreift. Das spezifisch Moderne drückt sich in diesem Unbegreiflichen aus, verführt zum Schauen, Hören und stößt auch ab. Hier muß das Apollinische, wenn auch als bewußte „Scheinlösung", vermitteln: Es ist der schöne Schein, immer wieder durchbrochen vom abgrundtiefen Schrecken, der das Grauen erträglich und rezipierbar macht. Wo Nietzsche aus der Dialektik des Apollinischen mit dem Dionysischen den Kunstvorgang erklärt, gerät ihm das komplizierter, als der einfache Dualismus vermuten läßt. So beschreibt er das Entstehen von Kunst als doppelten Spiegelvorgang: Am Beginn steht die dionysische Empfindung der Verschmelzung, die sich in einem ersten Abbilden (bzw. Widerspiegeln) als musikalische Stimmung äußert. Diese wird, unter apollinischem Einfluß, sinnlich erfahrbar in einer zweiten Spiegelung, die einer Übersetzung in ein gleichnisartiges Traumbild gleichkommt. Was hier deutlich wird, ist die Übermacht des Dionysischen vor dem Apollinischen. Noch im apollinischen Gestalten ist das Dionysische mit am Werk, weist gerade der apollinische Schein auf die Existenz Dionysos hin, ist er es doch, dessen lustvolle Grausamkeit und grauenvolle Lust so erst erlebbar gemacht werden. Mythisch führt Nietzsche vor, wie Mythen funktionieren und wozu sie nützlich sind. Die (mythische) Tradition ruft die Bilder hervor, an die sich Verstehen knüpfen kann. Mythos wird wiederbelebt als Kunst, wird mit ihr zur wichtigsten Lebens-tätigkeit.

Im *Zarathustra* redet Nietzsche explizit so gut wie gar nicht über Kunst. Aber, und darin unterscheidet er sich von den anderen hier diskutierten Texten, diese Prosa ist vor allem selber Kunst. In ständig wechselnden Bildern imaginiert Nietzsche ein ganzes Weltverhältnis. In diesem Zusammenhang fallen einige selbstreflexive Äußerungen über die Art dieser Bilder: „*Blut soll zu allen Farben*"[23] gemischt, der Körper unmittelbar am ästhetischen Geschehen beteiligt werden, sein „besonderer Saft" die Lebendigkeit der Kunst garantieren. Ein sehr suggestives Bild und es sieht so aus, als stelle er sich vor,

---

23 Friedrich Nietzsche, Also sprach Zarathustra, in: KSA, Bd. 4, S. 244.

daß ein Körper sich verströmt, sein Blut verströmt an die Kunst, die es aufnimmt und ihren Bildern beimischt. Sowohl der Körper als auch die Kunst werden so mit Bedeutung aufgeladen: Körper wird zum Material der Kunst, Kunst wird die Sinnlichkeit des Körpers zuteil. Zugleich ist dieses Bild auch eines für die Vermischung von Innen- und Außenwelt: Die Schnittstelle zwischen ihnen wird nicht imaginiert, aber es muß sie geben und nicht zuletzt ist dieses Bild für die Vermischung von Körper und Kunst auch eines für die Verletzung des Körpers. Sie geht der Begegnung mit der Kunst voraus, bevor sich Blut (als Stoff der Innenwelt) mit den „Farben" (als Stoffen der Außenwelt) überhaupt erst mischen können.

Auch Klages rekurriert immer wieder auf die Kunst, insbesondere dann, wenn er ein passendes Beispiel für seine Weltbetrachtung des „Schauens" benötigt. Die Allmacht, die er der Kunst zuspricht, erinnert an Nietzsche. Die Kunst ist das magische Mittel (hier, wie an zahlreichen anderen Stellen, argumentiert er selbst mythisch), das den Zugang zur wirklichen Welt ebnen kann. Besonders eng lehnt er sich an Nietzsche dort an, wo er die dionysischen Elemente der Kunst betont. Nur in einem inspirierten, ekstatischen Rauschzustand, in einem Verschmelzungsvorgang von Innen- und Außenwelt, könne Kunst entstehen.

Cassirer betrachtet die Kunst als eine Art Weiterentwicklung von mythischen Darstellungstechniken. Vor allem (ganz wörtlich genommen) in der bildenden Kunst verhilft sich der Mensch zum Bilde von sich selbst. Die Dichtung setzt verstärkte Individualisierungstendenzen in Gang, imaginiert menschliche Gestalten, während in der mythischen Darstellung Tiergestalten überwiegen. Wie Nietzsche diskutiert auch Cassirer die Genese der Tragödie und zeichnet mit ihrem dionysischen Ursprung und ihrem Hervorgehen aus dem Chor eine ganz ähnliche Entwicklungslinie. In diesem Zusammenhang liefert er eine interessante Interpretation der Tragödie, wenn er sagt, sie verlege das Zentrum des Geschehens von außen nach innen und dies bedeute dann auch den Anfang einer Entwicklung zu einem verstärkten Selbstbewußtsein des Individuums. Damit stellt er die Kunst in eine Reihe mit mythischen Strukturen, die ebenso, auf ihre, archaischere Weise, zur Ausbildung von Innenwelt und Außenwelt beitragen. Bei Cassirer wird diese Entwicklung sehr schnell immer ethisch konnotiert, das heißt, das Selbstbewußtsein, das sich über die Kunst ausbildet, verhilft dem Individuum zu einer Haltung gegenüber der Welt, die es als (verantwortlich) handelndes Ich sieht.

Ich und Welt im Mythos

Mit dieser Überschrift ist ein wichtiger Punkt berührt: Nietzsche und Klages haben ohne Zweifel eine ihnen spezifische Ichvorstellung, aber es ist keine, die in irgendeiner Hinsicht als (feste) Ichkategorie begriffen werden könnte. Im Gegenteil, ein Merkmal ihrer unvermittelten und vermittelten Überlegungen zum Mythos ist ja gerade die Entgrenztheit des Subjekts, seine tendenzielle Auflösung und Vermischung mit einer begehrten und erotisch aufgeladenen Außenwelt. Wie imaginiert Cassirer das Verhältnis des Ich zur Außenwelt im mythischen Denken? Bei allen Ähnlichkeiten gibt es einen entscheidenden Unterschied: Auch in diesem Punkt wird für Cassirer die mythische Ichauffassung, die er als mythischen Seelenbegriff diskutiert, Ausgangspunkt einer angenommenen Höherentwicklung.

Die erste Verhaltensweise, mit der das Individuum der Welt gegenübertritt, ist für Cassirer die des Wunsches, darin folgt er Freud. In der Magie zeigt sich der absolutistische Wunsch, die Welt zu beherrschen. Der Wille zur totalen Herrschaft über die Dinge zeigt auf der einen Seite den (imaginierten) Größenwahn des Ich, auf der anderen Seite aber seine leidvoll erfahrene Unfreiheit. Nicht das Ich herrscht über die Dinge, sondern es wird von den Dingen besessen, weil es alles von ihnen erwartet. Es geht mit der Welt um, wie jemand im Zustand des unglücklichen Verliebtseins: Es wird von dieser Liebe gefangengenommen und geschüttelt, aber nicht erlöst. Freud beschreibt diesen „Zustand" nicht ohne Ironie so:

„*Normalerweise ist uns nichts gesicherter als das Gefühl unseres Selbst, unseres eigenen Ich. Dies Ich erscheint uns selbständig, einheitlich, gegen alles andere gut abgesetzt [...] Auf der Höhe der Verliebtheit droht die Grenze zwischen Ich und Objekt zu verschwimmen. Allen Zeugnissen der Sinne entgegen behauptet der Verliebte, daß Ich und Du Eines seien und ist bereit, sich, als ob es so wäre, zu benehmen.*"[24]

Auf der Grundlage dieses anarchischen Verhältnisses zur Welt, das unzensiert dem eigenen Begehren folgt und das niemand eindringlicher beschrieben hat als Nietzsche im *Zarathustra*, formulieren Nietzsche und Klages all das, was für sie das mythische Weltverhältnis ausmacht. Für Cassirer ist ein solches Ich, die „mythische Seele", aber nur die Durchgangsstation zu einem gefestigteren Ich, das den Dingen der Welt souveräner gegenübertritt, als es das mythische Ich kann. Eine unmittelbar an das Begehren des Körpers gebundene Seele soll abgelöst werden von einem Ich, das sich als sittliches Subjekt zu begreifen beginnt, damit ist die Umwendung des Mythos zum Ethos

---

24   Sigmund Freud, Das Unbehagen in der Kultur, in: Ders., Gesammelte Werke, Bd. 14, London 1972, S. 423.

vollzogen, das Ich wird verantwortlich handelndes Subjekt. Cassirer formuliert diese Vorstellung als Zielvorstellung, als eine Art Telos, dem das noch mythische Ich notwendig folgen müßte. Als Ziel formuliert er die Harmonie des Ich mit seiner Außenwelt, das Maß, das mir sehr ähnlich vorkommt wie das mittelalterliche Ideal der mâze.

Cassirer denkt hier linear, fast teleologisch. Während er dem mythischen, endlos dionysisch begehrenden Ich seine baldige Vernunftwerdung wünscht, halten Nietzsche (spielerisch) und Klages (mit allem Ernst) an ihrer „unvernünftigen" Ichvorstellung fest. Sie favorisieren das anarchisch begehrende, absolutistisch agierende Ich, das nicht zur Vernunft kommen will, weil es von ihr seine Lebensmöglichkeiten beschnitten sieht. Die Avantgarden sind ihnen darin ohne Rücksicht auf Verluste gefolgt.

Nach dieser Ausleuchtung des Horizontes, der als mythisches Denken und Denken des Mythos das Werk Else Lasker-Schülers umgibt, stellt sich nun die Aufgabe, aus der zuvor entfalteten Diskussion über die Phänomenalität der Kunst und dem Hinweis auf ihre mythischen Potentiale, nicht zuletzt im Rekurs auf Nietzsche, Klages und Cassirer, sinnvolle Fragestellungen zu entwickeln, die die folgende Analyse der Prosa leiten können.

Gerade weil die Flexibilität des Mythosbegriffs einer gewissen Diffusität bis hin zur Beliebigkeit Vorschub zu leisten scheint, ist es angebracht, unter Zuhilfenahme vergleichsweise „strenger" Kategorien eine Art Gegengewicht zu bilden. Phänomene, in denen Wahrnehmung und Denken schillernd zusammenfallen (und das trifft gerade auf mythische Phänomene zu), teilen uns im Wie ihres Auftauchens mit, wie die Welt in ihnen grundlegend erscheint. Welterfahrungen sind aber solche, die sich in Kategorien zeigen, die vor unserer Erfahrung liegen (sagt Kant), das sind Raum, Zeit und Zahl. Sie strukturieren zu Erlebendes vor und machen es kommunizierbar, weil diese Kategorien als allgemeine und nicht subjektive zu gelten haben. Die Kapitelstruktur folgt solchen basalen Kategorien, die die dort behandelten Phänomene vorstrukturieren, bündeln und zerstreuen. Von Kants Kategorien habe ich den Raum ausgewählt als für die Wahrnehmung der Welt zentrale Bezugsgröße. Die folgenden Kapitel aber verlassen die von Kant entwickelte Reihe und bieten mit Körper und Schrift statt Zeit und Zahl Alternativen an, die Diskussionen aufgreifen, die in den letzten fünf bis zehn Jahren einen breiten Raum im literaturwissenschaftlichen Diskurs eingenommen haben. Dabei steht der Körper in einem engen Zusammenhang mit der Erfahrung des Raumes und er soll auch so, als räumliche Ausdehnung und als Gegenstand im Raum, diskutiert werden. Das Perspektiv des Raumes wird gewissermaßen noch schärfer gestellt, um vor allem die sinnliche Qualität der Texte in Bildern von Körperlichkeit erfahrbar zu machen.

Im dritten Kapitel thematisiere ich unter dem Titel „Schrift" die Materialität der Texte, vor allem aber ihr ihnen eigenes Reflexionspotential. Diese Selbstreferentialität teilt sich mitunter als Kommentar mit und ist sehr oft in Bildern von Schrift und Schriftlichkeit aufzufinden.

Bilder aber, die Phänomene, strukturieren unter der „strengen" Ägide von Raum, Körper und Schrift die „Unterkapitel", die sich wiederum in einer Weise anordnen, die man, wie das Verhältnis von Raum zu Körper (s.o.), als zunehmendes „Scharfstellen" der Perspektive (vom Allgemeinen zum Besonderen also) bezeichnen könnte. Nur wer einen Überblick über die Beschaffenheit der Bilder hat, vermag ihr Eigentliches in einem mehr analytischen Schritt zu isolieren und dann auch mit anderen Traditionen in Beziehung zu setzen und zu erklären. Das in unterschiedlichen Perspektiven Aufgefundene ermöglicht eine Sicht auf die Dinge, die letztlich die Frage nach der Besonderheit der Wahrnehmung der Prosa Else Lasker-Schülers und ihrer Poetik im Schlußteil eine Beantwortung finden läßt; nicht im Sinne einer alles abschließenden Diskussion, sondern als Momentaufnahme, im Eröffnen eines Horizontes, der weiteres Sprechen ermöglicht und weitere Anschlußstellen knüpft. Es ist der Versuch, *„gaukelnden Worten ein Seil zu spannen."*[25]

---

25 Mein Herz, S. 22.

2. Raum

2.1 Raumfragen

In der Frage nach der Wahrnehmung der Welt, so wie sie sich im Werk Lasker-Schülers zeigt, kommt der Kategorie des Raumes zentrale Bedeutung zu. Wie sehr die universelle Ordnungsform des Raumes als Basis für Erkenntnis dient, hat Leibniz gezeigt, wenn er den Raum als ideelle Bedingung der „*Ordnung des Beisammen*" betrachtet. Damit hat er ihn einerseits seiner anschaulichen Qualitäten entkleidet, andererseits wertet er ihn so zu einer Grundkonstante von Erkenntnis überhaupt auf.[1]

Konstante heißt aber nicht Substanz, nicht Ding, sondern (auch das ist neu bei Leibniz) „reale Relation". Wahrheit zeigt sich als solche von Beziehungen. Kant ist es dann, der dem Raum (auch der Zeit und der Zahl) den Apriori-Charakter deutlich zuweist, wenn er betont, daß diese Kategorien die Bedingungen der Möglichkeit von Erfahrungen bilden und das heißt auch Bedingung der Möglichkeit der Gegenstände von Erfahrung.[2] Sie sind die Strukturen, die letztlich dafür sorgen, daß sinnliche Wahrnehmung und Erkenntnisdenken in Verbindung treten können, oder, anders formuliert, daß ein Weg beschritten werden kann, der vom Besonderen zum Allgemeinen führt.

In neuerer Zeit hat der Franzose Merleau-Ponty an Leibniz angeknüpft, wenn er den Raum „*als das universale Vermögen ihrer* [der Dinge, I.H.] *Verknüpfung*" definiert.[3]

„*Er ist weder ein Gegenstand, noch ein Verbindungsakt des Subjekts, er ist weder beobachtbar, da in aller Beobachtung schon vorausgesetzt, noch in seinem Entspringen aus einer konstituierenden Leistung sichtbar, da ihm je schon konstituiert zu sein, wesentlich ist; und so vermag er auf magische Weise einer jeden Umgebung ihre räumliche Bestimmung zu verleihen, ohne je selbst zu erscheinen.*"[4]

Zwei Dinge sind hier wichtig: Wo Raum rein formal bestimmt wird, läßt diese Kategorie eine unbestimmte Vielzahl an Gestaltungsprinzipien zu.[5] Diese Eigenschaft des Räumlichen, die schier unendliche Vielfalt der „Möglichkeiten des Beisammen", erweist sich für den literarischen Gegenstand als

---

1   Zeit und Zahl sind die anderen Kategorien, die Zeit ist verantwortlich für die „Ordnung im Nacheinander".
2   Vgl. Ernst Cassirer, Philosophie der symbolischen Formen, Bd. 2, Zweiter Teil, Das Mythische Denken, Darmstadt 1987, S. 101f.
3   Maurice Merleau-Ponty, Phänomenologie der Wahrnehmung, Berlin 1966, S. 284.
4   A.a.O., S. 297.
5   Vgl. Harald Schmidt, Melancholie und Landschaft, Die psychotische und ästhetische Struktur der Naturschilderungen in Georg Büchners „Lenz", Opladen 1994, S. 67f.

ebenso wichtig wie seine von Merleau-Ponty hervorgehobene „magische Weise" der Atmosphärisierung. Dieser magischen Spur des Räumlichen ins Literarische zu folgen, ist einer der Wege, so viel sei hier behauptet, die dort spezifisch formulierte Wahrnehmung der Welt aufscheinen zu lassen.

Wie verhält es sich mit dem Spezialfall des literarisch evozierten Raumes? Im 18. Jahrhundert schien alles noch ganz klar zu sein, zumindest für Lessing[6], wenn er Malerei als Raumkunst und die Dichtung als Zeitkunst kategorisiert, wobei allerdings auch die Malerei den dreidimensionalen Raum in ihrer Flächigkeit nur imaginieren kann, während Architektur und Plastik tatsächlich räumlich wahrnehmbare Gegenstände schaffen.

Wo Lessing auch der Dichtung räumliche Artikulationen zugesteht, hält er diese aber nur für Vorstellungen zweiten Grades, für Andeutungen, die ihren Räumlichkeitscharakter kaum zur Geltung zu bringen vermögen, weil Dichtung ja konstitutiv mit in der Zeit ablaufendem Geschehen zu tun habe, beziehungsweise sich aus in der Zeit aufeinanderfolgenden sukzessiven Zeichen aufbaue.[7]

Diese Zuweisung von Raum zu Malerei und Zeit zu Dichtung blieb nicht unwidersprochen und jüngst war es noch einmal Knut Brynhildsvoll, der Lessing dafür verantwortlich macht, daß die Kategorie des Raumes in der Literaturwissenschaft so wenig Beachtung gefunden habe. Er begreift als literarischen Raum all das,

„was an Welthaltigkeit in das Werk eingegangen ist, darunter die Fülle der Wahrnehmungsobjekte und ihre vielfältigen Relationen zueinander, die zusammen einen Weltausschnitt bilden."[8]

Die hier sehr weit, fast zu beliebig gefaßte Definition, macht eines deutlich: Der Vielfältigkeit von Beziehungsstrukturen im literarisch gestalteten Raum entspricht eine Vieldeutigkeit auf analytischer Ebene. Es ist möglich, Raum sehr unterschiedlich wahrzunehmen, ihn zu thematisieren und, auch wieder in einem Text, abzubilden.

Das Konzept des gelebten, und, kaum davon entfernt, des gestimmten Raumes, hat in diesem Zusammenhang die weiteste Verbreitung erfahren.[9]

---

6   Gotthold Ephraim Lessing, Laokoon oder über die Grenzen der Malerei und Poesie, in: Ders., Werke, Illustrierte Ausgabe, Wien/Leipzig/Prag o.J., Bd.3.

7   Das Gleiche gilt Lessing umgekehrt für die Kategorie der Zeit in der Malerei, vgl. Hermann Meyer, Raumgestaltung und Raumsymbolik in der Erzählkunst, in: Alexander Ritter (Hg.), Landschaft und Raum in der Erzählkunst, Darmstadt 1975, S.208ff.

8   Knut Brynhildsvoll, Der literarische Raum, Konzeptionen und Entwürfe, Frankfurt a.M. 1993, S.8.

9   Die beiden wichtigsten Publikationen in diesem Zusammenhang: Gaston Bachelard, Poetik des Raumes, Frankfurt a.M. 1987; Otto Friedrich Bollnow, Mensch und Raum, Köln 1994.

Es sind die Erfahrungen des Individuums, die sich im räumlichen Bezug zeigen, anders formuliert, die Psychologie eines Textes und der in ihm agierenden und reagierenden Figuren hält sich (oft) im räumlichen Geflecht auf:

„Der gelebte Raum ist jene Schicht -jene Wirklichkeitssphäre- des Raumes, die zwischen der psychischen und materiellen Wirklichkeit liegt, psychisch und nicht nur psychisch, räumlich und nicht nur räumlich zugleich, in seiner Paradoxie jedoch andeutend, daß der Raum ja dem Menschen nicht nur ein Gegenüber darstellt und nicht nur den Leib durchdringt, sondern auch die Psyche."[10]

Räumliches berührt ebenso psychisches Erleben, wie umgekehrt Psychisches die sinnliche Wahrnehmung von Raum beeinflußt, ja bestimmt. Im Begriff der Atmosphäre, so unbestimmt er auch erscheinen mag, halten sich beide Phänomene zugleich auf: das Erleben des Raumes und das psychische Agieren und Reagieren auf die vorgefundene Raumstimmung. Das ist der Zusammenhang, der als gestimmter Raum bezeichnet wird[11], was keine Charakterisierung eines bestimmten Raumtypus bedeutet, sondern auf eine Art des Raumerlebens hinweist, die, weil sie die Ebene der Affekte mit einbezieht, als vorreflexiv zu kennzeichnen ist. Das kann so weit gehen, daß Subjekt und Raumding(e) nicht voneinander unterschieden wahrgenommen werden.

Wo psychische Zusammenhänge einen solchen Stellenwert erhalten, ist die Raumfunktion ihnen untergeordnet in dem Sinne, daß Gefühle scheinbar objektive Räume, die Wahrnehmung von ihnen, verändern können. Jeder einzelne überschreitet in seinem individuellen Erleben eine „Alltagswahrscheinlichkeit" und wo sich das literarisch manifestiert, zeichnet sich der literarische Raum gerade dadurch aus, daß er solche alltagswahrscheinlichen Räume übersteigt. In diesem Sinne verstehe ich Robert Petsch, wenn er 1934 über den Raum bei Cervantes schreibt:

„Wir verstehen den ganzen Vorgang erst im Lichte jener geheimen atmosphärischen Raumwirkung, die alles einzelne verallgemeinert, alles Zufällige verwesentlicht, alles Feste durchscheinend macht und hinter allem Sinnlichen in einem wachsenden Maße geistige Werte aufleuchten läßt. So erweist sich der Raum als eines der stärksten Mittel zur Umgestaltung der Handlung in einem dichten nicht-epischen Vorgang, und zwar im Bunde mit der erfüllten Zeitlichkeit, vor allem aber in ständiger Beziehung zu den epischen Figuren."[12]

---

10   Bettina Küter, Mehr Raum als sonst, Zum gelebten Raum im Werk Franz Kafkas, Frankfurt a.M. 1989, S.23.
11   Zur Problematik des gestimmten Raumes s. Ludwig Binswanger, Das Raumproblem in der Psychopathologie (1932), in: Ders., Ausgewählte Vorträge und Aufsätze, Bern 1955, S. 174-225.
12   Robert Petsch, Raum in der Erzählung, in: Alexander Ritter (Hg.), Landschaft und Raum, S. 44.

Das Überschreiten des Üblichen, die Umwertung des Erwarteten, so wie ich es hier für den ästhetischen Raum behaupte, macht es möglich und notwendig, andere als genuin ästhetische Erfahrungen in die Diskussion des ästhetischen Raumes einzubeziehen. Zwei Bereiche scheinen mir nützliche Erfahrungen für das Verständnis von ästhetischen Räumen zu bieten: der Bereich des Mythischen und des Psychischen.

In seinem Hauptwerk *Philosophie der symbolischen Formen*[13] entwickelt Ernst Cassirer in der Nachfolge Kants den Raum als wichtigste Ordnungsfunktion des menschlichen Denkens und damit auch des mythischen Denkens. Das Bedürfnis etwas zu verorten, anzuordnen, etwas in einem Raum in Abgrenzung zu anderen Räumen zu plazieren, entspricht einem menschlichen Grundbedürfnis nach Orientierung. Dieses Bedürfnis ist deshalb so zentral, weil es ein eminent körperliches ist. Ein Körper nimmt einen Raum ein, besetzt einen Platz in einem Raum, bezeichnet eine Anwesenheit, ist berührbar, spürbar in einer als eine Vielzahl verschiedener Räumlichkeiten aufgefaßten Welt. Körper und Raum werden gerade im mythischen Denken zusammengedacht und die Lage der Extremitäten des Leibes dient als Bezugssystem für die Lage der Dinge im Raum. Eine unterschiedliche Verortung bedeutet auch einen qualitativen Unterschied: Richtungen werden mit Gefühlswerten aufgeladen und verkörpern letztlich eines der wichtigsten Unterscheidungsmerkmale im mythischen Denken, den Unterschied zwischen heilig und profan, zwischen mythisch relevant und irrelevant. Daraus ergibt sich eine eigenartige Kausalität, die wenig mit der von Erkenntnisdenken zu tun hat. Es ist eine Kausalität der „Berührung". Wo Dinge nebeneinander gedacht werden, in räumlicher (und zeitlicher) Nähe, heben sich auch ihre Grenzen tendenziell auf, sie berühren sich, ihre Verschiedenheit geht verloren, sie ähneln sich einander an. Was körperlich nah imaginiert wird, gehört zusammen, auch wenn die Dinge alltagswahrscheinlich kaum je miteinander in Beziehung gestanden haben. Das ist so willkürlich wie wirkungsvoll zugleich: Es ist gerade die räumliche Zusammenschau des Differenten, die jene eigentümliche Spannung erzeugt, die die Magie eines Ortes ausmacht. Heilige Orte, durch ihre Besonderheit markierte Räume, sind ein wichtiger Bestandteil mythischer Denkungsart.

Es zeigt sich, daß die mythische Raumauffassung Ähnlichkeiten mit ästhetischen Räumen aufweist. Auch im ästhetischen Raum werden Räume mit psychischen Qualitäten ausgestattet, entscheiden Gefühlswerte über Richtungen und die Anordnung im Raum.

---

13   Ernst Cassirer, Philosophie der symbolischen Formen, Bd. 2.

Adorno und Horkheimer behaupten geradezu im Gegensatz zu Cassirer[14], der den ästhetischen vom mythischen Raum strikt trennen will, die Wahlverwandtschaft von Kunst und Magie:

„Das Kunstwerk hat es noch mit der Zauberei gemeinsam, einen eigenen, in sich abgeschlossenen Bereich zu setzen, der dem Zusammenhang profanen Daseins entrückt ist. In ihm herrschen besondere Gesetze. Wie der Zauberer als erstes bei der Zeremonie den Ort, in dem die heiligen Kräfte spielen sollen, gegen alle Umwelt eingrenzte, so zeichnet mit jedem Kunstwerk dessen Umkreis geschlossen vom Wirklichen sich ab. Gerade der Verzicht auf Einwirkung, durch welche Kunst von der magischen Sympathie sich scheidet, hält das magische Erbe umso tiefer fest. Er rückt das reine Bild in Gegensatz zur leibhaften Existenz, deren Elemente es in sich aufhebt. Es liegt im Sinn des Kunstwerks, dem ästhetischen Schein, das zu sein, wozu in jedem Zauber des Primitiven das neue, schreckliche Geschehnis wurde: Erscheinung des Ganzen im Besonderen. Im Kunstwerk wird immer noch einmal die Verdopplung vollzogen, durch die das Ding als Geistiges, als Äußerung des Mana erschien."[15]

„Erscheinung des Ganzen im Besonderen" damit ist auch jene Mikro-Makrokosmos-Struktur bezeichnet, die den magischen Orten ihre immense Bedeutung zuweist. Noch im kleinsten unscheinbaren Detail spiegelt sich die Gesamtheit des Kosmos wieder. Einer solchen Vorstellung liegt eine eigentümliche Identitätsannahme zugrunde: Noch die kleinste Einheit ist mit der größten denkbaren identisch, auch der Mensch hängt als ein nicht zu trennender Teil von ihm (dem Kosmos) ab. Wo solchermaßen eine Identität hergestellt wird, beginnen die Grenzen zwischen Innen- und Außenwelt sich aufzulösen. Das Subjekt ist Teil der Welt in einem so hohen Maß, daß seine eigenen Konturen verschwimmen, es als Individuum nicht mehr identifizierbar ist, weil weder Körper- noch Dinggrenzen eine unüberwindbare Hürde im Kontakt mit der Außenwelt bedeuten.

Ein zusätzliches Potential an räumlicher Erfahrung halten psychologische Zusammenhänge bereit. Als immer noch aktuell hat Hubertus Tellenbachs Aufsatz *Die Räumlichkeit der Melancholischen*[16] zu gelten. Im Gegensatz zur „*Topophilie*" eines Bachelard oder der Betonung des „*Vertrautheitscharakters*" von Räumen bei Bollnow[17] entwirft Tellenbach eine von Heidegger[18]

---

14 Ernst Cassirer, Mythischer, ästhetischer und theoretischer Raum (1931), in: Alexander Ritter (Hg.), Landschaft und Raum, S.30.
15 Theodor W. Adorno u. Max Horkheimer, Die Dialektik der Aufklärung, Frankfurt a.M. 1988, S. 25.
16 Hubertus Tellenbach, Die Räumlichkeit der Melancholischen, In: Der Nervenarzt, Bd. 27, 1956.
17 Norbert Mecklenburg, Erzählte Provinz: Regionalismus und Moderne im Roman, Königstein/Ts. 1982, S. 32.

inspirierte Analyse der Raumerlebensstörung von Melancholikern. Die Patientinnen und Patienten erleben den Raum tendenziell als eine beliebige Anordnung von Dingen, ohne Bezug zu ihnen selbst. Der Raum bleibt ohne Tiefe, erscheint nur in seiner Fläche, fast wie ein Gemälde. Ebenso verändert erscheinen die Dimensionen des Raumes: Oft wird er als unendlich weit oder aber als erdrückend eng erlebt. Mit diesen Raumerlebensstörungen gehen solche der sinnlichen Wahrnehmung und des Körpererlebens einher. Das Gefühl für sicheres Stehen im Raum kann ebenso gestört sein, wie der Eindruck entstehen, der eigene Körper sei unendlich leicht oder schwer, bewege sich, obwohl er stillsteht und umgekehrt (das gilt auch von den Dingen im Raum). Graduell sind die Räume von Melancholikern dunkel, Depressive beklagen den Verlust von Farben und Licht, ein merkwürdiges Zwielicht löst die scharfen Konturen auf.

„Man könnte diesen Sektor cum grano salis als rein dysphorische und extreme, oft mit der Erfahrungsqualität eines besonderen Grauens, einer exzessiven Angst alliierte Privation betrachten."[19]

Mir kommt es bei der Analyse des Raumerlebens in den Texten Lasker-Schülers nicht darauf an, es als möglicherweise psychopathologisch zu entlarven oder es als eindeutig mythisch zu kennzeichnen. Es ist aber sinnvoll, Erfahrungen aus anderen Bereichen, intertextuell wenn man es so nennen will, zu nutzen als Analysepotential. Wenn Ludwig Binswanger schreibt, es gehe ihm darum, *„Grundveränderungen hinsichtlich der Auseinandersetzungsweise von Ich und Welt"* aufzusuchen, *„aus denen die Veränderungen innerhalb der einzelnen Erlebnissphären verständlich zu machen sind"*[20], dann läßt sich das auf die Bearbeitung von ästhetischen Texten übertragen: Teilen die „Grundveränderungen" (im Vergleich zu einer angenommenen Alltagswahrscheinlichkeit) etwas mit über die Ästhetik des Textes?

Gerechtfertigt erscheinen diese Verschränkungen der Erfahrungen verschiedener Bereiche auch dann, wenn deutlich wird, daß sehr wohl Verbindungen bestehen zwischen psychischem, mythischem und ästhetischem Raum. Was den mythisch empfundenen Raum mit dem ästhetischen verbindet, habe ich angedeutet und ebenso bestehen auch Annäherungen zwischen psychischem Raum und mythischem Raum, womit sich wieder Verbindungslinien zum ästhetischen Raum ziehen lassen. Binswanger spricht in diesem

---

18 Tellenbach interpretiert das Raumerleben Melancholischer als Phänomen im Sinne Heideggers. Im Kontrast zum konstitutiven „In-der-Welt-Sein", zum Charakter der Nähe, erleben Melancholische laut Tellenbach ihre Umwelt wie „entrückt", ohne Bezug zum eigenen Ich; vgl. Martin Heidegger, Sein und Zeit, Halle 1935, S. 52ff. Hier und im folgenden stütze ich mich z. T. auf: Harald Schmidt, Melancholie und Landschaft, S. 96ff.
19 Harald Schmidt, Melancholie und Landschaft, S. 107.
20 Ludwig Binswanger, Das Raumproblem in der Psychopathologie.

Zusammenhang in Anlehnung an Cassirer von der „*dämonischen Beseelung*" des Raumes:

„*Wie im mythischen Raum bleibt auch hier die räumliche Orientierung an den Gesamtsinn der zugrunde liegenden pathologischen Gestimmtheit, des pathologischen Weltgefühls, wenn man so will, gebunden. Das bestimmte Raumstück, wie der Kranke sagt, hat nun nicht mehr nur einen rein anschaulichen Sinn, sondern einen neuen eigenen Ausdruckscharakter, den wir, wie es Cassirer im Hinblick auf den primitiven Menschen tut, als Ausdruck einer Art magischer Bedeutsamkeit auffassen können. Wie die Richtungen im mythischen Raum nicht begriffliche und anschauliche Relationen darstellen, sondern von ihren spezifischen mythischen Akzenten abhängen und selbständige, mit „dämonischen Kräften begabte Wesenheiten" (Cassirer) darstellen, so haben wir es auch hier mit einer Art dämonischer Beseelung „des Raums" zu tun, wovon auch schon die Angst vor dem Eintritt in diesen Raumbezirk und das Übermanntwerden von diesem schrecklichen Raumerlebnis zeugt.*"[21]

Genau darum aber geht es bei der Frage nach dem Räumlichen, das heißt um sein Darstellungspotential für das irgendwie Besondere, das Magische im Mythos, das Gestörte in der Psychopathologie, das Ästhetische in der Literatur. Wie sehr die Dichtung Lasker-Schülers von einem veränderten Raum- (aber auch Zeiterleben) gekennzeichnet ist, sagt sie selbst in aller Deutlichkeit:

„*Dem Dichter übrigens schlägt nur die eine Stunde: die seiner Geburt und seines Todes. Er ist der Zeitüberwinder, aber auch der Raumüberwinder. Des Dichters Herz: ein einsames Abenteuer, das der bemessenen Zeit und maßberechneten Häuslichkeit, wenn auch nach langem ernsten Kampf, mutig und unwiderruflich den Rücken kehrt. Der künstlerische Mensch lebt in zwei Welten zu gleicher Zeit, auf seiner Erdenwelt und in seiner Phantasiewelt.*"[22]

Wie Lasker-Schüler herkömmliche Raumstrukturen „überwindet", möchte ich im folgenden beschreiben und analysieren. Die Begriffe des Beschreibens und Analysierens sind bewußt gewählt. Zunächst werde ich die physisch wahrnehmbaren, noch begehbar erscheinenden Raumbilder Lasker-Schülers beschreiben und das heißt, mich ihnen als Phänomenen zu nähern, im weitesten Sinne von Bollnow und Bachelard, vor allem aber in Hinblick auf Merleau-Ponty. Das ist eine besonders vorsichtige Form des Umgehens mit einem Gegenstand, sie wahrt die Distanz, drängt ihr keine schon von vornherein feststehende Theorie auf, läßt ihn tendenziell für sich sein und befaßt sich mit seiner Oberfläche, auf der alles schon eingegraben erscheint. Foucault ist hier

---

21 A.a.O., S. 211.
22 Else Lasker-Schüler, Das Hebräerland, Bd. 6, S. 141f.

wichtig, der nicht daran glaubte, daß es zwischen den Zeilen etwas zu lesen gäbe, was nicht schon in ihnen selber stünde.

Wenn ich bei der Annäherung an die Raumbilder Lasker-Schülers hier zunächst der Beschreibung den Vorzug gebe, dann geschieht das in dem Vertrauen darauf, daß eine gute und sensible Beschreibung, die Verschriftlichung des sinnlichen Eindrucks, gerade deshalb sehr gute Erklärungsansätze bietet, weil sie auf bewußte Deutungen verzichtet. Dann aber erweist es sich als sinnvoll, bei der bloßen Beschreibung nicht stehenzubleiben, sondern Erklärungsstrategien zu folgen, die Lasker-Schüler selbst in ihren Texten immer wieder anbietet. So ist die Aussagekraft des Räumlichen hinsichtlich psychischer Erfahrungen zu untersuchen. Da tauchen räumliche (Traum-)Symbole auf, Räume seelischen Interieurs, die die schon erschlossenen Details der Ebene des Psychologischen zuordnen und so eine ganz eigene Bedeutung für den Gesamttext gewinnen. Kompakter, „größer" und abstrakter werden Bilder dort, wo sie mit Welterklärungs-charakter versehen werden. Auch hier benutzt Lasker-Schüler mit Vorliebe räumliche Kategorien und Bilder, alles Kosmische, auch mythische Versatzstücke verschiedener Traditionen werden von ihr in diesem Sinne verwendet. Wie gebrochen oder ungebrochen das geschieht, muß geklärt werden.

Bewegt sich die Kapitelstruktur methodisch von der Beschreibung zur Analyse, so orientiert sie sich thematisch zu Beginn am Phänomen und schreitet dann weiter zum immer abstrakteren Zusammenhang: vom Physischen zum Psychischen, von der Welterklärung zum Weltverhältnis, in dem alles zuvor Debattierte seinen Platz haben soll als die Diskussion über die Relation von Innen- und Außenwelt, die in den einzelnen Abschnitten sich vorbereitet und dann das Finale des Kapitels bildet.

2.2 Raumbilder: Steinerne Imaginationen

Räumliche Bilder in der Prosa Lasker-Schülers sind solche des Entwerfens und Bauens. Im Imaginieren von Räumlichem wird diskutiert, wie die Räume entstehen, sie sind werdende Räume, keine fertigen, alles wird noch geplant, das wird gezeigt, auch der Bau. Es geht also um Konstruktionen. Else Lasker-Schüler wählt solche Bilder des Bauens und Konstruierens als Bilder für den eigenen Schaffensprozeß, ohne daß deshalb die Bilder eindeutig übersetzt werden könnten.

Die Figur des Vaters wird als Baumeister phantasiert, und taucht als Figur des Arion Elevantos auf (in Else Lasker-Schülers mythischem Spanisch Synonym für den, der vor allem hohe Türme baut):

„*Es lebte eine Dichterin im Judenvolke Barcelonas, Tochter eines vornehmen Mannes, der mit dem Bau der Aussichtstürme der großen Städte Spaniens betraut war. Arion Elevantos im Wunsch nach einem Bauerben, erzog Amram, seine Tochter, wie einen Sohn. Amram bestieg jeden frühen Morgen mit ihrem Vater die Neubauten, die höchsten Gerippe der Stadt...*"[23]

Im *Hebräerland* ist es das Kollektiv der Juden, die ihr Land Palästina bebauen, für Lasker-Schüler mehr als nur eine Bautätigkeit, es ist die Eroberung des „gelobten Landes". Der größte aller Baumeister ist in diesem Zusammenhang die Gottesfigur, als Schöpfer stellt sie sich ihn oft als Architekt vor:

„*Ich bin auf dem Bibelstern gewesen, von dem Gott den nackten Stein brach, zu bauen alle anderen Welten.*"[24]

Der „*Bibelstern*" ist das kosmisch eingefärbte Bild für Palästina, das Lasker-Schüler mehrmals besuchte und das 1937 zu ihrem Exilland wurde. Immer wird es heilig konnotiert, Gott ist als agierende Figur stets vorhanden. Palästina ist jene steinerne Substanz, aus der alle anderen Welten geschaffen worden sind, es ist eine Art Urgestein, dessen Stoff ganz materiell zum Aufbau alles übrigen diente, eine mythische Kosmogonievorstellung. Die meisten geschilderten Bautätigkeiten haben diesen allumfassenden Charakter. Beim Bauen entsteht eine neue Welt, möglicherweise eine phantastische Gegenwelt zur schon vorhandenen, nicht unwichtig dabei ist, wie das geschieht. Dem vorhandenen Material werden die neuen Bauwerke abgerungen, als Bild dafür dient das Sprengen, das gewaltsame Herauslösen:

„*Es wird gesprengt! Wir Passanten warteten geduldig auf den Donner der auseinanderspaltenden Steinwände. Beständig baut man in den Städten Palästinas neue Häuser und auf seinen roten Äckern wird gesäet.*"[25]

Die Bauten, die so entstehen, sind zwar mit „Tagesresten" bestückt, heraus kommen dabei aber durchweg Gebilde mit deutlich phantastischem Mehrwert:

„*Oft begegnet man zwischen himmelhohen Pyramiden und roten Erdschluchten einem ganzen Hofstaat palastartiger, kleiner, mondsteinfarbener, säulenbewachter Häuser mit rundgeschwungenen Freitreppen und wundervollen Balkonen. Die arabischen Architekten pflegen das hohe C, den klaren Kristall der Töne, inmitten der Stirne des Daches ihrer Paläste zu fassen. Beglücken ihr Volk mit Häuserweisen. Ihr Bauwerk voll Klang. Aber auch die zeichnerische Begabung kommt dem Gesicht der Außenfassade der arabischen Schlösser zustatten, ebenso der Häuser Gemächer. Am Platze Keren al Ruchbar in Rehavia spaziere ich mit Vorliebe auf dem Tisch eines*

---

23   Else Lasker-Schüler, Der Wunderrabbiner von Barcelona, in: Der Prinz von Theben, Bd. 4, S. 292.
24   Das Hebräerland, S. 44.
25   A.a.O., S. 52.

Architekten durch die Sträßlein seines Miniaturstädtchens. Immer wieder verliebe ich mich in eine andere entzückende Mustervilla an dem Rande seines Arbeitstisches gelegen. [...] Des Menschen allerletzte Haut sollte sein Haus sein, darin er sich inkarniert. Mit großer Gewissenhaftigkeit erbaut aus diesen Gründen der ernste Baumeister dem Auftraggebenden seine Wohnung. Ich kann wohl aus Erfahrung sagen: Mir saß seit Heimathaus noch keine wirklich passend! Ja manches Zimmer -stach ich aus, in manchem- schrie ich zum Himmel! Nie ruhte mein Leib und meine Seele, seitdem ich ohne Elternhaus ein Mietsgast im fremden Steinbau. Darum habe ich es schließlich vorgezogen, in die Freiheit zu ziehen, die ist wenigstens geschmackvoll tapeziert." [26]

Synästhetische Gebilde, in denen der Klang dominiert, transparent erscheinende, zarte Außenwände, die ein nur noch wunderbareres Inneres vermuten lassen, all das versehen mit runden, nicht kantigen Linienführungen, Kleinode für das Auge, orientalisches Zimbelspiel für das Ohr. Die Häuser sind wie Kunstwerke dargestellt, wie sorgsam gefertigte Kleinode. Die Metapher des Kleinen („*kleine...Häuser*") ist gesteigert in der Imagination des Miniaturstädtchens, wie Lasker-Schüler den Entwurf des Architekten nennt, sie versetzt ihn in die Welt des Spielzimmers. Ebenso ist auch ein Buch Modell der Welt, ihr Entwurf. Die Häuser sind auch deshalb nicht groß, haben menschliche Körpergröße, weil sie letztlich die Oberfläche der Innenwelt bilden, ganz physisch phantasiert als Haut, als flexible Haut, in der man wie in einer Zwischenwelt umhergehen kann und doch ist sie unverkennbar zu einem gehörig. Die Ich-Figur, die Else Lasker-Schüler hier auftauchen läßt, hat eine solche Haut nicht, alles bleibt „*fremder Steinbau*", Leib und Seele sind nicht aufgehoben, sondern werden schutzlos mit der Außenwelt konfrontiert. Etwas irreführend ist es aber, wenn man die entstehenden Bauten bei Lasker-Schüler sich grundsätzlich als mit einer Körpermetaphorik versehen vorstellt. Weitaus zahlreicher sind bei ihr die Bilder von steinernen Bauten, von orientalischen Dächern und waghalsig aufragenden Türmen. Das orientalische Dach bildet den Abschluß und zugleich den zusätzlichen Lebensraum eines Hauses, den am höchsten gelegenen, der es zuläßt, andere zu sehen, mit ihnen in Kontakt zu treten:

„*Vom schlichten Dach des jüdischen Sultans führte eine Wolke herüber zum gastlichen Haus meines Urgroßvaters, des Scheiks, des obersten Priesters aller Moscheen.*" [27]

Auf einem solchen Dach „erkannte" David Bathseba:

„*Da begab es sich eines Abends, als David von seinem Lager aufstand und auf dem Dache des königlichen Palastes sich erging, daß er vom Dache aus ein Weib sich*

---

26   A.a.O., S. 90f.
27   Else Lasker-Schüler, Der Prinz von Theben, in: Der Prinz von Theben, Bd. 4, S. 93.

baden sah. Das Weib aber war von sehr schöner Gestalt. [...] Da schickte David Boten hin und ließ sie holen; und als sie zu ihm hineinkam, schlief er bei ihr. "[28]

Lasker-Schüler bedient sich der biblischen Traditionen nicht unmittelbar, läßt aber deutlich die biblische Szenerie in den Texten aufscheinen. Diese Rückerinnerungen kleiden ihr die Räume aus, bevor sie selbst zu Requisiten greifen muß. Sie sind in diesem Zusammenhang wie Bühnenbilder, die man baut, um die Assoziationskraft zu lenken und Bezüge zu weitergehenden Kontexten herzustellen.

Die Steigerung der Dächer sind bei Lasker-Schüler die mehr als augenfälligen Türme. Die Türme[29] mögen gläsern sein[30], oder wie abgenagte „*Gerippe*" erscheinen[31], immer ist es eine Ich-Figur, die hinaufsteigt, dort eine signifikante Ausweitung der eigenen Perspektive erfährt („*Von ihm aus konnte ich nach allen Seiten gucken.*"[32]), die oft nicht ertragen werden kann: die Ich-Figur stürzt, wird aber aufgefangen. Mit dem Bild des Turmes verbindet sich eine lebhafte Dynamik des Hinaufsteigens und Herabfallens, ein rapider Wechsel von unten und oben, den man mit Binswanger[33] als grundsätzliche Lebensdynamik interpretieren kann, die auch sexuell konnotiert ist. An eine grundsätzliche, basale Lebensmetapher beim Bild des Turmes zu denken, läßt auch verstehen, wieso Lasker-Schüler den Turm hochstilisiert zu einer Art „Himmelsleiter"[34]:

„Amram bestieg jeden Morgen mit ihrem Vater die Neubauten, die höchsten Gerippe der Stadt, daß sie oft glaubte, bei Gott zu Gast gewesen zu sein [...]. Beim Herabsteigen der Leiter [...] stürzte die voreilige kleine Amram vom heiligen Bau auf sandigen Hügel, worauf Pablo, des Bürgermeisters Söhnchen, spielte. Und der Knabe dachte, die bleiche Amram sei ein Engel, der vom Himmelreich aus einer Wolke gepurzelt sei, und staunte sie an."[35]

---

28   2. Buch Samuel Kapitel 11, Verse 2 und 4, Die heilige Schrift in der Übersetzung der „Zürcher Bibel", Zürich 1955, S. 349.

29   Der Wunderrabbiner von Barcelona, S. 292, Der letzte Schultag, in: Konzert, Bd. 5, S. 111ff., um nur die wichtigsten „Turmbilder" zu nennen.

30   Else Lasker-Schüler, Die Nächte der Tino von Bagdad, in: Der Prinz von Theben, Bd. 4, S. 81f.

31   Der Wunderrabbiner von Barcelona, S.292.

32   Der letzte Schultag, S. 111.

33   Ludwig Binswanger, Traum und Existenz, in: Ders., Ausgewählte Vorträge und Aufsätze, Bd. 1, Zur phänomenologischen Anthropologie, Bern 1947.

34   Else Lasker-Schüler verwendet des öfteren das Bild der Leiter, auch der Himmelsleiter. Dies geschieht wohl in Anlehnung an die Himmelsleiter, von der Jakob träumt, sie verbinde die Erde mit dem Himmel, vgl. Robert von Ranke-Graves und Raphael Patai, Hebräische Mythologie, Über die Schöpfungsgeschichte und andere Mythen aus dem Alten Testament, Hamburg 1986, S. 256ff.

35   Der Wunderrabbiner von Barcelona, S. 292.

Die Türme reichen so hoch die Imagination reicht, bis ins Kosmische, Religiöse, der Himmel ist nicht zu weit und das Alltagswahrscheinliche wird so sichtbar überstiegen, daß es dem Blick gänzlich entschwindet. So auffällig wie die Türme sind die Steinbautenbilder nicht, werden aber in den Prosatexten weitaus häufiger und vielfältig variiert verwendet.

„*Gestein, Menschenodem und Schlummer*"[36] heißt es im *Hebräerland* und erinnert an die Statue des sagenhaften Königs Pygmalion, der sich in eine von ihm selbst gefertigte Statue verliebte, die von Aphrodite auf sein Bitten hin belebt wurde. Die zahlreichen Steinbilder scheinen alle solchen Belebungsprozeduren zu unterliegen. Stein und Körper bilden einen starken Kontrast, der inszeniert wird als Verbindung heterogener Elemente. Wie eingekörpert, fast versteinert wirken die Menschen, deren Heimstatt Else Lasker-Schüler sich in Stein, in Stein gehauen, höhlenartig geborgen und steinern eng vorstellt.

„*Die Eingeborenen, die von ahnher nie die rote, blutgeronnene Erde verließen, wohnen zufrieden zwischen den Steinspalten der alten Stadt, viele in den Kammern ihrer Bazare oder den Höhen zwischen Schlucht und Schlucht.*"[37]

Die steinernen Räume markieren einen vorgefundenen Lebensraum, ein „Zwischen" in der starren steinernen Begrenzung. Zwischen den Steinen atmet Lebendiges, der Kontrast ist signifikant und bewußt gesetzt.

Der Begriff des „*Schlummers*" (s.o.) indessen deutet auch auf Unbewußtes hin, auf „*unübersehbare Abgründe*" und „*Bergestiefen*"[38], auf versteinert sich abgelagertes Unbewußtes. Das Traumartige der steinernen Bilder wird verbunden mit mythisch inszenierten Zeitformen: Ob es sich um die oben schon zitierten „*Eingeborenen*", die „*von ahnher*" in Palästina leben, oder um „*vorsint-flutliche Felsungeheuer*", um „*Steinichthyosaurier*", „*vorweltliche Schluchten versteinerter Rachen*"[39] handelt, immer wird die Zeit im Stein angehalten, der dasteht wie ein Relikt aus einer erinnerten Vergangenheit. Mit dem Bild der steinernen Bauten und Felsen markiert Lasker-Schüler den magischen Raum, indem sie ihnen eine mythische Zeit zuschreibt, das Mythische hält sich auf in den besonderen Räumen mitgegebenen vorzeitlichen Zeitverhältnissen. Diese Vorzeit ist als lebensgeschichtliche „Vorzeit" aufgefaßt, als „*jüngste Zeit der Kinderjahre*":

„*Daß gerade die Mumien und das alte Gestein uralter Synagogen mich erinnerten, zurückführten in die jüngste Zeit meiner Kinderjahre, als ich noch das gestickte Schau-*

---

36 Das Hebräerland, S. 24.
37 A.a.O., S. 11.
38 Beide Zitate: a.a.O., S. 33f.
39 Alle Zitate in diesem Satz aus: a.a.O., S. 15.

kelfußbänkchen aus der Ecke holte und mich auf ihm vor meiner Mutter Schoß setzte - in ihre Obhut."[40]

Wie Wegweiser führt Steinernes in die Kindheit, die Else Lasker-Schüler an dieser Stelle mit mütterlicher Geborgenheit und biedermeierlicher Behaglichkeit imaginiert. Das ist die Geborgenheitsphantasie einer fast 70-jährigen, für die sich bald der Kreis zu schließen und an die Kindheit anzuknüpfen scheint. Und vor allem: Imagination hat mit Erinnerung zu tun, mit der Wiederkehr von vermeintlich Verlorengegangenem.

An einigen Stellen lassen sich Verbindungen herstellen zu den so ins Auge fallenden Bildern des Steinernen bei Georg Trakl. Bei ihm ist das Versteinerte eher ein Versteinerndes. Lebendiges, eben noch Atmendes, Blutendes, heiße Körperfiguren werden kalt und verhärten, versteinern jäh, alles Lebendige, Weiche, weicht aus ihm zurück: Es *„versteinerte das Antlitz der Mutter"*, es ist die Rede von den *„steinernen Augen der Schwester"* und von einem sterbenden Jüngling heißt es, daß er *„steinern ins Leere hinsank."*[41] Wo Trakl Bilder des Sterbens, ja des Horrors setzt, geht Lasker-Schüler auch da, wo sie körperliche Momente mit dem Bild des Steinernen mischt, fast spielerisch vor, so etwa, wenn sie von *„des Heiligen Landes steinernen Locken"*[42] spricht. Aber auch bei ihr gibt es eine mit dem Bild des Steinernen verbundene ähnliche Todesnähe wie bei Trakl, die in ihrer Ausführung wiederum an Kafka[43] erinnert:

„Die breite Steintreppe hinauf, der lange Korridor entlang bis in mein steinernes Gemach."[44]

Der Ort wird einer Engführung unterworfen, eine breite Treppe wird zu einem schmalen Korridor, der wie in einer Spitze in einem sargähnlichen Zimmer endet. Die Beengtheit, die mangelnde Perspektive, das brutale Auslaufen in einem Punkt ohne alternative Handlungsmöglichkeiten, das macht die Todessymbolik dieser Raumvorstellung aus. Das Steinerne unterstreicht noch das Grab-ähnliche des Raumes, und eher scheint es sich um eine archaische Höhle als um ein Zimmer in einem Haus zu handeln.

Die steinernen Räume und Häuser finden sich bei Lasker-Schüler zusammen zu Städten, orientalischen Städten (in der mittleren Phase) und Ländern. Allein im *Prinz von Theben* tauchen in einer phantastisch zusammengemischten Geographie auf: Bagdad, Jericho, Kairo, Konstantinopel, Afghanistan,

---

40 A.a.O., S. 87.
41 Georg Trakl, Traum und Umnachtung, in: Ders., Dichtungen und Briefe, Salzburg 1987, S. 80, S.83, ebda. (die Zitate in der Reihenfolge ihres Auftauchens).
42 Das Hebräerland, S. 116.
43 Vgl. z.B. die Treppenbilder in der Titorelli-Episode des Prozeß-Romans.
44 Das Hebräerland, S. 105.

Theben, Nazareth und Jerusalem. Es ist die Gegenfolie zum durchrationalisierten Abendland, die sie hier ausbreitet, die aber weitaus mehr zu bieten hat, als nur bloßes Dekor zu sein. Das Dekor hat sich eingebrannt, die Oberfläche hat längst die tiefsten Schichten erreicht. Die orientalischen Räume leben von nur wenigen Requisiten, hinter der Fassade in prächtigem Gold und Blau schaut man in Reste einer mitunter brutalen Alltagswahrscheinlichkeit, das Paradies[45] ist nicht vollkommen, es suggeriert aber einen solchen mit aller Vehemenz vorgetragenen Anspruch und trotzdem weiß man immer, daß die kaum ausgestalteten Räume insgesamt leer bleiben[46].

Die Stadt, in der sich die orientalischen Details bündeln, nennt Lasker-Schüler „*Theben*". Sie stilisiert *Theben* zum sichtbaren Bild, sinnlich vorstellbar, auch wenn wenige Andeutungen genügen; eine sparsame Linienführung wird ausgefüllt mit fast kindlich wirkender Farbigkeit. Die Phantasie, bei der es sich um Theben handelt, wird im Text aufgedeckt, der Imaginationsprozeß wird transparent.

„In des Basileus Gemach saßen die beiden Fürsten Ruben Marc, der blaue Reiter, und der Herzog am liebsten und sprachen von dem kleinen Kaiser, der das große Theben morgens aus einer Schachtel nahm und es abends von seinem Oßmann wieder hineinlegen ließ."[47]

Kunst ist Kunst als Spiel, die Szenerie ist aus Pappmaché, viel kleiner und doch größer als die scheinbare Wirklichkeit, die sich ins Spielreich begibt. In dieser Spannung zwischen behaupteter Welthaltigkeit und doch transparentem Imaginationsvorgang liegt ein bedeutendes ästhetisches Moment. Der Schein wird sichtbar ausgeleuchtet, die Faszination zeigt ihr Gemachtsein und es ist gerade der Blick hinter die Kulissen, der dem Fortdauern des Phantasierens Nahrung gibt. In der Überlagerung der Raumfunktion liegt die Überzeugungskraft der orientalischen Stadtentwürfe Lasker-Schülers in den Texten der mittleren Periode (bekanntlich tauchen nach dem Tod des Sohnes Paul im Dezember 1927 keine orientalischen Bilderwelten in ihrem Werk mehr auf, nur als *Prinz von Theben* unterzeichnet sie weiterhin so manchen ihrer Briefe). Sie selbst weist im *Malik* auf diese Überlagerungen hin, wenn sie dort schreibt:

„Mein Halbbruder, Dein neues Bild, die alte Stadt Theben, steht in dem Vorraum meines Palastes zum Anschaun für mein ganzes Volk. Des Bildes Farbe beleuchteten die abendliche Stadt, als meine Somalis es durch die Straßen trugen. Morgen feiern

---

45 Zu Paradiesräumen s. Kapitel 2.4.
46 Zum leeren Raum s. Kapitel 2.5.
47 Else Lasker-Schüler, Der Malik, Bd. 3, S. 49.

wir Dein Fest, den Tag des blauen Reiters, prunkvolle Teppiche hängen schon von den Dächern herab, und die Plätze sind mit Rosenblättern bestreut."[48]

Die Stadt Theben erscheint hier als Bild und als poetisierter Raum zugleich: Das Bild der Stadt in der Stadt, die aber um nichts wirklicher wirkt als das Bild von ihr. Mit Rosenblättern geschmückte Plätze vermitteln einen arg überstrapazierten symbolistischen Zauber, über die zumeist bestickten Teppiche in Else Lasker-Schülers orientalischen Städten wird noch im Kapitel „Schrift" die Rede sein. Im Kontrast zum orientalischen Theben entfalten sich in den Texten zahlreiche Bilder der Großstadt Berlin. Sie sind mit ins Phantasieren eingebunden, indem sie beispielsweise als Gegenfolie gelten:

„*Alexandrien gleicht Berlin mit seinem weiten Pariser Platz und breiten Straßen und Gartenanlagen, allerdings ins Exotische übersetzt, und den „Linden" ins Palmische übertragen.*"[49]

Berlin, wo sie bis 1933 lebte, war ihr Referenzpunkt, bei aller Alltagswahrscheinlichkeit immer auch das Sprungbrett für das Phantasieren. Die Bilder, die so entstehen, haben mit den Großstadtbildern der Expressionisten vieles gemein: Da bezeichnet sie Berlin als „*kreisende Weltfabrik*", in der das Leben in eine nie zuvor gekannte Beschleunigung versetzt wird:

„*Aus unserer großen Stadt schallt der Schrei, das Getöse der Technik [...] Berlin ist stark und furchtbar.*"[50]

Das sind Döblin und Heym zugleich: die Veränderung der Stadt durch die neue Technik und ihre Darstellung als mythische Kraft, als Dämon.

In ihrem Briefroman *Mein Herz* klingt vor allem die Kritik an Berlin deutlich durch, die mangelnde Lebendigkeit: („*Unter Asphalt ist sogar hier die Erde begraben*"), die Kälte („*Warum man überhaupt in Berlin wohnen bleibt? In dieser kalten, unerquicklichen Stadt.*"), die Enge :

„*Berlin ist eine kleine Stadt, täglich schrumpft sie mehr und mehr ein. Groß ist eine Stadt nur, wenn man von ihr aus groß blicken kann. Berlin hat nur ein Guckloch, einen Flaschenhals, und der ist auch meist verkorkt, selbst die Phantasie erstickt.*"[51]

Aber gerade das Guckloch scheint nicht immer verschlossen zu sein, ist Berlin doch andererseits die Stadt, aus der „*man wenigstens fort will*"[52], die gerade in ihrer Kargheit den Anlaß bietet, sich aus ihr wegzuphantasieren. Und so ist „*hier die Uhr der Kunst, die weder nach noch vor geht. Diese Realität ist schon mystisch.*"[53]

---

48   A.a.O., S. 23.
49   Das Hebräerland, S. 67.
50   Else Lasker-Schüler, Die kreisende Weltfabrik, in: Konzert, Bd. 5, S.51.
51   Mein Herz, die drei Zitate in der Reihenfolge ihres Auftauchens: S. 23, S. 29f., S. 32.
52   Der Malik, S. 14.
53   Die kreisende Weltfabrik, S. 51.

Die Zeit der Kunst ist die „andere" Zeit, unabhängig von der scheinbaren Exaktheit der Uhr, die hier als Bild für die Kunst dient.

Die Enge der Stadt korrespondiert bei Lasker-Schüler nicht notwendig mit der Weite von Landschaft.[54] Es gibt diese Enge, Beengung, die beängstigend wirkt, auch in Landschaftsbildern, so z.B. das Inszenario der Kalkfelsenschlucht im *Peter-Hille-Buch*[55], deren Enge und tendenzielle Unbegehbarkeit den möglichen Absturz immer mit einkalkuliert. Lasker-Schüler hat längst mit einer Naturschilderung gebrochen, die, wie in Goethes Naturlyrik und die seiner Epigonen, Natur und Landschaft nahezu gleichsetzt und die Harmonie von Mensch und Welt als Einheit von Natur und Mensch begreift. Unter dieser Voraussetzung erscheint es nur allzu folgerichtig, der literarischen Landschaft vor allem eine bestimmte Funktion zuzuweisen: das Widerspiegeln der Ich-Figur. Davon weicht Lasker-Schüler ebenso ab, wie aber auch beispielsweise von der mit großer Bedeutung aufgeladenen Naturschilderung Büchners im *Lenz*, der die ganze Gebrochenheit seiner Figur im Landschaftsentwurf verankert, ihre bizarre Ästhetik mit Mitteln der Darstellung psychopathologischen Erlebens erst zum Ausdruck bringt[56], und die Entfremdung Lenzens nochmals um ein Vielfaches potenziert. Eine so großartige Gestik traut Else Lasker-Schüler ihren Landschaftsbildern kaum noch zu, die, wesentlich sparsamer gesetzt, meist nur aus wenigen, einer Regieanweisung gleichenden, Bildern bestehend, ein grobes, durchlässiges Raster oder Netz vorgeben, in dem die Figuren agieren. Am ehesten erinnern ihre Entwürfe an diejenigen Nietzsches in *Also sprach Zarathustra*, was nicht verwundert, da ja ohnehin das *Peter Hille-Buch*, das die meisten Landschaftsbilder enthält, sich im ganzen Textgestus an Nietzsches *Zarathustra* orientiert.[57] Ebenso wie *Zarathustra* beschränkt sich die eigentliche Handlung, so man von einer solchen überhaupt sprechen kann, im *Peter Hille-Buch* im wesentlichen auf das Aufsuchen und

---

54 Zum Bild der Landschaft in der Literatur s. Alexander Ritter (Hg.), Landschaft und Raum; Jochen Ritter, Landschaft, Zur Funktion des Ästhetischen in der modernen Gesellschaft, in: Ders., Subjektivität, Frankfurt a. M. 1974, S. 141-90; Georg Simmel, Philosophie der Landschaft, in: Ders., Brücke und Tor, Stuttgart 1957, S. 142ff.; Manfred Smuda (Hg.), Landschaft, Frankfurt a.M. 1986; Robert Vischer, Über ästhetische Naturbetrachtung, in: Ders., Drei Schriften zum ästhetischen Formproblem, Halle/Saale 1927; J. Zimmermann (Hg.), Zur Geschichte des ästhetischen Naturbegriffs, in: Ders., Das Naturbild des Menschen, München 1982, S. 118-154.
55 Else Lasker-Schüler, Das Peter Hille-Buch, in: Der Prinz von Theben, Bd. 4, S. 20f. u. S. 24.
56 S. zu diesem Bildbereich Harald Schmidt, Melancholie und Landschaft.
57 Die größte Übereinstimmung findet sich in der Petrusfigur, die ganz nach seinem Vorbild Zarathustra konzipiert ist. Der absolute Anspruch, mit dem Zarathustras Lehre ausgestattet ist, findet sich ähnlich auch bei Petrus, beide sind darüber hinaus entschieden dionysische Charaktere.

Verlassen von Orten. Gerade bei Lasker-Schüler fällt eine Bewegung auf (die auch im *Zarathustra* zu beobachten ist, dort aber nicht so auffällig eingesetzt wird), die den ständigen Wechsel vom hügeligen Land zur Ebene, vom Berg zum Tal meint:

„Und als die letzten den kühlen Garten verlassen hatten und durch das lächelnde Petruswetter heimwärts wandelten, nahm ich von den Jünglingen Abschied [...] Sie wußten, mich zog es nach dem Thron der Berge zurück. Und ich blieb drei Tage und drei Nächte [...]. Und am Morgen des vierten Tages schritt ich die Berge herab und mir nach viel schwer Geröll [...]."[58]

Mit *Petrus* zieht die Ich-Figur *Tino* zumeist auf einen Hügel oder Berg, sie thronen dann, entsprechend entrückt von den anderen Gefährten und erst recht entfernt von der Stadt (der Philister) auf einer Spitze, da wo die Orte der Erde aufhören und der Himmel, das Kosmische beginnt. Es sind Orte des Erhabenen, die als einzige dazu geeignet scheinen, die Ich-Figur *Tino* das Schreiben zu lehren, ihr das Verständnis für die Welt der Kunst zu vermitteln. Dies geschieht neben Orten einer erhabenen weitblickenden Perspektive (die Türme) auch an anderen, immer aber mythisch aufgeladenen Orten.

Neben diesen Ausflügen ins Weite, die einerseits einen sehr hohen Weltbezug (durch den Überblick) markiert, wie andererseits im weiten Blick alle Einzelheiten sich auflösen läßt, setzt Else Lasker-Schüler Landschaften als kleine Einheit, als zusammengeschnurrte Landschaft im Bild des literarisch so bedeutungsvollen Gartenmotivs[59]. Der Garten ist Natur und Nichtnatur zugleich, er ist geformte, künstliche Natürlichkeit, stilisierte und mit einer Symbolik befrachtete Natur. In dieser Funktion ist er ein typisches Jahrhundertwendemotiv, das sich aus freilich älteren Traditionen speist. In fast allen ihren Gärten tauchen traditionell verwendete Elemente auf: am auffälligsten vielleicht das Motiv des „*weißen Rosengartens*":

„Aber Onit entführte mich dem seltsamen Mahle in seine weißen Rosengärten; dort zeigte er mir die Hecke, hinter dem Dornröschen hundert Jahre im Zauberschlaf gelegen hatte."[60]

Hier ist der „*weiße Rosengarten*" ein Märchengarten, an anderer Stelle ist er ein Liebesgarten, in dem parallel zu den aufblühenden Rosen eine (problematische) Liebe beginnt. *Tino* verliebt sich in *Minn*, den Sohn des Sultans von Marokko, ihre Liebe hat den Garten zur Bühne:

---

58 Das Peter Hille-Buch, S. 55.
59 Zum literarischen Gartenmotiv s. Eva Höllinger, Das Motiv des Gartenraumes in Goethes Dichtung, DVjs 35(1961), S. 12ff.; Eva Börsch-Supan, Das Motiv des Gartenraumes in Dichtungen des neunzehnten und frühen zwanzigsten Jahrhunderts, DVjs 39(1965), S. 87ff.; Wolfgang Stammler, Der allegorische Garten, in: Alexander Ritter (Hg.), Landschaft und Raum, S. 248ff.
60 Das Peter Hille-Buch, S. 13.

„*Horch, Flötentöne singen die Rosen des weißen Gartens zu unserer Feier.*"[61]

Aber *Minn* wird, offenbar von seinem Vater, grausam ermordet. Der Tod setzt der Liebe ein Ende und all dies zeigt sich vor allem an Veränderungen im Garten:

„*Aber die Rosen im weißen Garten sind grau geworden. Zerbissen unter geknickten Ästen liegt Minn.*"[62]

Das Motiv des Rosengartens besitzt eine lange literarische Tradition, die sich zumindest bis ins Mittelalter zurückführen läßt.[63] Im Mittelalter ist Maria mit der Idee des geschlossenen Gartens, des *hortus conclusus*, eng verbunden, ein Motiv, das sich wiederum im biblischen *Hohelied* findet. Das *Hohelied* ist in der Prosa Else Lasker-Schülers immer „virulent", sie ahmt seinen Imaginationsstil nach, der u.a. darin besteht, Figuren als Orte, Räume, Gebäude, Gärten usw. sich vorzustellen.

Später wird die Rose über die Verbindung mit dem als sehr schön empfundenen Blumengarten Beiname Marias oder auch Christus, dessen Leid als Rosengarten erscheint. In der Rose verbinden sich Liebe und Tod, in den weißen Rosen klingen zudem die „weißen Lilien" der Unschuld an. Die Zusammenfügung von Liebe und Tod findet sich in dem genannten Beispiel Lasker-Schülers, es gibt darüber hinaus bei ihr Gärten, die eine „reine" Todessymbolik aufweisen, Friedhöfe, stilisiert wie in folgenden Bildern:

„*Ich aber stand fern vom Grabe. Und immer neue Wanderer, Reiche und Arme an Krücken betraten den stillen Garten mit den großen Denkmälern, mit den steinernen Stämmen, die nicht blühen und verblühen. [...] Ich hörte gläserne Engel singen über dem kühlen Garten, bis seine Hülle im Grabe lag.*"[64]

Die Gärten werden eng an die Figuren angelehnt, am nahesten dort, wo die mittelalterliche Metaphorik des Blumenbrechens, des Deflorierens, zum Einsatz kommt:

„*Aber als es Morgen wurde und Goldwarth in einen fremden Garten eindrang, mir Blumen zu pflücken, raffte ich mich auf und flüchtete über die weiten Wiesen.*"[65]

Merkwürdig verschoben ist hier, daß die Liebessituation nicht zwischen *Goldwarth* und der Ich-Figur als Eindringen in den Garten (der Ich-Figur) vorgestellt wird, sondern daß *Goldwarth* (d.i. eine Anspielung auf Herwarth Walden) in einen fremden Garten eindringt, um dort Blumen zu holen für *Ti-*

---

61 Die Nächte der Tino von Bagdad, S. 67.
62 A.a.O., S. 68.
63 Vgl.für die folgenden Ausführungen Wolfgang Stammler, Der allegorische Garten, in: Alexander Ritter (Hg.), Landschaft und Raum, S. 248ff.
64 Das Peter Hille-Buch, S. 54.
65 A.a.O., S.51.

no, die freilich flieht, diese Blumen nicht haben will. Keine Blume will sie brechen lassen, offensichtlich keine fremden, keine eigenen.

Der Garten als Ort der inszenierten Innerlichkeit? Bei Lasker-Schüler ist der Garten nicht so eindeutig zu interpretieren, er ist weder ausschließlich Innenwelt, noch distanzierte, vom Ich entfernte Außenwelt. Vielmehr scheint er eine Art Zwischenreich darzustellen, die dem Innersten nächste Form der Außenwelt, das vom Inneren unmittelbar gestaltete Außen, das Innere als Verkörperung im Außen, als Inszenierung, als Pseudo, als Als-Ob, aber unmittelbar da und als solches erhält der Garten Modellcharakter für den Prozeß der Kunst. Das Innen kommt hervor als Schein von ihm an besonderen Plätzen, im Garten und endlich im All:

„Ist ein Garten eine engere Landschaft, so ist die Liebe nur ein verkleinertes All".[66]

2.3 Raum und Psyche: das Raumgefühl

„Tatsache ist die Verflochtenheit des Raumerlebens mit allen psychischen Erlebnisweisen und Gegebenheiten."[67]

Das Erleben von Räumlichkeiten hängt ab von dem Subjekt, das den Raum empfindet, es ist entschieden relativ, es gibt nur individuell verschiedene Räume, aber nicht „den" Raum. Räume sind, wie gezeigt, Konstruktionen, Imaginationen, die erfunden, nicht vorgefunden werden. Im literarischen Text teilt sich diese Verflochtenheit von psychischen Befindlichkeiten und der Raumwahrnehmung grundsätzlich in zwei Phänomenen mit: Zum einen entwerfen Texte mitunter ganze Seelengeographien, verschiedene räumliche Bilder, die seelische Zustände nicht unmittelbar, sondern kaschiert mitteilen. Psychische Schwingungen werden zur Bewegung im Raum, psychische Stimmungen stimmen auch den Raum. Räume werden verwandelt, verändern sich unter dem Primat des Seelischen und das heißt, daß Räumliches nicht nur als Bild für Seelisches benutzt werden kann, sondern daß das Erleben im Raum, das Erleben von Außenwelt, signifikanten Veränderungen insbesondere dann unterworfen ist, wenn psychische Extremsituationen diese herbeiführen. Nicht die Bilder an sich, das Material, wird dann beschrieben und erklärt, sondern das Erleben selbst, das diese Bilder in Szene setzt. Die Räume werden dann sehr fragwürdig und häufig so tendenziell aufgelöst wie der Mensch, der sich in solchen Entgrenzungsvorgängen befindet. In diesem Abschnitt soll

---

66 Jean Paul, Sämtliche Werke, Weimar 1927ff., Bd. 13, Abt. I, S. 26.
67 Maurice Merleau-Ponty, Phänomenologie der Wahrnehmung, S. 333.

in der oben vorgeführten zweifachen Weise das Raumgefühl betrachtet werden und es schiebt sich, als eine Art Verbindungsglied zwischen beiden, noch eine dritte dazwischen: Im Begehren hält sich eine lustvoll und/oder qualvoll erlebte Suchbewegung auf, die sich als räumlich dargestellte manifestiert. Räume der Lust und Räume der Qual werden entworfen, der jeweiligen Struktur des Begehrens entspricht eine wie auch immer geartete räumliche Verortung, in der sich Raumbild und Raumerleben mischen. Auch davon wird die Rede sein.

Seelische Geographie

Raumbilder, in denen sich Seelisches ausdrückt, können näher oder ferner stehen. Besondere Aufmerksamkeit verdienen zunächst die „Nah-Formen", Entwürfe von Zimmern, Häusern etc. als den spezifischen Orten, *„wo das Nicht-Ich das Ich beschützt."*[68]

Es sind Räume als die Hülle, die das Ich umgibt, bevor es in die weiter entfernte Außenwelt geht: das Zimmer mit seinem vielsagenden Interieur, das Haus mit den einzelnen Räumen, die mit starken unbewußten Phantasien bestückte Räumlichkeit und nicht zuletzt all die räumlichen Entwürfe, die Geborgenheitsphantasien bedeuten.

„Vor meinem Spiegel oben in meinem Raume wurde es mir mit der Zeit nicht allzu leicht, die Farbe meines Gesichts mit der mondfarbenen Frucht zu unterscheiden. Ja, ich- schien direkt ganz hell durch mein Treibhaus. [...] Zwischen meinen lichten Wänden fühlte ich mich wohl. Auch schlief ich ausgezeichnet in meinem elfenbeinfarbenen Bettgestell. Manchmal ruhte ich in der Nacht in meines Zimmers weitem Rohrsessel, von warmer Luft eingehüllt. Für „In-den-Schlaf-Singen" sorgten die schmeichelnden monotonen Melodien eines arabischen Tanzhauses. Blieben die Wiegenweisen aus, strampelte ich wie ein verwöhntes Wickelkind in seiner Wiege. Sehr viel Freude erlebte ich auch durch meinen - ungeschminkten schlichten Tisch; in seiner natürlichen Holzhaut, nur von der Rinde befreit, ungestrichen und unpoliert, gerade von seinem Wald abgepflückt, sans façon in meine Stube arriviert. Er lebte, atmete mit mir auf, bangte mit mir vor und nach meinem Vers. Ob er sich gestalte zu einem Geschöpf oder nicht? Um diese Kardinalfrage drehte sich mit mir getreu mein Tisch. Wirklich, er wurde mein allerbester Freund in Jerusalem. [...] Aber ich will auch das primitive Mobiliar meines Zimmers nicht zu erwähnen vergessen, zum Beispiel meines Waschständers und seines schönen Emailleteints mit ein paar anerkennenden Worten gedenken. Hinterließ auch zu meinem Schmerz ein fahrlässiger Vorgänger ein paar Rostflecken, sorglos dicht unter der Waschschüssel verborgen. Schon am Abend kaufte ich darum in einem

---

68   Gaston Bachelard, Die Poetik des Raumes, S. 31.

des in zwei Hälften geteilten Ladens, in der Nähe meines Hauses, einen silbergesternten Bogen, darin den Käufern üblich ihre Kommissionen verpackt und überreicht wurden. Belegte mit dieser großen verklärten Serviette die Fläche, die meine Waschschüssel, meine Karaffe und ihr Glas plazierte. Beim Belegen des kleinen Plateaus fiel mir ein, wie ich als Kind so oft meine teure Mama mit der Frage quälte, ob es in Jerusalem silberne Sterne gäbe?"[69]

Die Ich-Figur mißt dem Zimmer und seinen Gegenständen immense Bedeutung zu. Das Subjekt fühlt sich darin nicht einfach aufgehoben, es schaut im Spiegelbild, das die Welt reflektiert und erblickt in ihm so, nur indirekt, vermittelt, kein Zimmer, sondern ein „*Treibhaus*". Die „*lichten Wände*" lassen Außenwelt ein und es ist gerade dieser Kontakt zur Außenwelt, der das Wohlgefühl so garantiert, daß in der Mitte des Textabschnitts das Ich als Säugling in einer Wiege imaginiert wird. Mit dieser Geborgenheitsphantasie beginnen die Gegenstände ihr Eigenleben, besonders der Tisch, der nicht nur als „*bester Freund*" bezeichnet wird, sondern seine ganze Bedeutung darin gewinnt, daß er als Schreibfläche dient, das heißt als der Ort, wo Kunst, Schrift, entsteht.

Auf einer Ebene wird mitgeteilt, daß das Zimmer ärmlich eingerichtet ist, auf der anderen wird der scheinbar banalen und kleinen Wirklichkeit ein bedeutendes Imaginationspotential zugesprochen. So wird aus dem roh zusammengezimmerten Tisch „*lebendiges Holz*", aus einem mit silbernen Sternen versehenen Packpapier echte silberne Sterne. Ironie ist hier auch zu entdecken: in der Distanz, aus der die beschriebenen Dinge betrachtet werden.

In einer anderen Vorstellung entsteht ein „blaues Gemach" mit orientalischem Bildcharakter:

„Senna Pascha - ich sitze auf dem Rosenbeet hinter den silbernen Dachfirnen des Palastes und blicke hinüber - über einen Wald von Pharaobäumen [...] - unter der großen leuchtenden Kuppel lag der Harem und ich starre auf das Fenster meines verlassenen Gemachs mit seinen blauen Wänden. Neben der stolzen, leuchtenden Kuppel erhebt sich die schwere Fahne des Botschafters wie eine fremde, abwehrende Hand. Ich bin endlos traurig - es ist, als ob ich ersticke unter der Traurigkeit wie unter einer Wüste von Sandtropfen. Ich habe nie eine Prinzessin oder einen Prinzen so geliebt wie mein blaues Gemach. Wie eine Mutter hat mich sein wiegender, blauer Arm umschlungen, und tiefere blaue Augen hat nie ein König des Abends gehabt wie mein hehres, blaues Gemach. Ein blauer Schwan war es, auf dem ich gleitete - eine Wunderblume war mein süßes blaues Gemach - hei, eine Tänzerin ... immer in seidenen blauen Schritten ... zauberleise ... und mit der Sonne hat es hellen Schattenschein ge-

---

69 Das Hebräerland, S. 27f.

tanzt und blaue Träume um die Sterne geschlungen, und hast du schon einmal ein Gemach gesehen, das blaue Haare hatte, Senna Pascha?"[70]

Hier wird zugleich ein immenser Verlust beklagt und eine als unstillbar sich präsentierende Sehnsucht formuliert in einem Bild, das Lasker-Schüler *„blaues Gemach"* nennt, das sich öffnet als ein Raum, in dem Begehren sich ebenso aufhält wie eine eigenartige Phantastik des Körpers. Der psychische Wert, den Else Lasker-Schüler hier setzt, ist:

„Ich bin grenzenlos traurig, es ist, als ob sie mich überschütte die Traurigkeit, wie dumpfes Nebelweinen eine Stadt."[71]

So wird das *„blaue Gemach"* auch als verlassen imaginiert, es kann von der Ich-Figur nur aus der Distanz betrachtet werden wie etwas Verlorenes. Verloren ist damit auch die Geborgenheit, mit der das Ich das Gemach ebenso ausstattet wie mit einer Körperlichkeit, in die, so scheint es durch, eine verborgene Liebeserklärung an Senna Pascha enthalten ist.[72]

Traditionelle literarische Symbole (der Schwan, das blaue Gemach als blaue Blume, das Tanzen) vermitteln der Szenerie neben der deutlichen psychischen Komponente eine Phantastik, die wiederum sich mit dem Psychischen in einer Art Traumcharakter verbindet und somit herkömmliche Raumgrenzen übersteigt und als der Ort vorgestellt werden kann, der Liebe und Tod zugleich meint:

„O, ein Kuß war mein blaues Gemach und ich sterbe an diesem blauen, blauen Kuß."[73]

In der Phantasie vom *„blauen Gemach"* ist jenes Schwelgen in kostbaren Innenräumen abgebildet wie es sich so augenfällig in Huysmans *A rebours* findet.

Neben diesen Innenräumen mit verschiedenen Funktionen (von denen die psychische nur eine ist) gibt es bei Lasker-Schüler solche, die fast ausschließlich in ihrer Geborgenheitsfunktion aufgefaßt werden:

„Du holst mich oft aus der Grube: um mein Herz lag ein Blutkranz. Der ist noch nicht verblüht. Ich bin immer schwermütig, keine Landschaft kann mich trösten, aber über die Linien einer Hand möchte ich wandeln, jeder ihrer Wege müsse zum Himmel führen, hunderttausendmal würde ich entschlummern in einer solchen Hand. Kennst Du so eine ewige Hand? Deine."[74]

---

70 Die Nächte der Tino von Bagdad, S. 60f.
71 A.a.O., S. 59f.
72 Senna Pascha steht wohl für Senna Hoy, im Leben Lasker-Schülers war das Johannes Holzmann, s. dazu Walter Fähnders, Else Lasker-Schüler und Senna Hoy, in: Sarah Kirsch u.a. (Hg.), Meine Träume fallen in die Welt, Ein Else Lasker-Schüler Almanach, Wuppertal 1995, S. 55ff.
73 Die Nächte der Tino von Bagdad S. 61.
74 Der Malik, S. 17.

Gesucht wird nach einem bergenden Raum: Das Ich will aus der Grube gerettet und es will gehalten werden. Der psychischen Dimension wird hier mit der Josefsgeschichte (Josef wird aus der Grube, in die ihn seine Brüder geworfen hatten, befreit) ein mythischer Aspekt hinzugefügt: Dadurch erhebt das Bild Allgemeingültigkeitsanspruch. Es geht nicht nur um die Rettung eines einzigen, depressiven Ich, ein Ich braucht immer ein rettendes Du, von mythischer Vorzeit bis zur hier aktuellen Ich-Figur. Was tröstet, Mut macht und aufrichtet, ist nicht die Weite einer Landschaft, sondern die Linie einer Hand. Wer Trost braucht, hat in der Hand des anderen Platz, mehr braucht es nicht. Daß eine Hand die Größe einer Landschaft haben kann, entspricht wiederum der Art des Vorstellens im *Hohelied*.

Weite ist für die Ich-Figur manchmal nur erträglich, wenn sie von einem ruhigen, kleinen und behaglichen Platz, bei Lasker-Schüler zumeist mit kindlichen Attributen versehen, aus der Distanz betrachtet werden kann:

"So gerne saßen wir beide auf dem lieben Treppchen, das aus der Besenstube führte, von dort die große Weite zu überschauen."[75]

Der Blick in die konturlose, tendenziell unendliche Weite wird hier nur zu zweit von einem kleinen, heimeligen Ort aus gewagt. Das *"liebe"* Treppchen, das aus einem ganz engen Raum herausführt (der Besenkammer), bietet die Ausgangsposition, die Plattform, die schnellen Rückzug gestattet dort, wo die Weite nicht mehr ertragen werden kann.

Als Ort der intensivsten und zugleich archaischen Geborgenheit wird auch bei Lasker-Schüler der Leib der Mutter imaginiert. In *Der Prinz von Theben* wird die Geschichte von Abigail I. erzählt, der sich weigerte, geboren zu werden:

"Der lag in seiner Mutter Prachtleib wohl geborgen."[76]

Abigail lehnt den Bezug zur Außenwelt völlig ab, denn das würde für ihn bedeuten, Kaiser sein zu müssen und nicht Dichter, *"sein Beharren in der dunklen, sorglosen Haut wohl verständlich."*[77]

Sein Dichten braucht die Geborgenheit im Mutterleib, das dunkle, schwerelose Schweben in symbiotischer Nähe zum Körper der Mutter, von dem sein Dichten unmittelbar abhängig ist:

"Der beharrende Mensch lebte weiter von Fleisch und Blut seiner Mutter, und sie fühlte ganz genau, daß er eine Vorliebe für einige Gerichte hatte; daß er nur dichtete beim Genuß süßen Blutes, wenn seine Mutter verzuckerte Rosen verzehrte."[78]

---

75 Das Hebräerland, S. 59.
76 Der Prinz von Theben, S. 112.
77 A.a.O., S. 113.
78 Ebda.

Die Symbiose endet mit dem Tod der Mutter (und es ist Abigail, der sie, ganz ambivalent, mit einem Fußtritt tötet), der für Abigail einen so großen Verlust bedeutet, daß er in jeder Frau immer wieder neu diese Symbiose sucht. Für die Abgrenzung zur Außenwelt ist er nun selber verantwortlich:

"Abigail der Erste saß nackt auf dem Thron in seiner letzten Haut, die war zart und neu und unberührt. Und er fürchtete sich in der offenen Welt - seine Hände suchten immer Wände und der Tag tat seinem Auge weh."[79]

In seiner Schutzlosigkeit und der für ihn so zentralen Privation bleibt ihm bald nur noch der Tod. Als sein Geborgenheitsraum in der Außenwelt, sein Palast, verbrennt, bricht er endgültig zusammen, wird von Träumenden überritten. Die Außenwelt, wenn auch in Form von unbewußt agierenden Figuren, erschlägt ihn, ihrer Übermacht hat er kein eigenes stabiles Dasein entgegenzusetzen. Es ist die Übermacht einer imaginären Außenwelt, seiner Phantasien von ihr, die ihn zu Fall bringt.

Metapher für das Ich sind nicht nur Zimmer und Räume, sondern Else Lasker-Schüler entwirft in Anlehnung z. B. an Baudelaire[80] und die nachfolgende symbolistische Tradition (im weitesten Sinne), Seelenlandschaften, bzw. Seelenstädte. Bilder der äußeren Welt, eigentlich dem Seelischen zunächst entfernte, fremde Bilder werden das Material, mit dem die innere Landschaft sich in Bildern realisiert. Dabei unterliegen die Bilder der äußeren Welt einem langsamen Verwandlungsprozeß, in dem äußere und innere Perspektive sich ineinander verschränken. In *Le rêve parisien* wird Paris als künstliches Paradies entworfen, in dem endlose Räume und unendlich facettierte Spiegelungen dominieren. Auch Lasker-Schüler benutzt die Spiegelmetapher, um innere und äußere Welt aufzusplittern und diese Splitter beliebig miteinander zu vermengen.

Die Städte, die sie entwirft, sind in erster Linie Ich-Entwürfe und teilen uns deutlich mit, wie sich die Ich-Figur fühlt:

"Meine ganze Psyche ist eine Weile eingekracht. Eine feine ganz goldene Stadt ist meine Seele, lauter Wandelgänge von Palast zu Palast. Und ihre Landschaften übersteigen die Schönheiten aller Länder. Ich soll wieder erkrankt sein, aber wo? Es ist kein Mosaik mehr da, und mich behandelt man auf Backsteine. Ich geb dem Bischof lächelnd die Hand zum Abschied: Leben Sie wohl, Herr Erzbischof, Sie behaupteten, die Kultur der Ägypter über alles zu lieben, und vergaßen, daß man eine pharaonische Prinzessin nicht (wenn auch in Gedanken) neben einem deutschen Porzellangänschen stellen darf."[81]

---

79   Ebda.
80   Zu den Seelenlandschaften Baudelaires s. Gerhard Hess, Die Landschaft in Baudelaires „Les Fleurs du Mal", Heidelberg 1959.
81   Mein Herz, S. 24.

Die Ich-Figur ist als orientalische Stadtlandschaft vorgestellt, zu ihr gehört das feine Mosaik und nicht der grobe Backstein, mit dem sie „geflickt" werden soll. Hier leidet die Figur unter der Ungeschlachtheit des tumben Abendlandes, für das der Backstein stehen könnte und es erscheint nur folgerichtig, unter diesen Umständen sich zerbrechlich zu zeigen. An anderer Stelle imaginiert Else Lasker-Schüler die „Seele" als Palmenhain, den die Menschen ihrer Stadt begehen können.[82] Hier liegt Psychisches ganz offen, knüpft (orientalisierend) an eine Gartenmetaphorik an, das Seelische der Ich-Figur wird als begehbar, beziehungsfähig, ja Geborgenheit vermittelnd, entworfen. Dort, wo sie die Orientalismen wieder ablegt, kann sich auch der Ausgangsort, Elberfeld, als Stadtmetapher entpuppen, deren heimatlicher[83] Charakter auf die Familie und ihre Funktion verweist. Elberfeld ist die Drehscheibe, die das Ich in die Kindheit zurückwirft. Als Kindheit versteht sie in Ihrem Essay *Elberfeld im Wuppertal* eine Collage aus einer Stadtbeschreibung, die sich einbettet in die zentralen Beziehungsmuster zum Vater, zur Mutter (s.u.). In zahlreichen Bildern des Hinauf- und Hinabsteigens fängt sie den Charakter Elberfelds ein:

„Wir wohnten am Fuße des Hügels. Steil auf gings von dorthin den Wald [...] Ich bin immer so stolz auf unseren großen Wald gewesen, in den man, ob man's wollte oder nicht, beim Heraufklettern der Sadowastraße hineinblicken mußte."[84]

Später heißt es in demselben Text:

„Einsam wandle ich nun durch die engen berückenden Straßen, steige die vielen Hügel hinan, plötzlich steht eine hohe Treppe vor einem, angelangt blickt man in einen Garten voller Veilchen und die wunderbaren lila Schaumkrautwiesen!"[85]

Mit dem Auf und Ab der Bewegung in der *„seltsam dunklen Arbeiterstadt mit den Tausenden von Schornsteinen, über dem Wuppertal in den Rheinlanden"*[86], die übrigens die alltäglichen Pendants zu den „sonntäglichen" Aussichtstürmen bilden, verschieben sich auch die Eindrücke, die mit der wechselnden Perspektive gewonnen wurden. Da hat sich als Ort etwas ineinander verschachtelt, das je nach Blickweise dunkel aber genauso gut farbig wirken kann. Die Wupper ist da zugleich Styx und der Ort, wo die Färber die Textilien auswaschen. Den Vorgang des Färbens aber rückt Else Lasker-Schüler in die Nähe zur Kunst. Färben ist das Ausmalen der Phantasien. In Wuppertal verdichten sich Stadt und Natur, vermischen sich Elend und Größe, staubige Straßen und beglückender Garten. In diesem Schnittpunkt zwischen Idylle

---

82 A.a.O., S. 107.
83 Zur „Heimat" s. Norbert Mecklenburg, Erzählte Provinz: Regionalismus und Moderne im Roman.
84 Else Lasker-Schüler, Elberfeld im Wuppertal, in Konzert, Bd. 5, S. 7.
85 A.a.O., S. 10.
86 Elberfeld im Wuppertal, S. 10.

und Trostlosigkeit verortet Else Lasker-Schüler ihre Kindheit, die sich geprägt zeigt von diesem Ort des Nebeneinanders der unterschiedlichsten Eindrücke. Im Auf und Ab Elberfelds situiert sie die zentralen Beziehungen der Kindheit, die zu Vater und Mutter. Ihre Mutter ordnet sie einem Zwischenreich zu, in dem man Schutz suchen kann vor apokalyptisch anmutender Bedrohung:

„Wenn die Gewitter kamen von den vier Himmelsrichtungen, die vier schwarzgezückten Reiter nahten, setzte sich meine teure Mama auf den Balkon, der zwischen Osten und Westen in der Luft frei zu schweben schien. So war's einem. Im kleinen Nachen glaubte man zu sitzen zwischen den Luftwellen."[87]

Es ist eine Metaphorik des „Zwischen", die dieses Bild bestimmt, des Weder/Noch, des Durchgangs und somit des Schwebens, der Abgehobenheit von Alltagswahrscheinlichkeit als einer Stufe von Entrücktheit, die aber dem Blick nicht ganz entschwindet. Das Bild der Mutter zentriert sich als eine Mitte, in der sich alle Ruhe aufzuhalten scheint. Die Mutter steht hier für eine Ausgeglichenheit zwischen Extremen, darüber hinaus ist ein unterschiedlich gestaltetes Zwischen mit verschiedenen Funktionen eines der zentralen Raumbilder bei Lasker-Schüler.

Mit dem Vater verknüpft sie einerseits die phallische Metapher des Dolches[88], die im Text unmittelbar an das Balkonbild (s.o.) und die damit verbundene Mutterfigur verbunden ist:

„Es blitzte aus vier Wolken. Da in Form einer Zacke, dort im Osten stach ein brennender Dolch in die wogende erregte wolkige Himmelsbrust. Mein Vater erinnerte sich seines ehrwürdigen Großvaters [...]."[89]

Zwischen Westen und Osten befindet sich der phantasierte Ort der Mutter, der Osten ist der Ort des Vaters. Die Beziehung zwischen Vater und Mutter spielt sich in kosmischen Räumen ab. Diese Art der Ortsbezeichnungen stehen bei Else Lasker-Schüler für all die Orte, mit denen sie intensive Gefühlswerte ebenso verknüpft wie den Ursprungsort des Schreibens.[90] Hier verortet sie so die Primärbeziehungen, die zentrale zu Mutter und Vater. In ihrer Mitte findet das Ich seinen Lebensausgangspunkt, dort wo es sein Glück sucht und wo die Suchbewegung immer neu beginnt. So gesehen bildet Elberfeld eine Ich-Metapher, als der Ort, auf den sich das Subjekt als Ursprung bezieht, als eine Art der Heimat, in deren offensichtlicher Enge Gucklöcher und andere Sehöffnungen (Aussichtstürme!) den Blick über das Tal hinaus freigeben.

---

87   A.a.O., S. 7.
88   Das Bild des Dolches taucht immer wieder in ihren Texten auf, vor allem aber im Peter Hille-Buch.
89   Elberfeld im Wuppertal, S. 7.
90   In ihrem Prosagedicht „Das Meer" wird der glühende Zick-Zack zum Schreibgerät auf der Schreibfläche des Himmels, hier ist der Dolch am Himmel eine Art pars pro toto für den Vater.

Insofern ist Elberfeld der Raum, der aus ihm selbst hinausführt und der nicht ohne Verbindung zu kosmischen Verortungen, mit denen intensive emotionale Elemente sich verbinden, zu begreifen ist.

Traumsymbolik

Es geht hier nicht um Deutungen, sondern um Bilder, die unbewußte Anteile ebenso haben, wie sie auch Realitätsreste aufweisen. Alles in allem wirken die Traum-Raum-Bilder im Werk Lasker-Schülers zunächst wenig originell, werden aber bei genauerem Hinsehen doch sehr individuell von ihr geformt und eingesetzt. Da gibt es die bekannten Bilder von Kelchen (die sie selbst, in ihrem Essay *Paradiese* als Sexualität deutet[91]), in denen sich Traumsymbolik und mythisches Bild verbinden. Es ist *Petrus* aus dem *Peter-Hille-Buch*, der so mit sexuell konnotierten Attributen ausgestattet wird und darüber hinaus und durchaus im Einklang damit, als Dionysosfigur erscheint.[92] Die Kelchbilder sind Bestandteil von immer wieder gerade in der Prosa auftauchenden „Behältnisbildern", Metaphern, die für eine Verborgenheit stehen, die geschützt werden soll vor einem neugierigen, distanzlosen Blick von außen. Das Kostbare wird auch in Lasker-Schülers Texten in Kästchen aufbewahrt, ob es sich nun um Edelsteine (als Material ihrer Dichtung) oder um intime Körperlichkeit oder psychische Innenwelt handelt.[93]

Auch Körperteile können zum Behältnis werden, sehr oft ist es bei Else Lasker-Schüler das Herz, das ja auch umgangssprachlich so verwendet wird, etwas wird im Herzen bewahrt.

„*Ich habe kein Geheimnis mehr, mein Herz kann keins verwahren, es steht im Amte der Welt. Meere kommen und spielen seine Heimlichkeiten ans Land, es erwacht mit dem Morgengrauen und stirbt am Sonnenuntergang. Aber immer ist es aus Seide, ich kann es zuschließen, wie ein Etui.*"[94]

Hier spielt Else Lasker-Schüler mit einem schönen Paradox: Das Unermeßlichkeitsbild des Meeres kontrastiert sie mit dem kleinen Etui des Herzens, das „Platzangebot" ist ebenso unerschöpflich wie imaginär. Das Verschließen von Behältnissen, ob es sich um *„Kriegstaschen"*[95], *„Körbchen"*[96],

---

91   Else Lasker-Schüler, Paradiese, in: Konzert, Bd. 5, S. 124.
92   S. Peter Hille-Buch, S. 15, S. 19, S. 24.
93   „Daß eine Entsprechung zwischen der Geometrie des Kästchens und der Psychologie des Verborgenen besteht, das bedarf wohl keiner langen Kommentare." (Gaston Bachelard, Die Poetik des Raumes, S. 97).
94   Mein Herz, S. 64.
95   A.a.O., S. 94.
96   Das Hebräerland, S. 85.

„Döschen mit einem kleinen Döschen"[97] oder „Schmuckkästchen"[98] handelt, ist allen gemeinsam als eine Dualität von Verschließen und Öffnen (so banal das zunächst hier klingen mag). Wo sie geschlossen sind, da verweigert das Kostbare sich dem Blick und der Inbesitznahme von außen, inszeniert aber gleichzeitig die grundsätzliche Möglichkeit des Sich-Öffnen-Könnens mit. Der Reiz liegt gerade in dieser möglichen Gestik des Öffnens, teilt sich mit als Geheimnis, das potentiell gelüftet werden könnte:

„*Aber in dem Augenblick, wo das Kästchen sich öffnet, gibt es keine Dialektik mehr. Das Draußen ist mit einem Zuge ausgestrichen, alles gehört dem Neuen, dem Überraschenden, dem Unbekannten. Das Draußen bedeutet nichts mehr. Und sogar, höchstes Paradox- die Dimensionen der Körperlichkeit haben keinen Sinn mehr, weil eine neue Dimension geöffnet worden ist: die Dimension der Innerlichkeit.*"[99]

Es geht hier um Übergänge zwischen Innen und Außen, von ihnen wird noch die Rede sein.

Wenn man den Blick von den einzelnen Traumsymbolen etwas entfernt und ihn auf die gesamten Raumbilder bei Lasker-Schüler richtet, so fällt u. a. deren grundsätzlicher Traumcharakter auf. Traumartiges zeigt sich z. B. in der schon erwähnten Zwischenweltmetaphorik und in vielen Bildern einer „Unterwelt", ob es sich nun um Keller, um die „*untere*" Stadt Jerusalems[100] oder um Friedhöfe handelt. Von ihnen geht eine bizarre Faszination aus, die sich aus diesen Raum-entwürfen „*unterirdischer Umtriebe*"[101] speist: „*Wenn man dort ins Träumen gerät, kommt man in Kontakt mit der Irrationalität der Tiefen.*"[102]

Traumartig können auch mythische Versatzstücke in den Texten wirken. Da gelangt beispielsweise der Scheik aus Der Prinz von Theben nur über die lebendigen Leiber seiner 23 Söhne, der geträumten Himmelsleiter Jakobs gleich, auf den Friedhof, wo er seinem verstorbenen Freund wiederbegegnen will.[103] Der Traumbildcharakter speist sich aus einer mythischen Bilderwelt, die sich sowohl eigenwillig orientalischer Bilder, als auch „realer" jüdischer Traditionen bedient. In diesen Zusammenhang gehört das Problem der Polarität von „oben" und „unten" (oder auch hier/dort, nah/fern), die sich in der traumartigen Wahrnehmung (unter Umständen) umkehrt. In Lasker-Schülers Texten geschieht das dergestalt, daß Gefühlswerte, die sie zunächst „unterirdisch" ansiedelt, durchaus später „oben" sich wiederfinden. Anders formu-

---

97   Das Peter Hille-Buch, S. 14.
98   A.a.O., S. 39.
99   Gaston Bachelard, Die Poetik des Raumes, S. 100.
100   Das Hebräerland, S. 36ff.
101   Gaston Bachelard, Die Poetik des Raumes, S. 47.
102   A.a.O., S. 43.
103   Der Prinz von Theben, S. 96.

liert: In ihren Texten gibt es eine rege Bewegung zwischen oben und unten und umgekehrt. Im *Wunderrabbiner von Barcelona* fällt die Ich-Figur vom Turm, wird aber aufgefangen, im *Peter Hille-Buch* werden Hügel herauf- und bald wieder herabgestiegen, Himmel und Erde sind zwar weit voneinander entfernt, aber die Reise zwischen ihnen sehr schnell möglich. Letztlich sind diese Bewegtheiten notwendig, nicht nur um Gefühlssprünge zu kennzeichnen, sondern auch dafür, um das Hineinversetzen in einen „erhöhten" Zustand zu markieren, in den Himmel, das kosmische „Oben". Diese „Himmelfahrten" sind die Voraussetzung für das Dichten, für das Entstehen von Kunst und als solche sind sie vor allem mit Nietzsches Rauschbildern, auch den Flugmetaphern im *Zarathustra* vergleichbar:

„*Wer die Menschen einst fliegen lehrt, der hat alle Grenzsteine verrückt; alle Grenzsteine selber werden ihm in die Luft fliegen, die Erde wird er neu taufen - als die Leichte.*"[104]

Ludwig Binswanger interpretiert „Steigen" und „Fallen" als apriorische Struktur des Lebens, ja als Lebensbewegung schlechthin.[105] Steigen und Fallen sind „Systole und Diastole", lebensnotwendige Vorgänge also, die dort, wo sie in der Literatur auftauchen, eine intensive Nähe zu körperlichen Vorgängen bezeichnen. Im verwandten Bild der Welle, das Lasker-Schüler sehr oft gebraucht, spiegelt sich ein Wellenbad der Gefühle wieder und meint so das Schwanken zwischen Euphorie und Dysphorie.

Begehren als Suchbewegung

In ihren Texten gestaltet Else Lasker-Schüler nicht nur Räume, die als seelische Geographie einer Ich-Figur verstanden werden können, sondern führt den Lesenden das Begehren des Ich als Suchbewegung vor:

„*Suchte ich doch mit wundem Herzen mir gleichgesinntes Ziel in einem mich erwartenden Augenblick im Winkel eines Gemütes, mich schließlich zu verirren in meiner ganzen blutenden Sehnsucht.*"[106]

Dieses Zitat bezieht sich als zusätzlicher Kommentar auf das Gedicht *Mein Sterbelied*[107], in dem das Ich eine verlorene Liebe beklagt. Was ist daraus geworden? Der innere Vorgang wird in der Vergangenheit mitgeteilt. Das Ich war schon verletzt, als es nach einem Gegenüber suchte, aufgerieben hatte es sich, dabei entstand im Erleben eine wunde Stelle. Diese bestimmte Stelle,

---

104   Friedrich Nietzsche, Also sprach Zarathustra, in: KSA, Bd. 4, S. 242.
105   S. Ludwig Binswanger, Traum und Existenz, S. 77 u. 79.
106   Else Lasker-Schüler, Der Antisemitismus, in: Verse und Prosa aus dem Nachlaß, Bd. 8, S. 71.
107   A.a.O., S. 70.

hier als Herz bezeichnet, sucht in einem anderen Innen, an einem kleinen, geschützten Ort, einem Winkel, ein Ziel. Ziel und Winkel sind räumliche Dimensionen, an die Else Lasker-Schüler die Suchbewegung knüpft. Dem räumlichen Aspekt wird ein zeitlicher hinzugefügt. Gesucht wird das Glück im Augenblick, in jenem kurzen Wimpernschlag zwischen Nie und Jetzt, der hier passiv vom Ich erwartet werden will, so als wüßte es, daß man Glück nicht herbeizwingen, sondern nur herbeisehnen und das heißt nichts anderes als herbeiwarten kann. Lasker-Schüler führt an dieser Stelle die vergebliche Suchbewegung der Ich-Figur vor: Aus dem wunden Herzen wird eine offene, blutende Verletzung, aus Suche Verirrung, aus Begehren ungestillte Sehnsucht. Dies alles teilt sie subtil und durchaus sehr ambivalent mit. Auch in der sich qualvoll verströmenden Sehnsucht ist die Suche immer noch versteckt, ebenso das Wunder in der Wunde, aber die Irritation, das Verirren siegt dort, wo selbst heimelige Winkel zu alle Orientierung zerstörenden Labyrinthen werden. Da rennt die Ich-Figur vergeblich auf ein Ziel zu, weiß nicht mehr, was sie suchte, scheint sich selbst nie zu verlassen, nie den wirklichen Kontakt zu einem Du aufgenommen zu haben und sagt schließlich von sich selbst: *„Ich leide unter diesem irrigen Leben."*[108]

In den Texten Lasker-Schülers zeigen sich nicht nur vergebliche Suchmanöver, sondern auch glückliche Ankünfte an Orten, die das Begehren selbst erst neu schafft. Sie verortet Liebe neu, *„da sie* [die Liebe, I.H.] *nicht von dieser Welt ist"*[109], sondern in einer himmlischen Sphäre angesiedelt wird. Dort erscheint Liebe dann als „Sturmbraut", oder als „Palmensäuseln" und gar als „Himmels-schnuppe", die *„unversehens ins Zweiherze fällt und himmelhochjauchzenden Zustand verströmt"*.

Liebe erweitert so notwendigerweise den Blick, die Außenwelt bleibt nicht draußen, sondern „unterhalb" zurück, das Ziel der Liebe ist: *„Immer wieder neue Perspektiven schaffen! Den Flügeln der Liebe den Raum noch erweitern."* Wo Liebe gelingt, werden die Räume so grenzenlos, daß diese öffnenden Bewegungen einen starken Kontrast bilden zur schon besprochenen Suchbewegung, die in einem spitzen Winkel sich totläuft, anstatt in ihm Geborgenheit zu finden. Aber auch dieser fast unerträglich „jauchzende" Essay

beleuchtet das Zuwenig an Liebe und findet dafür ein sehr schönes Körper-Raum-Bild:

„Dem an Liebe verarmten Menschen schlägt das Herz über dem Kopf zusammen."

---

108   A.a.O., S. 72.
109   Die nächsten Zitate in der Reihenfolge des Auftauchens in: Else Lasker-Schüler, Freundschaft und Liebe, in: Konzert, Bd. 5, S. 24, S. 28, S. 27.

Räume werden fragwürdig: Psychische Raummetamorphosen

Psychische Dispositionen und Zustände können die Raumwahrnehmung so ändern, daß sie zur Metamorphose von Räumen führt. Sie werden als veränderte Räume, von psychischem Erleben unmittelbar gestaltete, dargestellt. Auch in der Prosa Else Lasker-Schülers formen die Befindlichkeiten der Figuren Räume, unterziehen sie parallel zu ihrem Erleben signifikanten Veränderungen. Dies geschieht zum Beispiel dort, wo Körper und Figuren ihre Grenzen überschreiten, Entgrenzungen erfahren, in denen Lust und Verlust oft sehr eng zusammen liegen.

"Nun bin ich wie ein durchsichtiges Meer ohne Boden, ich hab keinen Halt mehr [...] Was helfen mir nun Deine bereitwilligen Hände und die vielen anderen Finger, die mich bang umgittern, durch die meine Seele grenzenlos fließt. Bald ist alles zu Tode überschwemmt, alles ist in mir verschwommen, alle meine Gedanken und Empfindungen."[110]

Die Ich-Figur löst sich auf, wird selbst zum Fließenden, erlebt sich und die Außenwelt ununterscheidbar als ein Ineinanderfließen, das sich schließlich als tödlich erweisen wird. Befindlichkeit und Raumerleben korrespondieren so stark, daß sie nicht mehr zu differenzieren sind: Aus dem Raumgefühl ist ein Ichgefühl geworden und umgekehrt. Die Auswegslosigkeit, das Bodenlose, fängt Else Lasker-Schüler in anderen Kontexten mit einer anderen Bildlichkeit ein, die aber einen ähnlichen Wirkungsgrad besitzen: *"Ich bin so einsam, wer mich lange ansieht, fällt in einen dunklen Himmel."*[111]

Aus den Liebeshimmeln ist hier das Gegenteil geworden, eine Art Raum unter der Erde, der einen eigentümlichen Sog auf diejenigen ausübt, die mit der Ich-Figur noch Blickkontakt aufnehmen. Oben und unten werden vertauscht, wo die Ich-Figur sich so intensiv verlassen fühlt. Wo Liebe(n) fehlt, wird selbst der Himmel zum Hades.

"Manchmal denke ich was, das geht über meine Grenzen, über Eure Horizonte habe ich wohl schon lange gedacht. Aber wo komme ich hin, wenn ich über meinen Mauern und Zäunen hänge, wo sich noch nicht Land vom Meere getrennt hat?"[112]

Das Überschreiten von Denk- und Lebensgewohnheiten, das Hinausblicken über vertraute Horizonte, wird in *Mein Herz* für das Ich zu einer Quelle der Angst. Das Bild, das Lasker-Schüler dafür gebraucht, ist das Chaos, der Raum, der noch keine Scheidung zwischen Land und Meer kennt, und den Zustand vor einer Schöpfung (das suggerieren die Bilder der *Genesis*) kennzeichnet. So amorph, so unbestimmt, bleibt das Ziel unklar, auch hier ist die

---

110   Mein Herz, S. 102f.
111   Der Malik, S. 14.
112   Mein Herz, S. 89.

wenig lustvolle Kehrseite von Entgrenzung sichtbar, das Sich-Verlieren in Raum und Dingen, die man nicht von sich zu unterscheiden weiß. Statt der konturlosen, als Bedrohung erlebten Weite, kann die empfundene Enge eines Raumes Ausdruck sein für die Enge und Verarmung des Empfindens, für ein psychisches Elend, das sich im äußeren Lebenszuschnitt spiegelt:

„Du willst wissen, wie ich alles zu Hause angetroffen habe? Durch die Fensterluke kann ich mir aus der Nacht ein schwarzes Schäfchen greifen, das der Mond behütet; ich wär dann nicht mehr so allein, hätte etwas zum Spielen. Meine Spelunke ist eigentlich ein kleiner Korridor, eine Allee ohne Bäume [...] Meine Spelunke ist ein langer, banger Sarg, ich habe jeden Abend ein Grauen, mich in den langen, bangen Sarg niederzulegen."[113]

Die Metaphorik ist eindeutig: *„der lange, bange Sarg"* zeigt die Todesnähe, die Todesfurcht des Ich, sehr betonend wirken hier die Assonanzen. Auch in diesem Todesraum aber entstehen Phantasien, nicht nur das *„Schäfchen"* ist gemeint, sondern auch die im weiteren Kontext entworfenen Stadtbilder *Theben* und *Vampur*. Else Lasker-Schüler beschreibt enge Räumlichkeiten unter anderem auch als Beengung, die dem Ich von außen auferlegt wird, es dominieren aber die Räume, die durch die seelische Verstimmtheit sichtbar als eng zusammenlaufend empfunden werden. Im Vordergrund stehen dabei Angstvorgänge, von denen sich die Ich-Figur so sehr in die Enge getrieben fühlt, daß sie sich selbst zu nahe auf den Leib rückt. Sie kann zu sich keine Distanz mehr herstellen, ihr Denken engt sich ein auf eine Selbstbezüglichkeit, die in letzter Instanz zur völligen Leerung der Außenwelt führt. Raum zu annihilieren kann sich bildlich ausdrücken in einem Raum, der so eng zuläuft, daß er in einer Spitze endet, in der das Ich notwendigerweise stecken bleibt, sich niederlegt in einen Sarg, dem engsten Raum nach dem Mutterleib, der in seiner Enge aber Geborgenheitsfunktionen erfüllt. Enge und Weite können sich dabei als zwei Pole der einen Empfindung zeigen, das heißt, so unterschiedlich sie sich zeigen, so ähnlich können sie unter Umständen interpretiert werden. Da gibt es die enge Räumlichkeit, die als letzte Wand zwischen einer Innenwelt und der alles dominierenden, allen Platz beanspruchenden Außenwelt gesehen werden kann: *„Ich sitze gegenwärtig zwischen zwei Eisenbahnwänden mitten im Wüstenmeer."*[114]

Diese Vorstellung bleibt aber hinsichtlich der vorliegenden Ich-Empfindungen ambivalent. Umso deutlicher artikulieren sich aber sehr direkt formulierte, schmerzhafte Seherfahrungen der Weite:

---

113   Der Malik, S.7.
114   Das Hebräerland, S. 80.

„In Jerusalems Umgegend beginnen sich zu weiten die Pupillen, fast schmerzhaft, wie bei mir. Das Auge muß eine nie gekannte, geahnte Landschaft umfassen lernen. Dieser Umstand des gewaltsamen gewaltigen Eindringens ungewohnter übergroßer Perspektiven verursacht dem Angelangten vorübergehend Unbehagen."[115]

Unerträgliche Weite kann einen ähnlichen Weltverlust markieren wie die bedrohliche Enge. Beide Erlebnisweisen können das Ichbewußtsein zum Verschwinden bringen: in der Enge als zu intimer Selbstbezug, in der Weite als fehlendes Beziehen durch den Verlust von Gegenständlichkeit. Bei Enge und Weite ist die Welt leer: Zum einen, weil sie keine (oder nur sehr beschränkte) Handlungsmöglichkeiten bietet, zum anderen, weil sie auf Begrenzung so sehr verzichtet, daß Haltlosigkeit vorherrscht. Zu enge und zu weite Räume markieren eine sehr ähnliche Leiderfahrung, letztlich sind Zeit und Raum ganz getilgt, sie bestehen nur noch als Bedingungen des Erlebens, an die sich weder eine konkrete Zeit noch ein konkreter Raum knüpfen.

Habe ich bislang entweder Leid- oder Liebeserfahrungen der Ich-Figur als die Basis für Raummetamorphosen der Enge und der Weite herausgestellt, so existieren bei Else Lasker-Schüler daneben auch andere Erlebnisweisen, die sich in diesem Dualismus von Enge und Weite allein, nicht beschreiben lassen. So schildert die Ich-Figur im *Peter Hille-Buch* ihre Reaktion auf den Tod der *Petrus*-Figur folgendermaßen:

„Aber als ich die Bahrenträger in der Ferne sah, schrie ich so laut- und der See stand still; die Frühlingswinde erstarrten, und der Himmel fiel auf die Erde herab in wilden Tränen [...] Und mein Herz war wie ein großer Sarg, aber ein Sturm erhob sich und zerriß das junge Laub der Wälder und schüttelte an die Felsen, und ihre Gipfel schwankten furchtbar. Und meine Haare flogen wie Trauerschleier über den See, immer weiter, bis über die Dächer der Stadt."[116]

Diese Textstelle mutet an wie eine Mischung aus Bildern der Apokalypse, aus Büchners *Lenz* und expressionistischer Figuren-, bzw. Raumkonzeptionen. Der Weltuntergang korrespondiert mit der Starre der Natur und der Zurücknahme der Schöpfung (Himmel und Erde sind wieder eins). Die Welt selbst wird zum von Weinen geschüttelten Körper, das Ich wird unermeßlich wie bei *Lenz*, wird selbst in das apokalyptische Geschehen mit hineingenommen. Das verstörende Verlusterlebnis hat sich an Bilder der Außenwelt so geknüpft, daß es ihm nur das Verkehrte, Untergehende, Zerstörerische und sehr Dynamische zuzugesellen weiß. Die Bildlichkeit, die so entsteht, ist eine entschieden phantastische und dadurch auch mythische; ein wildes Bild für die menschliche Grunderfahrung der Trauer, alles andere als verhalten darge-

---

115 A.a.O., S. 137.
116 Das Peter Hille-Buch, S. 52.

stellt, sondern mit den Mitteln des expressionistischen Schreis. Das Körperschema zeigt sich ebenso aufgelöst, wie der Raum aufgebrochen und verkehrt; gerade die damit verbundenen leiblichen Phänomene werden noch im Kapitel „Körper" ausführlich zu erörtern sein.

2.4 Gott steckt im Detail: Räume als Kosmos, Mythos und Utopie

Raumbilder können neben der Psychologisierung eines Textes noch andere Funktionen erfüllen. Ebenso wie Else Lasker-Schüler „Liebe" verortet und dabei an spezielle Raumbilder bindet, so geschieht das in ihren Texten auch mit anderen Bereichen. Raumbilder für das Erhabene, Welterklärende, haben oft mythischen-utopischen Charakter, sie halten sich im wesentlichen in Räumen auf, die als Paradies, als Kosmos, als Mythos und nicht zuletzt als Ort für die Kunst imaginiert werden.

Paradies

Die Paradiesvorstellungen bei Else Lasker-Schüler sind nicht paradiesisch. In ihren legendären Orientbildern können die *„bunten Brunnen"* auch *„faulen"*[117], kostbare Steine haben sich aus dem Kaisermantel des Maliks gelöst[118], das Spiel mit der Kunst gelingt nicht vollständig. Auch mit einem schadhaften Paradies bleibt aber der Paradiesanspruch verknüpft, wichtig ist nicht die Vollkommenheit der Darstellung, sondern ihre Funktion als Drehscheibe für das Ingangsetzen der Imaginationen. Ein gebrochenes Paradies entwirft Else Lasker-Schüler im 1937 erschienenen *Hebräerland*, Ergebnis einer Palästinareise, das die gewonnenen Eindrücke weniger festhält, als aus der Distanz (in Zürich) neu erfindet. Nur aus dieser Entfernung kann Lasker-Schüler das Paradies gestalten, schadhaft bis schäbig und enttäuschend, aber umso kompromißloser als Paradies vorgestellt. Wo Palästina und Jerusalem erscheinen, sind sie (mit nicht immer erträglichen) Superlativen belegt: *„Palästina ist gedanklich das entfernteste Land der Welt"*, ein *„Zauberland"*, *„mit keinem Land der Erde zu vergleichen"*, *„ist nicht ganz von dieser Welt"*, *„nicht zeitlich und räumlich zu messen."*[119] Jerusalem -ganz parallel- ist die *„ewige Stadt*

---

117 Der Malik, S. 33.
118 A.a.O., S. 37.
119 Alle Zitate stammen aus: Das Hebräerland, in der Reihenfolge ihres Auftauchens: S. 9, S. 12, ebda, S. 13, ebda.

der Städte", „der rechte Ort", „an Gestaltung so ungeheuer".[120] Sie selbst nennt das „*Übertreibungen*"[121], die aber notwendig seien, um diesem Land gerecht zu werden. Das alles wird plausibel, wenn man des weiteren und untrennbar mit den Superlativen verbunden, bemerkt, daß sie, freilich in einem unkonventionellen religiösen Sinne, Palästina und Jerusalem als heilige Orte begreift[122], ganz sinnlich vorgestellt als Gottes Wohnung, als *„Gottes auserwählte Braut"*[123], als *„Bibelland"*[124]. Die traditionelle literarische Vorstellung vom Himmlischen Jerusalem schimmert deutlich durch, beläßt die Stadt aber *„im Vorhimmel des Himmels"*, denkt sie als *„Bibelstern"*, als *„Sternwarte des Jenseits".*[125]

Mythisch sind diese Bilder insofern, als sie kosmische Elemente enthalten[126], die weniger das Religiöse betonen, als ihm vielmehr weitergehende Funktionen zuweisen. So kann Palästina/Jerusalem als Zugang zu unbewußten oder halbbewußten Erfahrungen verstanden werden, als eine Art Traumkatalysator, der die Reise in die Kindheit ermöglicht:

„Im himmlischen Sinne wird der Mensch sehr verwöhnt im Gelobten Lande, immer wieder vom Zauber der Gegenden beschert und von seinen Lüften spazierengetragen. Daran denkt man gerade in Jerusalem an seine erste Kindheit, an die man sich bis dahin gar nicht erinnern konnte. Als man noch mit der Welt in die Sonne gesetzt wurde."[127]

Zurück zu der „Paradiesfunktion" der Palästinabilder: Hier wird einerseits der regressive Charakter (zurück in die Kindheit) und andererseits der utopische[128] Charakter (Palästina als gelobtes Land) deutlich. Eine Paradiesvorstel-

---

120 Ebda, S. 8, ebda, S. 12.
121 Das Hebräerland, S. 13.
122 In diesem Sinne ist sie sicher die jüdische Dichterin, als die Jakob Hessing sie sieht: Jakob Hessing, Else Lasker-Schüler, Biographie einer deutsch-jüdischen Dichterin, Karlsruhe 1985. Wo Else Lasker-Schüler religiös wird, muß das nicht unbedingt Religion sein. Sie benutzt jüdische Traditionen mit der größten Freiheit, sie ist keineswegs orthodox und hat an vielen Stellen zum Ausdruck gebracht, daß sie sich zwar als Jüdin begreift, aber vom jüdischen Volk sich nicht angenommen weiß.
123 Das Hebräerland, S. 12. Hier knüpft sie an eine Tradition des Alten Testaments an.
124 A.a.O., S. 8.
125 Die Textstellen in der Reihenfolge: Das Hebräerland, S. 121, S. 44, S. 9.
126 S. Heinz Paetzold, Cassirer zur Einführung, Hamburg 1993, der betont, daß die Konzeption des Raumes im mythischen Denken meist kosmische Dimensionen aufweist, S. 60.
127 Das Hebräerland S. 51.
128 Vgl. Michael Rössner, Auf der Suche nach dem verlorenen Paradies: zum mythischen Bewußtsein in der Literatur des 20. Jahrhunderts, Frankfurt a.M. 1988. Er siedelt in seinem sehr breit angelegten Buch die Paradiessuche generell zwischen Regression und Utopie an.

lung führt es mit sich, daß das Paradies nie erreicht wird, denn „*selbst wer im Paradies säße, müßte noch freie Aussicht auf ein zweites haben.*"[129]

Darauf kommt es an, daran entzündet sich der Reiz von Paradiesentwürfen: daß sie eben nicht eingelöst werden können, sondern die Sehnsucht ungeteilt lebendig bleibt und wie ein perpetuum mobile neue Paradiesentwürfe produziert. Die Faszination liegt darin, das Paradies zu evozieren, es hervorscheinen zu lassen in einem mit Lust besetzten Darstellungsvorgang.

Das *Hebräerland* Lasker-Schülers hat viel Unmut bei den Interpreten hervorgerufen, vor allem aber bei Judith Kuckart, deren Aufsatz sich ansonsten durch eine große Sensibilität und eine sehr schöne, wenig schulmäßige Sprache auszeichnet:

„*Ein unbändiger Wunsch, doch noch einen Fetzen Paradies überall zu sehen, läßt sie Bilder, Vergleiche und wilde Vermutungen erfinden, die sie nicht ihrer poetischen Sprachkraft, sondern ihrem Hang zum Kitsch verdankt. Nicht wie sonst verdichtet die Sprache das, was wirklich ist in der poetischen Pose, sondern der doppelte Blick hat sich an die verschwommene Projektion verloren [...] Es bleibt das seichte Abziehbild vom „Gelobten Land" ohne Tadel, in dem sie nie Fuß fassen, nie Wurzeln schlagen wird.*"[130]

Daß viele der Palästinabilder kitschig überzeichnet sind, sei unbenommen, aber es kam Else Lasker-Schüler nicht darauf an, Palästina darzustellen in einem mimetischen „*Abziehbild*". Wie andere Raumbilder auch, so nutzt Lasker-Schüler sie, um einen Phantasiemechanismus in Gang zu setzen, der, in einer Lust des Erfindens und Verstellens, das Vollkommene nur als Pseudo zuläßt, glitzernd und armselig zugleich, aber mit der therapeutischen Wirkung, „*das heilende Bad der Seele*"[131] zu sein. Das gerät ihr kindlich, kindisch wird sie nicht.

Kosmos

Der kosmische Charakter vieler Raumbilder Else Lasker-Schülers ist augenscheinlich. Er ist eine zusätzliche Welt, ein überirdisches Gefilde, das ein Geschehen erhöht. Im wesentlichen schreibt sich Lasker-Schüler in die im mythischen Denken gängigen Mikro-Makrokosmosvorstellungen ein, wenn sie beispielsweise formuliert:

„*Der ganze Weltraum hat Platz im kleinen glücklich-blauen Schneckenhaus.*"[132]

---

129 Hartmut Vinçon, Topographie: Innenwelt-Außenwelt bei Jean Paul, S. 18.
130 Judith Kuckart, Ich streife heimatlos durch bleiche Zeiten, S. 107.
131 Das Hebräerland, S. 8.
132 Auf der Galiläa, Das Hebräerland, S. 54.

Das kosmische Geschehen entfaltet seine Wirksamkeit im Detail, der kleinste Teil erweist sich größeren Einheiten als durchaus identisch. Es ist dieser Identitätscharakter, den Lasker-Schüler beschwört, wenn sie den größten denkbaren Raum, das Weltall, in einem sehr kleinen organischen Raum, dem Schneckenhaus, „unterbringt".

„Die Welt gleicht einem Kristall, der wie sehr man ihn auch in kleine und immer kleinere Teile zerschlagen mag, doch in ihnen allen immer noch die gleiche charakteristische Organisationsform erkennen läßt."[133]

Warum aber macht Else Lasker-Schüler von einer solchen Ganzheitsvorstellung Gebrauch? Welche Funktionen verbindet sie mit dem Gedanken, daß das Sein mit sich selbst identisch ist?

Es sind oftmals seelische und körperliche Befindlichkeiten, die Else Lasker-Schüler mit kosmischen Raumbildern versieht:

„Ich sehe ihre Kanäle, Ihre Berge auf ihren Sternen und ihren Mond aufgehen hinter Ihrer Stirn. Jeder Schmerz und jedes Freudegefühl, Vernichtung oder Erhebung ist ein neues Bild Ihres Sternensystems. Sie sterben eigentlich an zerborstenen Sternen oder Erkaltung Ihrer Sonne oder an Finsternis. Wenn nur Ihr Leben den Höhepunkt erreicht hat vor dem Zerfall Ihres Chaos: den Himmel."[134]

Die schon besprochenen Seelenlandschaften werden hier ausgeweitet, ihre Bedeutung steigt immens, Psychisches scheint nur dann den richtigen Stellenwert zu erhalten, wenn es zugleich in weltumspannenden Bildern sich zeigt. Auch körperliches Befinden kann kosmisch vorgestellt werden:

„Ich bin müde- wie ich mir entkomme, ein Schatten aus Mond und Sternen, riesengroß fiel ich um Mittag und sinke nun in meinen eigenen Planeten."[135]

Das kosmische Bild tritt an die Stelle von sprachlicher Vehemenz. Letztlich zeigt die Metapher des Kosmos für Lasker-Schüler eine Art Zwischenwelt an zwischen Himmel und Erde, Chaos und Schöpfung, Leben und Tod. Es sind Orte des Zusammenfließens von Sein und Nichtsein und erst in dieser Spannung scheint sich realisieren zu können, was sich dann als Kunst zeigt. Kosmische Bilder nehmen keine festen Standpunkte ein, sie bewegen sich, ihre Eigentlichkeit geht verloren, um bald eine andere zu finden. In diesem Kreislauf von Werden und Vergehen will Else Lasker-Schüler Kunst, Leben, angesiedelt wissen.

---

133   Ernst Cassirer, Die Begriffsform im mythischen Denken, S. 38, in: Cassirer, Wesen und Wirkung des Symbolbegriffs, S. 1-71, Darmstadt 1983.
134   Else Lasker-Schüler, Sterndeuterei, in: Der Prinz von Theben, Bd. 4, S. 149.
135   A.a.O., S. 150.

Leere Räume

Das tendenziell Grenzenlose und Unbeschränkte der kosmischen Bilder findet sich auch in Raumentwürfen Lasker-Schülers, die nicht eigentlich kosmisch sind, aber dennoch kosmisch-mythische Elemente aufweisen. Am auffälligsten geschieht das im Essay *Das Meer*[136], einem der sprachlich/literarisch schönsten Texte Else Lasker-Schülers. In dieser kurzen Prosaskizze gestaltet Else Lasker-Schüler einen ebenso leeren wie mythischen Raum. Das Meer wird zur Allegorie nicht eines Sinnzusammenhangs, sondern eines Ortes, der als Spiegel- und Spielfläche dient, als Raum, in dem vielfältige Imaginationen Platz haben. Das Meer ist der mehr als tausend Mal genannte Raum für Entgrenzung, Auflösung und Zerfließen. Es ist der Ort der diffusesten, konturlosesten Materialität, das, was die Gestalt ablöst im Zustand des Sichverlierens. Es hat keine Körperlichkeit, es ist die den Körper umgebende Möglichkeit, der unendliche Raum ozeanischen Gefühls. Leben ist hier auf seinen Urstoff, Wasser, zurückgeführt, es ist an seinen Ausgangs- und vielleicht an seinen Endpunkt gelangt. In Wirbeln von Ekstase wird das Ich hinabgezogen in ein unbewußtes Urfeld, den Raum vor allem lichtvernünftigem Auftauchen. Ich-Figur und Meerraum verschmelzen, das Ich ist nicht mehr zu unterscheiden von seinem Umraum. Ähnliche Bilder finden sich auch in anderen Texten Lasker-Schülers:

„*Ich bin das Meer, gar die Sintflut [...]*",[137] heißt es im *Malik* und im Essay *Konzert* träumt die Ich-Figur vom Aufgehen im Meer:

„*Wieder schreitet das Meer über mich [...] Ich träume- Wellen dringen durch die Wände meines Zimmers, durch den Spalt der Türe. Ich eile an das Gewässer. Ein Seevögelpaar nimmt mich in seine Mitte -denn- ich habe keine Eltern mehr. Wir schweben über den brausenden Champagner in die weite, weite Welt.*"[138]

In *Das Meer* haben Rausch und Ekstase ihren Grund in einem Liebenwollen, einem Habenwollen, ganz und unerbittlich. Obgleich Bedrohung sich manifestiert und dementsprechende Bildwerte von Lasker-Schüler in den Text montiert werden (kosmische Warnungen, finstere, weit fortgeschrittene Nacht, Nebel usw.) geschieht, was geschehen muß: „*Wir aber segelten vergessen durch die ewige Liebesflut.*"[139]

Nirgends deutlicher als in ihrem ersten Gedichtband *Styx* hat Else Lasker-Schüler den dionysischen Charakter des Liebens mit der Metapher des Wassers verbunden:

---

136 Else Lasker-Schüler, Das Meer, in: Konzert, Bd. 5, S. 170f.
137 Der Malik, S. 35.
138 Else Lasker-Schüler, Konzert, in: Konzert, Bd. 5, S. 41.
139 Das Meer, S. 171.

> „*Ein Feiertag, an dem wir ineinanderrauschen,*
> *Wir beide ineinanderstürzen werden,*
> *Wie Quellen, die aus steiler Felshöh sich ergiessen*
> *In Wellen, die dem eignen Singen lauschen*
> *Und plötzlich niederbrausen und zusammenfließen*
> *In unzertrennbar, wilden Wasserheerden!*"[140]

Else Lasker-Schüler schreibt sich in eine Tradition ein, die wahrscheinlich so alt ist wie die Literatur selbst, vor allem aber in der Romantik lebendig wird. Im Bild des Wassers vereinen sich dort der Beginn des Lebens, zugleich religiös und erotisch konnotiert. So heißt es bei Novalis:

> „*Das Wasser, dieses erstgeborne Kind luftiger Verschmelzung, kann seinen wollüstigen Ursprung nicht verleugnen und zeigt sich als Element der Liebe und der Mischung mit himmlischer Allgewalt auf Erden. Nicht unwahr haben alte Weisen im Wasser den Ursprung der Dinge gesucht, und wahrlich sie haben von einem höhern Wasser als dem Meer- und Quellwasser gesprochen. In jenem offenbaret sich nur das Urflüssige, wie es im flüssigen Metall zum Vorschein kommt, und darum mögen die Menschen es immer auch nur göttlich verehren. Wie wenige haben sich noch in die Geheimnisse des Flüssigen vertieft, und manchem ist diese Ahnung des höchsten Genusses und Lebens wohl nie in der trunkenen Seele aufgegangen. Im Durste offenbaret sich diese Weltseele, diese gewaltige Sehnsucht nach dem Zerfließen. Die Berauschten fühlen nur zu gut diese überirdische Wonne des Flüssigen, und am Ende sind alle angenehmen Empfindungen mannichfache Zerfließungen, Regungen jener Urgewässer in uns. Selbst der Schlaf ist nichts als die Flut jenes unsichtbaren Weltmeers, und das Erwachen das Eintreten der Ebbe.*"[141]

Zweifellos gibt es Reminiszensen Lasker-Schülers an die Romantik[142], sie steht damit um die Jahrhundertwende und später durchaus nicht alleine. Die emphatisch „beseelten" Wasserräume lassen an Klages denken, der unter anderem über Böcklins Bilder schreibt:

> „*Nicht das also hat Böcklin gemalt, was dem Impressionismus „Erscheinung" hieße und was gewöhnlich bloßer Augenschein ist, sondern die Erscheinung der Seele des Stoffes. Darum ist sein Meer nichts weniger als Meeresoberfläche; darum wird unser Blick in die Wassertiefe hinabgezogen, und wir gewahren mit Staunen, daß von innen die Woge schwillt und sich hebt, mag auch der Wind, ihr Buhle, sie wecken; wir sehen ihre Haut, wankend und beweglich wie sie, geschmückt mit Schaumgeschmeiden und silbernen Kämmen; wir ahnen im geoffenbarten Geheimnis der Durchsichtigkeit*

---

140   Else Lasker-Schüler, Viva!, Styx, in: Gedichte 1902-1943, Bd. 1, S. 31.
141   Novalis, Die Lehrlinge zu Sais, Das Märchen von Hyacinth und Rosenblüthe, in: Ders., Die Werke Friedrich von Hardenbergs, Bd. 1, Darmstadt 1977, S. 104.
142   S. Brigitte Hintze, Else Lasker-Schüler und die Romantik, Ein Vergleich der Thematik und des Sprachstils, Bonn 1972.

auch des Stoffes den Grund des Zusammenhangs der Hyle mit dem Äther; wir fangen an zu verstehen, daß in der Welt der Materie um alle Nacktheit der Schleier webt, der, ohne verbergen zu müssen, bewahrt: der Schleier der wandelnden, weil sich wandelnden Feuchte [...]; und wir haben mit alledem im Bilde der nahen und nahenden Woge, deren Stampfen wir zu hören, deren Andrang wir zu spüren, deren salzige Kühle wir zu schmecken scheinen, das eigentlichste, das elementare Wasser des Lebens erschaut."[143]

Für Klages ist das Wasserbild so erotisiert, daß er es wie ein Liebesobjekt beschreibt. Dies bedeutet gegenüber dem Lasker-Schülerschen Entwurf noch eine Steigerung (die man freilich schon sprachlich kaum noch erträgt): Das Meer ist nicht nur erotisches Element, Raum, es wird selbst zum Objekt des Begehrens.

Neben aller rauschhaften Erotik ist der Meerraum zutiefst religiös empfunden. Er ist ein mit alttestamentlichen Elementen gezeichnetes Bild für die gerade erst sich selbst überlassene und mit allen Möglichkeiten versehene Schöpfung. Der religiöse Ursprung dieser Projektionsfläche zeigt sich in Anlehnung an die Schöpfungsgeschichte im 1. Buch Mose:

„*Auch das Meer war einmal vom Körper umfangen gewesen, bevor es losbrauste. Das Meer ist die weite strömende, der Welt „gebliebene" Seele. Das Meer ist von dieser Welt. Aber der Geist Gottes schwebt über seine Wasser.*"[144]

Hier ist die kabbalistische Vorstellung verborgen, der ungeborene Mensch sei von drei Hüllen umgeben: dem eigenen Körper, dem Leib der Mutter und dem Weltkörper. So betrachtet, wird das Meer zu einer Figur im Text und es ist denn auch weniger ein Schöpfungs- als ein Geburtsvorgang, der hier geschildert wird. Es lohnt sich, einen kurzen Blick auf die anderen Figuren und Körperbilder der Skizze zu werfen. Dem abstrakten, konturlosen Raum entsprechen eigentümliche Körperbilder. Das Meer wird imaginiert als das in Entgrenzungsphänomenen Zurückgelassene des Körpers, beim Eintauchen in diesen Figurenraum werden Körper wiederum entmaterialisiert. Aus „*Erdenschwere*" empfindenden Körpern werden leichte Körper „*ohne Eigenschaften*"[145], ohne Begehren, ohne Schmerzempfindung, rein vegetative Gestalten. Sind diese entmaterialisierten Gestalten seltsam körperlos, so sind sie dennoch mit auffallenden Bildern des Bewegens verbunden. Sie entsprechen ihrem Auflösen, ihrem Aufgehobensein in der Weite eines nicht mehr zu erschauenden Nichts: Schweben, Gleiten, Taumeln, Eintauchen, Segeln, all dies Bewegungen entlasteter Schwerelosigkeit, eines passiven Sichüberlassens an die

---

143 Ludwig Klages, Der Geist als Widersacher der Seele, S. 1131.
144 Das Meer, S. 170.
145 „Ich frage nicht, wer Lust und Schmerz aus meinem Herzen schöpfte und aller Eigenschaften Ranken pflückte. So trage ich mich leicht dahin." (Das Meer, S. 170).

Elemente. Elementar ist auch Sexualität, die als Umarmen und Hingeben deutlich erscheint, wo sie als Gleiten und Schweben immer auch schon angedeutet ist. Die Gestalt, die sich in den Körperbildern abzeichnet, ist eine Ich-Figur. Sie wird thematisiert als ein im Raum versinkendes, verschwindendes, sich entziehendes Ich. Befreit wird es geschildert, erlöst und schwerelos ist es mit einer bemerkenswerten Hingabefähigkeit begabt, es ist ein in jeder Hinsicht erotisiertes Ich. Als erotisierte Figur ist es auch ein sehr sinnliches, mit der Fähigkeit und dem Bedürfnis, seinen Sinnen reichlich Nahrung zu geben als ein durch das Wasser gleitendes, schwebendes, das Meer schmeckendes, riechendes und auch schauendes Ich. In ihrer intensiven und zugleich diffuskonturlosen Körperlichkeit hat diese Figur modernen Charakter. Es gibt sie nicht als abgrenzbare Figur, sie hat alle festen Körpergrenzen aufgelöst und steht in ständigem osmotischen Austausch mit ihrer Außenwelt und überschwemmt den Raum mit ihrem Empfinden von ihm. Ein so entworfenes Ich ist kein mit sich identisches Subjekt, es ist ständigen Veränderungen unterworfen, es folgt keinen anthropologischen Konstanten, ist als modernes Ich nur noch der Platz im Text, von dem aus sich „Ich" sagen läßt. Das Verschmelzen ist paradox, denn es ist eben nicht nur als orgasmatisches Erleben denkbar, es ist in ihm immer auch die Gefahr des Sichverlierens präsent.

„Blickt man zum Himmel auf, zum himmlischen Meer, ruht man gern an seines Horizontes Strand. Und die Wolkenwellen kommen und gehen; man läuft Gefahr, im überwältigenden Anblick zu ertrinken."[146]

Ob Himmel oder Meer, die elementaren Räume sind in ihrer Funktion austauschbar. In diesen konturlosen, übergroßen Räumen geht es um eine sehr basale Psychologie, um Aufgehobensein oder Unbehaustheit, um lustvolles oder qualvolles Sichauflösen, letztlich um Liebe und Tod. Dazwischen sind Räume aufgespannt, in denen Lasker-Schüler ihre Auseinandersetzungen mit dem Leben als Kunst inszeniert.

Die große Vielfalt der Meermetapher in ihrem Werk weist einen weiteren Aspekt auf, der Aussagen trifft über den Charakter dieser Bilder und der auch in anderen Bildzusammenhängen zu beobachten ist. Der Raum, den sie als Meer darstellt, zeichnet sich in erster Linie durch seine Leere aus.[147] Gerade die Leere eines Raumes, das freie Feld bei Macbeth, die Kargheit der Räume bei Beckett, übt die größte Faszination aus. Der Raum ist leer, weil er auf feste Bedeutungszuweisungen verzichtet, er wirkt als leere Bühne, die für sich genommen nichts repräsentiert, sondern alle Möglichkeiten noch offen hält. Darin ähnelt er der von Julia Kristeva entwickelten präsymbolischen *„semio-*

---

146 Else Lasker-Schüler, April, in: Verse und Prosa aus dem Nachlaß, Bd. 8, S. 32.
147 Hans Thies Lehmann, Die Raumfabrik - Mythos im Kino und Kinomythos, in: Karl Heinz Bohrer (Hg.), Mythos und Moderne, Frankfurt a.M. 1983, S. 572ff.

tischen Chora", die als Modell für ein Sprechen vor dem Eintritt in die symbolische Ordnung entworfen ist. Das heißt auch, daß die *Chora* keinen Raum- und Zeitkategorien folgt.[148] Die Leere eines Raumes sprachlich aufzufassen, erscheint mir deshalb plausibel, weil beide Konstrukte *Chora*/leerer Raum ähnliche Funktionen wahrnehmen. Das heißt für die *Chora*, daß es ein Sprachmaterial vor allem bewußten Sprechen gibt, das aber unser Reden sehr stark konzeptioniert. Im leeren Raum drückt sich das etwa so aus, daß er aufgrund seiner mangelnden Konturierung jene Leerstelle bildet, die nötig ist, um Imaginationen den notwendigen Handlungsspielraum zu verschaffen. Italo Calvino formuliert diesen Zusammenhang in seinem Buch *Wenn ein Reisender in der Winternacht*, in dem es vor Raumreflexionen nur so „wimmelt", folgendermaßen:

„Das Fehlen von Sinneseindrücken in weiten Teilen des Wahrnehmungsfeldes ist die notwendige Bedingung dafür, daß die Sensibilität sich räumlich und zeitlich zu konzentrieren vermag, genauso wie in der Musik die Stille im Hintergrund nötig ist, damit die Töne sich von ihr abheben können."[149]

In einer anderen Tradition spielt Otto zur Linde in seiner Dichtung, so wie er es selbst verstand, mit dem bewußten Entleeren des Raumes, um die einzelnen verbliebenen Objekte intensiver wahrnehmen zu können, hier wird der leere Raum zur Methode:

„Nimm auf der kahlen Heide zwischen zwei Bäumen, die nicht allzu weit voneinander entfernt stehen, den Himmel dahinter weg, auch die Farbe, laß das tiefe, unausschöpfliche Nichts dahinterstehen, so sind im selben Moment die zwei Bäume eins, und nimm neben, rechts und links, auch den Himmel weg, so mußt du, mußt du selber als Baum dastehen. Hilft dir nichts, du mußt. Dieses Wegnehmen leistet aber die Intensität des Ansehens eines Baumes auch schon. Und dann ist der Lyriker Baum. Und hat kein bißchen gelogen oder sentimentiliert. Das Sterben vorm Objekt, das ist mein dichterisches Erschaffen des Objekts."[150]

Das Ganze läßt sich auch andersherum betrachten, die Leere als unerträgliche, nicht auszuhaltende, als Strudel, der jede Art positiver Sinnsetzung mit fortreißt, bevor überhaupt etwas realisiert werden kann. Hierzu bemerkt Moses Mendelssohn:

„Wenn der große Gegenstand uns bei seiner Unermeßlichkeit keine Mannigfaltigkeit zu betrachten darbietet, wie die stille See, oder eine unfruchtbare Ebene, die von keinem Gegenstande unterbrochen wird, so verwandelt sich der Schwindel zuletzt in

---

148 S. Julia Kristeva, Die Revolution der poetischen Sprache, Frankfurt a.M. 1978, S. 36. Näheres zu Julis Kristevas Vorstellung von der „semiotischen Chora" s. im Kapitel „Schrift".
149 Italo Calvino, Wenn ein Reisender in der Winternacht, München 1993, S. 143.
150 Otto zur Linde, Charon, Auswahl aus seinen Gedichten, München 1952, S. 19.

eine Art von Ekel über die Einförmigkeit des Gegenstandes, die Unlust überwiegt und wir müssen den verwirrten Blick von dem Gegenstande wenden. "[151]

Beide Positionen schließen sich nicht aus, wie dann wiederum Scheler zeigt, der, in einer merkwürdigen Verbindung von psychologischer und philosophischer Rede, Leere als Leere interpretiert, aber auch die Neutralität und Notwendigkeit des leeren Raumes aufzeigt:

„*Die Leere des Herzens, ist merkwürdigerweise das Urdatum für alle Begriffe von Leere (leere Zeit, leerer Raum). Das, woraus alle Leere quillt, das ist ganz deutlich die Leere unseres Herzens. Der Leergang, der gleichsam stehende Leergang der nach allen Richtungen auslangenden Triebe, und der mit diesem Leergang verknüpfte Hintergrund der Perzeptionen, ist stetig vorhanden. [...] In der natürlichen Weltanschauung erscheint der Raum als eine unbegrenzte, allen Dingen und Bewegungen unabhängige, also substantiale Leere. Und diese Form scheint als Sein zu bleiben, wenn man auch alle Dinge und ihre Bestimmtheiten beliebig veränderte, ja sie völlig aufgehoben dächte [...]. Die natürliche Weltanschauung enthält das ungemeine Paradoxon, daß sie uns das wahrhaft positive Sein, das der seienden Dinge, als bloßes Ausfüllsel eines im Sein vorhergehenden, „zugrunde liegenden", „absoluten", „leeren", „ruhenden" Raumes zeigt - als wären die Dinge nur darum da, diese Leere an bestimmten Stellen auszustopfen und um zuweilen so „in" ihr sich zu bewegen wie der Goldfisch im Glasgefäß.*"[152]

Im Text *Das Meer* gestaltet Else Lasker-Schüler die Leere so, daß sie, bei aller Dynamik des Entgrenzens und Zerfließens, an drei Stellen ein Geschehen setzt, das sich der vorliegenden Leere bedient und sie interpretiert als Ausgangspunkt einer Schöpfungsgeschichte (s. o.). Es geht um nichts Geringeres als um die Genese einer Welt, eine Kosmogonie. Else Lasker-Schüler stattet den konturlosen Raum des Meeres, kaum merklich, denn er taucht nur als einzelnes magisches Wort auf, mit einem Mythos aus, der auch wiederum eine Raumvorstellung enthält, die Trennung von Himmel und Erde. Als einzelner Baustein wird der Uranosmythos in den Text montiert und darauf vertraut, mit der bloßen Namensnennung einen ganzen Bildkosmos über das Geschriebene zu wölben. Und das ist Uranos ja auch wortwörtlich: das Himmelsdach[153] und als solcher ein Raum von ebenso starker mythischer Qualität wie das Meer. Wenn sie hier den Uranosmythos bemüht, dann verlegt sie die Liebessituation in kosmische Zusammenhänge und das heißt auch, sie versieht sie mit einer Vorstellung über die Entstehung der Welt, und fügt ihr so etwas Grundsätzliches hinzu, das das Lieben einerseits erhöht und andererseits die

---

151 Moses Mendelssohn, Rhapsodie, oder Zusätze zu den Briefen über die Empfindung, in: Ders., Schriften zur Philosophie und Ästhetik, Bd. 1, Berlin 1929, S. 398.
152 Max Scheler, Idealismus-Realismus, in: Philosophischer Anzeiger 2(1927), S. 298.
153 Der kleine Pauly, Lexikon der Antike, Stuttgart 1964-1975, Bd. 5, S. 1060.

Raumimaginationen erotisch konnotiert. Im einzelnen: Der Text hebt am Uranosmythos seine Nachtseite hervor, vor seiner Zeit, der Nachtzeit, warnt ein anonymer Sterndeuter. Dem Mythos zufolge, so wie Hesiod ihn in seiner Theogonie schildert, gebiert Gaia (das ist Ge, die Erde) Uranos in Parthenogenese, um von ihm überall umhüllt zu werden. Undeutlich, wie dieser Urmythos überliefert ist[154], ist Uranos andererseits auch ihr Gatte, der als personifizierter Himmel auf ihr, der Erde zu ruhen scheint. Uranos verbirgt einige der Nachkommen in der Erdhöhle und läßt sie nicht ans Licht. Gaia verschafft sich daraufhin eine scharfzahnige Sichel und als Uranos sich in der Nacht wieder auf Gaia legen will, kastriert ihn sein jüngster Sohn Kronos mit dieser Sichel und wirft die abgetrennten Genitalien ins Meer. Noch die Blutstropfen vermögen Gaia zu befruchten und auch aus den Genitalien selber, die schließlich als weißer Schaum im Meer aufgehen, wird eine Tochter geboren, die Aphrodite.

Es gibt noch eine weitere Stelle im Text, wo der Uranosmythos aufzutauchen scheint:

„Als es hell wurde, eiltest du weiter in die Welt: ich aber blieb auf dem Steg und labte mich an der frischen, veredelten Blume des grünschäumenden Ozeans."[155]

Der *„grünschäumende"* Ozean hat eine Entsprechung im Uranosmythos, weil das Meer aufschäumt, als Kronos die abgehackten Genitalien hineinwirft und aus dem Schaum Aphrodite entsteht, die im Mythos die Göttin der sinnlichen Liebe, der Schönheit, der Verführung, des blühenden Lebens darstellt. Vielleicht läßt sich mit der *„frischen, veredelten Blume"* an Aphrodite denken, damit schriebe sich die Ich-Figur in den Mythos ein als nochmals Beteiligte. Sie (die Ich-Figur) ist es dann, die sich an der Aphrodite erfrischt, die für Liebe und Sinnlichkeit steht und das, obwohl sie so grausam entstand. Mit der Verknüpfung des Uranosmythos mit Sexualität ist ihre „herbe" Nachtseite betont, ihre bedrohliche Seite und dennoch, *„wir aber segelten vergessen durch die ewige Liebesflut."* Die Verbindung von Liebe und Tod ist hier beschworen. Der Raum des Meeres wird zum Vexierbild, wie schimmerndes Perlmutt: (*„Nie duftet sein Wasser so herbe wie in aller Gottesfrühe. Muschel und Salz und Alge und Seestern mischen sich, und der Fisch gibt vom Perlmutter seiner Schuppe zum Most."*[156]) erscheint seine Oberfläche, gerade weil es unter ihr eine dunkle Tiefe zu geben scheint. Mit dem Uranosmythos sind nicht zuletzt die unbewußten (und deshalb nicht aussprechbaren) Anteile der

---

154 Vgl. W.H. Roscher, Ausführliches Lexikon der griechischen und römischen Mythologie, Leipzig 1884-1932, Bd. 6, Stichwort Uranos.
155 Das Meer, S.171.
156 Ebda.

Sexualität angedeutet, ohne daß sie in Traumbildern (sieht man ab von der Schaumblume) erscheinen.

Mythisches im Raum ist hier zweifach verschachtelt, zum einen als der Raum, der im Text als „Meer" als Ort allen Geschehens dient und zum anderen als ein antiker mythischer Baustein, der die Szenerie im kosmische Dimensionen rückt. Kosmisch meint hier Kosmogonie, es geht um nichts Geringeres als um die Genese einer Welt, die sich in den Texten Lasker-Schülers im wesentlichen als eine Verbindung von Sinnlichkeit, Schreiben und Sexualität darstellt. Die Mythisierung der Texte, so wie es hier geschieht und womöglich als charakteristisch für die klassische Moderne gelten kann, verrätselt die Dinge mehr, als sie zu entwirren. Gerade der Rätselcharakter aber, der den montierten mythischen Elementen und Strukturen eigen ist, ist ihr ästhetisches Moment. Mythische (Raum-) Bilder ästhetisieren Grundmotive, verdichten sie, fügen ihnen nicht nur vertraute Tradition, sondern auch ein Inkommensurables hinzu. Für das Bedrohliche, die Fremdheit und den Schmerz, Bilder des Mythos zu verwenden, ist einer der möglichen Wege aus der Sprachkrise der Jahrhundertwende. Später läßt Beckett seinen *Molloy* noch einmal -ganz fragmentarisch, aber sehr kenntnisreich- die mythischen abendländischen Traditionen nennen, um sich zu beruhigen („*Die Ruhe wiederherzustellen ist die Rolle der Gegenstände*")[157], bevor er die nachfolgenden Figuren mit wachsender Bewegungsunfähigkeit zunehmend verstummen läßt.

Raum für die Kunst: das Café

Den Räumen mit Welterklärungscharakter gesellt Else Lasker-Schüler solche hinzu, die sie ausdrücklich als Raumbilder für die Kunst entwirft. Ein Raumbild, das in diesem Zusammenhang immer wieder auftaucht, ist das Café.[158]

Es ist vor allem in zwei Texten Lasker-Schülers zu finden: Im Briefroman *Mein Herz* und in dem kleinen Essay *Unser Café* aus dem Band *Prinz von Theben*. Den fulminantesten Text über das Berliner Caféhausleben aber hat Herwarth Walden geschrieben[159]. Das Café ist für ihn der „*Sitz der Hölle*", ein „*Höllenpfuhl*" mit „*dämonischen Gestalten*", ein surreales Spiegelkabinett, in dem die Welt sich zu drehen beginnt, so schnell, daß ihm auch die Sprache außer Atem gerät und seine Bilder herauskreischt. Um Mitternacht dreht sich das Karussell am schnellsten, Dionysos dreht es heftig, die Tische scheinen

---

157 Samuel Beckett, Molloy, Frankfurt a.M. 1975, S. 15.
158 Informativ, aber mitunter moralisierend, schreibt H. Kreuzer in seinem Buch über die Bohème auch über das Künstlercafé, Stuttgart 1968/71, S. 202ff.
159 Herwarth Walden, Café Größenwahn (1911), in: Thomas Anz und Michael Stark (Hg.), Expressionismus, Manifeste und Dokumente zur deutschen Literatur, Stuttgart 1982.

ins Wanken zu geraten, wenn die lustvolle Revolte gegen die Konventionen in der Kunst beginnt. Daran läßt Walden keinen Zweifel, das unbeherrschte Aufbegehren geht einher mit der emphatischen Bejahung neuer Formen in der Kunst. Dieser Text inszeniert das Café als verdichteten Schauplatz, als den genau zu bezeichnenden Umschlagplatz der Kunst der Moderne, als das Bermudadreieck, in dem die Konventionen in vernichtende Strudel geraten.

Else Lasker-Schüler knüpft an das Höllenbild Waldens an, wenn sie sagt: *„Heimlich halten wir alle das Café für den Teufel, aber ohne den Teufel ist doch nun mal nichts."*[160]

Aus dem Ort wird für sie eine Figur, aus der Hölle sein Bewohner, der Teufel. Der Raum, den sie als Café betritt, wird in einer Metamorphose zu einer (anti)kosmischen Figur, zum schlechten Umgang, der umso leidenschaftlicher geliebt wird:

„Ich bin zum Donnerwetter dem Café des Westens untreu geworden, wie einen Herz-allerliebsten hab ich das Caféhaus verlassen, dem ich ewige Treue versprach. Das Café Kurfürstendamm ist eine Frau, eine orientalische Tänzerin. Sie zerstreut mich, sie tröstet mich, sie entzückt mich durch die vielen süßerlei Farben ihres Gewands. Eine Bewegung ist in dem Café, es dreht sich geheimnisvoll wie der schimmernde Leib der Fatme. Verschleierte Herzen sind die sternenumhangenen, kleinen Nischen der Galerien [...]."[161]

Das Café bekommt einen Körper, eine Gestalt wie das schon erwähnte „*blaue Gemach*". Es ist nicht der leere Raum, der betreten, sondern der Körper, der berührt werden kann, dessen immense sinnliche Qualitäten, verlockend orientalisch inszeniert, die begehrenden Wünsche oszillieren lassen. So wie in ihrem Drama *Die Wupper* beginnt der Ort mitzuspielen, erhält den Rang einer Spielfigur, ist nicht mehr nur Szenerie, sondern ein korrespondierendes Du zur Ichfigur. Das genau ist seine Funktion: nicht nur zu verorten, zu situieren, sondern zu beziehen, zu verknüpfen.

Dieser Körperort wird an anderer Stelle umfunktioniert zu einem Raum, der sich zwischen Innen- und Außenwelt legt, den man erkennend betritt und der der einzige Ort zu sein scheint, an dem man es wagen kann, mit der Außenwelt in Berührung zu kommen. Die Fenster[162], die das Café umgeben, lassen hineinschauen in dieses Zwischenreich und der eingeschränkte Blick geht auch hinaus, froh darum, daß auch die, die hineinschauen, nicht alles erkennen können. Der Außenbezug ist reduziert und das ist auch gut so, weil das

---

160   Mein Herz, S.14.
161   A.a.O., S. 101.
162   A.a.O., S. 14.

Café die Bühne[163] ist, auf der die eigenen Imaginationen vor (freilich ausgesuchtem) Publikum sich bewähren müssen.

Nicht zuletzt imaginiert Lasker-Schüler ihr Café als schlichtweg paradiesischen Ort[164], als Insel der (mitunter streitenden) Seligen, dessen einzelne Tische die Atolle sind, die Begegnungen auf engem Raum zulassen, im Konfliktfall aber auch wenig Schutz bieten. Er ist der magische Ort, der das Besondere, das Inkommensurable, die nicht vorhersehbaren Ereignisse, die wunderbaren Augenblicke, zuläßt, aus denen sich der Schreibvorgang ebenso speist wie aus dem Unbewußten. Gerade als solcher ist er der Bereich, in dem Kunst sich ihren Platz sucht, dort, wo die Schablonen einer Alltagswahrscheinlichkeit weggenommen und die Bühne bereitet ist für die Aufführung aus anderen Welten.

Im Café vermischt Lasker-Schüler die eigene Biographie mit ihrer Kunst. Sie hält auch im Exil daran fest, täglich in mehrere Cafés zu gehen und schreibt im *Hebräerland* fiktiv:

„*Das muntere Caféhaus begrüßt den Gast mit fröhlichem Konzert. Und ich preise die interessante Oase der Stadt Jerusalem.*"[165]

2.5 Die Ästhetik der Raumentwürfe und das Weltverhältnis in der Prosa Else Lasker-Schülers

Die Flexibilität der Räume

Wandern und Reisen

Die Raumentwürfe Lasker-Schülers sind nicht starr, sondern flexibel, es ist Bewegung zwischen ihnen möglich, Grenzen werden als durchlässig betrachtet. Die Flexibilität von Räumen zeigt sich unter anderem in einer Motivik des Wanderns und Reisens, die, ähnlich wie in Nietzsches *Zarathustra*, vor allem im *Peter Hille-Buch* vorkommt und dort den Weg der Ich-Figur zum Schreiben absteckt. Davon wird im Kapitel „Schrift" noch ausführlich die Rede sein. Auch andere Texte Lasker-Schülers sind „Reise-Texte", ein skurriler Reiseführer ist *Das Hebräerland*, das folgende Passage einer wunderbaren Reise enthält:

---

163 „Aber es gibt ja nichts Objektiveres wie das Café, nachdem man in seiner Literatur am Schreibtisch zu Hause die Hauptrolle gespielt hat" (Mein Herz, S. 95).
164 Deshalb ist das Café Größenwahn auch das „verlorene Paradies", als die Künstler aus ihm vertrieben werden (Unser Café, in: Der Prinz von Theben, Bd. 4, S. 276).
165 Das Hebräerland, S. 152.

„*Und trotz der großen Anstrengung, die schon der Wechsel der Züge, noch in fremder Nacht, mit sich brachte, möchte ich doch diese Fahrt von Ägypten nach Palästina von Erdteil zu Erdteil per Eisenbahn und dann durch die weite Wüste von mir nicht unterlassen und ungewagt wissen. „Vonafrikanachasienfahren" müßte ein neues Kinderspiel heißen. Wenn auch nicht erfunden, so doch erlebt von mir mit all seinen Strapazen, Überraschungen und Spannungen. Von Afrika nach Asien zu fahren, unter sterngemalter Himmelsdecke, gemeinsam mit Arabern und morgenländischen Judenstämmen, buntfarbigsten Menschen und ihren Trampeltieren, mit einem geöffneten Reisekoffer und geraubtem Josephsrock und dem Passeport in leerverzehrter Schatulle, der vermag von einem wirklichen Abenteuer zu erzählen, vom Stern zum Sternbild, über den Suez zu dem einen einzigen Bibelstern: Palästina! Waagerecht gleitet die Mondsichel, ein goldener Kahn, durch das heilige Wolkengewässer und verschwindet plötzlich auf den Grund der Welt. Wir aber kreisen, im Zuge gefangen, immer rund um eines Wüstenfelsens sandige Lenden. Es naht die Frühe, eine asiatische Tänzerin in silbernen Spitzen, noch etwas vom Schattengrau im Haare, und wirft der Welt Kußhände zu. Wüste, nur Wüste um uns. Wüste, weiche, gelbliche Stille! Auf einmal wird es ganz hell, auf einmal! Keine fahle Ouvertüre, auf bleiernen Tasten gespielt, schreitet dem Morgen nach den asiatischen Abenden schwermütig voraus. Hell wird es im Heiligen Lande aus Dunkel ohne trübe Zwischennuance. Und dunkel, von Dämmerung befreit, naht die Nacht.*"[166]

Dem ganzen Buch unterliegt eine Bewegung, wobei sich die innere in äußerer Bewegung ausdrückt. Ein Bild, das fast auf jeder Seite schon mehr als leitmotivisch sich durch das Buch zieht, ist die *Jaffaroad*. Um sie ist das ganze Geschehen gruppiert, sie ist der zentrale Schauplatz, der gleichzeitig hinein- und hinausführt aus Jerusalem. Sie ist das wichtigste Bild im Außenweltbereich und wird so zu einem pars pro toto für alle anderen Orte der Außenwelt. Im Vorstellen und Phantasieren wird sie von der Ich-Figur durchschritten, die Straße ist die Bahn, die das Imaginieren nimmt:

„*Im Geist wandle ich täglich über die unaussprechliche Wüstenstraße, über den Jaffaroad bis zum Jaffatourbogen [...].*"[167]

Die Suche nach einem anderen, farbigen Leben schwingt immer mit, wenn es um das Reisen geht und damit sind auch Phantasiereisen gemeint:

„*Die Zwangsordnung langgewohnter Ansichten kann durch die Unruhe, die der Reisende im Blut hat, in produktive Bewegung geraten. Reisen heißt Sichvorstellen, daß die Dinge anders sein können, als sie gegenwärtig sind, heißt Aufbrechen in ein geistiges Anderswo oder in Nicht-mehr oder Noch-nicht. Reisen erholt.*"[168]

---

166   A.a.O., S. 81.
167   A.a.O., S. 105.
168   Gert Mattenklott, Der übersinnliche Leib, S. 166.

Wiederum in Else Lasker-Schülers *Hebräerland* findet sich eine Phantasie, die hier ebenso stark als Sehnsucht formuliert wird, wie sie, mit einem sehr ähnlichen, aber umgekehrten Bild in Thomas Manns *Tonio Kröger*[169] als Einbruch in die Solidität der eigenen Identität gefürchtet wird:

„Als Kind wünschte ich mir immer so einen grün angestrichenen abenteuerlichen Wagen- in die Mitte der Welt zu fahren und auf Jahrmärkten Vorstellung zu geben. Noch heute in meinen kühnsten Träumen! Dazu einen- hätte beinah gesagt, grünangestrichenen, abenteuerlichen Begleiter [...] so einen Indianerhäuptling von Südamerika [...] der Mill Raas, den träumenden Bären."[170]

Reisen kann man auch in der Schrift unternehmen. In *Mein Herz* schickt Else Lasker-Schüler Texte auf die Reise: Briefe. Sie sind es, die die Entschwindenden noch erreichen können als die einzigen Texte, die das Reisen ebenso mitmachen wie die Figuren selbst.

Reisend verläßt man seinen gewohnten Rahmen, sucht wandernd/reisend neue, unbekannte Orte und Gegenden auf, setzt die Grenzen neu und den Horizont „nach vorne". Wer sein Leben reisend verbringt, negiert einen festen Aufenthaltsort, sagt damit, daß man das Leben als flexible Angelegenheit betrachten und offen sein will für Richtungswechsel. All diesen Phänomenen ist gemeinsam, daß sie feste Identitäten verweigern. Else Lasker-Schüler spielt mit Kategorien des Auftauchens und Verschwindens, des Ankommens und Weggehens. Nähe und Ferne, Distanz und Berührung lösen sich merkwürdig schnell voneinander, und das ist auch psychisch gemeint. Figuren, soeben noch miteinander im Raum verschmolzen, schnellen im nächsten Moment auseinander.

Im Schnittpunkt von Biographie und Kunst ist es Lasker-Schüler selbst, die eine feste Behausung nach dem Scheitern ihrer zweiten Ehe mit Herwarth Walden meidet:

„Ich flüchte in das Dickicht, Herwarth, ich habe immer das Haus gehaßt, selbst den Palast; wer auch nur ein Gemach sein Eigentum nennt, besitzt eine Häuslichkeit. Ich hasse die Häuslichkeit, ich hasse denn auch die letzte Enge, den Sarg. Ich gehe in den tiefsten Wald [...]."[171]

Stets bleibt nicht nur die Ich-Figur in *Mein Herz* im Aufbruch begriffen, auch Else Lasker-Schüler wohnt im Hotel, will keine Spuren hinterlassen, immer unterwegs, aber nicht immer an einem Ort anzutreffen. Reisen ist Therapie gegen Erstarrung, ist lebendiger Ausdruck davon, daß Richtungswechsel

---

169 „Wir sind doch keine Zigeuner im grünen Wagen, sondern anständige Leute [...]". (Thomas Mann, Tonio Kröger, in: Ders., Sämtliche Erzählungen, Bd. 1, Frankfurt a.M. 1966/67, S. 269.)
170 Das Hebräerland, S. 106f.
171 Mein Herz, S. 103f.

möglich und nötig sind. So betrachtet enthält es ein Fluchtmoment, will „anreisen" gegen Melancholie, denn:

„*Wie viele der großen Reisenden, der literarischen und jenen des wirklichen Lebens sind nicht aus Weltschmerz und Liebeskummer unterwegs [...]. Die Ratlosigkeit des Reisenden steht in einem gespannten Verhältnis zur Neigung des Melancholikers, sich anzuhalten und zu erstarren, weil doch ohnehin nichts denkbar ist, was anders wäre.*"[172]

Die Flucht kann jedoch auch erzwungen sein und wie so vielen erging es auch Else Lasker-Schüler, die schon 1933 vor den Nazis nach Zürich floh. Nach zwei Palästinareisen erhielt sie 1939 nach der dritten kein Rückkehrvisum in die Schweiz. Jetzt saß sie -einigermaßen unfreiwillig- in Palästina fest, war gezwungen[173], es in ihrem „Paradies" auszuhalten, das so sehr schnell seinen Glanz verlor. Die alternde Dichterin lebte sich nicht mehr ein, blieb rastlos, denn ihre „*Gedanken gingen nun einmal ins Weite.*"[174]

Neben den Raumwechseln existieren in den Prosatexten Lasker-Schülers weitere Mechanismen, die die Räume gegenüber solchen der Alltagswelt signifikant verändern. Mal ist die Welt als Miniaturwelt[175] so klein, daß sie in einem Regentropfen Platz hat, oder doch so wenig groß, daß man sie wie *Lenz* hinter den Ofen setzen möchte. Dann wird der die Figuren umgebende Raum so überdimensioniert, daß ihre Verlorenheit gleich mitgedacht ist. Auch hier sind psychische Werte mit „eingebaut" und sie sind fast immer auch ambivalent. So kann der Ausblick auf eine weite Ebene ein befreites Losgelöstsein ebenso bezeichnen wie ein Gefühl der eigenen Unbedeutsamkeit, und ein jäher Umschlag zwischen den Befindlichkeiten ist so, wie die Räume angelegt sind, immer zu erwarten. Die Raumbilder sind alles andere als „naturalistisch", an Mimesis ist nicht gedacht. Die Räume werden „anders" beschrieben, weil sie „anders" gesehen werden. Die Optik wird beweglich und fähig, Räume sichtbar werden zu lassen, die kaum noch eine vertraut erscheinende „Alltagswahrscheinlichkeit" zulassen. Das Sehen der Sprache präfiguriert den Raum, engt ihn ein oder erweitert ihn (Guckkasten oder Panorama), läßt ihn

---

172   Gert Mattenklott, Der übersinnliche Leib, S. 180f.
173   Zur Exilproblematik im Werk Lasker-Schülers s. Sonja M. Hedgepeth, „Überall blicke ich nach einem heimatlichen Boden aus", Exil im Werk Lasker-Schülers, New York 1994; Alfred Bodenheimer, Die auferlegte Heimat, Else Lasker-Schülers Emigration in Palästina, Tübingen 1995.
174   Vgl. Karl Philipp Moritz , Anton Reiser, Stuttgart 1986, S. 376: „Denn seine Gedanken gingen nun einmal ins Weite".
175   „Gulliver hat hier eine Stadt gebaut. Der ist ja Architekt; das erzählte mir schon Adolf Loos. Tausend Zwerge, so groß wie Streichhölzer, trampeln durch die Straßen über den Marktplatz von Midgestown. Wir waren zu fünf Riesen dort und haben uns geradezu geradezu unserer Größe geschämt- und gingen behutsam gebeugt [...]." (Mein Herz, S. 71.))

unter Zuhilfenahme einer entsprechenden „Lichtpolitik" diffus wirken, verdoppelt ihn im Spiegel, läßt ihn transparent erscheinen im Glas. Sehräume sind nur wahr als subjektive: Im Rausch sieht der Festsaal anders aus als in der grauen Nüchternheit eines anbrechenden Morgens. Dies alles kann poetische Rede artikulieren und als Eindruck hervorrufen:

> „Wir schwiegen lächelnd, und ich dachte, wie schnell das Wort, aus höheren Regionen gesprochen, eine belanglose Stube zum Tempel verzaubert [...]."[176]

Das Hilfsmittel, aus der bildenden Kunst entliehen, mit dem dies u.a. gelingt,
ist der Einsatz von Farbwerten im literarischen Text. Voraussetzung dafür ist die „Emanzipation" der Farbe, ihr Befreien vom Gegenständlichen. Lasker-Schülers Raumbilder sind oft in Gold und Blau getaucht, insbesondere die orientalisch inszenierten Räume. Das schwirrende Sprachkaleidoskop hat manchmal nur blaue Steine, die sich zusammenschütteln zu einer Welt unter blauem Glas. Die folgenden Zeilen hätten statt von Gottfried Benn, auch von Else Lasker-Schüler stammen können:

> „Blau ist ein äußerst wichtiges Thema in meinen Prozessen und Elevationen -ein neues Wort für Blau, ein Sphinxblau aus Schnee und Meer -es war das Hinübergehen aus Starre und Gebundenheit in Strömen und Vergehen."[177]

Nächstes und Fernstes

Was ist eine solche Flexibilität der Raumentwürfe, wenn man sie „zu Ende" denkt?
Es ist die Auflösung von Raum zu einer nicht mehr vorstellbaren Diffusität oder aber das Zusammenstellen von Gegensätzlichkeiten. Oder, noch etwas anderes: „Nächstes und Fernstes sind vereint in einem irrealen Raum"[178] schreibt Paul Hoffmann über Rimbaud. Knut Brynhildsvoll bezeichnet das Zusammenbringen dissonanter Elemente gar als „Uranliegen der Literatur"[179]. Im Surrealismus wird das Nebeneinander- oder Aufeinanderstellen von heterogenen Elementen ebenso zur Methode, wie es auch den Traumvorgang kennzeichnen kann. Das Sehen erfaßt tendenziell alle Gegenstände zugleich, das macht sie unter Umständen so austauschbar einerseits, wie andererseits ihr Zusammendrängen, Gegeneinanderdrängen in einem Akt von Willkür ein Inkommensurables sein kann. Die Welt erscheint auf diese Weise

---

176 Das Hebräerland, S. 148.
177 Gottfried Benn, Brief an Dieter Wellershoff, in: Ders., Briefe, Wiesbaden 1957, S. 202.
178 Paul Hoffmann, Symbolismus, München 1987, S. 145.
179 Knut Brynhildsvoll, Der literarische Raum, S. 10.

zusammengesetzt, der Kontrast wird zum verbindenden Mechanismus, die Spannung zwischen vermeintlich Unvereinbarem macht unter Umständen den Reiz des Textes aus. Ein solcher Mechanismus muß nicht, wie bei der kubistischen Wahrnehmung, den Zerfall der Welt in stark voneinander abgesetzte Einzelphänomene bedeuten. Die Fragmentarisierung geschieht nicht in scharfgesplitterte Stücke, sie kann auch ein Auflösen von Räumlichkeit in eine gewisse Beliebigkeit bewirken, die darin wiederum das Verschwimmen von Unvereinbarem zuläßt. Wie das zum Beispiel in der Wirkung des Lichts beobachtet werden kann, hat niemand schöner beschrieben als Marianne Thalmann:

„Zwielicht und Dämmerung entstellen. Morgen und Abend sind Tageszeiten, die nur in zarten Farben auftreten und Dinge und Tun ohne Kausalzusammenhang lassen. [...] Das sind Tageszeiten am Rande der Zeit, die nicht mehr mit der Uhr gemessen werden können. Und gerade in diesem Zwielicht des Erlebens verformt sich die Landschaft zu den großen Wundern der Vorstellung."[180]

Was wie ein Kommentar zu Caspar David Friedrich wirkt, trifft auch auf viele Imaginationen Else Lasker-Schülers zu, in denen Übergänge fließen, Konturen sich auflösen.

Genauso gut kann aber auch der Schall, das Geräusch und der Ton einen Raum schaffen. Das Akustische ist ähnlich beweglich wie das Licht und kann

„einen akustischen Tiefraum erzeugen, in welchem sich Ferne und Nähe, Höhe und Tiefe miteinander vermählen und verschmelzen" [und suggeriert, I.H.] *„eine Einerleiheit der unterschiedlichen Orte im Raume und übt eine entgrenzend- vereinheitlichende Wirkung aus."*[181]

Intensive akustische Eindrücke können die Raumstruktur so stark verändern, daß dies zur völligen Orientierungslosigkeit führen kann. Hier und Dort können sich unkenntlich voneinander vermischen, die Grenzen zischen Subjekt und Raum sind dort nicht mehr zu ziehen, wo die Ich-Figur so vom akustischen Erlebnis sich überfallen fühlt:

„Das Ohr kann man nicht schließen, es nicht vom akustischen Signal lösen, es muß hören, wie auch der Mensch „gehorcht"."[182]

Das Raumerlebnis des Unverbundenen hat nicht zuletzt psychologische Aspekte und hängt gerade auch mit einem zukunftslosen Zeiterleben zusammen, worauf insbesondere Merleau-Ponty hinweist:

---

180 Marianne Thalmann, Formen und Verformen durch die Vergeistigung der Farben, in: Alexander Ritter (Hg.), Landschaft und Raum, S. 354f.
181 Hermann Meyer, Raumgestaltung und Raumsymbolik, S. 224f.
182 Rudolf Kassner, Gehör und Gesicht, in: Ders., Der goldene Drachen, Stuttgart 1957, S. 262.

"Wenn aber dergestalt die Welt sich zersetzt und zerstückelt, so weil der eigene Leib nicht mehr erkennender Leib ist, nicht mehr in einem einzigen Anhalt sämtliche Gegenstände erfaßt, und dieser Verfall des Leibes zum Körper-Organismus ist seinerseits auf ein Zusammensinken der Zeit zurückzubeziehen, die sich nicht mehr einer Zukunft entgegenträgt, sondern auf sich selbst zurückfällt."[183]

Das Phänomen des Zusammenfallens von Hier und Dort, von Gegensätzlichem überhaupt, wie es bei Else Lasker-Schüler vor allem als das Fehlen von Verknüpfungen (von Raumbildern, Figuren und Geschehen) erscheint, hat zwei Aspekte: Zum einen ist es Kennzeichen der Kunst der klassischen Moderne (von Rimbaud zum Surrealismus) und zum anderen Merkmal einer psychischen Erfahrung, in der Verlust und Gewinn so nah beieinanderliegen, wie es die dicht verklammerten Dinge vermuten lassen.

Innen- und Außenwelt

Es ist vor allem ein psychologisches Problem, das sich im Begriffspaar von Innen- und Außenwelt mitteilt. Ein Ich muß zwischen der Innenwelt und der Außenwelt unterscheiden können: Geht ihm dieser Unterschied verloren, dann verliert es auch sich selbst, steht sich als einem Fremden gegenüber oder erfaßt sich nur im unmittelbaren Augenblick, ohne Erinnerung an sein Eigenes. Wo innere Phantasie mit der Welt draußen verschwimmt, ist bald alles imaginär, erweist sich Erfahrung als immer schon falsche, weil sie den Anforderungen einer über-individuellen Außenwelt nur noch zufällig entsprechen kann. Was sich alltagswahrscheinlich als erschwerend erweist, geht aber in der Kunst und wird gefordert, ersehnt und begehrt von einem Kunstverständnis, das sich in die Tradition Nietzsches stellt. Entgrenzungsphänomene bedeuten ja nichts anderes als die Auflösung von Unterscheidbarkeit, die Negation von Differenz und das Aufgehen des Individuellen in einen konturlosen, unbegrenzten Raum, ein Paradox. Paradox ist auch, daß ein solches Auflösen, genauso wie es beglückt, als die größte Bedrohung sich erweist: Am Endpunkt von Entgrenzung ist nur das Nichts.

Was ich hier als psychische Problematik gekennzeichnet habe, hat noch eine philosophische und eine ästhetische Seite, die sich durchaus mischen können. Die dualistische Begriffsunterscheidung in „Innenwelt" und „Außenwelt" ist dabei nicht unproblematisch, auch hat sie sich über einen längeren Zeitraum entwickelt. Meister Eckhart hat im deutschen Sprachraum zuerst zwischen innerer und auswendiger Welt unterschieden.[184] Als Komposita tau-

---

183   Maurice Merleau-Ponty, Phänomenologie der Wahrnehmung, S. 329.
184   Ich stütze mich hier auf Hartmut Vinçon, Topographie.

chen die Begriffe dann erst später auf, „Außenwelt" zuerst bei Johann P.L. Withof und Jean Paul debütiert mit „Innenwelt". An diesem Punkt setzt aber eine Problematik ein, die die Unterscheidung in Innen- und Außenwelt fortan begleitet: Das Problematische ist diese Differenzierung selbst, denn oft, so scheint es, ist sie nicht so einfach möglich, häufig sind Innen- und Außenwelt nicht zu unterscheiden. Will man zunächst als vereinfachendes, aber strukturierendes Modell an ihnen festhalten, so ist zu beachten, daß es sich bei dieser Teilung um eine Abstraktion handelt, die aber deshalb sich als notwendig erweist, weil das Subjekt und sein Persönlichkeitserleben ebenso davon abhängen wie der Begriff der Gegenständlichkeit. Wenn man die Innenwelt als die psychische, die Außenwelt als die gegenständliche Welt beschreibt, dann ist zumindest über den Körper eine enge Verbindung zwischen Innen und Außen hergestellt. Die Außenwelt ist nicht so ohne weiteres da, sondern die Annahme ihrer Existenz eher eine Leistung der Innenwelt, die sich so die Unterscheidung zwischen Eigenem und Anderem zu erklären versucht. So gesehen, findet die Trennung schon im Ich selbst statt. Wo es sich als gesondert von der Welt erfährt, da spürt es diese Spaltung auch als Spaltung in sich selbst. Darin ließe sich mit aller Vorsicht Hans M. Steiner zustimmen, der die Funktion der Innenwelt ähnlich begreift, wenn er schreibt: „[...] *daß die Innenwelt unser Leben insofern begleitet, als sie dieses Leben ständig interpretiert, es in einen Rahmen hineinstellt.*"[185]

Es kann jetzt hier nicht darum gehen, das Problem endgültig zu lösen, bzw. eine stabile Begrifflichkeit zu entwickeln. Was mir wichtig erscheint, ist, das Innen- Außenphänomen von mehreren Seiten anzugehen und dann zu untersuchen, wie sich die Differenzierung in Innen- und Außenwelt in den Texten Else Lasker-Schülers als eine zentrale Raumaussage präsentiert. Zweifelsohne ruft diese Begrifflichkeit eine weitreichende Diskussion hervor, die bei der Betrachtung der Texte Auskunft gibt über ihre (der Texte) Stellungnahme zur Welt.

In seiner *Philosophie der symbolischen Formen* bezeichnet es Cassirer als eine der zentralen Funktionen der symbolischen Formen (Sprache, mythisches Denken und Erkenntnisdenken), zwischen beiden Momenten des Innen und des Außen zu vermitteln. Beide Momente erhalten erst in diesem Vermittlungsakt ihre Charakteristik und Differenzierung, und die Außenwelt geht nicht erst darin auf, daß die Innenwelt nach außen projiziert oder umgekehrt die äußere Welt in der inneren Welt abgebildet wird:

„*Die entscheidende Leistung jeder symbolischen Form liegt eben darin, daß sie die Grenze zwischen Ich und Wirklichkeit nicht als ein für allemal feststehende im vor-*

---

[185] Hans M. Steiner, Tagtraum und Innenwelt, Basel 1986, S. 39.

aus hat, sondern daß sie diese Grenze selbst erst setzt und daß jede Grundform sie anders setzt."[186]

Für die symbolische Form des mythischen Denkens stellt Cassirer fest, daß es im Mythos gar nicht so einfach zu bestimmen ist, wo die Grenze zwischen Innen und Außen verläuft, im Gegenteil, er kennzeichnet das Mythische als ein Denken, in dem Innen- und Außenwelt sich an ihren berührenden Wänden zunehmend verflüssigen. Subjektives und Objektives, Besonderes und Allgemeines durchdringen sich gegenseitig. Das heißt auch, daß die Dinge nicht in einer Repräsentationsfunktion rezipiert werden, sondern im *„Verhältnis realer Identität.*"[187]

Ludwig Klages geht es in seinem monumentalen Werk *Der Geist als Widersacher der Seele* um eine Erfahrbarkeit von Welt, die hinausweist über die des Erkenntnisdenkens. Eine tiefere, echte Erkenntnis glaubt er mit Entgrenzungserlebnissen verknüpft, das sind für ihn Erfahrungen, die sich am Rande von Diskursivität aufhalten, nicht begreifbar sind, sondern ihrerseits das Individuum ergreifen. Er nennt diesen Akt „*Schauung*", nicht Anschauung, und als Katalysatoren dieser „*erlittenen*", pathischen Form des Erkennens, dienen ihm Bilder, elementare Urbilder, die mit jeder „Seele" als eine Art kollektivem Unbewußten korrespondieren. Innen- und Außenwelt werden nicht so sehr differenziert wie vielmehr (als Entgrenzung eben) zusammengedacht. Dennoch entwirft Klages eine „*Urpolarität*" zwischen Dasein und Seele[188], die er auch „*Gamos*"[189] nennt, das heißt, als einen Zeugungsvorgang begreift, der in einer Geburtsmetapher die Entstehung eines Innen-Außenweltverhältnis als Geschehen imaginiert, das einem Lebensbeginn ähnelt. Ein Geschehen befruchtet die Seele, indem es ihr, vermittelt über Bilder, Wirklichkeiten präsentiert, die die Seele ihrerseits empfängt. Für Klages ist die Außenwelt eine der Bilder, die Innen- Außenweltrelation erklärt er in einem Körperdiskurs als Verschmelzung mit dem immer wieder beschworenen Bild des Zeugungsvorgangs. Das alles trägt fast die Züge einer Obsession.

Cassirer und Klages treffen sich insbesondere dort, wo sie den Innen- Außenweltbezug nicht als kausales Verhältnis denken, sondern an ihre Stelle eine schon erwähnte „Kausalität der Berührung" setzen. Die „Seele" (bei Cassirer ist das der mythische Seelenbegriff, Klages verwendet „Seele" sehr undifferenziert und ohne Diskussion) läßt sich anrühren von etwas. Was besonders tief empfunden wird, ist auch von besonderer Relevanz. Sowohl Cassirer (differenzierter) als auch Klages (wie fixiert fast) haben für diese Überlegun-

---

186   Ernst Cassirer, Philosophie der symbolischen Formen, Bd. 2, S. 186.
187   A.a.O., S. 51.
188   Ludwig Klages, Der Geist als Widersacher der Seele, S. 1131.
189   A.a.O., S. 1141.

gen ihre Grundlage in Nietzsches Denken gefunden. In der *Geburt der Tragödie* entwirft Nietzsche zwei Arten, mit Welt umzugehen. Die apollinische, mit der Nietzsche, sich auf Schopenhauer stützend, das u.a. „principio individuationis" meint, steht für eine gewisse Eindeutigkeit: Subjekt und Objekt werden sauber getrennt wahrgenommen, eine klare Grenze ist mithin ziehbar zwischen Innen- und Außenwelt. Die dionysische, als Gegenspielerin, kennt keine solch feste Grenzziehung zwischen Innen und Außen. Die Grenzen sind flexibel gedacht bis hin zur völligen Auflösung von Subjekt und Objekt. Die Welt ist im dionysischen Zustand tatsächlich alles, was der Fall ist und der Fall ist alles, was das Ich im Dionysischen zu berühren scheint. Unbegrenzt heißt auch ungeschützt, und so hat das Apollinische die Aufgabe, das dionysische Ich vor so mancher Verletzung und letztlich dem Untergang zu bewahren.

In seinem schon erwähnten, sehr lesenswerten Buch *Topographie: Innenwelt-Außenwelt bei Jean Paul* entwirft Hartmut Vinçon die poetische Sprache als eine Art Scharnierstelle zwischen innerer und äußerer Welt. Es gälte, der „*Außenwelt mit glühendem Stempel Bilder aufzuprägen*", in der Dichtung beide Welten miteinander verschmelzen zu lassen und, in umgedrehter Weise, „*statt darzustellen [...] Innerlichkeit zu beeinflussen.*"[190]

Diese Mechanismen sind paradox und so schreibt er über die Funktion und Leistung der Sprache bei Jean Paul:

„*[...] die äußere Welt muß erst in innere, und sei's auch durch schönen Schein, transponiert werden, um bewegbar zu sein. Die der äußeren Welt gegenüber verschlossene innere aber öffnet sich nur, wenn ihr, Innerlichkeit annehmend, Poesie Gestalt gibt [...]. Die Allegorien der Innerlichkeit stellen ein Unnennbares vor und sind stets in dem, das sie scheinen, nichts. Die Sprache als Achse der Innerlichkeit liegt nicht nur im Zentrum der wahren inneren Welt, sondern geht durch die vorgestellte innere Welt hindurch; das heißt, die innere Welt findet nicht ihren Ursprung und ihre Aufklärung in der Sprache, durch die sie allein bewegt wird.*"[191]

Das innere Sprechen entwirft sich, so Vinçon[192] des weiteren, eine kosmische Welt, ein Universum, eine Überwelt, in der sich ein bedrohtes Ich (denn so erlebt es sich u. U. in der äußeren Welt) ein perfekt erscheinendes Sein erschafft (und das ist auch als Paradies möglich), in dem es sich von Verantwortlichkeit ebenso erleichtert weiß, wie von übermächtigen, eben kosmischen, Mächten geborgen. Vinçon erklärt das Vorhandensein kosmischer Bilder vor allem in dieser psychologischen Hinsicht. Das ist bei Lasker-Schüler sehr ähnlich. Mit Vorliebe stellt sie dar, wie ihre Figuren, vom Kosmos beein-

---

190 Hartmut Vinçon, Topographie, S. 158f.
191 A.a.O., S. 162.
192 A.a.O., S. 246f.

flußt, agieren, bzw. sie unterstreicht so auch deren Bedeutung: Wenn etwas geschieht, dann hat das gleich mit dem ganzen Universum zu tun.

Wie imaginiert Else Lasker-Schüler die Übergänge zwischen Innen- und Außenwelt, wie verbinden sich die beiden, soweit sie sie überhaupt differenziert? Als was schließlich gilt ihr Innen- Außenwelt?

Das häufigste Bild bei Lasker-Schüler für den Übergang von Innen- zu Außenwelt (bzw. umgekehrt) ist das Fenster. Es bietet einen begrenzten Ausschnitt der Welt an, bildet die Schnittfläche von innerem Blick und gegenständlicher „Wirklichkeit". Im Vergleich mit der Tür hat das Fenster einerseits (in der Regel) den transparenteren Charakter, andererseits ermöglicht es einen indirekteren Kontakt mit der Außenwelt, weil der Blick, der durch das Fenster geschickt wird, auf Distanz beruht, bzw. sie erst herstellt und aufrechterhält.

„Während Türen durchschritten werden müssen, erschließt sich die Außenwelt durch das Fenster augen-blick-lich."[193]

Das Fenster gilt traditionell als Ort der Reflexion, des Nachsinnens, auch der Zerstreuung. In ihm kehrt metaphorisch das menschliche Auge als Fensterglas wieder und tritt als Bedingung des Sehens in Erscheinung.

Welche Funktion haben die Fensterbilder in den Texten Lasker-Schülers? Auffallend oft begegnen sie in solchen Texten, die Kindheitserinnerungen mitteilen:

„Schon als Schulmädchen standen ich und meine Freundin am Abend mit Vorliebe vor erleuchteten Fenstern und phantasierten Geschichten, die mir heute nie einfielen. Ich weiß nicht, ob alle Kinder gerne durch helle Fenster schauen ins glitzernde Dunkel wie durch Ostereier ins Feenreich. Zu unserer Lieblingsbeschäftigung wenigstens gehörte es, und wir zauberten hinter dem Glas der Abendstunde unvergeßliche Träume. Auf die schwarzmilchige Wupper unserer Heimat starren mysteriöse finstere Häuser aus Schiefer und die schwarzen Simili des Wassers. Diese Arbeiterbaracken mit ihren Gucklöchern hatten uns behext und unsere Sinne gespenstert."[194]

Der (neu-)gierige Blick fällt von außen nach innen und will etwas gewahr werden, was sich ohne den Kontrast von dunkel (draußen) und hell (drinnen) nicht sehen läßt. Das Ausschnittsbild beschränkt sich nicht nur auf die Funktion, das Innere preiszugeben an die, die von draußen schauen, sondern dient als Ausgangspunkt, als Stimulator und Katalysator für Geschichten und Phantasien, die sich um das Geschehen ranken, ohne es zu lassen wie es ist. Gerade aus dem Dunkel des Abends und der nahenden Nacht heraus, werden „Träume gezaubert" und bietet gerade das Dunkle, das schillernde Andere, die Ar-

---

193 Bettina Küter, Mehr Raum als sonst, S. 187.
194 Else Lasker-Schüler, Das erleuchtete Fenster, in: Konzert, Bd. 5, S. 115.

beiterbaracken mit den kleinsten Fenstern, die intensivsten Anstöße für die Vorstellungskraft der Schauenden. Die Phantasie bleibt unter Glas, vermag nicht unmittelbar zu berühren, behält die gläsern aufrechterhaltende Distanz bei und ist auch noch distanzierter möglich, von Fenster zu Fenster, mit zusätzlicher Distanzierung durch den dazwischenliegenden Raum.

„Ich und Martha aber verschwanden nach dem Abendbrot in ihrem Elternschlafkämmerchen. Von dort beobachteten wir das erleuchtete Fenster vom gegenüberliegenden Hause, Schulter an Schulter gelehnt. Hinter den Seidengardinen, in Wirklichkeit ein Gewebe aus Zwirn, wohnte ein indischer Prinz, für den wir beide lebten mit unseren elfjährigen Feenherzen, von dem wir beide fabulierten, bis wir rücksichtslos auseinandergetrieben wurden."[195]

Hier tritt gegenüber der ersten Textstelle, die aus demselben Text stammt, der Prozeß des Phantasierens hervor. Aus dem Banalen und Groben („*Gewebe aus Zwirn*") wird Kostbares und Feines („*Seidengardinen*"), aus dem allzu bekannten Nachbarn ein „*indischer Prinz*", ein Wunschtraum, der die „Wirklichkeit" mit feinem Pinselstrich übertüncht.

Das Fenster dient so als eine Art Kaleidoskop, das das tatsächliche Geschehen in seinen Elementen so verändert und neu zusammensetzt, daß ein ganz anderes Bild entsteht. Die Distanz, durch die das Sehen einen Weg beschreitet, ja beschreiten muß, scheint immer nötig zu sein, um die Metamorphose, die in dem Durch-ein-Fenster-Blicken sich ereignet, erst auszulösen, bzw. zu ermöglichen. Das „Wunder" geschieht dort, wo ein Ich sich ganz geborgen weiß (im eigenen Haus) und von dort in die mitunter weit entfernte Außenwelt schaut, den Blick dehnt und ins Weite schickt:

„Das dritte erleuchtete Fenster aber war ein großes Bogenfenster gewesen im Treppenhaus, vom Treppenhaus unseres Flures aus gesehen, über unsere Gasse hinweg in einem fremden Birnengarten. Mit Allerleifurcht blickte ich durch den mysteriösen Bogen, dahinter ein altes Mütterchen die Wäsche der Familie des Hauses wusch. Aber ich verwandelte die greise Wäscherin in einen Wunderrabbiner, von dem ich erst vor einigen Jahren in Büchern schrieb [...]."[196]

An anderer Stelle imaginiert Lasker-Schüler das Fenster als Guckkastenbühne, die den Blick im engen Umriß freigibt auf die Welt „da draußen":

„Wo ein Balken auf der Wiese lag, bekletterte ich ihn oder ich sprang mit Herzensfreude auf das Brett, das der Tischler vergessen hatte, kleine Bodenerhöhung vor den Fenstern unseres Wohnzimmers, von deren Seite man durch einen Spion das Schauspiel der Straßen besser beobachten konnte, dieser Tritt, wie man diese winzige Bühne zu nennen beliebt, war mir das liebste Möbel im Haus."[197]

---

195   A.a.O., S. 117.
196   A.a.O., S. 119f.
197   Else Lasker-Schüler, Das Theater, in: Das Hebräerland, Bd. 6, S. 47.

Allen Fensterbildern ist gemeinsam, daß sie zwar den sichtbaren Übergang zwischen Innen und Außen markieren, aber auch erst die Distanz herstellen, die die Ich-Figur nie aufgibt. Als Schauende nimmt das Ich nicht direkt am Geschehen teil, sondern bleibt „außen vor", sieht die Welt nur hinter Glas, verspiegelt und nicht berührbar, aber umso wirkungsvoller im Hervorrufen schillernder Visionen. Die Welt wird durchs Glas geschickt, sonst bleibt sie banal und bedrohlich, auf Fenstermaß geschrumpft wirkt sie weniger gefährlich, sie wird handhabbar. Der unmittelbare Zugang zur Welt bleibt versperrt und läßt dem Ich die Verborgenheit, die ansonsten nur der Vorhang gewährt.[198] Das, was die Ich-Figur beobachtend beschäftigt, ist immer dort, wo sie selbst im Augenblick nicht ist; sie muß von sich absehen, sich umsehen, hinein- oder herausschauen.

Wo der Blick durch die begrenzte Transparenz eines Fensters geschickt wird, erspäht er nur einen Teil der anderen Welt, anders wird es da, wo ganze Wände als transparent imaginiert werden:

„Stille Lichte scheinen durch die gläsernen Wände der Säle, und wir sind ganz allein im gläsernen Schloß, und unsere schlanken Körper sind durchsichtig, sind zart und singen."[199]

Wenn Körper und Raum so durchsichtig sind, dann ist es dem Blick nicht mehr möglich, sie voneinander zu trennen. Der Blick, das Hindurchblicken, ist zwar ermöglicht, aber wo alles sich dem Blick aussetzt, nichts ihn festhält, erschließt sich die allzu lichte Welt nur als haptische. An Glas kann man noch stoßen, auch Kostbarkeiten kann man besonders gut sichtbar in ihm aufbewahren.[200]

Die Transparenz ist noch zu steigern in Räumen aus Licht, die nur noch vorgestellte Räume sind, die keine Raumqualität mehr aufweisen und so als absolut leere alles zulassen:

„Und da ich zu den Nächten sang, fiel in meinen Schoß das Gold der Sterne- und ich baute Jehovah einen Tempel vom ewigen Himmelslicht. Erzvögel sitzen auf seinen Mauern, Flügelgestalten, und suchen nach ihren Paradiesliedern. Und ich bin eine tanzende Mumie vor seiner Pforte."[201]

Das Wunderbare ist hier zu solchen Gebilden gesteigert, daß alle Vorstellungskraft dahinter zurückbleiben muß. Ein Tempel ist dort nicht aus Stein, als Licht ist er nur zu sehen, eine Spiegelung, eine Fata Morgana, nur vorhanden als Vorstellung für das Auge. Bei Lasker-Schüler ist die Raumtransparenz

---

198 A.a.O., S. 48.
199 Die Nächte der Tino von Bagdad, S. 81.
200 „Sechs Feierkleider, aus Traumseide gesponnen, rauschen in meinem Nachtgemach auf goldenen Bügeln in Glasschränken." (Die Nächte der Tino von Bagdad, S. 90).
201 A.a.O., S. 66.

mit einer wunderbaren Erwartung besetzt, ganz anders sieht das bei Kafka aus. In der Treppenhausepisode in seinem Roman *Der Prozeß* treibt gerade die mangelnde Begrenzung, das Schadhafte der Bretterwände, das Licht und Blicke durchläßt und auch das Hineingreifen ermöglicht, in die Enge. Dieser Raum ist kein bergender Raum, die soziale Kontrolle funktioniert aufgrund seiner osmotischen Struktur, läßt Bedrohung zu, anstatt sie wirksam fernzuhalten.

Der Kontrast zu Kafkas Raumentwürfen heißt nicht, daß Else Lasker-Schüler die Vermischung von innerem und äußerem Raum als unproblematisch erfahrbar macht. Die Vermischung kann, wie auch Heiner Müller im folgenden deutlich macht, qualvolles Sichauflösen meinen:

„Ich spürte Mein Blut aus Meinen Adern treten und MEINEN Leib verwandeln in die Landschaft MEINES Todes."[202]

Bei dieser Ichzerstörung verströmt das Ich in die Außenwelt, es hat keine funktionierende Körpergrenze mehr, es verfließt. Der Körper geht in einer schmerzhaften Osmose über in den Raum, wird selber zu dieser Landschaft, ist fortan nicht mehr identifizierbar, tot.

Es erscheint mir sehr ähnlich, wenn Else Lasker-Schüler schreibt:

„Nun bin ich wie ein durchsichtiges Meer ohne Boden, ich hab keinen Halt mehr [...]. Was helfen mir nun Deine bereitwilligen Hände und die vielen anderen Finger, die mich bang umgittern, durch die meine Seele grenzenlos fließt. Bald ist alles zu Tode überschwemmt, alles ist in mir verschwommen."[203]

In dieser schon einmal in einem anderen Zusammenhang zitierten Passage gibt es noch einen Bezug zum Du; Rettung und Erlösung bedeutet das aber nicht, denn wer sich auflöst, kann nicht mehr umfaßt werden.

Die Konfrontation mit der Außenwelt muß aber dort, wo sie von der Ich-Figur als problematisch erlebt wird, nicht gleich zur völligen Auflösung der Innenwelt führen. Das Ich ist fähig, sich zu spalten, Innen- und Außenwelt u.U. mit sich und seinen Doppelgängern zu besetzen.[204] So wird das Ich sich selbst zum Gegenstand der äußeren Welt, bei Lasker-Schüler als Gebäude, Garten, und als andere Figur, als Prinz usw., als Kosmos und Meer imaginiert. Wenn *„der große Gegensatz innen und außen das ungestüme Gefühl erzeugt"*[205], dann imaginiert es sich als „anderes" Ich, *„ein Tausch wird [...] versucht, dem eingeengten Leben noch einmal zu entgehen, jedoch, um von ihm

---

202 Heiner Müller, Landschaft mit Argonauten, in: Ders., Texte, Bd. 7, Herzstück, Berlin 1983, S. 101.
203 Mein Herz, S. 102f.
204 Vgl. Hartmut Vinçon, Topographie, S. 252.
205 Das Hebräerland, S. 56.

eingeholt zu werden."[206] Wo Else Lasker-Schüler „eingeholt" wird, redet sie davon, daß ihre Entwürfe eines anderen Ich zusammenfallen: „*Meine ganze Psyche ist eine Weile eingekracht.*"[207]

Gesteigert und sehr schön versinnlicht findet sich dieser Gedanke auch bei Beckett, der *Molloy* von seinem Ich sagen läßt:

„*Meistens aber ist es ein Gebiet ohne Gestalt noch Grenzen, und alles darin ist mir unverständlich, sogar die stofflichen Elemente, gar nicht zu reden von ihrer Anordnung. Und dieses ruinenhafte Gebilde, ich weiß nicht, was es ist, was es war, und folglich auch nicht, ob es sich nicht weniger um Ruinen handelt, als um das unerschütterliche Durcheinander der ewigen Dinge, wenn das der richtige Ausdruck ist. Auf jeden Fall ist es ein Ort ohne Geheimnis, die Magie hat ihn verlassen, weil sie ihn ohne Geheimnis fand. Und wenn ich nicht gern dorthin gehe, so doch lieber als anderswohin, und ich tue es mit stiller Verwunderung, fast hätte ich gesagt, wie im Traum, aber keineswegs, keineswegs. Aber es ist kein Ort, zu dem man sich hinbegibt, sondern einer, an dem man sich mitunter befindet, ohne zu wissen wie, den man nicht nach Belieben verläßt, und wo man ohne das geringste Vergnügen verweilt, aber vielleicht mit weniger Mißtrauen als an Orten, von denen man sich entfernen kann, wenn man sich bemüht, [...].*"[208]

So weit geht Else Lasker-Schüler noch nicht, kein Ich scheint bei ihr metaphorisch eine Ruine sein zu können. Aber als Ich-Figur kann es zwischen Ruinen wohnen und es sind vor allem Zwischenräume, die die Dialektik von Innen- und Außenwelt in der Prosa Else Lasker-Schülers ausmachen:

„*Sofort neben dem Tempelplatz residierte unser Melech David. Seit Salomon errichtete den Tempel dem Herrn. Ich möchte wohnen ganz allein zwischen den Palästen der krystallisierenden Ruinen. Ich fände sicher noch ein bewohnbares Gemach in einem der kostbaren Mumienhäuser. Das heiligste, - darin David seine ewigen Psalmen dichtete.*"[209]

Und über Palästina heißt es:

„*[Palästina, I.H.] als Vorhimmel des Himmels gedacht, als Grenze zwischen Ewigkeit und Zeitlichkeit, steht schon im Zeichen des Raum- und Zeitlosen.*"[210]

Else Lasker-Schüler konzipiert „Zwischenräume", „Zwischenwelten", die sie zwischen Innen- und Außenwelt legt und die eine allzu klare Grenzziehung zwischen Innen und Außen verhindern. Im Zwischenraum begegnen sich beide, ist Berührung möglich. Das Zwischenreich, mit der Raumbezeichnung Palästina, ist eines, das aus herkömmlichen Raum- und Zeitkategorien

---

206 Hartmut Vinçon, Topographie, S. 254.
207 Mein Herz, S. 24.
208 Samuel Beckett, Molloy, S. 46.
209 Auf der Galiläa, Das Hebräerland, S. 62.
210 Das Hebräerland, S. 121.

herausfällt. Es ist ein Raum zwischen Räumen, fast ein Nichtraum, als der Spalt, der zwischen den nichtmobilen Raum- und Zeiteinheiten liegt. Er ist es, in dem Besonderes sich aufhält, in dem die Ich-Figur ihre intensivsten Erfahrungen macht, der Kunst nahe ist, sie erschafft. Das Zwischenreich, im ersten Zitat nur angedeutet mit dem raumordnenden „zwischen", ist ein äußerst geschichtsträchtiges, mythisches. Die Ich-Figur begibt sich mitten hinein (eben das scheint „zwischen" hier zu bedeuten) in die traditionell jüdische Welt Davids. Im Konjunktiv findet sich die Annahme, noch den Ort zu finden, in dem die Dichtung Davids, die Psalmen, entstand. Das Zwischenreich, in das die Ich-Figur sich hineinphantasiert, ist der Ort der Kunst, der kein sicherer Ort ist, sondern der Ort des Scheins, des Als-Ob, Ort im Konjunktiv.

Zwischenräume bei Else Lasker-Schüler sind oft auch als Vorräume zu „Haupträumen" gedacht, als Vorräume zum „Allerheiligsten", in denen das Ich stehenbleibt, weil es den direkten Kontakt mit dem Mythischen/Magischen, das sich dort aufhält, zu scheuen scheint. Es sind „Nebenschauplätze", Wandelgänge, Vorräume zu Gemächern, in Synagogen, in denen die Ich-Figur Beobachterin wird, Distanz behält, den Blick auf das Zentrum richtet, ohne am Geschehen teilzunehmen. Parallel berichtet Lasker-Schüler von Vor-, von Noch-nicht-Geschehen, von Pseudoereignissen und plaziert sie in solchen Übergangsräumen. Sie sind es, die die Verbindung zwischen innerem und äußerem Leben herstellen. Als solche sind sie Orte der Reflexion:

„*Um die Abendzeit wandelte Jusuff manchmal dichtverschleiert durch die Gänge der Vorräume seiner Gemächer. Er war tief mit sich im Gespräch [...].*"[211]

Oft liegen die Zwischenwelten zwischen Himmel und Erde:"*Als Vorhof des Himmels wählte Gott unsere fromme Stadt Jerusalem.*"[212]

Als Zwischenräume sind diese Raumbilder Bestandteil der im Text enthaltenen Ich-Psychologie:

„*Aus allen Himmeln fallen tut weh [...] zwischen Erde und Himmel lag ich direkt mitten in der Luft.*"[213]

Das Ich muß sich hier im Zwischenreich zwischen Himmel und Erde einrichten, sich arrangieren mit Haltlosigkeit und Luftschlössern. Während hier diese Zwischenschicht durch das Fallen „aus allen Himmeln" als schmerzhaft dargestellt wird (und doch ist die Sprache auch „scherzhaft", vielleicht aber gerade deshalb), kann es auch in einem anderen Kontext das ersehnte Zwischenreich bedeuten, das wie in der Region des Traumes Wünschen Platz bietet:

---

211 Der Malik, S. 53.
212 Das Hebräerland, S. 143.
213 Verse und Prosa aus dem Nachlaß, Bd. 8, S. 22.

„[...], als ich heim in meinen gastlichen Berliner Sachsenhof kam, in meine warme Stube dicht unter dem Himmel, der leise schneite, wünschte ich mir, trotz der vielen Präsente [...] etwas geschenkt zu bekommen, was keinem Menschen am Abend beschert ward - ja im ganzen Lande, ja in der ganzen Welt. Genauso dachte ich beim Eintreten in meines Raumes Nest zwischen Erde und Wolke."[214]

Keine Zwischenräume im eigentlichen Sinne, aber das ständige Sich-Befinden zwischen Extremen, zeichnen die Ich-Figuren der Prosa Lasker-Schülers aus:

„Ich bin Leben und Grab, dann wechselte meine Stimmung vom Traurigsten bis zum Jubel unvermutet oft."[215]

Das Hin- und Hergerissensein zwischen Leben und Tod äußert sich in Halluzinationen, in „Gesichten", in denen sich die Ich-Figur selbst als gespalten erlebt:

„Ich erlebte damals die vollständige Entkörperung meiner Seele und ihre Spaltung, denn ich befand mich zu gleicher Zeit vor dem teuren Hügel meines Kindes und auf dem Pfad, der zu dem Hügel führte."[216]

Diese Spaltung erfährt eine Steigerung dort, wo sich das Ich als „aufgesogen" empfindet, in der Welt und überhöht im Weltall. Es gilt auch für die Texte Lasker-Schülers, was Calvino in seinen Raumphantasien schreibt:

„Mir ist, als wäre jetzt alles, was mich umgibt, ein Teil von mir, als wäre ich endlich das Ganze geworden, das All."[217]

Das Ich ist hier zerfasert, in unendliche Teile zerfallen und erfährt sich so als völlig eins mit dem All, das eine Phantasie ist, die das Unendliche des Raumes meint und damit eigentlich seine Auflösung. Die Distanz ist eingeebnet, die Entfernung ist „entfernt", das Nächste ist als Fernstes verloren gegangen, das Innere kann fremder erscheinen als die äußere Welt. Das Ich wird von den Dingen durchdrungen, im Raum geht alles auf:

„Was den gesunden Menschen vor Delirien und Halluzinationen bewahrt, ist nicht sein kritischer Geist, sondern die Struktur seines Raumes: die Dinge bleiben vor ihm stehen, sie wahren ihren Abstand und berühren ihn [...] nur mit Respekt. Halluzinationen wie Mythen hingegen entstehen aus einer Schrumpfung des Lebensraumes, einem Wurzelschlagen der Dinge in unserem Leib, einer schwindelerregenden Nähe der Gegenstände, einer Verschlingung von Mensch und Welt, welche alltägliche Wahrnehmung und objektives Denken zwar nicht vernichten, jedoch verdrängen, das philosophische Bewußtsein aber wiederfindet."[218]

---

214   Auf der Galiläa, Das Hebräerland, S. 49.
215   Der Malik, S. 23.
216   Auf der Galiläa, Das Hebäerland, S. 56.
217   Italo Calvino, Wenn ein Reisender in einer Winternacht, S. 201.
218   Maurice Merleau-Ponty, Phänomenologie der Wahrnehmung, S. 338.

Das Ich wird berührt, angerührt von einer inneren und zugleich äußeren Welt und kann sich dem nicht entziehen. Es erlebt die Unmöglichkeit von Distanzierung, spürt, wie die Dinge einen Platz im Körper einnehmen, wie sie Raum beanspruchen und wie sie einen Artikulationsvorgang provozieren, der die Wahrnehmung mit der künstlerischen Produktion verbindet. Die Berührung kann sehr körperlich erlebt werden, als alle Bereiche eines Ichs schüttelnde Bewegung, darin stimmen Nietzsche, Klages, Cassirer und zuletzt Merleau-Ponty überein:

„Bald ist zwischen mir und dem Geschehen ein Spielraum, der mir Freiheit gewährt, ohne daß das Geschehen mich zu berühren aufhörte; bald wieder ist der erlebte Abstand zugleich zu gering und zu groß: die Mehrzahl der Ereignisse hört auf, für mich noch zu zählen, indessen die nächsten mich bedrängen. Sie hüllen mich ein wie die Nacht und entziehen mir meine Freiheit und Individualität. Ich kann buchstäblich nicht mehr atmen. Ich bin besessen."[219]

Die Vermischung von Innen- und Außenwelt zu einem nicht unterscheidbaren Ganzen findet sich auch in Rilkes[220] Konzept des *„Weltinnenraums"*, da ist der Außenraum zugleich Innenraum und umgekehrt. Zu Ende gedacht ist das eine Allbeseelung, die Else Lasker-Schüler nicht nur an folgender Stelle formuliert:

„Welt liegt in Welt, Mensch in Mensch, Tier in Tier und Baum in Blatt und umgekehrt Blatt wieder in Baum und alles in alles und alles in allem und All in Gott."[221]

All das ist nicht ohne Brüche denkbar, auch das Ineinanderaufgehen von Innen- und Außenwelt geschieht nicht ohne die Fragmentarisierung und Loslösung von einzelnen Teilen, ohne immer gleich einen neuen Zusammenhang herstellen zu können. Es erscheint oft genug im Zwischenraum als Zwischenlösung, als Simulacrum, als Als-Ob, so lange, bis das Kaleidoskop der Kunst neu geschüttelt wird. Die Zwischenräume sind die denkbaren Lösungsversuche, aber auch sie können sich als Abgründe zwischen festgefügten monolithisch gedachten Raum-entwürfen auftun. Vermittlung wird benötigt in Sprache und Kunst, als gebrochenes und mehrdeutiges symbolisches Bild, als my-

---

219 A.a.O., S. 332f.
220 „Das Anschauen ist eine so wunderbare Sache, von der wir so wenig wissen; wir sind mit ihm ganz nach außen gekehrt, aber gerade wenn wirs am meisten sind, scheinen in uns Dinge vor sich zu gehen, die auf das Unbeobachtetsein sehnsüchtig gewartet haben, und während sie sich, intakt und seltsam anonym, in uns vollziehen, ohne uns,- wächst in dem Gegenstand draußen ihre Bedeutung heran, ein überzeugender, starker, - ihm einzig möglicher Name, in dem wir das Geschehnis in unserem Inneren selig und ehrerbietig erkennen, ohne selbst daran heranzureichen, es nur ganz leise, ganz von fern unter dem Zeichen eines eben noch fremden, und schon im nächsten Augenblick aufs neue entfremdeten Dinges begreifend." (Rilke an Clara Rilke vom 8.3.1907, in: Ders., Briefe aus den Jahren 1906 bis 1907, Leipzig 1930, S. 214).
221 Else Lasker-Schüler, Die Bäume unter sich, in: Konzert, Bd. 5, S. 21.

thischer Raum, als nicht abzulösende Oberfläche eines Innen, in denen Innen und Außen sich vermischen. In einem „Zwischen" werden die Dinge und das Ich (nur kurzfristig) erlöst und dann wieder voneinander entfernt. Zwischenwelt ist wie Traum, in ihm wird ein Inneres betreten. Als der Signifikant T erscheint in ihm die Tür zum Raum, als T-raum, Traum-Raum.

3. Körper

3.1 Überlegungen zu Körper und Leib

Körper und Leib will ich hier als Synonyme verwenden, der Körper ist nicht ausschließlich als Gegenstand von Biologie und Medizin gemeint, der Leib nicht nur als Objekt von Psychologie oder Philosophie. Nicht noch einmal soll getrennt werden, was besser ungeschieden geblieben wäre, das unmittelbar Körperliche des Leibes, das leibliche Hinausweisen und Spüren des Körpers. Deshalb verwende ich im folgenden beide Begriffe im wesentlichen parallel.

Galt im vorhergehenden Kapitel das Interesse der Kategorie des Raumes, so wurde dort auch deutlich, daß Raum, äußere Welt, nur wahrnehmbar wird als leibliche Erfahrung. Der Körper ist nicht nur Gegenstand in einem Raum, er macht es vielmehr erst möglich, von einem Raum zu sprechen. Es ist der Raum, der den Körper umschließt, den er (der Körper) einnimmt und der ihn umgibt. Außerhalb der räumlichen Körpererfahrung ist kein Raumerleben möglich, Raum ist dort, wo der Körper ihn empfindet, ist das, was der Leib von ihm begreift.[1]

In seiner *Phänomenologie der Wahrnehmung* geht es Merleau-Ponty um eine Beziehung von Leib und Welt in Raum und Zeit:

„*Insofern ich einen Leib habe und durch ihn hindurch in der Welt handle, sind Raum und Zeit für mich nicht Summen aneinandergereihter Punkte, noch auch übrigens eine Unendlichkeit von Beziehungen, deren Synthese mein Bewußtsein vollzöge, meinen Leib in sie einbeziehend; ich bin nicht im Raum und in der Zeit, ich denke nicht Raum und Zeit; ich bin vielmehr zum Raum und zur Zeit, mein Leib heftet sich ihnen an und umfängt sie.*"[2]

Dabei ist die Räumlichkeit, die der Körper sich selbst zumißt, durchaus flexibel, je nach seiner momentanen Affektlage sieht er sich mächtig groß oder verschwindend klein.[3]

Der Leib erweist sich als „*Vermögen einer Welt*"[4], er ist das entscheidende „*Vehikel des Zur-Welt-Seins*"[5], wie Merleau-Ponty formuliert. So verstanden könnte man sich den Körper als eine Art Zwischending zwischen einer inneren und äußeren Sphäre der Welt vorstellen, wenn man dabei nicht zu berücksichtigen hätte, daß es sich bei der Trennung von psychischer und physischer

---

1 Maurice Merleau-Ponty, Die Phänomenologie der Wahrnehmung, S. 127 u. S. 169ff.
2 A.a.O., S. 170.
3 Vgl. a.a.O., S. 178.
4 A.a.O., S. 132.
5 A.a.O., S. 106.

Welt um ein fiktives Konstrukt handelt, das Gefühle und Gedanken in einem inneren Raum isoliert und dann damit erreicht, wie Hermann Schmitz durchaus polemisch bemerkt,

„*die Außenwelt von allem Unübersichtlichen so freizulegen, daß man den verbleibenden Rest mit den großartigen Künsten der modernen Naturwissenschaft bequem beherrschen kann.*"[6]

Wie aber stellt sich der Weltbezug des Körperlichen dar, wenn er sich nicht in dem Dualismus von Innen- Außenwelt betrachten läßt? Wie vermittelt der Leib zwischen „Physischem" und „Psychischem"?

Wenn der Körper das unmittelbarste Medium ist, um Welt zu erfahren, dann kommt seinen Äußerungen eine ganz eigene, starke Expressivität zu. Das Körperliche weist über sich selbst hinaus, bekommt Symbolcharakter, wird zum Spielfeld der Repräsentation von Bedeutung. So weit ist es aber noch möglich, einen Körper-Seele-Dualismus anzunehmen und dann wäre der Körper die Bühne, das Schauspiel, das es dem Seelischen erlaubt, sich zu artikulieren: Der Leib als Ausdruck des Psychischen, nur als solcher letzthin wichtig, nur als solcher einer intensiven (psychologischen) Betrachtung ausgesetzt in einer Psychosomatik der Übersetzung.

Den Leib nur als ausführenden Organzusammenhang zu betrachten, schränkt ihn jedoch ein in seinen Möglichkeiten. Er geht über den linearen Ausdruck, das unproblematische Bedeuten, das man dann nur noch zu entziffern hätte, hinaus:

„*Der Leib ist jederzeit Ausdruck der Modalitäten der Existenz überhaupt, aber nicht etwa nur, wie wir noch sehen werden, wie Silberlitzen einen Rang oder Nummern Häuser bezeichnen: hier vielmehr zeigen die Zeichen ihre Bedeutung nicht lediglich an, sondern sind selbst von diesen durchdrungen, sind in gewisser Weise das selbst, was sie bedeuten, so wie ein Porträt die Quasi-Präsenz des abwesenden Dargestellten ist oder wie im magischen Verständnis Wachsfiguren das selber sind, was sie uns vorstellen.*"[7]

Es ist die Präsenz des Leibes, seine unmittelbare, von körperlichen Vorgängen erzeugte Präsenz, die all das enthält, was so ausdrucksstark einen Mehrwert an Sinn zu produzieren scheint. Dieser Sinn aber ist einer des Leibes; ihm liegt kein tiefer oder nobilitierter gelagertes Denken oder ein seelischer Kern zugrunde. Die Sprache des Körpers als expressive erweist sich als immer schon unteilbare, nicht zerlegbare. Zeichen und Bezeichnetes sind zu einem Hautfirniß geschmolzen, die Bewegung allein läßt changieren zwischen

---

6   Hermann Schmitz, Leib und Gefühl, Materialien zu einer philosophischen Therapeutik, Paderborn 1992, S. 96.
7   Merleau-Ponty, Die Phänomenologie der Wahrnehmung, S. 193.

Signifikat und Signifikant und der Körper ist „*die allen Gegenständen gemeinsame Textur.*"[8]

Körper und Existenz sind eins, sie bedingen einander, setzen sich gegenseitig voraus und bringen sich selbst wechselseitig hervor, „*der Leib geronnene oder verallgemeinerte Existenz, die Existenz unaufhörliche Verleiblichung* [...]."[9]

Die hier vorgeführte Wertschätzung des Leiblichen zieht weitreichende Konsequenzen nach sich. Eine klare Subjekt-Objekt-Trennung, wie sie die Cartesianische Tradition suggeriert, wird in Frage gestellt dort, wo der Leib beides zugleich ist: Subjekt und Objekt von Erfahrung und als solche nicht zu differenzieren. Der berührende Körper ist immer auch der berührte, es geht ihm voraus, angerührt worden zu sein, ebenso wie seine Berührung ein neues Berührtwerden hervorrufen kann in einem nicht zerlegbaren Kontinuum von Berühren und Berührtwerden. In ähnlicher Weise sind die Körpervorgänge in ihren Bezügen zur äußeren Welt nicht auf ein kausales Verhältnis zu reduzieren. Nicht jeder Wirkungszusammenhang läßt die passende Ursache erkennen, vielmehr ist zu bemerken,

„*daß diese Funktionen [Sehen, Motorik, Geschlechtlichkeit, I.H.] sich untereinander und mit der Außenwelt nicht durch Kausalbezüge verknüpfen lassen, sondern sämtlich auf verworrene und implizite Weise sich verschlingen in ein einziges Drama.*"[10]

Der Begriff des Dramas stellt den Bezug zu Freuds Urszene her und meint hier vor allem jene Spannung, die der Körper als existentieller Körper ständig neu erzeugt in einem vieldeutigen Auf und Ab von Systole und Diastole, Spannung und Entspannung, Enge und Weite.[11]

Ein Drama ist aber nur durchzuspielen, zu erleben, zu erspüren, nicht der Gegenstand von Reflexion, von dem man sich distanzieren könnte. Körpererleben betrifft immer die gesamte Existenz, ebenso wie auch Sexualität existentiell ist und nicht nur einen Nebenschauplatz bezeichnet. Beide, Körper und Sexualität, sind nicht nur Symptome, sie sind die Dinge selbst, hinter ihnen verbirgt sich nicht das „Eigentliche", die Oberfläche kennt so viel Verborgenheit wie das als Seele Vorgestellte. Gleichwohl gibt es eine „*affektive Physiognomie*"[12], eine mit körperlichen Bildern ausgestattete Vorstellungswelt, die Auskunft gibt von existentiellen Zusammenhängen, die sich dem Körper und der Geschlechtlichkeit unmittelbar aufprägen.

8	A.a.O., S. 275.	
9	A.a.O., S. 199.	
10	A.a.O., S. 234.	
11	Vgl. Hermann Schmitz, Leib und Gefühl, S. 53ff.	
12	Merleau-Ponty, Die Phänomenologie der Wahrnehmung, S. 201.	

In seinem Aufsatz *Vom zeremoniellen zum geklonten Körper: Der Einbruch des Obszönen*[13], entwirft Jean Baudrillard drei Bilder vom Körper, die er sich als historisch aufeinanderfolgende Stadien vorstellt: Zunächst spricht er von einem „*Körper der Metamorphose*"[14], der in sich jene Vielfalt an Existenzmöglichkeiten vereinigt, die sich bei Merleau-Ponty schon andeuteten. Berühren und Berührtwerden, das Resultat ist:

„*Körper reiner Verkettung im Schein, Körper einer zeit- und geschlechtslosen Fluidität der Formen, Körper der Mythen und Zeremonielle, Körper, der in der Pekinger Oper und dem orientalischen Theater oder auch im Tanze lebt, nicht individueller Körper, sondern „duell" und fließend, Körper ohne Begehren, aber jeder Metamorphose fähig, nicht im Spiegel seiner selbst befangen, aber allen Verführungen ausgesetzt, welche die bewegtesten, tierischsten, unmenschlichsten Formen, aber auch die strengsten Rituale oder Maskenfolgen annehmen können. Nicht biologischer, nicht psychischer, nicht pädagogischer, nicht sexueller, nicht Subjekt- sondern reiner Objektkörper, metabolischer, metamorpher, metaphysischer Körper - Körper, der einen Moment lang jeder Subjektivität ausgeliefert ist und die Katzenhaftigkeit des reinen Objekts, der reinen Bewegung, des reinen gestischen Durchscheinens wiederfindet.*"[15]

Baudrillard entwirft mit dieser Vorstellung den Körper vor jeder Bedeutungszuweisung, vor dem Transportieren von Sinn. In dem den „*Körper der Metamorphose*" ablösenden „*Körper der Metapher*" geschieht dann aber genau das, was für den „*Körper der Metamorphose*" noch undenkbar schien. Jetzt, nach dem Eintritt in die symbolische Ordnung, nach dem Spiegelstadium, ist der „*Körper der Metapher*" ein mit Sinnhaftigkeit aufgeladener Subjektkörper psychologischen Zuschnitts, dessen Symbolik es ebenso zu entschlüsseln gilt, wie sein Begehren zu kennzeichnen:

„*Dieser Körper charakterisiert sich durch den ganzen komplexen Reichtum der Subjektivität des Begehrens und seiner Inszenierung, aber auch durch die heftige Verleugnung des Objekts, des Rituellen und der Metamorphosen, der Körper als Exaltation der Subjektproduktion und Verleugnung der Verführung.*"[16]

Ein solcher Körper ist dauernden Erklärungs- und Deutungsversuchen ausgesetzt und wird schließlich zu einer großen Metapher: blind für die Präsenz des Körpers, geblendet von der Faszination des repräsentierten Sinns.

Schließlich begreift Baudrillard den von ihm so bezeichneten „*Körper der Metastase*" als das auf den „*Körper der Metapher*" folgende Stadium als ei-

---

13 In: Dietmar Kamper u. Christoph Wulf (Hg.), Die Wiederkehr des Körpers, Frankfurt a.M. 1982, S. 350ff.
14 Baudrillard, Vom zeremoniellen zum geklonten Körper, S. 360.
15 A.a.O., S. 359f.
16 A.a.O., S. 360.

nen Körper, der „*nichts weiter* [ist, I.H.] *als eine unbegrenzte narzißtische Extension.*"[17]

Der „*Körper der Metastase*", das ist der geschlechtslose Körper, in dem sich kein sexuelles Drama mehr abspielt, kein Unbewußtes mehr ist, keine Verführung, kein Phantasma, keine Verdrängung und kein Begehren mehr sich ver- und entbergen.

„*Dieser Körper hat keine Definition mehr, also weder einen eigenen Sinn noch eine Szene; er steht ganz in operationaler Ausdehnung, er wird Synonym aller möglichen Prothesen und „weichen" Technologien, einer Art ökologischer Beherrschung der gesamten Umwelt einschließlich seiner eigenen Subjektivität als Ambiente. Funktionale, gleichgeschaltete, mechanische, regulierte Sexualität.*"[18]

Sowohl Merleau-Ponty als auch Baudrillard berühren mit ihren Körpervorstellungen den Bereich mythischer Zusammenhänge, wenn sie zum einen von einem „*magischen Verständnis*"[19] sprechen, zum anderen den „*Körper der Metamorphose*" (u.a.) als „*Körper der Mythen*"[20] bezeichnen. Der Körper spielt im mythischen Denken eine herausragende Rolle, nur mit ihm läßt sich etwas in Szene setzen, das als Gestaltung existentieller Erfahrungen gerade auch körperliche Erfahrung meint. Der menschliche Körper ist es, der dem mythischen Denken als erster Bezugsrahmen und als Ausgangspunkt für Orientierung dient. Mythische Erzählungen arbeiten in erster Linie mit sinnlichem Material, die Erklärungskraft der Mythen beruht nicht zuletzt auf ihrer unmittelbaren sinnlichen Erfahrbarkeit, die sich an anthropomorphe Figuren knüpft.[21] Die im mythischen Denken zu beobachtende Körperlichkeit geht aber auch weit über eine menschenähnliche hinaus, bevorzugt u.a. Tierfiguren und vermag in immer wieder als Erklärung hervorgehobenen Metamorphosen Körper in andere Körper zu verwandeln in einem stetigen Prozeß. Gleichzeitig kommt nicht nur dem Körperganzen Bedeutung zu, sondern alle Kräfte des Körpers halten sich ebenso in seinen einzelnen Teilen auf. So haben alle Leibesabschnitte ihre magische Bedeutsamkeit und es gilt diese Pars-pro-toto-Struktur als grundlegendes Charakteristikum für ein mythisches Verständnis vom Körper.[22] Der Körper wird mitunter, als grotesker Körper mit „variablen" Körperöffnungen, in die äußere Welt „verlängert", verdoppelt, in vielfältiger Weise zu einem mehr als sinnlichen Körper und vermag es so, den mythischen Kosmos als eine durch „alle Sinne geschickte" Welt erscheinen zu las-

---

17 A.a.O., S. 361.
18 Ebda.
19 Merleau-Ponty, Die Phänomenologie der Wahrnehmung, S. 193.
20 Baudrillard, Vom zeremoniellen zum geklonten Körper, S. 359.
21 Vgl. Theodor W. Adorno u. Max Horkheimer, Die Dialektik der Aufklärung, S. 12, S. 23, S. 33.
22 Vgl. Ernst Cassirer, Philosophie der symbolischen Formen, Bd. 2, S. 65ff.

sen: Der Körper überschwemmt förmlich alle anderen Zusammenhänge. Werden so alle Qualitäten und Beziehungen materialisiert, so ist umgekehrt auch die Entmaterialisierung, mithin Abstrahierung des Materiellen ein in gleicher Weise zu beobachtendes mythisches Phänomen.[23] Nicht zuletzt kann Körperlichkeit potentiell als aufzulösende gedacht werden, als eine von konturlosen und durchlässigen Begrenzungen, als Körperverschwinden: Bevor es zu einem im Ausgang des 20. Jahrhunderts immer deutlicheren „*Schwinden der Sinne*"[24] kommt, wird aber in der (mitunter so mythischen) Kunst des ausgehenden 19. und beginnenden 20. Jahrhunderts der Körper als der Ort beschworen, an dem eine existentielle Ästhetik sich bündelt. Vor allen ist es Nietzsche, der den Körper nobilitiert, ihn in seiner Spannung zwischen Gesundheit und Krankheit ansiedelt und erotische Sinnlichkeit in seine Texte einschießen läßt. Exemplarisch wird dies besonders deutlich in *Also sprach Zarathustra*.

Exkurs: Von der Sinnlichkeit im Schreiben Nietzsches

„Von allem Geschriebenen liebe ich nur Das, was Einer mit seinem Blute schreibt. Schreibe mit Blut und du wirst erfahren, daß Blut Geist ist."[25]

Zarathustra schreibt mit Herzblut, er taucht seine Feder ins eigene „Herzfett", rot tropft es auf das Papier. So löst er nicht das Rätsel der Ewigen Wiederkehr, denkt nicht nach über „die" Zeit, über „den" Willen zur Macht, es geht ihm immer nur um eins: um sein Verhältnis zur Welt, das hier einen Namen bekommen soll, es ist zutiefst erotisch. Mit Heine verteilt *Zarathustra* Zuckerschoten, in demselben Garten lustwandeln sie beide. Zuckererbsen für jedermann, sobald die Schoten platzen:

„Die Feigen fallen von den Bäumen, sie sind gut und süß; und indem sie fallen, reißt ihnen die rote Haut."[26]

Süßes gibt es hier im Überfluß, was fällt, verströmt sich, öffnet die Außenhaut, läßt ein das Außen, gibt Innen sich nach Außen, werden Innen und Außen eins, wird Innen zum Außen und schmerzt es auch. Und: Alles, das nach außen gerissene Innen wird jetzt einverleibt, wird ganz nach innen geschluckt, kommt um und doch: Jetzt ist es süß, so unmittelbar. Unmittelbar diesseitig ist das Jetzt des Körpers, der nur den Augenblick kennt, das eigene

---

23 Vgl. a.a.O., S. 71f.
24 So lautet ein Buchtitel von Dietmar Kamper und Christoph Wulf (Hg.), Frankfurt a.M. 1989.
25 Friedrich Nietzsche, Also sprach Zarathustra, in: KSA, Bd. 4, S. 48.
26 A.a.O., S. 109.

Wollen, hier und sofort. Das duldet keinen Aufschub, einen metaphysischen schon gar nicht:*"Eure eignen Sinne sollt ihr zu Ende denken!"*[27]

Sinne, die eigenen Sinne, sinnlich Erfahrenes, Geschmecktes, Ertastetes, Geschautes, das ist *Zarathustras* Maßstab. Der eigene Körper ist der Gradmesser für Wirklichkeit. Sein sinnliches Verhältnis zur Welt wird *Zarathustra* zur Leinwand für erotische Bilder. Sie sind Nachtbilder, sie umfassen nicht weniger als den ganzen Kosmos, Himmel, Erde, das Meer. Die kosmische Bebilderung vermag es nicht, die Direktheit des körperlichen Sprechens zu verdecken, deutlich bricht die Schicht hervor, die die Bilder zunächst zu verschleiern schien:

„*Oh Himmel über mir, du Reiner! Tiefer! Du Licht-Abgrund! Dich schauend schaudere ich vor göttlichen Begierden.*

In deine Höhe mich werfen - das ist meine Tiefe! In deine Reinheit mich zu bergen - das ist meine Unschuld!

Den Gott verhüllt seine Schönheit: so verbirgst du deine Sterne. Du redest nicht: so kündest du mir deine Weisheit.

Stumm über brausendem Meere bist du heute mir aufgegangen, deine Liebe und deine Scham redet Offenbarung zu meiner brausenden Seele."[28]

Das ist sehr genau gebaut, es hat die Dramaturgie eines Geschehens: Aus stummer Zwiesprache, einem sprachlosen Erkennen, wird das sprachmächtige Liebesgeständnis und, gleich darauf, setzt das Sprechen des Körpers ein, des Geschlechts. All das geschieht über „*brausendem Meere*", dem erotischen Urraum, das Ich wird mit hineingezogen in den alle Widerstände vernichtenden Strudel, auch das Ich ist „*brausend*", das Wort Rausch klingt nicht anders. Das so unmittelbar Körperliche erhält in Nietzsches Phantasien von Himmel, Erde und Meer höchste Weihen, es ist nicht mehr sexuell, es ist nicht einmal mehr erotisch, es ist in zweifacher Drehung zu einem mythischen Geschehen geworden: Uranos legt sich auf Gaia, die sich für die ihr vorenthaltenen Nachkommen bitter rächen läßt, es ist der eigene Sohn, der den Vater kastriert. Blut, Schmerz und doch Lust und Fruchtbarkeit: Aus Blut werden Nachkommen, aus dem Schaum der abgehackten Genitalien wird Aphrodite, die Göttin der Schönheit, sie wurde gezeugt aus Schmerz und Lust, sie birgt in sich Liebe und Tod, ihre Entstehung hat den Tod zur Voraussetzung. Das liest sich wie im schon zitierten Text *Das Meer* bei Else Lasker-Schüler. In *Vor Sonnenaufgang* erscheint *Zarathustras* „erotisches" Weltverhältnis im mythischen Tableau, an anderen Stellen spricht *Zarathustra* zu sich selbst, er, der so einsam ist, daß er über die Liebe nachdenkt, über sich, er tut nichts, als die

---

27   A.a.O., S. 110.
28   A.a.O., S. 207.

Sorge um sich zu formulieren, die Foucault dann nachher zu seinem letzten großen Thema macht:

„*Was du thust, das kann Dir Keiner wieder thun.*"

und:

„*Sich lieben lernen [...] ist von allen Künsten diese die feinste, listigste, letzte und geduldsamste.*"[29]

In den Bildern ist ein Verhältnis zur Welt eingefangen, das dem Lieben ähnelt, genauso intensiv ist es, genauso unvorsichtig, unvernünftig und gefährlich. Wer so lebt, wie *Zarathustra* es entwirft, der „*ist des Teufels vor Lust*", „*der hat alle Grenzsteine verrückt*", er „*mischt Blut zu allen Farben*".[30]

„*Ich liebe Die, welche sich nicht bewahren wollen. Die Untergehenden liebe ich mit meiner ganzen Liebe: denn sie gehn hinüber. [...] Das verwegene Wagen, das lange Mißtrauen, das grausame Nein, der Überdruß, das Schneiden in's Lebendige - wie selten kommt das zusammen!*"[31]

Nietzsches Poetik ist eine Poetik der Verausgabung des Körpers, eine Utopie, die so tut, als gäbe es das, ein schlechthin befreites Körpererleben und als könnte es sich in der Kunst entfalten, Kunst und Leben endlich versöhnen. Aber auch das ist ein Mythos, so zu tun, als könnten alle Sehnsüchte sich im Rekurs auf das Körperliche bündeln und erfüllen. Es ist zu fragen, ob Else Lasker-Schüler dieses Phantasma Nietzsches teilt, seine Utopie der Körperkunst, seine Poetik der Verausgabung.

Im vielfältigen Reden über den Körper kristallisiert sich als poetologisches Problem seine Funktion, präsentierender oder repräsentierender Körper zu sein, heraus. Zu ihm führen die folgenden Überlegungen zur Körperlichkeit in den Texten Lasker-Schülers hin und bestimmen auch den Fragegestus. Phänomenologisch betrachtet rücken zunächst die Körperbilder, und, abstrakter und inhaltlicher, die Körpervorstellungen in den Vordergrund. Die besondere Körperlichkeit und ihre nicht aufzuhebende Verbindung mit psychischen Affekten wird als „Leibspüren" thematisiert: Was teilt sich mit in den Körperbildern als psychisch-physisches Erleben?

Am Schluß des Kapitels steht, ähnlich wie im Kapitel „Raum", die Frage nach dem Weltverhältnis der Texte Lasker-Schülers im Mittelpunkt. Was vermitteln die Körpervorstellungen für einen Blick auf die Welt, was ist das für eine grundsätzliche Wahrnehmung, wenn die Körper so aufgefaßt werden, wie das in ihren Texten der Fall ist?

---

29   A.a.O., S. 250 und S. 242.
30   A.a.O., S. 241, 242 und 244.
31   A.a.O., S. 251.

Und nicht zuletzt und in Zusammenhang mit den oben genannten Fragestellungen, Befunden und Verwunderungen, wie verhält es sich mit der sinnlichen Präsenz der in den Texten Else Lasker-Schülers evozierten Welt?

3.2 Körperbilder und Körpervorstellungen

Pars pro toto: Auge, Hand, Blut, Herz

Selten finden sich bei Else Lasker-Schüler Bilder vom „ganzen" Körper. Es sind zumeist einzelne Körperteile, die der Text isoliert in den Blick nimmt. Das ist der Text als Auge, als Röhrenauge, das sich konzentrieren muß auf das Fixierte, die Ränder existieren so nicht, hier nicht, weil das einzelne Besondere alles andere überstrahlt, alles schon zeigt, alles in sich verdichtet. Die Körperwelt ist eine entschieden partikulare. Ins Auge fallend sind die Bilder des Auges, auf die sich kulturhistorisch so viel vereinigt[32] und deren Faszination sich von ihrem Rätselcharakter speist, mithin ihrer Vieldeutigkeit.

Ich thematisiere im folgenden nicht das Sehen als Akt der Wahrnehmung, sondern die Bilder, die die Texte Lasker-Schülers ins Auge fassen als „Augenbilder". In ihnen konzentriert sich eine Stimmung, eine Situation, ein Ort, eine ganze Welt. Der Körper ist Augenkörper, Augenhaut, dort wo die Augen „*seiden*"[33] sind, nicht nur sicht-, sondern auch tastbar. Sehen ist in den Texten Lasker-Schülers immer synästhetisch. Augenbilder tauchen dort verstärkt auf, wo eine Figur deutlich hervortreten soll in ihrer Besonderheit, mitunter ersetzen sie eine ganze Charakterisierung:

„Ich kann gar nicht ohne zu brennen an seine Augen denken, schmale lässige Flüsse, schimmernde Iris, die sich in den Nil betten."[34]

Das Auge wird hier von der Landschaft verschluckt, einem Fluß, der als Nil im Kontext der arabischen Bilder erscheint. Im Fluß ist eine ständige Wiederkehrbewegung eingefangen, die sich auch im Farbspiel des *„Schimmerns"* aufhält. Es ergibt sich ein mehrdeutiges Vexierbild, je nachdem, wie der Blick gelenkt wird. Diese Augen lösen in der Ich-Figur ein intensives Gefühl aus, ein *„Brennen"*, Sichverzehren und Aufzehren, das schon allein die Vorstel-

---

32   Vgl. Georges Bataille, Die Geschichte des Auges, in: Ders., Das obszöne Werk, hg. von M. Luckow, Reinbek 1977, S. 5-53; Thomas Kleinspehn, Der flüchtige Blick, Hamburg 1989; Gert Mattenklott, Das gefräßige Auge, in: Dietmar Kamper u. Christoph Wulf (Hg.), Die Wiederkehr des Körpers, S. 224ff.; Lea Ritter-Santini (Hg.), Mit den Augen geschrieben, München/Wien 1991.
33   Else Lasker-Schüler, Das Peter-Hille-Buch, in: Der Prinz von Theben, Bd. 4, S. 28.
34   Else Lasker-Schüler, Mein Herz, Bd. 2, S. 8.

lung der Augen hervorruft, nicht erst das Angeschautwerden. Die Augen des Gegenüber werden so zur Mitte seiner Existenz, zum Auslöser intensivsten Fühlens, sind nicht nur Fenster der Seele wie bei Broch u.a., sondern sind die Seele selbst als „Augenseele". Eine Spannung teilt sich mit im Gegensatz von Wasser und Brennen, ein schönes Bild für sich anziehende Gegensätzlichkeit, für ein umfassend imaginiertes Spiel der Elemente Feuer/Wasser auf der Folie einer Liebessituation. So zielt die Augenmetapher auf eine Ganzheitsvorstellung, zeigt die Auffassung, das „Alles" eines Körpers sei mit ihr gemeint, als Kernstück und Spitze zugleich. Wie so nur zu erwarten, erreichen die Augen in den Prosatexten (und vor allem aber auch in der Lyrik) kosmische Dimensionen, sind „*klar*[e] *Stern*[e]"[35], „*Himmel*"[36], „*Meeraugen*"[37] und widerspiegeln darüber hinaus eine Zeit und einen Zeitraum (z. B. als „*Nacht*"[38] mit der üblichen Konnotierung von Sexualität und Unbewußtem usw.).

Als Ort des Befindens, Spürens, weniger des Denkens, kennzeichnet Else Lasker-Schüler die Stirn. Hier könnte, unmittelbar über den Augen, so etwas wie der Sitz der (Körper-) Seele sein. Auf der Stirn graben sich Zeichen ein, Furchen als „*seltene, huschende Schatten*"[39], als den Körper teilende „*Flamme*"[40] und -schließlich- als „*Stern*", der rein lautlich gegenüber der Stirn ja nur eine kleine Verschiebung bedeutet: „*Aber ich habe einen dunklen Stern auf eine Stirn gemalt* [...]."[41]

Die Stirn gewinnt so einen kosmischen Bezug, der auch den Augen zugesprochen wird und mit dem Stirnzeichen zitiert sie -verändert- auch das Kainsmal. Die Stirn ist der Körperort des Bezeichnens, Bedeutens, des Schriftbildes.

Augenbilder bei Lasker-Schüler sind mythisch aufgefaßt, so wie hier im *Peter Hille-Buch*:

„*Und als der Tag vorübergerauscht war, erzählte uns Petrus-Wotan die Sagen des Nordens und weissagte, und es geschah: indessen eines seiner Augen vom Dunkel ausgelöscht wurde, sich das andere füllte und zwiefach strahlte - eine Mitternachtssonne.*"[42]

Hier wird das Auge als Folge mythischer Wirksamkeit im Sprechen der Sagen und Prophezeiungen zum Gegenstand von Metamorphose. In der Ver-

---

35 Das Peter-Hille-Buch, S. 17.
36 A.a.O., S. 18.
37 A.a.O., S. 29.
38 Else Lasker-Schüler, Der Malik, Bd. 3, S. 38.
39 Else Lasker-Schüler, Die Nächte der Tino von Bagdad, in: Der Prinz von Theben, Bd. 4, S. 66.
40 A.a.O., S. 59.
41 A.a.O., S. 74.
42 Das Peter Hille-Buch, S. 42.

wandlung wird die Paarstruktur der Augen aufgehoben, alles konzentriert sich, allerdings im „*zwiefachen*" Strahlen, auf ein Auge in einem ewigen Licht (d.h. als „*Mitternachtssonne*", die zudem in den Kontext der nordischen Sagen paßt). Das Auge verläßt so seinen angestammten Ort des Körpers und wird im Durchgang durch mythische Erzählungen und Sprachmagien verändert, stilisiert zu einem kosmischen Element, entrealisiert, überhöht, verschoben auf andere Bedeutungsebenen, nicht mehr verharrend in der des unmittelbaren Körpers, sondern auffindbar in der des traumartig gestalteten Mythos.

Das Spiel mit Licht und Dunkel (während das eine Auge von Dunkelheit überschattet wird, strahlt das andere umso heller auf) unterstreicht den mythischen Charakter, Licht und Dunkel sind (im Mythos) nicht einfache Gegensatzpaare, sondern zwei aufeinander angewiesene, einander unabkömmliche Seiten einer Spannung, die ja das Besondere viel eher auszeichnet, als die Gegensätze umfassend und spannungsfrei zu integrieren.

Einer mythischen, entrealisierenden Dimension steht ein Kennzeichen der Augenbilder gegenüber, das das Körperliche nicht nur als Charakteristikum einer Figur hervortreten, sondern es unmittelbar agieren läßt als Subjekt eines intensiven Fühlens, ja Begehrens. Ein schönes Beispiel ist die folgende Passage aus „*Mein Herz*":

„*Meine Augen lieben dich an,*
Du haschst nach ihren Faltern [...]
Von meinen Lidern
Tropft schwarzer Schnee."[43]

Die Augen haben ganz die Funktion des Subjekts übernommen, eine Verschiebung von Eigenschaften der Figur auf die Augen hat stattgefunden. Diese Verschiebung kulminiert im Oxymoron „*schwarzer Schnee*", das natürlich an Celans „*schwarze Milch der Frühe*" erinnert. Der Augenort sprengt die natürlichen Abläufe, läßt eine Natur aufscheinen, die die Dinge ins Gegenteil verkehrt, im Fadenkreuz des so gelenkten Blickes wird die Welt umgedreht, da ist dann auch der Schnee nicht mehr weiß.

Ob das Augenbild nun darüber hinaus als traumsymbolisches Zeichen in den Texten Else Lasker-Schülers zu überzeugen weiß, ist kaum entscheidbar, eine weitere Bedeutungsdimension scheint sich zumindest nicht zu erschließen, das Auge womöglich als Vagina, Anus oder Mund zu „entlarven". Allen aber ist gemeinsam, daß man ihnen einen Trieb zur Einverleibung unterstellen kann (oder -umgekehrt- einen nach Ausscheidung) und das gilt auch für das Auge; bei Lasker-Schüler in besonderer Weise, denn fast alles, was von Augen berührt wird in ihren Bildern, bleibt nicht unverändert, sondern verwan-

---

43   Mein Herz, S. 76.

delt sich in der Metamorphose des Blicks. Als solches Organ ist das Auge mehr als existentiell und vielleicht sind -umgekehrt und verwandelt- Vagina, Anus und Mund Symbole für das Auge?[44]

Ein fast ebenso wichtiges Körperbild ist in den Texten Lasker-Schülers die Hand:

„Ich habe immer nach der Hand gesucht, und was lag in meiner Hand - wenn's gut ging - ein Handschuh. Mein Gesicht ist nun wie Stein, ich habe Mühe, es zu bewegen. [...] Ich bin immer schwermütig, keine Landschaft kann mich trösten, aber über die Linien einer Hand möchte ich wandeln, jeder ihrer Wege müsse zum Himmel führen, hunderttausendmal würde ich entschlummern in einer solchen Hand. Kennst Du so eine ewige Hand? Deine ...."[45]

Die Ich-Figur, hier als Briefe schreibender *Jussuf* an den blauen Reiter *Ruben* (dahinter verbirgt sich bekannterweise Franz Marc), zeigt sich als bedürftige; sie ist auf der Suche nach Zuwendung. Das Bild einer bergenden, Orientierung versprechenden Hand steht im Mittelpunkt. Gesucht wird nach *„der"* Hand, der einzigen, Trost spendenden, gefunden wird, in *„meiner Hand"* nur die äußere leblose Hülle einer Hand, ein *„Handschuh"*. Die Hand scheint schon fort zu sein, was bleibt, ist die äußere Hülle als Spur. Parallel zu dieser Situation des Nichtfindens, des so gerade nicht ans Ziel gelangenden Sehnens, plaziert Lasker-Schüler das Gesicht der Ich-Figur als steinernes, unbewegliches, schwächt diesen Eindruck freilich ab, indem das Bild nur als Vergleich Ausdruck findet. Das geschieht viel verhaltener als in den schon erwähnten Steinbildern Trakls, wo Körper tatsächlich steinern sind, bei ihm haben die Steine Nerven. So hart wie sie erscheinen, so festgemauert ist ihr Schmerz. Dieser letzten Konsequenz und Härte entziehen sich die Versteinerungsbilder Lasker-Schülers durch die sprachliche Rückzugsmöglichkeit, die der Vergleich zuläßt. Der Körper ist noch nicht Stein, er gleicht ihm nur.

Die Geborgenheitssehnsucht, die hier wie an so vielen anderen Stellen deutlich wird, zeigt sich im Bild der übergroß imaginierten Hand, deren Handlinien als magische Richtungslinien Orientierung bieten können, um in den Traum, ins Paradies, ins Herz des Kosmos, d.i. in den Himmel, zu gelangen. Das wäre gleichbedeutend mit der vollkommenen Erlösung (*„hunderttausendmal"* = ewig) in einer Kleinkindphantasie, die als Ziel ein *„Du"* nennt. Hier scheint noch zupackender Trost erwartet zu werden, wo andernorts das Ich sich als so aufgelöst imaginiert, daß keine Hand es mehr zu halten vermag, wie es in der oben schon zitierten, aber in diesem Zusammenhang erneut so plastischen Passage aus *Mein Herz* zu sehen ist:

---

44 Vgl. Gert Mattenklott, Das gefräßige Auge, S. 230.
45 Der Malik, S. 15ff.

„Was helfen mir nun Deine bereitwilligen Hände und die vielen anderen Finger, die mich bang umgittern, durch die meine Seele grenzenlos fließt."[46]

Wie die Augenbilder, so können sich auch die Handbilder bei Else Lasker-Schüler verselbständigen:

„Karl Kraus, der Dalai Lama, weilt in Wien, aber unten in Deinem Arbeitszimmer hängt seine Hand in Marmor. Ich stand wieder vor dem schwarzen Brett, darauf sie gespannt abwärts greift, sie bewegte sich, als ob sie mir etwas erklären wollte. Diese Hand, eine sichere Ministerhand, eine gütige Diplomatenhand, ein züngelnde Hand, sie kann eine Stadt anstecken. Meine Augen tanzen um ihre Randung - Polka. Lieber noch ringe ich mit dieser Hand zum Zeitvertreib. Sollte dieser vornehmste Kampf unterlassen bleiben! Ich träume oft in der Nacht von den Kriegen unserer Hände und staune, daß Du die seine noch immer in der Frühe erhalten am Brett hängend vorfindest. Sie lächelt sogar seit kurzem. Des Ministers Hand, eine ernste mongolische Dolde, eine Hand, jeder seiner Pfade endet. Was er wohl von meiner ziellosen Hand aus Spiel und Blut denkt?"[47]

Die Grenze zwischen Belebtem und Unbelebtem wird hier überschritten, als gäbe es sie wie im Märchen nicht. Da kann sich ein Handabguß aus Marmor bewegen und darüber hinaus auch noch die Hand von Karl Kraus sein. Die Hand ist der Kontaktort des Körpers und es ist aber noch ein Verschieben in den Traum nötig, um die Differenz zu Karl Kraus als *„Krieg"* von Schreibhänden schildern zu können. Die Hand ist das zentrale Bild, an das sich andere Merkmale knüpfen, sie bekommt als *„lächelnde"* Hand ein Eigenleben, bildet Charaktermerkmale aus, z.B. das, zielstrebig zu sein. Das ist ein metonymisches Spiel und es hat Methode: Die Körperteile können vereinzelt und anders als erwartet zusammengesetzt werden, auch das ist ein Körper als partikularer. Gegenfolie zu dieser Hand ist die Hand der Ich-Figur *„aus Spiel und Blut"*. Aus dem im wahrsten Sinne des Wortes abgegriffenen „Fleisch und Blut" ist hier „Spiel und Blut" geworden: Aus Spiel wird Körpermaterial geformt, Spiel wird zum Bestandteil, zum Baustein des Körpers der Ich-Figur. Die Verbindung mit Blut verstärkt diesen Mechanismus, Körperlichkeit wird so sehr betont, daß aus Spiel (mit Blut zusammengedacht) ein Körpervorgang wird: Spiel (damit sind im Lasker-Schülerschen Kontext immer auch Kunst und Dichtung gemeint) ist das Spiel der Hände, des Körpers, als solches lebendig, nicht vorhersehbar, anders als die aber zweifellos als belebt imaginierte Marmorhand, der dennoch Steinernes und Totes anhaftet.

Wie oben schon angedeutet, durchzieht „Blut" als unverzichtbarer, lebensspendender Bestandteil von Körperlichkeit als „roter" Faden alle Texte

---

46   Mein Herz, S. 102.
47   A.a.O., S. 74.

Lasker-Schülers, besonders auffällig in der ersten Gedichtsammlung *Styx*, aber auch im Spätwerk bleibt Blut in allen möglichen sprachlichen Varianten präsent. Zunächst kann man da an Nietzsche denken, der, wie oben gezeigt, seinen *Zara-thustra* „mit Blut schreiben" läßt. Glaubt man Meike Feßmann[48], bzw. Margarete Kupper, auf die sie sich beruft, dann scheint Lasker-Schüler tatsächlich manchen ihrer Briefe mit ihrem Blut unterschrieben zu haben. Ob das nun stimmt oder nicht, zumindest schreibt sie:

„Ich habe aus dem Brunn meines Kinns Blut geholt - Dir (noch tropft es) meinen Namen zu schreiben.

der Kronenkranich

Jussuf=Pampeia"[49]

Die Versöhnung von Kunst und Leben, Schrift und Leib kann wörtlicher nicht genommen werden, wo Blut zum Material, zum Farbstoff wird, so als könnte etwas vom Lebendigen des Körpers an die Schrift abgegeben werden. Ermöglicht wird dies aber nur durch eine Verletzung des Körpers, die ohne Schmerz nicht zu denken ist.

Auf der Bildebene spielt Lasker-Schüler mit der Metapher „Blut" auf sehr unterschiedliche Art und Weise:

Da soll zum Beispiel eine „magische Blutuntersuchung" im *Peter Hille-Buch* klären, welche Identität die Ich-Figur wirklich hat, denn sie erhielt im Umgang mit *Petrus* den neuen Namen *Tino*. Hier ist das Blut der Figur das, was sie im Kern ausmacht. Auch hier könnte man von der Vorstellung einer Körperseele sprechen, die an das Bild des Blutes geheftet ist.[50]

In dem Essay „*Das Gebet*" beschreibt Lasker-Schüler eine merkwürdige Alchimie:

„Aber dieses Wunder Erleuchtung weht über jedes Menschenherz, der Liebe Sturm über seinem Blute, und treibt vom Grund den Rest seines Urblutes Gold an seinen Strand. Urblut ist noch erhaltenes Gold, das, wenn es sich mit dem Urblut des liebenden Menschen begegnet, einen Glückszustand hervorzaubert. Urblut und Urblut ergeben: Paradies. Leuchtend und erleuchtend erkennen sich nur Menschen im Rausch der Liebe."[51]

Liebe ist hier das Resultat einer gelungenen Verbindung aus dem jeweiligen Blut der Liebenden, als „*Urblut*" und „*Strandgut*" ein besonderer, mit magischen Kräften ausgestatteter Saft. In einem alchimistischen Prozeß wird

---

48 Meike Feßmann, Spielfiguren: die Ich-Figurationen Else Lasker-Schülers als Spiel mit der Autorrolle; ein Beitrag zur Poetologie des modernen Autors, Stuttgart 1992, S. 258.
49 Else Lasker-Schüler, Briefe an einen Indianer, in: Verse und Prosa aus dem Nachlaß, Bd. 8, S. 19f.
50 Das Peter-Hille-Buch, S. 28ff.
51 Else Lasker-Schüler, Das Gebet, in: Konzert, Bd. 5, S 191.

aus dem Blutgold keine neue Materie, sondern die Verbindung der Stoffe ergibt einen neuen seelischen Zustand, das „*Paradies*" des Liebesrausches. Das epigonal wirkende Bild ist ein Konglomerat aus romantischen Vorstellungen, dem entsprechenden Kapitel aus Goethes *Wahlverwandtschaften* und dem Bild einer dionysischen Entgrenzung, das von Nietzsche inspiriert zu sein scheint.

All den Bildern vom Blut ist gemeinsam, daß sie, wie in Nietzsches *Zarathustra*, eine Bilderwelt beschwören, die stets das Letzte, Wertvollste und Tiefste des Leibes meint, sein Geheimnis, seinen Namen, sein besonderes So-Sein. Und es steht nicht zuletzt für eine Verletzlichkeit insbesondere der Ich-Figur, für ihre mangelnde Abgrenzung zur potentiell verletzenden Außenwelt beziehungsweise auch der Innenwelt. Wie überschwemmt von den eigenen Gefühlen gebärdet sie sich da:

„*[...] Ich war wieder einsam und wanderte oder schwamm durch mein schluchzendes Blut ans jenseitige Ufer.*"[52]

Das ist ganz ähnlich wie das berühmte und brutale und doch so anrührende Bild des „*Täubchens, das im eigenen Blute schwimmt.*"[53]

Bemerkenswert an dieser Stelle ist die Unentschiedenheit über die Art des Bewegens im eigenen Blut: „*wanderte oder schwamm*". Auf Exaktheit, auf das korrekt Gesagte kommt es hier nicht an, wichtig ist der evozierte Gefühlswert, nicht die genaue Wiedergabe eines Geschehens. In dieser Hinsicht ähnelt die Schilderung einer Traumdarstellung: Ob ich wanderte oder schwamm, weiß ich nicht mehr.

Der zerstückte Körper in den Texten Lasker-Schülers, die unverbunden nebeneinander gesetzten Körperteile, kennen dennoch eine (imaginäre) Mitte. Die Bilder des Leibes sind in besonderer Weise Bilder vom Herzen, nicht als einem Organ, nicht nur als Symbol. Im Herzen konzentriert sich die als körperlich beschriebene Erfahrung mit der Welt, verbinden sich Leib und Abstraktes, ist ein Schnittpunkt von Körper und Gesellschaft zu erspähen.

„*Er [der Scheik und Urgroßvater Jussufs, I.H.] konnte sein Herz in die Hand nehmen und es strömen lassen wie einen bunten Brunnen. Ich aber werfe es unter euch, Meine süßen, bunten Menschen, und ihr werdet es pochen hören und ihr sollt euch spiegeln in seinem Glanz. Mein Herz wird euch ein Garten sein, ruht unter seiner Palme Schatten. Mein Herz ist ein Weinberg, ein Regenbogen eures Friedens nach dem Sturm. O, Mein Herz ist der Strand der Meere, Mein Herz ist der Ozean: Ich will den Gaukler tanzen fühlen über Mein rotes Rauschen und den Gestrandeten untergehen in meiner Welle. Aber den Heimgehenden wird Mein Herz einlassen durch sein Korallen-*

---

52 Briefe an einen Indianer, S. 19.
53 So lautet ein gleichnamiges Gedicht: Gedichte 1902-1943, Bd. 1, S. 117.

tor und dem Liebenden will es ein Mahl bereiten von seiner Beere. Mein Herz möchte sich aufrollen dem Frommen, ein Teppich der Gnade und Demut [...]."[54]

In kaum noch zu überbietender Steigerung wird dem Herzen alles zugeschrieben, was an positiven, beglückenden Lebensäußerungen denkbar ist, bzw. solche ermöglicht. An dieser Stelle wird die beobachtete Verausgabungsfigur erneut sichtbar: So läßt der *Malik* sein Herz nicht nur überströmen, er wirft es gleich als Gabe unter sein Volk, verströmt sich, gibt sich hin. Diese Herzensgabe ist eine Liebesgabe, ein Geschenk des liebenden Leibes, der Nähe des Körpers („*ihr werdet es pochen hören*") und es dient zudem als Reflektions- und Reflexions-Fläche und befriedigt narzißtische Wünsche. Diese Vorstellung findet sich auch in anderen Texten Lasker-Schülers, im folgenden im „Herzstück" der Prosa, in *Mein Herz*:

„Und ich schenke Dir mein Herz, das kannst du in die Hand nehmen und damit gaukeln. In ihm spiegelt sich der brennende Dornbusch des heiligen Berges und die Nacht und ihr unsäglicher Stern. Ich liebe Dich, Tristan."[55]

Hier ist das Herz der Spiegel, der die alttestamentliche Geschichte des brennenden Dornbuschs aufscheinen läßt, mithin jenes Zeichen, in dem Gott Moses erschien, um ihm den bevorstehenden Auszug Israels aus Ägypten anzukündigen, *„in ein Land, wo Milch und Honig fließt"*[56]. Dem Paradiesversprechen wird die Nacht als traditionelles Reich des Traumes und das Glückszeichen Lasker-Schülers schlechthin, der Stern, hinzugesellt: Ein Dreigestirn aus Mythos, Unbewußtem und Kosmos als Konglomerat von Sehnsüchten, im Herz als bündelndem Spiegel sichtbar gemacht.

In der Krönungsrede im *Malik* verwendet Lasker-Schüler biblische Bilder (Weinberg, Palme, Garten, all dies im psalmodierenden Ton vorgetragen), die mythisch (Uranos), ozeanisch (Freud) und dionysisch (Nietzsche) im Bild des Meeres aufgehen, der Mega-Metapher Lasker-Schülers für die Auflösung fester Identitäten. Dann folgt die Zurücknahme der ins Grenzen- und Konturlose sich steigernden Bilder in Verhalteneres, von Heimat und Mahl ist die Rede. Zum Schluß kann das Herz sich aufrollen wie ein Gebetsteppich, er ist mit Schriftzeichen bedeckt. Beschworen wird so ein religiöses Element, ohne das die ansonsten so berstende Verausgabung in dieser Passage nicht zu denken zu sein scheint. Die Verausgabung wird so fast zurückgenommen, handhabbar (nicht umsonst heißt es vom Scheik, daß er sein Herz in die Hand nehmen konnte), aber nicht „entschärft". Das Spiel der Bilder (es gleicht dem Durchspielen sich einander überbietender Möglichkeiten) folgt nicht dem Schema, daß sich Abstrakta an das entsprechende Körpersymbol heften, sondern es

---

54 Der Malik, Die Krönungsrede, S. 42f.
55 Mein Herz, S. 67.
56 2. Buch Mose Kapitel 3, Vers 8.

sieht so aus, daß Entsprechungen für das Herz gefunden werden, die einerseits aus dem Bereich des Konkreten stammen und darüber hinaus weiterreichende Bedeutungsfelder abdecken. Die Herzmetapher ist weder das Körperorgan, noch bloße Metapher, ist nicht nur Gegenstand von Symbolisierung. Die Oberfläche und das Innere (wenn man es denn mit einer Metaphorik des Innen und Außen betrachten will) sind verschmolzen. Das Herz ist Leibding und darüber hinaus Metapher. Ihm werden an dieser Stelle verstärkend weitere Bilder hinzugefügt. Das „Mehr" an Sinn hält sich nicht in einem Tieferliegenden, Dazwischenliegenden auf, sondern in sichtbaren Phänomenen und es ist schon die zentralste der Beobachtungen, zu bemerken, daß hier jemand sich mit der Mitte seines Lebens verströmt, unmittelbar sichtbar im Herzen, das sich in die Menge wirft.

Mit dem Bild des Herzens in der Mitte eines Textes vermag Else Lasker-Schüler die unterschiedlichsten Wirkungen zu erzielen. Ein sakraler Ton ist im *Peter Hille-Buch* zu hören, wenn die zentrale Figur *Petrus*, ganz der Menschheit entrückt und in Zarathustra-Manier, deklamiert:

„Der Abend ruht auf meiner Stirne
Ich habe dich nicht murmeln gehört, Mensch,
Dein Herz nicht rauschen gehört-
Und ist dein Herz nicht die tiefste Muschel der Erde!
O, wie ich träumte nach diesem Erdton.
Ich lauschte dem Klingen deiner Freude,
An deinem Zagen lehnte ich und horchte,
Aber tot ist dein Herz und erdvergessen.
O, wie ich sann nach diesem Erdton...
Der Abend drückt ihn kühl auf meine Stirne. "[57]

Zugrunde liegt implizit die alttestamentliche Vorstellung, daß Menschen aus Erde erschaffen wurden. Zurückkehrend zur Erde, das Vegetative betonend, ersehnend, beklagt *Petrus* einen Verlust: es „*nicht murmeln*", „*nicht rauschen*" gehört zu haben, denn „*tot ist dein Herz und erdvergessen*". Der Hymnus konzentriert sich auf das Bild des Tons, der Erde und als Gefäß, als Ort und Instrument des Hervorbringens der Töne und als eine Art Mittelpunkt wird das Herz genannt als „*tiefste Muschel der Erde*". Im Bild der Muschel treffen sich die verschiedenen Bildebenen, einander überlagernd: Das Rauschen ist in ihm ebenso enthalten wie die Innenraum- und Gefäßmetaphorik des Herzens, genetivisch zudem der Erde zugeordnet.

---

[57] Das Peter Hille-Buch, S. 47.

Das Bild des Todes ist besonders eindrücklich spürbar, weil es sich an das Bild des Herzens knüpft, dessen Schlagen ja ebenso sicheres Lebensindiz ist, wie sein anhaltendes Nichtschlagen den Tod bedeutet.

Dieser „Traumgesang" bleibt im Kontext des Buches unkommentiert, indiziert aber die zunehmende Weltabgewandtheit des *Petrus*, sein Nichtmehrverstehen der Menschendinge, die er zurückgeführt sehen möchte auf seine Ursprünge, die er hier in den Bildern von Erde-Herz-Muschel-Ton einzufangen versucht. Das ganze Vorgehen erinnert an Klages Beschwörung der Urbilder der Seele als *„Erscheinungen allertiefster Geschehensschichten"*.[58]

In einem völlig veränderten Kontext steht die Herzmetapher in der kleinen Erzählskizze *Geheimrat Bumm*.[59] Hier schildert Else Lasker-Schüler, wie die Ich-Figur ein Medaillon in Form eines Herzens verschluckt hat. Das Medaillon hatte sie auf der Straße gefunden und, weil sie es einem heraneilenden Schutzmann nicht überlassen wollte, kurzerhand heruntergeschluckt. Es scheint der Ich-Figur aus *„Fleisch und Blut geformt zu sein"*, sie *„hob es schnell auf, es vor Verwundung zu schützen"*:

„Und als ich seine halbgeöffneten Herzkammern [...] behutsam auseinanderbog, blickte ich in ein Gesicht, [...], wie ich im ganzen Leben nie eines je gesehen hatte. So klein auch die kolorierte Photographie im Rahmen lag, erkannte ich dennoch bezaubert die palmengrünen, langgeschweiften, tiefliegenden, düsteren Augen unter eckiger Stirn."[60]

Der Gegenstand, das Medaillon, wird verlebendigt, indem Lasker-Schüler ihn als Herz mit Herzkammern imaginiert:

„[...] Das kleine kostbare Herzchen pochte in meiner Hand mit meinem großen Herzen."[61]

Sie paßt den Gegenstand dem Körperrhythmus der Ich-Figur an, die ihn sich sogar einverleibt. Ein Innenraumkörper wird von einem Körper verschlungen und landet in einem weiteren Innenraum. Das Bild, das sich im Medaillon befindet, wird so doppelt verschluckt: vom Medaillon und dann noch einmal vom Körper. So gesehen ist die Geschichte die der Verschlingung einer Figur durch eine andere, aber es geschieht nur in einer Art Ersatzhandlung als Verschlucken des Bildes in einem Medaillon. Daß aber ein Leib sich einen Teil eines anderen einverleibt, diese Vorstellung knüpft Lasker-Schüler an das Bild des Herzens, als das sich das Medaillon begreifen läßt.

In der Metapher des Herzens laufen Leiberfahrungen und psychisches Spüren zusammen. Das Herz wird so zu einem Knotenpunkt von mitunter

---

58 Ludwig Klages, Der Geist als Widersacher der Seele, S. 1223.
59 Else Lasker-Schüler, Geheimrat Bumm, in: Konzert, Bd.5, S. 60ff.
60 A.a.O., S. 61f.
61 Geheimrat Bumm S. 62.

sehr verschiedenen Sichtweisen auf die Welt. Das Herz ist so sehr Körperteil, wie es auch wiederum den Leib transzendiert und sich als solches kulturhistorisch als äußerst relevant erwiesen hat.[62]

Gemeinsam sind den Bildern von Auge, Hand, Blut und Herz ihre Isolierung, ihr Abtrennen von anderen möglichen Körperteilen. Das Bild vom Körper, so wie Lasker-Schüler es uns vorführt, ist eines des Pars-pro-toto. Die Figur, von der sie schreibt, ist dann ganz Auge, ganz Hand, ist nur Blut oder Herz, je nach Bilderwahl. Mit dem Teil ist aber das Ganze nicht aus dem Blick genommen, sondern ist auch im Teil als Ganzes enthalten und bildet sich dort stellvertretend und exemplarisch ab. Dieses Vorgehen charakterisiert Ernst Cassirer als eine Eigenart magischen Denkens:

„Das gesamte magische Denken ist, wie bekannt, von diesem Grundsatz beherrscht und durchdrungen. Wer sich irgendeines Teils des Ganzen bemächtigt hat, der hat damit, im magischen Sinne, die Gewalt über das Ganze erlangt. [...] Um sich die magische Herrschaft über den Leib eines Menschen zu verschaffen, ist es z. B. genug, wenn man seine abgeschnittenen Nägel oder Haare, seinen Speichel oder seine Exkremente in seinen Besitz bringt, ja auch der Schatten, das Spiegelbild oder die Spur des Menschen leistet den gleichen Dienst."[63]

So hat auch die hier beschriebene Isolierung und die damit verbundene Bedeutungsauflading der einzelnen Körperteile magischen Charakter, zentriert den Blick auf die Einzelheit, blendet den Kontext aus, löscht ihn ganz und läßt im einzelnen Teil aber alles Spüren, alle Wertigkeiten und Bedeutungen vorhanden sein. Das Vorgehen ist poetologisch gesehen äußerst plakativ, expressionistisch und keineswegs pointillistisch, die grelle Hervorhebung von Inseln des Leibes. Die Insel aber ist ein ganzer Kontinent.

Was ich hier ausführlich in seinen Phänomenen ausgebreitet habe, ist eingebettet in verschiedene, weiterreichende Kontexte, von dem einer, wie gezeigt, ein mythisch-magischer ist. Die Partikularität des Körpers zu betonen, ja zu behaupten, geht als Gestus eines Textes, wie an anderer Stelle schon hervorgehoben, auf das *Hohelied* zurück. Der Körper wird dort mit dem Blick abgeschritten, das in den Blick Genommene mit zärtlichen Bildern aus anderen Bereichen versehen:

*„Dein Haar ist wie eine Herde Ziegen,
die von Gilead herabwallt.*

---

62 Barbara Duden schlug zum Beispiel jüngst vor, eine Kulturgeschichte des Herzens zu schreiben und hat dafür schon einmal einige interessante Spuren ausgelegt: Anmerkungen zu einer Kulturgeschichte des Herzens, in: Farideh Akashe-Böhme (Hg.), Von der Auffälligkeit des Leibes, Frankfurt a.M. 1995, S. 130ff.
63 Ernst Cassirer, Sprache und Mythos, Ein Beitrag zum Problem der Götternamen, in: Wesen und Wirkung des Symbolbegriffs, Darmstadt 1983, S. 152.

Deine Zähne sind wie eine Herde Schafe,
die von der Schwemme heraufsteigen [...]
Gleich dem Riss im Granatapfel schimmert deine Schläfe
hinter deinem Schleier hervor."[64]

Der Körper wird (mit dem Blick) zerlegt, um jede Einzelheit besonders hervorzuheben, Else Lasker-Schüler macht das in ihrer individuellen Bildersprache ganz ähnlich und geht doch nicht ganz in dieser Tradition auf. Es gibt auch Zerstückungen anderer, aggressiver, Art zu beobachten. Manchmal erinnert das an Hieronymus Bosch, der zerstückelte Körper, *„er erscheint dann in der Form losgelöster Glieder und exoskopisch dargestellter geflügelter und bewaffneter Organe, die jene inneren Verfolgungen aufnehmen, die der Visionär Hieronymus Bosch in seiner Malerei für immer festgehalten hat, als sie im fünfzehnten Jahrhundert zum imaginären Zenith des modernen Menschen heraufstiegen."*[65]

Körperbilder der Zerstückelung in den Texten vorzuführen, ist letztlich Ausdruck einer Erkenntnishaltung, die nicht mehr an einen Körper als Einheit, noch an eine Welt als Ganzheit glaubt. In seinem breiteste Wirkung entfaltenden Werk *Die Analyse der Empfindungen*[66], diskutiert Ernst Mach die grundsätzliche Relativität von Ganzheitsvorstellungen, insbesondere solche, die die Ich-Identität und den Körper betreffen. Gerade weil die Unveränderbarkeit, Stetigkeit des Körpers, wenn überhaupt, nur eine relative sein kann, sind Begriffe, die Substanz suggerieren, fehl am Platze. Es gibt ebensowenig „den" Körper, wie es „das" Ich geben kann:

„Die zweckmäßige Gewohnheit, das Beständige mit einem Namen zu bezeichnen und ohne jedesmalige Analyse der Bestandteile in einen Gedanken zusammenzufassen, kann mit dem Bestreben, die Bestandteile zu sondern, in einen eigentümlichen Widerstreit geraten. Das dunkle Bild des Beständigen, welches sich nicht merklich ändert, wenn ein oder der andere Bestandteil ausfällt, scheint etwas für sich zu sein. Weil man jeden Bestandteil einzeln wegnehmen kann, ohne daß dies Bild aufhört, die Gesamtheit zu repräsentieren und wieder erkannt zu werden, meint man, man könnte alle wegnehmen und es bliebe noch etwas übrig. So entsteht in natürlicher Weise der anfangs imponierende, später aber als ungeheuerlich erkannte philosophische Gedanke eines (von seiner „Erscheinung" verschieden unerkennbaren) Dinges an sich. Das Ding, der

---

64 Das Hohelied 6, Vers 5-7.
65 Jacques Lacan, Das Spiegelstadium als Bildner der Ichfunktion, in: Ders., Schriften I, Weinheim, Berlin 1991, S. 67.
66 Ernst Mach, Die Analyse der Empfindungen und das Verhältnis des Physischen zum Psychischen, Jena 1922.

Körper, die Materie ist nichts außer dem Zusammenhang der Elemente, der Farben, Töne u.s.w., außer den sogenannten Merkmalen."⁶⁷

Wenn bei Else Lasker-Schüler nun die Körper nur als partikulare in Erscheinung treten, dann ist damit ein Relativismus hervorgehoben, der weiß, daß es nichts Substantielles mehr an ihm gibt, sondern nur eine Summe an Empfindungen, die sehr verschieden sein können. Im Bild vom Auge findet sich dieser Gedanke noch verdichtet, indem es, als Ausdruck von Perspektive, das Ausschnitthafte nicht nur zuläßt, sondern es zur Bedingung hat. Das Auge zu thematisieren heißt dann, die Welt als dessen Ausschnitt zu begreifen, im Perspektiv, im nie allwissenden Blick. Es ergibt sich daraus ein Feld der Wahrnehmung, das einige Dinge einschließt, indem es viele andere ausschließt: Sehen ist nur möglich, wo Einzelheiten in den Blick gelangen, der Seheindruck gewährt nur Partikularitäten. All das ist auch Poetologie, und Else Lasker-Schüler hat längst jeglichen Ganzheitsvorstellungen in der Kunst abgeschworen, die Carl Einstein im *Bebuquin* moniert:

„*Ich bedaure, daß sich Kunst und Philosophie die Aufgabe stellen, dies immer Fragmentarische als ruhende Form zu geben. In unserem Energieverbrauch muß es Teilungsgewohnheiten geben. Die Energie der Form verbirgt oft allzu heftige Angst vor Erweiterung.*"⁶⁸

Partikularität schließt Wandelbarkeit als Eigenschaft mit ein. So wie sich die Perspektive wandelt, wandelt sich auch der Eindruck, den sie vermittelt. Standpunkte sind dann gar keine, sondern es sind „Wandlungspunkte", Streiflichter von Bewegungen, die der Körper durchläuft. Hier knüpft an, was Baudrillard als „*Körper der Metapher*" bezeichnet, eben ein solcher Körper, der so dynamisch vieldeutig gedacht wird, daß er nicht auf einen Ausdruck festzulegen ist, sondern viele sich in ständigen Änderungen befindende Ausdrucksmöglichkeiten hervorzubringen vermag. Relativismus heißt hier (und Nietzsche klingt durch): „*kein Standpunkt hat eine absolut bleibende Geltung*"⁶⁹ und Bilder von partikularen Körpern, die nicht einer imaginären Einheit zugeführt sind, wissen davon. Wenn hier das Stichwort „imaginär" fällt, dann wird deutlich, daß Körperbilder des Partikularen nicht nur erkenntnistheoretische Bedeutung haben, sondern sich dahinter ebenso ein psychologisches Problem verbirgt. Das Subjekt kommt nicht als Einheit eines Ich auf die Welt, es entwickelt erst im Laufe der Zeit eine mehr oder weniger feste Identität. Sich als partikulare, nicht unbedingt miteinander zusammenhängende körperliche Funktionen zu begreifen, ist der wandelbare „Zustand" vor dem Spiegelstadi-

---

67 A.a.O., S. 5.
68 Carl Einstein, Bebuquin, Stuttgart 1985, S. 13.
69 Ernst Mach, Analyse der Empfindungen, S. 30.

um. Erst im Spiegelstadium wird imaginär im Spiegelbild ein Ich entworfen, das es noch nicht gibt und in seiner Vollständigkeit auch nie geben wird:
„*Das Spiegelstadium ist ein Drama, dessen innere Spannung von der Unzulänglichkeit auf die Antizipation überspringt und für das an der lockenden Täuschung der räumlichen Identifikation festgehaltene Subjekt die Phantasmen ausheckt, die, ausgehend von einem zerstückelten Bild des Körpers, in einer Form enden, die wir in ihrer Ganzheit eine orthopädische nennen könnten, und in einem Panzer, der aufgenommen wird von einer wahnhaften Identität, deren starre Strukturen die ganze mentale Struktur des Subjekts bestimmen werden.*"[70]

Wenn Lasker-Schüler an ihren Körperbildern das Partikulare hervorhebt, dann nimmt sie (pointiert formuliert) den Körper in Blick als einen, der sich der symbolischen Ordnung noch nicht ausgesetzt weiß, der noch keine Einheits- und Ganzheitsphantasie ausgebildet hat, der noch aus Atomen zu bestehen scheint, die überall hindrängen, aber nirgendwo, sich verknüpfend, bleiben. Aber es ist noch etwas komplizierter und komplizierter ist auch, was Lacan am Spiegelstadium hervorhebt. Die Einheit, die sich nur als imaginäre herstellt (bzw. sich als Reiz des imaginären Bildes entwickelt) stellt sich her über eine Spaltung, die das ausmacht, was Lacan als „Spannung" bezeichnet. Im Spiegelbild begegnet das Ich ja nicht einfach „sich", wird ja nicht unproblematisch eine Icheinheit hergestellt, sondern das partikulare Ich nimmt sich als Anderen wahr, als etwas Unterschiedenes, Differentes.[71] Wenn es eine Identität gibt, dann nur die der Differenz, des Anderssein und das ist dann auch wieder näher an den Bildern Lasker-Schülers „dran" als der Positivismus Ernst Machs. Auch Lasker-Schüler behauptet (und das ist in Cassirers Sinne mythisch) eine imaginäre Ganzheit. Das Andere ist bei ihr das Andere, das sich in der Welt ihrer metonymischen Verschiebungen und den Metaphern zeigt. So ein Körper(teil) ist Signum des ganzen Körpers im Sinne eines Erlebens des ganzen Körpers, aber er ist nur ganz, weil er sich konfrontiert sieht mit einem Anderen. Das Andere „identifiziert" ihn, so wie im *Hohelied* der Körper (in seinen Teilen) nur erkannt wird über das Verknüpfen mit Bildern aus anderen Lebensbereichen, die nicht die ureigentlichen des Körpers sind. Wäre das Körperliche nur über sich selbst erklärt worden, dann hätte er sich in dieser Selbstgenügsamkeit verfehlt, so heil und mit sich selbst identisch kann

---

70 Lacan, Das Spiegelstadium als Bildner der Ich-Funktion, S. 67. Die Anregung, Lacans Spiegelstadiumkonzeption und Else Lasker-Schülers Poetik in Beziehung zu setzen, gab mir der Vortrag „Nach dem Tode - vor dem Leben", den Sissel Laegreid (Bergen) auf der VI. Tagung Frauen im Exil am 16.3.1996 in Wuppertal gehalten hat. In ihm setzte sie sich sehr grundsätzlich mit Lacans Konzeptionen und der Ästhetik Else Lasker-Schülers ausein-ander. Ihre Dissertation lag mir bis zum Abschluß meines Manuskriptes leider nicht vor.
71 Vgl. im Kapitel „Schrift" das Unterkapitel „Spiegelungen".

er eben nicht sein. Verknüpft mit seinem Anderen ist er lebendig, in der Spannung, die auch eine Dialektik meint, und dann doch wieder eine Einheitsfigur bildet. Aber: Einheit ist nur als imaginäre, asymptotisch sich annähernde und auch wieder auseinanderschnellende zu haben. Eigentlich ist das auch eine Theorie der Metapher, die ja genau diese Begegnung mit dem Anderen bedeutet. Wenn man noch einmal einen Blick auf die Körper-Zerstückungen der Lasker-Schüler wirft, wird deutlich, daß das Archaische ihrer Körperphantasien vor allem „Regression" meint, archaisch im Sinne von „vor dem Spiegelstadium". Regression nicht zu leugnen, sondern bewußt zu integrieren, das findet sich bei Lasker-Schüler ebenso, wie es die gesamte Kunst der klassischen Moderne kennzeichnet.

Zurück zu den Phänomenen.

Haut, Umhüllung

Umhüllung, Verhüllung, Enthüllung: Die zerstückten Körper haben bei Else Lasker-Schüler eine Haut. Die Haut ist das den Körper Umgebende, das, was ihn einerseits abgrenzt von einer äußeren Welt und anderen Körpern, andererseits auch das, was ihn erst sichtbar hervorbringt durch die Grenze, die die Haut bedeutet:

„Wie die Haut, so hauchdünn und porös sie auch sein mag, die jedes lebendige selbstregulative System sich gibt, mit zwei Seiten, mithin gespalten und unterschieden in sich und noch den infinitesimal kleinsten Zwischenraum spaltend zwischen sich und dem Außen, sich und dem Innen und sich als Haut dazwischen. Zwischen Haut und Luft und Haut und Fleisch und auch nicht Haut. Ein Zwischen vielmehr, das sich, irreduzibel plural, unendlich fortgesetzt von sich selber scheidet. Als Bedingung der Möglichkeit und als Grenze von Entität, die sich nur innerhalb einer unabschließbaren Vernetzung von Differenz, permanent aufgeschobenen Unterscheidungen, einschieben läßt, so daß sie, radikal gedacht, noch dem Unterschied zwischen Unterschied und Nicht-Unterschied vorgeschaltet bleibt."[72]

Else Lasker-Schüler nutzt die Haut der Figuren als Fläche, vor allem als Schreib- und Bildfläche. Sein und Bedeutung wird auf die Haut gemalt, dem Körper eintätowiert und eingegraben.[73] So bleiben Bild und Sprache beweglich, weil die Haut, weil der Körper sich bewegt und auf diese Weise Schriftund Bildcharakter verändert. Die Haut ihrerseits ist kein starres Gebilde, ist durchaus „austauschbar", die Figuren können sich häuten wie Eidechsen, auch das sind Körperbilder der Verwandlung, der Metamorphose:

---

72 Christiaan L. Hart Nibbrig, Übergänge, Frankfurt a.M./ Leipzig 1995, S. 14.
73 S. Kapitel „Schrift".

„*Nun ist es Nacht -überall- o, wir, wir wollen, Du, Mareia und ich, furchtbar zärtlich miteinander sein [...]. Wir haben nicht verlernt, unsere Haut herabzureißen wie ein Feierkleid. Was ist denn noch anders los als wie die Liebe; blauer Reiter, können wir vom anderen leben wie von der Liebe, von Blut und Seele - ich will lieber ein Menschenfresser werden wie Nüchternheit wiederkauen.*"[74]

Entgrenzung ist hier sehr wörtlich genommen, als Enthäutung, ja ekstatisches „*Herabreißen*" der Haut, als könne man die Außenhaut bei der Liebe so wenig brauchen wie die Kleidung darüber. Das Aggressive kehrt im Bild des Menschenfressers wieder, allerdings so wenig ernsthaft wie so oft in Texten Lasker-Schülers. Und doch ist ein wichtiger und uralter Zusammenhang berührt, der von Kannibalismus und Liebe. „Man hat sich zum Fressen gern" klingt sehr harmlos und abgetan, aber es steckt eine richtige archaische Erfahrung dahinter.[75]

Der abgerissenen Haut korrespondiert die folgende Vorstellung aus dem *Prinz von Theben:*

„*So wurde Abigail der Liebende ein einsamer Fürst und er gedachte schmerzhaft der Nächte, in denen er sich in die Häute süßer Leiber hüllte.*"[76]

Ein hübsches Bild für die Vereinigung der Körper in der Liebe, einer kriecht in die Haut des/der anderen, nachdem er/sie die eigene Haut verlassen hat. Da fühlt man sich nicht mehr wohl in der eigenen Haut, könnte aus der Haut fahren und sich dafür die des geliebten Gegenüber um so lieber „anziehen".

Die Haut ist der Ort, wo das sichtbar wird, was unbedingt „gelesen" und gesehen werden soll, nicht tief gegründet wie im Herzen, sondern für alle unmittelbar deutlich als Chiffrierung einer Oberfläche. Oberflächenkunst ist gerade die Kunst der Jahrhundertwende, sie sieht auf der Oberfläche schon angesiedelt, was darunter sich bewegt. Womöglich aber negiert sie ein darunter Liegendes, trägt lieber alles auf ein Außen, ornamentarisiert es. Ornament ist hier wahrhaftig kein Verbrechen. Eine solche Ornamentarisierung des Leibes erinnert an die Salome-Darstellung Gustave Moreaus „L'Apparition" von 1876. Während aber dort die Ornamente vom Körper der Salome auf den Raum übergehen (oder umgekehrt?) und so Körper und Raum untrennbar verbinden und alles als Bildfläche auffassen, geschieht bei Else Lasker-Schüler etwas anderes. Der Blick des Textes (auch hier wiederum der Text als Auge) verschmilzt die äußerste Oberfläche (das wäre die Kleidung) mit der darunterliegenden Haut bis zur Ununterscheidbarkeit. So kommt es zu Bildern wie der

---

74 Der Malik, S. 12f.
75 Alexander Schuller, Friß und Werde. Kannibalismus und Sexualität, in: Merkur, 50(1996), S. 281ff.
76 Der Prinz von Theben, S. 123.

„*Damasthaut*"[77] oder der „*letzten Haut*", die ein „*Ornat*"[78] ist, oder wie ein „*goldener Mantel*"[79]. Haut und Kleid, beides sind bei Else Lasker-Schüler Umhüllungen des Leibes und deshalb muß man sie auch nicht strikt voneinander getrennt denken. Auf beiden bilden sich Dinge, Schrift usw. ab, gerade das Bild der „*Damasthaut*" spielt damit. Als Damast, einer Gewebeart, auf der die Musterung optisch besonders hervortritt, wird die Haut gekennzeichnet und so auf ihre Bildfunktion verwiesen; Kleid und Haut sind verdichtet zu einer Bildoberfläche.

Nicht nur das Kleid erhält die Eigenschaften der Haut, sondern sogar (nicht nur lautlich nah!) das Haus:

„*Wie viele sitzen und schwitzen in fremden vier Häuten, denn die Wände unseres Gemachs sollen unser passendstes Kleid sein, sie sollen die Schrift unseres Atems tragen [...]. Die Wände meiner Rast sind auch die Wände meiner Last, sind mit mir verwachsen, aufgewachsen. Meine Behausung gleicht mir auf ein Haar.*"[80]

Die Wohnung als Körperumraum, der sich organisch dem Leib anpaßt, ihn widerspiegelt, sich von seiner Bewegung formen läßt, so stellt sich hier das Bild des Hauses dar, noch enger, noch mehr zu einem gehörig als ein Schneckenhaus. Eine sehr schöne Metapher ist die „*Schrift unseres Atems*", so als könne selbst die ureigenste, unwillkürliche Lebensäußerung und Lebensbewegung die Wohnstatt beschriften, bedeuten, mit einem eigenen Sinn versehen. Der Körper schreibt, die Schrift ist eine des Körpers, nicht nur der Hand, noch ursprünglicher, des Atems.

Immer wieder benannte Eigenschaft von Gegenständen, Körpern, Kleidern, Räumen ist deren Transparenz. Das Durchsichtige, Gläserne ist die Qualität, die den Blick des Textes erst ermöglicht.

„*Der vollkommene Gegenstand ist gänzlich durchsichtig, allseitig durchdrungen von einer aktuellen Unendlichkeit von Blicken, die sich in seinem Innersten überschneiden und nichts an ihm verborgen lassen.*"[81]

Das schreibt Merleau-Ponty über den transparenten Gegenstand. „*Gänzlich durchsichtig*" ist aber bei Lasker-Schüler kaum etwas, Transparenz wird manchmal nur angedeutet oder von anderen entgegenstrebenden Eigenschaften zurückgehalten:

„*Sein Körper leuchtete blutrot, er war aus Mondstoff erschaffen, schien durch die Menschen und konnte hellsehen.*"[82]

---

77 Mein Herz, S. 102.
78 Der Malik, S. 38.
79 A.a.O., S. 61.
80 Else Lasker-Schüler, Loos, Essays, in: Der Prinz von Theben, Bd.4, S. 233f.
81 Merleau-Ponty, Die Phänomenologie der Wahrnehmung, S. 93.
82 Der Malik, S. 83.

Die traditionell romantische Mondmetaphorik ist hier verwandelt zu einer „mondenen" Qualität, die es ermöglicht, von Durchschauen zu sprechen, Transparenz und auch Verstehen zu ermöglichen. Und doch ist dieses „Mondene" so ein blutig Eisen wie in Büchners *Woyzeck*, apokalyptisch und todesnah: *„blutrot"*.

„Mondstoff" erinnert aber auch an Mondstein und der ist fast nicht mehr transparent, sondern verwehrt dem Blick das Meiste durch seine milchige Oberfläche, wenn auch seine Helligkeit eine gewisse Transparenz zu versprechen scheint. Lasker-Schüler dreht hier die Qualität des Transparenten gewissermaßen um, wenn sie die Figur als eine Art Lichtquelle durch andere Figuren hindurchscheinen läßt und darüber hinaus mit dem Begriff des Hellsehens spielt, das heißt, seine unmittelbare Semantik betont.

In den *Nächte(n) der Tino von Bagdad* kommt ein *„durchsichtiges Feigenblatt aus Mondstein"*[83] vor, das gerade da den Durchblick gewährt, wo es in seiner eigentlichen Funktion dem Blick wehren sollte. Das Gegenteil wird erreicht, der Blick wird angezogen und das Schlechtverborgene stark erotisiert.

Von der Spannung zwischen Verbergen und Offenbaren lebt auch das Bild des Schleiers, der den Blick ebenso verhindert wie er ihn unweigerlich provoziert:

„Er erscheint als Grenze zwischen Körper und Raum, steht aber zugleich für das „offenbare Geheimnis" der Durchdringung von innen und außen. [...] Und der Schleier ist dann nicht mehr das Zeichen für die Grenzen von Verborgenem und Offenbarem, von Subjekt und Objekt, sondern er wird selbst zum Zeichen der Durchsicht, zum Symbol der Transparenz, das „Oberfläche" und Tiefenschicht zugleich umschließt."[84]

Wo der Blick durch einen Schleier geschickt wird, entsteht eine Faszination der Ungewißheit, ob der Blick etwas erhascht (oder nicht), der Schleier gelüftet wird (oder nicht). Die Erotik des Blicks beruht auf dieser grundsätzlichen Spannung zwischen Sehen und Nichtsehen:

„Ist die erotischste Stelle eines Körpers nicht da, wo die Kleidung auseinanderklafft? [...] Die Unterbrechung ist erotisch, wie die Psychoanalyse richtig gesagt hat: die Haut, die zwischen zwei Kleidungsstücken glänzt (der Hose und der Bluse), zwischen zwei Säumen (das halb offene Hemd, der Handschuh und der Ärmel); das Glänzen selbst verführt, oder besser noch: die Inszenierung eines Auf- und Abblendens."[85]

---

83   Die Nächte der Tino von Bagdad, S. 68.
84   Gabriele Brandstetter, Tanz-Lektüren, Körperbilder und Raumfiguren der Avantgarde, Frankfurt a.M. 1995, S. 109.
85   Roland Barthes, Die Lust am Text, Frankfurt a.M. 1992, S. 16f.

Gar nicht mehr erotisch ist der Schleier da, wo er als nur verbergende Blickmetaphorik vorgestellt wird, da ist der Blick in einem Gefängnis gelandet. Nach ihrer Vertreibung aus dem Palast heißt es von *Tino:*

„Tino von Bagdad hat schon zweiundfünzig Monde die Erde nicht unverschleiert gesehen, und sie war müde der blinden Blicke [...]."[86]

Aus dem nur verschleiert Sehenkönnen sind *„blinde Blicke"* geworden, so als hätte das Auge alle Sehfähigkeit eingebüßt. Klar ist allerdings nicht, was denn *„blinde Blicke"* meinen. *Tinos* Blicke oder die, die auf sie gerichtet sind? Ist sie selber blindgeworden, weil sie nur noch verhüllt sehen konnte? Auf jeden Fall werden die Augen davon wund und blind, wenn etwas zu „schleierhaft" ist, zu distanziert, zu versteckt, zu unbeteiligt. Oder haben die anderen mit ihren Blicken nicht mehr zu ihr hindurchdringen können, weil ihr verbergender Schleier dies nicht zuließ?

Alle Schleierspiele erinnern noch an ihren Ursprung: Vorhang, verbergender Vorhang vor dem Allerheiligsten zu sein, zu zeigen, da ist ein Blick zu verhindern. Das ist wie ein Bilderverbot, wie der Hinweis, daß es manchmal keine Bilder geben darf. Schweigen ist ähnlich.

Umhüllungsbilder besonderer Art sind die abstrakten Vorstellungen Lasker-Schülers von der dreifachen Umhüllung des Menschen:

„Denn jedes Geschöpf barg ein mütterlicher Schoß, der den von ihm geborenen Leib vertrauend in den Allmutterschoß der Welt legte. Aus drei Hüllen besteht das irdische Leben, die wir durchbrechen müssen, um wieder ins Freie zu kommen, zu Gott. So ereignet sich unser Leben zweifach umhüllt in zeitlichen Ewigkeitsschößen. Umschlossen und geborgen noch die äußerste körperliche Weltillusion: Verborgen wickelt sich das Erdenleben ab."[87]

Diese Vorstellung, der Mensch sei vor seiner Geburt von drei Hüllen umgeben, seiner eigenen, dem Körper der Mutter und dem Weltkörper, ist kabbalistischen Ursprungs.[88] In der schon erwähnten Prosaskizze *Das Meer* ist das Aufbrechen solcher Umhüllungen zu Beginn das herausragende Bild einer Kosmogonie.

Die „Häute" in der Prosa Else Lasker-Schülers sind die „Zwischen" des Körpers zum Raum, sind die Schnittpunkte der Begegnung zwischen ihm und dem Raum. Auch Sprache hat eine Haut, als „Sprechblase", bei Roland Barthes[89] und im von Freud so plastisch beschriebenen „Wunderblock". Da ist es

---

86   Die Nächte der Tino von Bagdad, S. 80.
87   Else Lasker-Schüler, Das Gebet, in: Konzert, Bd. 5, S. 195.
88   Vgl. Young Suk Sull, Die Lyrik Else Lasker-Schülers, Stilelemente und Themenkreise, S. 135. Des weiteren zur Rezeption der Kabbala im Spätwerk Lasker-Schülers: Alfred Bodenheimer, Die auferlegte Heimat, Else Lasker-Schülers Emigration in Palästina, Tübingen 1995, S. 63f.
89   Vgl. „Sprache, Schrift, Kunst und Mythos" im Kapitel „Schrift".

eine dünne, aber zweifelsohne doch schützende Haut (aus Zellophan), die das zum Zerreißen gespannte Pergament vor den allzu gewalttätigen Einritzungen schützt, die das Individuum an ihr vornimmt. Dünn, aber nicht zu dünn, durchlässig, aber nicht wirklich durchsichtig, wie unter Milchglas, das sind auch die „Häute" in der Prosa Else Lasker-Schülers, eine vermittelnde, unumgänglich wichtige Zwischenschicht, deren Beschriftung ins Innere vorzudringen vermag, ohne es bleibenden Verwundungen auszusetzen. Es gibt ein Zwischen wie die schon erwähnten Zwischenräume, ein kleineres Zwischen des Körpers. An Nietzsche soll in diesem Zusammenhang noch einmal erinnert werden, der, verausgabend wie sein Gestus ist, es sich vorstellen kann, daß Häute platzen:

„Die Feigen fallen von den Bäumen, sie sind gut und süß; und indem sie fallen, reißt ihnen die rote Haut."[90]

Gerade das denkt Else Lasker-Schüler immer mit: Der Hülle der Haut kann man, muß man sich entäußern, *„um wieder ins Freie zu kommen"* (s.o.).

Körper außer sich

Viele Körper in den Texten Lasker-Schülers sind außer sich geraten, in ihnen sind Transgressionen gegenwärtig, es sind ausufernde, monströse, letztlich unglaubliche Körperlichkeiten.

Im *Hebräerland* beschreibt Else Lasker-Schüler eine an „*Elefantiasis*" erkrankte Reisende, die ein enges Eisenbahnabteil fast zu sprengen scheint. Lasker-Schüler beschränkt sich zunächst darauf, nur die Augen der Kranken zu beschreiben:

„Ich sah in die runden Gorillaaugen, in die wunden, in die schwermütigen, aus denen Menschenaffen zu blicken pflegen, geraubt aus ihrem Urwald und importiert in die Zoogärten fremder Erdteile, dort zu vergehen vor Sehnsucht."[91]

Der ungewöhnliche Körper hat die Augen verändert, es sind keine menschlichen, es sind Tieraugen, die die Ich-Erzählerin anblicken und sie an die Augen eines gefangenen Gorillas denken lassen. Die Augen sind sehnsüchtige, einer Heimat beraubten. Erst nachdem sie die Reaktion der Mitreisenden kurz erwähnt hat, schildert sie dann den aufsehenerregenden Körper:

„[...] an mich rückte die Sagengestalt näher heran. Auf meine Knie breitete sie ihre wuchtige, zur zackigen Fleischmasse verdickte Hand. Ich hätte das arme Geschöpf so gerne gestreichelt, machte mir innerlich Vorwürfe, aber sie vermochten meine Schauer von der noch zum „entstellten" Tier verhexten Kranken nicht überwinden.

---

90 Friedrich Nietzsche, Also sprach Zarathustra, in: KSA, Bd. 4, S. 109.
91 Else Lasker-Schüler, Das Hebräerland, Bd.6, S. 75.

Immer von neuem angewidert vom unbeschreiblichen Fettansatz ihrer Waden und dem sich ruhelos wälzenden Körper."[92]

In der Beschreibung des ebenso unförmigen wie anlehnungsbedürftigen Körpers fällt neben der Monstrosität des Leibes dessen Bezeichnung als „*Sagengestalt*" und wenig später „*verhexte Kranke*" auf. Es gibt für einen solchen Körper im Text nur eine mythische Erklärung, Resultat übersinnlicher Kräfte zu sein, anders kann die Ich-Erzählerin die immense Verformung des Körpers nicht in ihr Erzählen integrieren, er fällt aus all ihren Erfahrungshorizonten hinaus. Den Körper der Kranken beschreibt sie in seiner Partikularität, lenkt den Blick auf die Details: Neben den „*wunden Gorillaaugen*" die „*wuchtige, zur zackigen Fleischmasse verdickte Hand*", „*der unbeschreibliche Fettansatz ihrer Waden*", die „*Affenlippen*", der „*gewaltige Kopf*", die „*plattgedrück-ten Nasenlöcher*".[93]

Der monströse Körper besteht nur aus Teilen einzelner, das normale Maß sprengender „Extremitäten", die wie unverbunden nebeneinander zu existieren scheinen. Ein Körperschema ist aufgelöst. Die Imagination dieses „*ruhelos wälzenden Körpers*"[94] folgt Mustern, die Michail Bachtin als solche des grotesken Körpers beschreibt, insbesondere da, wo er die „*Vermengung menschlicher und tierischer Züge* [als, I.H.] *eine der ältesten Formen der Groteske*" bezeichnet.[95] Und er fährt weiter fort:

„*Für die Groteske gewinnen allerlei Auswüchse und Abzweigungen besondere Bedeutung, die den Leib fortsetzen, die ihn mit anderen Leibern oder mit der nichtleiblichen Welt verbinden.*"[96]

Gerade auf solche Auswüchse, Übersteigerungen rekurriert Else Lasker-Schüler in der Beschreibung des hyperbolischen Leibes der Erkrankten und betont seine verschlingende Tendenz, sein Naherücken. Dieser Körper ufert sichtlich aus, berührt so die Grenzen anderer Körper, stellt sie in Frage, zeigt den Körper als überaus flexible, ganz und gar nicht feste, Grauen erregende Angelegenheit. Dieser Körper vervielfältigt sich, meldet mit seiner Körpermasse den Anspruch an, eine ganze Welt zu sein. Else Lasker-Schüler inszeniert dies, indem sie den gewaltigen Körper zum Kontrast in ein kleines Eisenbahnabteil pfercht. Man kann förmlich sehen, wie das Abteil überquillt von einem Leib, der eine Welt für sich erst erschaffen müßte, um darin Platz zu haben. So ist der groteske Leib durch seine Unabgeschlossenheit gekenn-

---

92   A.a.O., S. 76.
93   Ebda.
94   Ebda.
95   Michail Bachtin, Literatur und Karneval, Frankfurt a.M. 1990, S. 15.
96   A.a.O., S. 16.

zeichnet, er ergießt sich alle Grenzen ignorierend in eine Welt, die er ganz für sich besetzt.

Bei Rabelais, auf den Bachtin sich in seinen Ausführungen bezieht, tauchen Körperbilder auf, die auf verschiedene Weise deformiert erscheinen:

„Jedem von ihnen schwoll nämlich irgendein Teil seines Leibes auf erschreckende Weise, wenn schon nicht jedem derselbe. Einigen drang der Bauch auf und wölbte sich wie eine Tonne; von denen steht geschrieben: ventrem omnipotentem, und das waren alles behäbige lustige Leute; aus ihrem Geschlecht entsprangen der heilige Schmerbauch und der heilige Karneval. Anderen schwollen die Schultern, und sie wurden so bucklig, daß man sie Montiferen oder Bergträger nannte, wie man solche noch überall, von gar verschiedenem Geschlecht und Stand, antrifft. Aus diesem entsprang der kleine Äsop, dessen rühmliche Taten und Aussprüche uns durch die Schrift aufbewahrt sind. Wiederum bei anderen reckte sich das Glied, welches man den Ackersmann der Natur zu nennen pflegt, über alle Maßen aus, wurde erstaunlich lang, groß, dick, fett und kräftig [...]."[97]

Ulrike Montigel erklärt diese Körperausuferungen als *„grotesk-komische Figur*[en], *die von Augenblicksimpulsen mit der Energie von Partialtrieben versehen* [werden]."[98]:

„Rabelais verwandelt in seinem komischen Schöpfungsmythos eine Tendenz des Komischen in groteske Figuren: Die Mannigfaltigkeit der Triebtendenzen, die in der genitalen Libidostufe des Erwachsenen zusammenfließen, einander abschwächen und ausgleichen, wird zugunsten eines Partialtriebes aufgegeben, der sich gegen die psychische Organisation des Erwachsenen durchsetzen darf. Die Beherrschung des Unbewußten durch Ich und Über-ich weicht der Artikulation einer einzigen, ungemischten Lust."[99]

Wenn diese psychoanalytische Erklärung für die groteske Figur in der Prosa Lasker-Schüler vielleicht ein wenig überproportioniert erscheint, so ist doch in ihrer Schilderung der monströsen Kranken eine Lust am Regressiven unverkennbar. Und: Es geht auch hier um das Überschreiten der normalen „gesunden" Begehrnisse ins vermeintlich Kranke, Überbordende, immer Grenzüberschreitende.

Grenzüberschreitungen anderer Art zeigen sich in Körperfiguren, die man als dionysische bezeichnen könnte. Bilder ganz in der Tradition Nietzsches tauchen insbesondere im *Peter Hille-Buch*, bzw. auch in dem zu seinem Umkreis gehörenden Essays auf:

---

97   François Rabelais, Gargantua und Pantagruel, Frankfurt a.M.1974, Bd. 1, S. 90.
98   Ulrike Montigel, Der Körper im humoristischen Roman, Zur Verlustgeschichte des Sinnlichen, Frankfurt a.M. 1987, S. 23.
99   Ebda.

„*Und Petrus sah aus wie ein Bacchus, seine Seele war aufgeblüht wie einer der Weinberge im All-Äther. Und wir saßen um ihn im Kreise und sangen: fahrende Schüler, wie die Jünger des Weins aus der bacchantischen Szene seines Werkes „Des Platonikers Sohn". Wir waren der Most, der Lenz des Weins, das Leben, das wildsüße Auf- und Niederbrausen.*"[100]

Im „*Auf- und Niederbrausen*" ist eine grundlegende Lebensbewegung eingefangen und, ganz geschickt, darüber hinaus lautlich die Nähe zu Rausch und Rauschen hergestellt. Die Bilder sind an dieser Stelle sehr dicht, kein vorsichtiger Vergleich, sondern die Feststellung dominiert. Das Unbedingte, sich Verausgabende und Verströmende, es findet sich hier erneut wieder.

Die dionysische Bewegtheit der Körper vermag noch mehr:

„*Und dann setzte Petrus den funkelnden Pokal noch einmal an den Mund; der Wein lohte auf in bunten, zischenden Flammen und er schwang den Kragen seines Mantels um mich: wir schwebten über die Kronen der Gäste hinweg.*"[101]

Die Schwerkraft wird im Rausch aufgehoben, eine Wahrnehmung, die ja ebenso nachvollziehbar ist, wie sie hier auch gesteigert vorliegt. Vorstellen kann man sich das vielleicht wie in den Bildern Chagalls, in denen menschliche Figuren überaus heiter zu entschweben scheinen.

Das Außer-Sich-Sein des Leibes im ekstatischen Gefühl versieht Else Lasker-Schüler gerne mit Bildern des Flüssigen, Liquiden in jeder Form. Die Tradition ist eine überaus große, man mag die Bilder bei Goethe, die der Romantik und der Jahrhundertwende gar nicht mehr nennen, es versteht sich von selbst.

Else Lasker-Schüler übersetzt die emotionale Bewegtheit in die Bewegung des Strömens:

„*Und Abigail, dessen Vorhaben es gewesen war, sich würdevoll und gleichmäßig den adligen Kriegern gegenüber zu verhalten, bäumte sich wie eine Welle, wurde wildes Wasser, rasender Ozean, und seine erschrockenen Gäste mußten sich gestehen, nie einen wilderen Gemütssturz je erlebt zu haben, und sie nannten ihn heimlich unter sich den Tagâr, wie die thebetanischen Uferleute das reißende Wassertier nennen, den Wasserjaguar. Thron, Zeremonie und Krone schwammen auf der Hochflut seines Blutes.*"[102]

Assonantisch verstärkt zentriert sich der Gefühlsausbruch im Bild „*wurde wildes Wasser*". Diese Symbolik scheint Else Lasker-Schüler für die Emotionalität Abigails noch nicht ausreichend zu sein und so läßt sie ihn zugleich noch als „*reißendes Wassertier*" bezeichnen. So führt sie vor, was Wasserwirbel tatsächlich vermögen: Wasser und den im Wasser befindlichen Körper

---

100   Else Lasker-Schüler, Peter Hille, Essays, in: Der Prinz von Theben, Bd. 4, S. 219.
101   Das Peter Hille-Buch, S. 15.
102   Der Malik, S. 68.

so zu vermischen, das nicht erkennbar ist, was noch Wasser ist und was schon Körper oder Gegenstand (bzw. umgekehrt).

Das Verflüssigen der Körper und ihr Ergießen, ihr Überschwemmen in den Raum, alles sehr erotische Bilder, müssen nicht immer von der ekstatischen, zerstörerischen Kraft sein wie oben gezeigt. Einige Seiten später heißt es im *Malik:*

„*Wasser sei er, äußerte er sich oft, das strömen müsse über finster Gestrüpp, aber auch über Muscheln, Seestern und Korallenbäume.*"[103]

Alles ist hier ruhig geworden, das Bild des flüssiggewordenen Körpers hält sich nicht mehr nur in der Bewegtheit des Wassers auf, die sich nun auf ein Strömen beschränkt, sondern bildet sich ab in verschiedenen „Meerrequisiten", die ihm in den Weg gestellt werden. So erreicht Else Lasker-Schüler, den Körper der Meermetapher einzuverleiben, ohne dies explizit so nennen zu müssen.

Nicht zuletzt bezeichnen verschiedene „Verflüssigungsstadien" unterschiedliche emotionale Zustände der Figuren. In diesem Zusammenhang ist dann die Rede vom „*Zerfließen*"[104] in Farben ohne jegliche Kontur, oder vom „*Versin-ken*"[105] als Wirkung von Musik. All das ist nichts anderes als Verschmelzung, ozeanisches Gefühl im orgasmatischen Weltverlust, das sich bei Lasker-Schüler in den in großer Zahl anzutreffenden Körperbildern des Flüssigen abbildet. Eine Steigerung der in diesen Bildern eingefangenen Emotion ist nur noch dort möglich, wo Gegensatzpaare eine entsprechende Spannung hervorrufen:

„*Und ihre Glieder glühten von den rauschenden Farben ihrer Gedanken. Ein Feuerberg war sie, der an seinem Feuer verdorrt, eine bunte Quelle, die nicht von ihrem Schäumen erzählen darf und in ihrem Sprudel ertrinkt.*"[106]

Hier ist Körperauflösung Verbrennen und Ertrinken zugleich und deutet so vor allem die Todesnähe des Entgrenzungsvorgangs an. Der Tod greift von zwei Seiten an, zersprengt den Körper im Extrem der Elemente Feuer und Wasser. Das Eindrucksvolle des Bildes beruht auf dieser polaren, nicht mehr hintergehbaren Struktur, die die Gegensätze umspannt. Ertrinken, das heißt hier vor allem aber Verstummen, die poetologische Deutung ist im Bild angelegt („*erzählen*"). Es ist ein Verstummen zu vieler Worte, ein echtes „Geblubber", aus dem nichts mehr zu identifizieren ist.

---

103 A.a.O., S. 84.
104 Das Peter Hille-Buch, S. 45.
105 Ebda.
106 Die Nächte der Tino von Bagdad, S. 72.

Kosmos und Chaos

Neben den vielfältigen Körperbildern im Werk Lasker-Schülers lassen sich explizit formulierte Konzepte von Körperlichkeit insbesondere in den Essays erkennen. Das im Vergleich zur Prosadichtung abstraktere Genre soll nicht darüber hinwegtäuschen, daß Else Lasker-Schüler auch in ihren Essays der Poesie vor dem rationalen Argument den Vorrang läßt.

In ihrem Essay *Sterndeuterei* sieht sie das Körperliche in kosmische Zusammenhänge verwickelt. Parallel zu ihren *„medizinischen Dichtungen"*[107] legt sie diesem Zusammenhang eine medizinische Rede zugrunde. Kranksein bedeutet, daß *„allzu wuchtige Sternenvorgänge"* ihren Einfluß auf den Menschen genommen haben. Ausgehend von dieser Überlegung entwickelt sie eine Körpervorstellung, in der der Körper zunächst als *„Chaos"* zu begreifen ist: *„[...] das, was sie betasten können, ist Chaos."*[108]

Chaos, das ist die *„Fleischdumpfheit"*, die *„Fleischsehnsucht"*.[109] Was hier im Vergleich zum bislang entfalteten Kontext ungewöhnlich erscheint, ist der wenig körperbejahende Akzent. *„Fleischdumpfheit"* wertet das Körperliche eindeutig negativ und das liest sich bald anders dort, wo es Else Lasker-Schüler um *„Unantastbares"*, um *„Unsichtbares"* geht [110]:

„Wir sind das feinste Werk aus Sonne, Mond und Sternen und aus Gott. Wir sind seine Inspiration, seine Skizze zur großen Welt."[111]

Das ist das dualistische Begriffspaar, das den Text durchzieht: Chaos versus Sternensystem als einer Astronomie des Leibes. Letzteres ist wie eine Art innerer religiöser Bauplan, so etwas wie eine Struktur und Idee vom menschlichen Leib. Das Wort Seele, von Else Lasker-Schüler sonst oft benutzt, fällt hier nicht. Interessant ist die Vorstellung, daß nicht die Menschen nach einem Weltenplan geschaffen sind, sondern umgekehrt, die Welt nach dem Plan des Menschen: *„[...] nach unserm Modell hat Gott die große Welt erschaffen."*[112]

Die Abwertung des Körperlichen ist nur eine scheinbare, denn so wenig essentiell das Körperliche hier bewertet wird, so existentiell ist es natürlich: *„[...] ohne das Chaos kommt kein Mensch davon [...]."*[113]

An dieser Stelle folgt Else Lasker-Schüler der kabbalistischen Sefirot-Symbolik, die, so Johann Maier, den Leib nicht als unentbehrlich begreift,

---

107   Mein Herz, S. 89, vgl. S. 87ff.
108   Else Lasker-Schüler, Sterndeuterei, Gesichte, in: Der Prinz von Theben, Bd.4, S. 144f.
109   A.a.O., S. 147.
110   A.a.O., S. 145.
111   A.a.O., S. 144.
112   A.a.O., S. 146.
113   A.a.O., S. 149.

aber ihm die Funktion zuschreibt, äußere und damit eben doch letztlich unverzichtbare Hülle für ein wichtiges „eigentliches Inneres" zu sein.[114]

„Ich sehe Ihre Kanäle, Ihre Berge auf Ihren Sternen und Ihren Mond aufgehen hinter Ihrer Stirn. Jeder Schmerz und jedes Freudegefühl, Vernichtung oder Erhebung ist ein neues Bild Ihres Sternensystems. Sie sterben eigentlich an zerborstenen Sternen oder Erkaltung Ihrer Sonne oder an Finsternis. Wenn nur Ihr Leben den Höhepunkt erreicht hat vor dem Zerfall Ihres Chaos: den Himmel."[115]

Es geht hier um Spüren, um Gefühle. Sie sind in Bildern von kosmischen Elementen eingefangen. Kosmos heißt dann, daß man sich eine ganze Landschaft aus Schmerz und Freude vorzustellen hat und das ist ein ganz ähnlicher Zusammenhang, wie ich ihn schon im Kontext der kosmischen Räume beleuchtet habe. Es gibt für Lasker-Schüler eine kosmische Kartographie von Gefühlen, sie ist verborgen, nicht sichtbar und doch deshalb nicht weniger wirklich:

„Aber wer an meine Dichtungen glaubt, die man auch nicht in die Hand nehmen kann und doch vorhanden sind, wird auch nicht zweifeln an den Sternen der Menschen [...]."[116]

In dem hübschen Wortspiel „*in die Hand nehmen*" und „*vorhanden sein*", unterstreicht Else Lasker-Schüler spielerisch und nachdrücklich, wie wenig gängige Realitätskonzepte in ihrer Argumentation greifen, denn es geht ihr um „*Visionen*", um „*Ureigentum*".[117] Das mythische Zurückgehen auf eine Urzeit, auf einen Ursprung, soll das Unsichtbarste, soll das Reden vom inneren Kosmos legitimieren. Wo aber gibt es Menschen mit einem besonders reichen Sternenkosmos?

„Merkwürdig, daß man gerade in den Irrenanstalten Gesichte erblickt aus allererster Sternenzeit. Bilder, alte Meister, Menschen, die erstarrt sind in der Vision [...]. Mich lieben die unverstandenen, verfangenen Gesichter. Etwa weil ich ihnen den richtigen Platz zu geben vermag?"[118]

Sie nobilitiert diejenigen, die eine Gesellschaft für wahnsinnig erklärt und berührt damit eine Tradition, die um die Jahrhundertwende den Wahnsinn in der Kunst zu integrieren sich anschickte, bzw. sich von als Wahnsinn ausgegrenzten Elementen eine deutliche Erweiterung künstlerischer Möglichkeiten erhoffte.[119] An dieser Stelle tritt das Bild vom zerstückelten Körper wieder

---

114 Vgl. Johann Maier, Die Kabbalah, München 1995, S. 233.
115 Sterndeuterei, S. 149.
116 A.a.O., S. 145.
117 A.a.O., S. 146.
118 A.a.O., S. 146.
119 Den Wahnsinn als bewußt eingesetztes Mittel zur Ästhetisierung von Texten diskutiert Wolfgang Lange in: Der kalkulierte Wahnsinn, Innenansichten ästhetischer Moderne, Frankfurt a.M. 1992.

hervor, als „Körper-Chaos", als die Möglichkeit, wahnsinnig zu agieren, als die Form, die der Körper annimmt, wenn er sich seiner Identität nicht mehr bewußt sein kann. In Regressionen, die das Zerfaserte, nicht mehr einander Zugehörige zeigen und in Symptomen des Körpers, die den zerstückelten Körper „*greifbar*" werden lassen, wie Lacan es nennt:

> „*Aber diese Form [die Form losgelöster Glieder, I.H.] erweist sich als greifbar im Organischen selbst, an den Bruchlinien nämlich, welche die fantasmatische Anatomie umreißen und die offenbar werden in Spaltungs- und Krampfsymptomen, in hysterischen Symptomen.*"[120]

Else Lasker-Schüler läßt in *Arthur Aronymus* die Figur *Dora* am Veitstanz erkranken:

> „*Das arme Dörken, es konnte nicht mehr ruhig auf seinem Stuhl sitzen, es hatte den Veitstanz [...]. Sie war überhaupt so komisch geworden, die Dora, verglotzte die Augen und betete die halbe Nacht. [...] Auch litt sie an fixen Ideen, schnappte Arthur Aronymus einmal von den älteren Brüdern auf. Immer bückte sie sich ein-, zwei-, dreimal mit dem wackelnden Körper, bevor sie auf der Wiese im Garten ein Gänseblümchen oder eine Butterblume abpflückte. Elischen nahm Dora ins Gebet. Die beichtete ihr, daß, wenn sie sich nicht dreimal bücke, bevor sie eine Blume abbreche, würde „Alex" sterben. Elischen erklärte ihr genau wie ein Doktor der Medizin den wahnsinnigen Aberglauben ihrer wahnsinnigen Handlungen und trieb ihr zugutterletzt mit einer Ohrfeige den Teufel aus. In Paderborn war's an der Tagesordnung, Teufel auszutreiben. Hexen wurden verbrannt oder eingemauert. Und der Veitstanz war ein von Dämonen besessenes Geschöpf.*"[121]

In dieser Episode vom Veitstanz sind zwei Diskurse miteinander verbunden. Zum einen kann man in dieser Passage den Veitstanz als eine solche von Lacan beschriebene „*Bruchlinie*" sehen, die das Andere des Körpers sichtbar werden läßt, sein Nichtidentisches, sein Inkommensurables, sein Zerstückeltes. Dann ist das ähnlich zu lesen wie die Veitstanzepisode in den *Aufzeichnungen des Malte Laurids Brigge*[122]:

> „*Ich begriff, daß dieses Hüpfen in seinem Körper herumirrte, daß es versuchte, hier und da auszubrechen [...]. Ich sah, wie er sich an den Stock klammerte, wenn es innen in ihm zu rütteln begann [...] und dann gab er nach. Der Stock war fort, er spannte die Arme aus, als ob er auffliegen wollte, und es brach aus ihm heraus wie eine Naturkraft und bog ihn vor und riß ihn zurück und ließ ihn nicken und neigen und*

---

120   Jacques Lacan, Das Spiegelstadium als Bildner der Ich-Funktion, S. 67.
121   Else Lasker-Schüler, Arthur Aronymus, Die Geschichte meines Vaters, in: Der Prinz von Theben, Bd. 4, S. 372.
122   Rainer Maria Rilke, Die Aufzeichnungen des Malte Laurids Brigge, Frankfurt a.M. 1982, S. 58-61.

schleuderte Tanzkraft aus ihm heraus unter die Menge. Denn schon waren viele Leute um ihn, und ich sah ihn nicht mehr."[123]

Das ist die poetische Beschreibung eines Anfalls, betont wird das passiv erleidende Moment der inneren Kräfte: „Es". Da tobt sich ein Anderes, Zweites, im Körper aus, über das bald keine Kontrolle mehr zu behalten ist. Der Körper ist in Aufruhr, nicht als pathologischer, aber als revoltierender Körper. Im Anfallsdrama kommt das nicht mit der Imagination von Identität zu Integrierende zum Vorschein. Es wird hier, bei Rilke und auch bei Lasker-Schüler, die eine kindlichere Geschichte schreibt, zu einer größeren Metapher, als das zunächst den Anschein hat. Der Zusammenhang war, daß Else Lasker-Schüler in Gesichtern von Wahnsinnigen besonders viel „*Sternenkosmos*" sah. Letztlich ist mit diesen Bilder gesagt, daß gerade auch Regressives, Wahnsinniges, Versprengtes, Inkommensurables (hier als Körpersymptome zur Darstellung gebracht) in die Dichtung zu integrieren seien und ein zusätzliches Ästhetisierungspotential bedeuten.

Der zweite Diskurs, der hier in der Veitstanzepisode bei Else Lasker-Schüler durchschimmert, ist jener Diskurs um die Hysterie[124], den Christina von Braun als „*hysterische Vieldeutigkeit*" charakterisiert, wenn sie ausführt:

„*Es gibt keine Disziplin abendländischen Denkens – ob es sich um die Medizin oder die Philosophie, die Theologie oder die Psychologie handelt –, in der nicht an irgendeiner Stelle der Begriff der Hysterie auftaucht. Zumeist geschah es dann, wenn vom „Weiblichen" – als anatomischer Kategorie oder als Metapher für das „andere" – die Rede war. Dabei diente der Begriff als Definition von „Krankhaftigkeit" wie auch von „Normalität": Mal diagnostizierte eine Epoche in der Hysterika „das Weib an sich", mal die Unfähigkeit zum „Vollweib". Um 1900 konkurrieren beide Bilder miteinander. So bietet sich die Begriffsgeschichte der Hysterie als Leitfaden einer Betrachtung der abendländischen Phantasien über den weiblichen Körper und über Weiblichkeit überhaupt an. Zugleich offenbart sie einige grundlegende Muster, die das Denken und die Geschichte des Abendlandes geprägt haben. Durch die Brille hysterischer Zweideutigkeit gesehen – und das große „Verdienst" der Hysterie mag genau darin bestanden haben: Über Jahrhunderte die Vorstellung vom anderen, von der Zweiheit und damit auch vom Zweifel zu erhalten – eröffnen sich Aspekte abendländischer Geistesgeschichte, die die klassischen Geschlechterrollen fragwürdig erscheinen lassen.*"[125]

---

123   Ebda.
124   Immer noch lesenswert das Kapitel Hysterie und Hypochondrie in Michel Foucaults Wahnsinn und Gesellschaft, Frankfurt a.M. 1973, S. 285-307.
125   Christina von Braun, Frauenkrankheiten als Spiegelbild der Geschichte, in: Farideh Akashe-Böhme (Hg.), Von der Auffälligkeit des Leibes, Frankfurt a.M. 1995, S. 98f.

Else Lasker-Schüler kennt und reproduziert in gewissem Sinne einen solchen Diskurs um Hysterie, wenn sie (allerdings als Meinung der Bewohner Paderborns) ausführt: *"Und mit Vorliebe plazierten sich die bösen Geister in jungfräuliche Judenleiber."*[126]

Hexenverfolgung und Pogrom, beides sind die Gefahren, die das auffällige Anderssein Doras heraufbeschwört, so suggeriert der Kontext. Else Lasker-Schüler nimmt dem Ganzen die Luft heraus, wenn sie einige Seiten später en passant einflicht, daß Dora krank gewesen war[127], es nun also nicht mehr ist. Das plötzliche Verschwinden der Symptome legt es dann auch nahe, daß es sich um hysterische handelt. Lasker-Schüler streift hier einen Diskurs, der durchaus eine solche Bedeutung hat, wie Christina von Braun hervorhebt. Und er kann ebenso als poetologischer Kommentar gelesen werden. Das wird deutlich, wenn man sich ansieht, wie hysterische Symptome gelesen werden können: Im hysterischen Anfall zeigt sich ein Geschehen, das von der Person, die ihn hat, eine andere Seite zeigt, als die, die man gewöhnlich an ihr wahrnimmt. Es kommt als eine Art Theater zum Ausdruck, was unbewußt sich als Abspaltungsleistung des Ich erweist. Dieses „Theater" hat dabei eine ambivalente Struktur, einerseits enthüllt es, daß ein Konflikt zugrundeliegt, indem es ihn als ein Geschehen hervorbringt, andererseits verhüllt es den eigentlichen Konflikt, indem ein anderes Ersatzgeschehen, dem man nicht ansehen kann, um was es sich wirklich handelt, inszeniert wird. So funktioniert aber Literatur, die sich in Metaphern artikuliert. Metaphorisch zeigt sich mehr, als ein konstatierender Begriff dies leisten könnte, und offenbart sich auch ein anderes, das keine Eindeutigkeit zuläßt. Daraus ergeben sich ähnliche Vexierbilder wie das Changieren zwischen Enthüllen und Verhüllen in der Hysterie als Konversionsneurose: Das Schillernde ist dann auch beider Faszinosum: Es ist so und vor allem auch anders. Das kann man in solchen Körperbilder zeigen und so gesehen, ist Schrift wirklich auch ein Schriftkörper.

3.3 Leibspüren

Ich habe die generellen Muster gezeigt, denen die Körperbilder und Körpervorstellungen in der Prosa Lasker-Schülers folgen, die Zerstückung der Körper, die Bedeutung ihrer Oberfläche, ihrer Umhüllung und nicht zuletzt ihr vieldeutiges Außer-sich-Sein. Wichtig ist nun, wie die von Else Lasker-Schüler konzipierten Körper agieren, wie ihre Bewegung ist, was sie mit ihr

---

126 Arthur Aronymus, S. 372.
127 A.a.O., S. 383.

ausdrücken, was an ihnen und durch sie geschieht. Zuvor aber heißt es zu fragen: Wie erleben, wie fühlen sich die Leiber selber, gibt es so etwas wie ein Fühlen der Körper im Text?

Es geht an dieser Stelle um den Kontakt der Figur mit sich selbst, einem Gegenüber und auch der einstürmenden äußeren Welt. Der folgende Abschnitt soll diesen Schritten folgen: Welches unmittelbare Spüren des Leibes teilt uns der Text mit? Wie erleben sich die Figuren, wenn sie sich aufeinander beziehen? Welche Dynamik erreichen die Körper in bezug auf eine ihnen begegnende äußere Welt?

Die Prosatexte richten ihre Blicke mit großem Interesse auf die Sexualität der Körper und, nicht unabhängig davon, die Gewalt der Leiber. Diese Körper sind im intensiven Erleben außer sich, drängen aus ihrer Haut heraus und liebend, manchmal auch gewalttätig, in die andere Haut ein.

Élan vital

Die ursprüngliche, kaum je reflektierte, Eigenbewegung des Körpers, die unwillkürlich und automatisch erfolgt, so lange sie nicht unterdrückt wird, ist die Atmung. Die Atmung des Körpers, dieses ersten und unmittelbaren Bezuges zur äußeren Welt, erhält in der Prosa Lasker-Schülers einen entsprechenden Stellenwert.

„Immer arbeitet jedes Geschöpf, jedes Ding auf Erden [...] um lebendig zu bleiben, da Atmen die keuscheste Wahrheit, ja die Urtugend der Welt bedeutet. Alles, was da ist, haftet an der Odemschwinge der Schöpfung."[128]

Der Sprachgestus ist wie immer, wenn Else Lasker-Schüler etwas als bedeutend kennzeichnen will, erhaben und betont das Mythische: „*Ur*". Atmung ist hier das, worauf Lebendigsein zurückgeführt werden soll, es ist der grundlegende Biorhythmus als Aus- und Einatmen, eine Bewegung, die Lasker-Schüler als Flügelschlag festhält: „*Odemschwinge*", wo kann man ein solches Wort finden? Es ist ein Wort wie auf ein hohes Podest gehoben, da steht es einsam, entrückt. Aber in genau dieser Sphäre will Lasker-Schüler die Atembewegung ansiedeln und so wird das Atmen dem Körper ebenso entzogen, wie seine ureigenste Bewegung überhöht wird. Warum geschieht das? Was bedeutet hier das Atmen?

„Ich fliege ausdauernder wie der Zugvogel, die Flügel allein machen es gar nicht; der Odem ist's, der in Schwung gesetzte Odem, der Flügelschlag des Blutes, das Auflösen des Gehirns, die Hingabe zum Herrgott. Man muß ja durchaus nicht immer was

---

128   Else Lasker-Schüler, Meine Andacht, in: Konzert, Bd. 5, S. 151.

denken wollen! Odem ist Kraft! Und Ursünde: nicht zu atmen. „Tugend" aber, am Lebendigen mitzuwirken, also zu atmen in gleichmäßigen Zügen."[129]

Der Atem ist hier der Lebensmotor, ist élan vital der Lebensphilosophie. Die Bewegung wird vom Atem getragen, ist fast passiv, pathisch, sie wird erlebt, nicht aktiv hervorgerufen:

„Das Atmen der Erde bewegt
Meinen Leib wie lebendig."[130]

Hier, wie auch an anderen Stellen, zeigt sich eine Auffassung vom Erleben, das Ludwig Klages den „*Erleidnischarakter des Lebensvorgangs*"[131] nennt. Das Pathische des Angerührtwerdens, das Klages insbesondere der Seele zuspricht, hat Lasker-Schüler ganz körperlich aufgefaßt als Wunsch des Leibes, bewegt zu werden. Mythisch daran ist, daß der Vorstellung die Auffassung zugrundeliegt, die Seele, der Körper, werde von „*wirkenden Mächten*"[132], hier der Erde als einem Körperhaften, bestimmt. Indem er dem Geist das aktive Tun und Beeinflussen zuschreibt, entwirft Klages eine Polarität des Lebens, der sich Lasker-Schüler hier implizit anzuschließen scheint. In ihren Texten betont sie das Bewegen durch den Affekt, zu dem eine deutliche Rationalitätskritik den Gegenpol bildet. Das geschieht durchaus im Rahmen, den die expressionistische Avantgarde steckt: Leben als urwüchsige Kraft zu begreifen und es ist ohne Zweifel, daß hier Nietzsche die Grundlage gelegt hat. Nietzsche klingt auch dort an, wo Else Lasker-Schüler „Flugbilder" bemüht, die an den *Zarathustra* erinnern:

„Wer die Menschen einst fliegen lehrt, der hat alle Grenzsteine verrückt; alle Grenzsteine selber werden ihm in die Luft fliegen, die Erde wird er neu taufen -als die „Leichte."[133]

Die Erhabenheit, mit der sie das Bild der Atmung ausstattet, gipfelt in kosmischen Bezügen. Das Unmittelbare des Leibes, das Atmen und sein Gefühl davon, gerade das ist es, was den Menschen als Mikrokosmos auszeichnet: „*Mein tiefer Atemzug verbindet mich mit dem Universum.*"[134]

Für das Intensive, das Höchste, den Gipfel, findet Else Lasker-Schüler in aller Regel religiöse Bilder. In diesem Zusammenhang des Atmens heißt es: „*Odem ist verflossene Gottheit*"[135] und das Aus- und Einströmen ist ebenso lebensnotwendig wie es einen religiösen Akt bedeutet. Auch hier könnte man durch die religiösen Elemente hindurch Nietzsche sehen, denn was ist diese

---

129 Else Lasker-Schüler, Das Kind unter den Monaten, in: Konzert, Bd. 5, S. 148.
130 Else Lasker-Schüler, Sascha, in: Gedichte, Bd.1, S. 186.
131 Ludwig Klages, Der Geist als Widersacher der Seele, S. 247.
132 A.a.O., S. 250.
133 Friedrich Nietzsche, Also sprach Zarathustra, in: KSA, Bd. 4, S. 242.
134 Else Lasker-Schüler, Wo kreist Gott?, in: Konzert, Bd. 5, S. 150.
135 Meine Andacht, S. 151.

ursprüngliche Rhythmik des Leibes anderes als eine unendliche Wiederkehr des Gleichen : „*ein und aus im ewigen Zug?*"[136]

So mythisch überhöht, ist das „Atemding" beinahe so eine Mega-Metapher Else Lasker-Schülers wie das „Meer". Der Atem kann auch Sprache sein und Sprechen:

„Mich in der grünen Sprache zu verständigen mit den Nachbarbäumen und dem Vogelbeerenstrauch, dürfte mir meines guten Odemschlags wegen nicht allzu schwer fallen. Wie auch den Vögeln ihre gezüchtete Lunge zugute kommt, sich in der botanischen Sprache zu verständigen, die nicht wie die üblichen mit dem Ohr und dem Munde geführt wird, aber die man einatmet von Baum zu Strauch, vom Blatt zur Blume und die Antwort auszuatmen pflegt."[137]

Nicht die Natur als Buch, aber als Sprache, die man atmend in sich aufnimmt, das ist das vorherrschende Bild. Romantische Anklänge scheinen hier zu überwiegen.[138]

Letztlich ist der Atem eine Metapher für das Allumhüllende, den vollkommenen Weltbezug:

„Nicht die tote Ruhe
So ich liebe im Odem sein.
-Auf Erden mit euch im Himmel schon-
Allfarbig malen auf blauem Grund
Das ewige Leben."[139]

Vom unmittelbaren Leibspüren im Atmen haben wir uns hier längst wegbewegt und das Atmen wurde forttransportiert in abstrakte Sphären, entrückt in religiöses Terrain und ist der sinnliche Stoff für die mythischen Entwürfe geworden. Das Lebendigsein hat Patina angesetzt, verbirgt sich so zunehmend, wie es der Firniß an Bedeutungen immer mehr verkrusten läßt. Ein Charakteristikum solcher und ähnlicher Bilder bei Else Lasker-Schüler ist eben gerade dies: Körperliches zu benutzen als hervorragendes Bild, dies aber so zu überfrachten mit Bedeutung, daß das Körperliche darunter förmlich „zusammenbricht" und von sinnlicher Qualität nichts mehr übrigbleibt. Da muß man dann, wenn es so weit gekommen ist, der poetischen Welt wieder Leben einhauchen, wie es in der kleinen Erzählung mit dem Schmetterling geschieht: *„Ab und zu hauchte ich über sein verendetes Körperchen ihm Odem ein, ihn aufzuerwecken."*[140]

---

136 Wo kreist Gott?, S. 150.
137 Else Lasker-Schüler, Draußen, in: Konzert, Bd. 5, S. 82.
138 Zu Else Lasker-Schülers Rezeption der Romantik s. Brigitte Hintze, Else Lasker-Schüler in ihrem Verhältnis zur Romantik, Ein Vergleich der Sprache und des Sprachstils, Bonn 1972.
139 Else Lasker-Schüler, Das Heilige Abendmahl, in: Konzert, Bd. 5, S. 85.
140 Else Lasker-Schüler, Der Schmetterling, in: Konzert, Bd. 5, S. 79.

Der Schmetterling schwebt dann tatsächlich davon, aber der große Zweifel an der Lebendigkeit der Texte Else Lasker-Schülers bleibt. Wo Körperlichkeit vorgeführt wird als ein scheinbar sehr unmittelbares Spüren des Leibes, verfestigt sie sich leicht zu einem überhöhten Bild von ihr. Das Religiöse, in dem dies gipfelt, erhält so zweifellos eine sinnliche Komponente, während aber das Sinnliche seine Lebendigkeit einbüßt, sie wird fest, „ehern", starr.

Sexualität

Eine unmittelbare Sinnlichkeit ist aber dort zu erwarten, wo der Text seinen Blick auf das Drama des Sexuellen richtet. Spätestens seit Muschg in den Texten Lasker-Schülers „*erotischen Anarchismus*" am Werk gesehen hat, gilt Else Lasker-Schülers Œuvre als eines „der Liebe". Für Muschg verbindet sich bei ihr auf wunderbare Weise Liebe und Magie, Verzauberung und Verwandlung:

„*Als Liebende wohnt Else Lasker-Schüler noch in einer magischen Welt, in der Phantasie und Gefühl allmächtig sind. Novalis hat diese Weltvision philosophisch begründet. Es gibt kein Innen und Außen, alle Dinge sind Organe der Seele, Ich und Welt dasselbe. Das Ich enthält alle Abgrundformen des Universums, aber nur liebend kann es seine Wunder entfalten, und je tiefer es liebt, desto tiefer schließt es sich auf. Else Lasker-Schülers erotischer Anarchismus ist Ausdruck der Sehnsucht, nicht zu erstarren, unberechenbar zu bleiben, sich verzaubern zu lassen.*"[141]

Selten aber galt der Blick der Interpreten und Interpretinnen dem manifest Sexuellen, der Liebe als der in den Text aufgefundenen Körperlichkeit. So bleibt hier die Frage noch zu stellen, wie sich Sexuelles, sexuelle Komponenten in einem Werk präsentieren, das in herausragender Weise als eines der Liebe gilt?

Die mit der Liebe verbundenen Affekte, als Verlangen, als Begehren, bestimmen schon oder gerade den Charakter des Frühwerkes, vor allem die Gedichtsammlung *Styx*. In den beiden Gedichten *Meine Schamröte* und *Trieb*, sinnvoll nebeneinander abgedruckt, finden sich die beiden Pole, zwischen denen sich Sexualität im Werk Lasker-Schülers bewegt:

„*Meine Schamröte*
Du! Sende mir nicht länger den Duft,
Den brennenden Balsam
Deiner süssen Gärten zur Nacht!
Auf meinen Wangen blutet die Scham

---

141 Walter Muschg, Von Trakl zu Brecht, Dichter des Expressionismus, München 1961, S. 128.

> Und um mich zittert die Sommerluft.
> Du ... wehe Kühle auf meine Wangen
> Aus duftlosen, wunschlosen
> Gräsern zur Nacht.
> Nur nicht länger den Hauch Deiner sehnenden Rosen,
> Er quält meine Scham.
>
> Trieb
> Es treiben mich brennende Lebensgewalten,
> Gefühle, die ich nicht zügeln kann,
> Und Gedanken, die sich zur Form gestalten,
> Fallen mich wie Wölfe an!
> Ich irre durch duftende Sonnentage ...
> Und die Nacht erschüttert von meinem Schrei.
> Meine Lust stöhnt wie eine Marterklage
> Und reisst sich von ihrer Fessel frei.
> Und schwebt auf zitternden, schimmernden Schwingen
> Dem sonn'gen Thal in den jungen Schoss,
> Und läßt sich von jedem Mai'nhauch bezwingen
> Und giebt der Natur sich willenlos."[142]

In *Trieb* ist die ganze Unbändigkeit eingefangen, die Sexualität als Triebereignis annehmen kann. Hier ist die Rede von *„brennenden Lebensgewalten"*, nicht zu *„zügeln*[den] *Gedanken"*, die das lyrische Ich *„wie Wölfe"* anfallen und es in einen Zustand versetzen, in dem Lust und Schmerz nah beieinander sind: *„Meine Lust stöhnt wie eine Marterklage."* Was kaum mit körperlichen Attributen (außer dem sinnlich wahrnehmbaren Schrei) ausgestattet wird, das sexuelle Begehren, wird in den letzten Strophen dann phallisch inszeniert, aber nicht mehr ungebärdig, sondern fast zart:

> *„Und schwebt auf zitternden, schimmernden Schwingen*
> *Dem sonn'gen Thal in den jungen Schoss."*

Sexualität wird als Naturschauspiel verkleidet, die Frühlingsgefühle werden sehr wörtlich genommen, als *„Mai'nhauch"*. So unbedingt und ohne Rücksicht auf Verluste sich sexuelles Begehren Bahn brechen will in den ersten Strophen, so vorsichtig und nahezu zaghaft realisiert es sich, bildhaft und nicht ausgesprochen, in den letzten Strophen. Das Sexuelle bleibt *„willenlos"* sich treibend lassend, aber die tatsächliche Begegnung ist wie *„Fliegen"* (*„Schwingen")* ebenso schwerelos, wie das Schwere, Unbedingte fürchtend. Das Hübsche und Gelungene dieses Gedichts hält sich in diesem Spannungs-

---

142 Else Lasker-Schüler, Gedichte, Bd. 1, S. 16f.

zustand zwischen unbedingtem Wollen und überaus vorsichtigem Verwirklichen auf, phallisch und doch nicht so ungebrochen phallisch, wie es das Bild, sehr verallgemeinert als Naturbild und doch darin gerade das Triebhafte, Natürliche unterstreichend, suggeriert. Das Vieldeutige, Changierende ist die Stärke dieses poetischen Sprechens.

In *Meine Schamröte* wird ein Begehren, wie es sich in *Trieb* artikuliert, abgewehrt. Die Bilder sind, ganz ähnlich, auch Naturbilder, verdichten sich im Bild des Gartens, das ja traditionell schon einen sexuellen Bezug aufweist. Das sexuelle Verlangen des Gegenüber wird als sehr bedrängend empfunden, als ein Bedürfnis, das *„nicht länger"* ertragen werden kann, weil es Verletzungen hervorruft:

„Auf meinen Wangen blutet die Scham", ein sehr eindrucksvolles Bild, das die Wunde, als Verletzung des Geschlechts eigentlich unsichtbar für die Außenwelt, metonymisch in das Gesicht verlegt. Das entfachte Feuer, der Duft, in *Trieb* Insignien des Verlangens, sollen gelöscht, verkehrt, *„duftlos"*, *„wunsch-los"*, werden.

Ähnlich aber und scheinbar charakteristisch für viele Gedichte Lasker-Schülers: Männliches und Weibliches werden nicht eindeutig festgeschrieben in deutlichen Bildern, sondern es bleibt relativ unentschieden und mehrdeutig, wo die männliche, wo die weibliche Rolle angesiedelt ist und ob es nicht sogar homosexuell sein könnte, was sich abspielt. Was als männlich gelten könnte: Das Oxymoron *„brennender Balsam"* ist am Ende im Bild *„sehnender Rosen"* eingefangen, traditionell ein weibliches Bild.

Bei aller Gegensätzlichkeit der Aussage (Begehren versus Abwehr des Begehrens) ist es gerade dieses Merkmal, männlich und weiblich vertauscht denken zu können, bzw. androgyn[143] zu bebildern, wie ja auch schon die zahlreichen Knabenfiguren zeigen, von der *Tino* im *Peter Hille-Buch* bis zum *Malik*, die als grundlegendes Charakteristikum der Darstellung von Sexualität im Werk Lasker-Schülers gelten kann. Das sexuelle Drama, es hat bei ihr keine klassische Besetzung, die Figuren können die Rollen tauschen, die Körper sich verwandeln. Die Körperlichkeit ist und soll nicht eindeutig zuzuordnen sein; wie auch die Räume oft als Zwischenreiche zu betrachten sind, so tragen viele Figuren Züge von Männlichkeit und Weiblichkeit zugleich: Sie stehen

---

143 Zu den Bildern des Androgynen haben Gültiges gesagt: Meike Feßmann, Spielfiguren, Die Ich-Figurationen Else Lasker-Schülers als Spiel mit der Autorrolle, Stuttgart 1992; Judith Kuckart, Im Spiegel der Bäche finde ich mein Bild nicht mehr, Gratwanderungen einer anderen Ästhetik der Dichterin Else Lasker-Schüler, Frankfurt a.M. 1985; Marianne Schuller, „Ich bin Wasser, darum bin ich keine Frau", Zu Else Lasker-Schülers melancholischer Prosa, in: Fragmente, Schriftenreihe für Kultur-, Medien-, und Psychoanalyse, Juli 1994, Bd. 44/45, S. 11ff.

zwischen den Geschlechtsidentitäten. Traditionelle Bilder der Geschlechter sind damit aufgehoben, Rollen können getauscht werden.

„Bist Du aufgewacht?" Mein Mann fragt und hebt den Zigarrenbecher vom Boden auf - dann streichelt seine Ananashand mein Gesicht- die Finger tragen alle Notenköpfe -sie singen- und immer, wenn das hohe C kommt, sägt mein Arm über seine Brust und seinen Leib - ich nehme die Gedärme hervor - eine Schlangenbändigerin bin ich - dudelsack Ladudel ludelli liii!!!! Ich schiebe die Schlangen vorsichtig wieder in seinen Körper, die kleinste hat sich fest um meinen Finger gesogen, aber sie ist die hauptsächlichste Schlange, sonst kann er keine indischen Vogelnester mehr essen. Ich gleite die Kissen herab, mein Kopf liegt in einem weißen Bach, alle Fische tragen Ketten von Erbsen um den Hals und schwimmen hinter mir über die flaue Matratze."[144]

In einem Text, in dem sonst alles unklar ist, ist es diese Stelle, deren Bildrätsel auflösbar erscheint, liest man sie als Liebesszene. Zunächst entdeckt man die autobiographischen Reste. Wenn man weiß, daß der zweite Mann Lasker-Schülers, Herwarth Walden alias Georg Levin, u.a. Musiker war, dann machen die Finger mit den Notenköpfen Sinn. Die anderen Bildelemente haben sexuellen Charakter, sind sehr schön indirekt und spielerisch verwendet. Die Schlange, die da „gebändigt" werden soll, kann hier als Phallussymbol gelten, verzweigt vorgestellt als Gedärm, und somit auch mit der Eigenschaft des Verschlingenkönnens ausgestattet. Die (weibliche?) Ich-Figur ist es, die sich die Schlange „hervorholt", es ist nicht die Schlange, die zu ihr hindrängt. Eigentlich haben beide Figuren einen Phallus: der Mann die Schlange, die Ich-Figur einen Finger. Für den sexuellen Höhepunkt könnte man das „hohe C" bemühen. So beglückt, gerät das Ich außer sich, sägt den Gegenüber förmlich in Stücke, öffnet ihn sich, um an sein Innerstes zu gelangen.

Lasker-Schüler beschreibt kein linear ablaufendes Geschehen, sondern findet mehrere synonyme Bilder für das sexuelle Drama. Es sind Bilder von Tönen, Bilder des Umschlingens, Öffnens und Verschlingens, des Festsaugens, des Herabgleitens. Deutlich sexuell konnotierte Traumsymbole (Schlange, Essen usw.) sind eingebettet in eine sehr individuelle Sexualsymbolik. Im Orgasmus zerpflückt sich der Körper, die Eingeweide stülpen sich nach außen, der Kopf wird im fließenden Sperma davongetragen. So könnte man die Details entschlüsseln. Else Lasker-Schüler hat spielerisch schwerelose Bilder für das sexuelle Begehren gefunden. Das sexuelle Geschehen, so wie es hier inszeniert ist, hat etwas Zirkuläres an sich, „hohe C"'s gibt es, aber keinen finalen Höhepunkt, die Schlange selbst weist ja ganz nietzscheanisch auf eine Kreisbewegung hin. Das sexuelle Drama ist das Verlassen der Vorstellung, es gäbe eine innere und äußere Welt, umschlingend und verschlingend gehen die

---

144 Else Lasker-Schüler, Künstler, Gesichte, in: Der Prinz von Theben, Bd. 4, S. 159.

Figuren ineinander über, saugen sich aneinander fest. Der unernste, halb ironische, halb witzige Charakter der Bilder, die Lasker-Schüler hier findet, geben dem Ganzen etwas sehr Leichtes, Unbeschwertes und damit Unproblematisches. Das sexuelle Drama präsentiert sich als Komödie. Und kann doch auch ganz anders aussehen.

Im *Peter Hille-Buch* entwirft Else Lasker-Schüler eine nicht unproblematische Beziehung zwischen den Figuren *Tino* und *Petrus*, die womöglich in einigen Details Elemente der tatsächlichen Dichterfreundschaft zwischen Peter Hille und Else Lasker-Schüler widerspiegeln. Ich lasse diesen Aspekt der potentiellen Realitätsreste aber beiseite und konzentriere mich auf das Textgeschehen. Das *Peter Hille-Buch* markiert den Weg *Tinos* zur Dichterin, ihren Weg zum Schreiben, der vom Dichter *Petrus* begleitet und angeleitet wird. Das Verhältnis zwischen Lehrer und Schülerin ist nicht frei von sexuellen Elementen, sie stehen aber nicht im Vordergrund, sondern finden sich, versteckt und durchaus mythisch verschlüsselt, wie z.B. im folgenden Abschnitt:

„Petrus erprobt meine Leidenschaft

Streng genug sah Petrus aus, und er zeigte auf den stillen Garten des Propheten; weiße Maulbeerbäume und Tragantsträucher umschlossen den Kuppeltempel wie eine rauschende Mauer. „Die Berge des Hochlands von Iran durchstreiften seine Vorfahren," sagte Petrus, „und er formte in den Wolken den neuen Menschen aus der lachenden Mittagssonne seiner Heimat. Ein göttlicher Bildhauer fürwahr - und wer sich spiegeln möchte im Auge seiner Schöpfung, muß schon Flügel haben wie er selbst." Ich lauschte andächtig, denn Petrus'Worte klangen wie eine Feier. Und den Kranz aus roten Rosen legte er um meinen Arm; wir ließen ihn binden in einer Gärtnerei am Wege, er glänzte noch hell nach Freudenschein des Mittags. Und einen Dolch steckt er in meinen Gürtel - ich wußte nicht, warum das geschah. Aber als ich durch das goldene Tor in die Stätte kam, schwollen mir süßliche Eitelkeiten entgegen, statt herber, eingesteinter Lüfte tausendjähriger Königsgräber - über ihre Säume schleichen Katzen wie lichtverlorene Schlummer. Und mich überkam Ekel und Zorn, da ich des Propheten Katzin sah; sie kauerte auf seinem toten Herzen, behaglich wie auf einem Seidenkissen - ihr Rücken war seiner müden Füße Schemel gewesen. Und als ich zu Petrus zurückkehrte, brannte mein Leib, und er zog den Dolch aus meinem Gürtel, der blutete. Und da meine Hände keine Spuren zeigten, sagte er: „Du wirst meinem Andenken einen Thron bereiten."[145]

Schon der Titel legt nahe, um was es hier u.a. geht. Zentrales Bildelement ist der Dolch, den *Petrus Tino* in den *„Gürtel steckt". Tino* besucht das Grab eines Propheten, eine heilige Stätte, nur durch ein *„goldene[s] Tor"*(!) zu betreten, in der Mitte ist ein *„Kuppeltempel"*(!), *„weiße Maulbeerbäume und*

---

145   Das Peter Hille-Buch, S. 34f.

Tragantsträucher umschlossen den Kuppeltempel wie eine rauschende Mauer", zwei weiblich konnotierte Bilder. So vorbereitet, verwundert es nicht, daß die Kranzniederlegung (aber der Kranz besteht aus roten Rosen, der Kranz *„glänzte noch hell nach Freudenschein des Mittags"*, der Zeit des Pans), auch das Erotische/Dionysische akzentuiert. Das hier unterlegte Sexuelle bekommt seine eigenartige Tönung durch den Kontext, der sich aus religiösen Todesbildern zusammensetzt, von dort erhält das sexuelle Geschehen (der Dolch im Gürtel) seine Charakteristik: *Tino „überkam Ekel und Zorn"* beim Anblick der *„Katzin"* des Propheten. Was ist ekelerregend? Die Katze als Häßliches, Widerwärtiges? Das Rätsel löst sich nicht im Text, der jedoch löst sich dann selber auf:

„Und als ich zu Petrus zurückkehrte, brannte mein Leib und er zog den Dolch aus meinem Gürtel, der blutete."

Aus Ekel und Zorn ist eine Verletzung geworden, der phallische Dolch des *Petrus* hat *Tino* eine brennende, blutende Wunde zugefügt. Bedenkt man den letzten Satz des Zitats, dann erhält das Geschehen den Charakter eines Initiationsritus, fast einer Mutprobe. *Petrus* schickt *Tino* allein zum Königsgrab, nicht ohne ihr „seinen" Dolch in den Gürtel gesteckt zu haben. Am Grab wartet auf sie Ekelerregendes in Gestalt der Katze, zurück kehrt sie blutend, mit Schmerzen, und wird daraufhin auch noch gelobt. Über den Zusammenhang von Dolch, Phallus und auch der möglichen Bedeutung als Schreibgerät wird im Kapitel „Schrift" noch die Rede sein, aber diese Sequenz gehört sicher in diesen Zusammenhang. Die Dichterin, die die Ich-Figur in *Mein Herz* schon geworden ist, kann dann von sich selbst sagen: *„Ich richte mich noch einmal auf, stoße meine wilden Dolche alle in die Erde."*[146]

Im früheren *Peter Hille-Buch* werden die Dolche, die Schreibgeräte, Waffen und Phalli sind, vielleicht alles zugleich, nur „zugesteckt", die Wunde wird *Tino* zugefügt, erst in späteren Werken kann sie selbst über „Dolche" verfügen. Im *Peter Hille-Buch* aber bleibt der sexuelle Charakter der Beziehung zwischen *Tino* und *Petrus* mit Furcht besetzt:

„Und sein Blick versank in Tausendtiefen. Harte Falten umhüllten seinen Leib, und er war nur Gestalt und kein Körper mehr. Ich hatte ihn schon einmal so gesehen in meiner ersten Blüte Blut, ihn nur gefühlt unter lauschendem Herzschlag von seidiger Haut umwebt. Und ich fürchtete mich; er war ein Zauberer, und ich stürzte die Berge herab, mir voraus mein Herz, über die Wiesen und Hecken, und ein Turm war mein Kopf; ich konnte mich nicht wiederfinden - Es war im Spätfrühmonat 1903, als mich die Furcht vom Erdältesten vertrieb."[147]

---

146 Mein Herz, S. 104.
147 Das Peter Hille-Buch, S. 48.

Tino reagiert im wahrsten Sinne des Wortes „bestürzt", mit diffuser Angst, nicht konkreter Furcht Die Bilder legen es nahe, daß ein sexuelles Ereignis zugrundeliegt, das von ihr durchaus ambivalent erlebt wird, bevor es ihr Entsetzen hervorruft. Die Bildebenen überlagern, verschränken sich. Die Nacht ist nicht mehr allein der Ort oder die Zeit, an dem, in der die Begegnung geschieht: Auch die *„zärtliche Nacht"* wird körperlich imaginiert: *„von seidiger Haut umwebt."* Es gibt keine kausale Beziehung zwischen diesen Gefühlen und der Furcht, die dann folgt: Lasker-Schüler schreibt *„und"*, nicht „daher" oder „weil" o.ä. Dieser Verzicht auf Logik, auf Erklärung, auf Plausibilisierung kennzeichnet ihre gesamte Prosa. Die Bilder werden aneinandergereiht, wohl überlagern sie sich, aber eines ergibt sich nicht zwingend aus dem anderen. Eine kausale Struktur findet sich selten zwischen ganzen Sätzen, höchstens einmal innerhalb eines Satzes. „Und" aber bedeutet, daß sich da etwas zwischen die Worte legt, ihnen eine Atempause verschafft, sie trennend verknüpft und sie dabei so läßt, wie sie sind, gleich und nicht eines dem anderen irgendwie untergeordnet. Was dabei entsteht ist Simultaneität, ein dichtes Gewebe von (ungleichzeitigen?) Gleichzeitigkeiten. Wer mit „und" verknüpft, verdichtet seine Bilder und staut die Zeit.

Das sexuelle Erlebnis endet mit dem Ich-Verlust *Tinos*: *„Ich konnte mich nicht wiederfinden."* Was folgt, sind als Bindestriche markierte Leerstellen, denn wo die Ich-Figur sich verliert, kann sie auch nicht von sich sprechen. Am Schluß findet sich dann noch die halb realitätsbezogene, halb phantastische Zeitangabe *„im Spätfrühmonat 1903"*. Während die genaue Jahresangabe die „Wahrheit" des Ereignisses markieren soll, ist der phantastische *„Spätfrühmonat"* Indiz für das Poetische, Ästhetische der Sequenz, vielleicht aber auch die Warnung davor, hier allzu leicht auf die Biographie Lasker-Schülers zu schließen. Das Tatsächliche ist eben das Phantasierte, Imaginierte, Gedichtete und es ist unwichtig, ob sich „dahinter" irgendwelche Realitätsreste verbergen.

Eine der schönsten Erzählungen gerade auch im Hinblick auf das Thema Sexualität und Körperlichkeit ist die Sequenz *Apollydes und Tino sind Zagende unter der Mondscheibe* in den *Nächten der Tino von Bagdad*. Der Text ist wunderschön, weil er sprachlich und bildlich ein Spannungsfeld erzeugt, es aushält und so sprachspielerisch äußerst geschickt und gekonnt eine Art fließendes, in ständiger Bewegung befindliches Tableau errichtet. Ein Paradox, aber als solches gerade geeignet, den vorliegenden Text zu charakterisieren.

Im Kontext ist die Sequenz als Brief angekündigt, als Liebesbrief. *Tino „verwünschte ihre langen braunen Haare und alles, was sie von Eva geerbt hatte. An Apollydes schrieb sie, der war ein wunderschöner Griechenknabe-*

[...]."[148] Ausgangspunkt ist die Absage *Tinos* an ihre sichtbare Weiblichkeit, aus dieser psychischen Disposition heraus schreibt sie. Was dann folgt, ist rein formal kein Brief, es ist eine kleine Erzählung, die die Beziehung zwischen „*Apoll-Dionysos*"[149] und *Tino* beleuchtet. Der Blick der Lesenden wird auf die Transparenz des Raumes und den Körper gelenkt:

„*Stille Lichter scheinen durch die gläsernen Wände der Säle, auch wir sind allein im gläsernen Schloß, und unsere schlanken Körper sind durchsichtig, sind zart und singen.*"[150]

Das Transparente aber, es ist auch das Kühle, Harte und Abweisende von Glas und so fest es scheint, so leicht zersplittert es. Das potentielle Zerbrechen, gerade auch das Zerbrechliche der Körper, ist im Bild des Gläsernen immer mitgemeint. Das Prekäre, Bedrohte, Fragile (der Text berührt sich mit dem Jahrhundertwendetopos der „femme fragile", der hier auf beide Geschlechter ausgedehnt wird, fragil sind Tino <u>und</u> Apollydes) ist das Augenscheinliche des Textes, ist aber gerade so auch dessen Psychologie, die diese Sequenz im Gegensatz zu vielen anderen Texten Lasker-Schülers auszeichnet, die auf Psychologie verzichten. Denn Liebe, das letzte Wort vor dieser Erzählung, realisiert sich nicht, die Körper bleiben getrennt. Der Text erschöpft sich aber nicht im Festhalten der Unmöglichkeit der Liebe, sondern er inszeniert, ganz im Gegenteil, ein immenses Begehren, von dem die „*schlanken Körper*" erfaßt sind:

„*Aber in unseren Schläfen sickert ein kleiner, roter Blutstropfen auf und nieder und dehnt sich wie ein fließender Reif um unsere Stirnen. Wir sprechen klingende Dinge, aber unsere Lippen bewegen sich kaum, sie sind von heimlicher Farbe, und unsere Augen sind aus Süße zuckender Sommernächte. Wir wissen nicht, in welchem Lande wir sind, heiß ist es, und in der Ferne steigen Feuer auf, die prangen oben tief in schillernden Rosen. Wir berühren kaum unsere Hände, aber wenn der Blutstropfen hoch steigt in unseren Schläfen, dann drängen sich unsere Lippen zusammen, aber sie küssen sich nicht, sie drohen zu zerbrechen im Wunsch.*"[151]

Der rote Blutstropfen steht in deutlich sichtbarem Gegensatz zu den gläsernen Körpern, er ist warm, lebendig, er strömt, ist von intensiv lockender Farbe. Marianne Schuller schreibt dazu:

---

148   Tino an Apollydes, Die Nächte der Tino von Bagdad, S. 80f.
149   S. Marianne Schuller, „Ich bin Wasser darum bin ich keine Frau", Zu Else Lasker-Schülers melancholischer Prosa, S. 20.
150   Apollydes und Tino sind Zagende und träumen unter der Mondscheibe, Die Nächte der Tino von Bagdad, S. 81.
151   Ebda..

„In der gläsernen Durchsichtigkeit aber gibt es einen dunklen, undurchsichtig opaken Fleck: einen Blutstropfen. Konnotiert mit Feuer, Glut und Tod kann er als Metapher der Sexualität gedeutet werden."[152]

Der Blutstropfen befindet sich zunächst in den Schläfen der Figuren *Tino* und *Apollydes*, steigt dort parallel zum Wachsen des Begehrens hoch und ruft in den Körpern, die sich nicht erlösen können, Brennen und Schmerz hervor und am Ende des Abschnitts heißt es: *„In unseren Schläfen lauscht der Blutstropfen, er streckt seinen Kelch ins Unendliche."*[153]

Der Kelch als Gefäß, das auffängt, stellt den Text still, führt ihn zum Abschluß, ohne daß dieses Ende ein letztlich befriedigendes sein könnte: Er weist ins Nichtabgeschlossene, ins *„Unendliche"*. Das Bild ist so paradox wie der Text ist: Einerseits ist die Rede von einer Liebe: *„Wir möchten uns küssen"*, andererseits heißt es von den Lippen: *„Aber sie küssen sich nicht."* In dem Spannungsfeld eines Wollens, das sich nicht realisiert, ist der Text angesiedelt. Das Faszinierende ist, wie Lasker-Schüler das sprachlich realisiert:

„Wir sprechen klingende Dinge, aber unsere Lippen bewegen sich kaum [...]; [es, I.H.] drängen sich unsere Lippen zusammen, aber sie küssen sich nicht."[154]

Der Schmerz, der sich mitteilt, liegt in dieser Nichterfüllbarkeit begründet, Begehren und Nichtkönnen halten sich spannungsvoll die Waage. Auf der Bild-ebene realisiert sich diese Struktur des „Ja-Aber" in folgenden Oxymora: *„schwarze Feuer"*, *„oben tief"*, auch der *„auf und nieder"* steigende Blutstropfen vermittelt das Hin- und Hergleitende der inhaltlichen Aussage.[155] Im Changieren der Bedeutungen[156], als dem Verfahren, das den Text in erster Linie auszeichnet, wird jedoch leicht übersehen, was er trotz aller zitternden Bewegung dennoch festschreibt:

„Nachts liegen wir auf weißen Teppichen und träumen von grausamen Farben - oder Lustgestalten kommen und spielen mit unseren zarten, kühlen Körpern wie mit toten Kindern. Unsere Locken aber sind verbrannt von der Glut des kleinen Blutstropfens, und unsere Lippen stehen geöffnet und schmerzen. Das Laub in den Gärten

---

152   Marianne Schuller, „Ich bin Wasser darum bin ich keine Frau", S. 22.
153   Tino und Apollydes sind Zagende ..., S. 82.
154   A.a.O., S. 81.
155   Vgl. Schuller, „Ich bin Wasser darum bin ich keine Frau", S. 21.
156   Auch hier sei noch einmal auf Mariannes Schullers anregenden Aufsatz „Ich bin Wasser darum bin ich keine Frau", Zu Else Lasker-Schülers melancholischer Prosa, hingewiesen, der sich u.a. mit dem Problem von Repräsentieren und Bedeuten in der Prosa Lasker-Schülers auseinandersetzt. Sie erklärt das immer wieder spürbare Unbehagen, das sich beim Lesen der Lasker-Schülerschen Prosatexte einstellt, aus der Spannung heraus, die der Text erzeugt, die aber niemals aufgelöst wird. Es werden Rätsel erzählt, aber es gibt keine Enträtselung, Spuren werden gelegt, die nirgends hinführen.

summt, und an den Randen der Teiche sitzen seltsame Tiere, Eingeweide, bläuliche, graufahle, und nicken immer mit ihren Zungen [...]."[157]

Der Brief spricht vom Träumen und ist wohl auch selbst so etwas wie ein Traum, das nicht realisierte Begehren figuriert sich in Fabelgestalten, genauer, der Schmerz konkretisiert sich in „*grausamen Farben*", in „*verbrannten Locken*" und häßlichen Tiergestalten, die sehen aus wie verschlingendes Gedärm.[158] Die Textstelle lohnt einen sehr genauen Blick. *Tino* und *Apollydes* „*liegen auf weißen Teppichen*", kein Blutstropfen färbt ihn rot und markiert sichtbar eine Liebesspur. Die „*grausamen Farben*", werden nur geträumt und grausam ist Rot auch als Farbe des Blutes, das einer Verletzung entströmt. Lust kann nur als erlittene imaginiert werden, *Tino* und *Apollydes* als passiv Bewegte, die aber als tote (eben gläserne) Körper nichts (mehr) davon merken, daß man ihnen ihre Lust zu entlocken versucht. Diese zweite Bildebene der „Fabeltiere" markiert die Sequenz recht deutlich als Traum, als Traum mit einer mythischen Bebilderung, als Träume „*unter der Mondscheibe*", wie unter Glas, durchlässig für den Blick, erstickend für den Ton, das Singen, das als weiterer Sinnesreiz in den Text montiert ist und die Liebessituation in Gang setzen soll.

„*Die gläsernen Wände der Säle krampfen sich – wir suchen etwas – zwei kühle Blicke richten sich spitz auf unsere Herzen – Glasdolche sind es, wir sehen sie immer wieder durch verschimmernde Spiegel – sie haben goldene Griffe, zarte Hände – die winken uns – wir möchten uns küssen ... uns küssen! Sie winken – in unseren Schläfen lauscht der Blutstropfen, er streckt seinen Kelch ins Unendliche ... .*"[159]

Das Bildpaar Glas-Blut erhält hier eine neue Variante. Das Parallele der Räume und der Körper, d.i. gläserne Räume und gläserne Körper zu sein, wird fortgeführt: Die gläsernen Wände krampfen sich zusammen, was man angesichts der ungeheuren Spannung, der die Körper ausgesetzt sind, eigentlich von den Figuren erwarten würde als Körperreaktion. Für die Liebenwollenden ist es aber gleich der ganze sie umgebende Raum, der sich verkrampft und in zitternder, zügelloser Bewegung gleichermaßen stillsteht. Neu ist, die Blicke als Glasdolche zu imaginieren, als „*kühle Blicke*", die die „*Herzen*" Tinos und *Apollydes* fixieren. An dieser Stelle verdichtet sich der Text noch um eine weitere Schicht: Hatte schon zuvor Glas und Blut wie eine Art Oxymoron einen Gegensatz bezeichnet, so ist der Gegensatz so aufeinander bezogen, daß sich das Oxymoron zwar nicht auflöst, aber kausal zusammenhängt. Mit ande-

---

157 Tino und Apollydes sind Zagende ..., S. 81.
158 Davon war schon zuvor die Rede und es ist erstaunlich zu bemerken, wie sehr unterschiedlich das gleiche sexuell konnotierte Bild der Eingeweide je nach Kontext wirken kann.
159 Tino und Apollydes sind Zagende ..., S. 82.

ren Worten: Das Glas als „*Dolch*", als schneidender Blick, kann das Blut hervorsprudeln lassen, auch wenn davon nicht explizit die Rede ist, aber im Kelchbild ist eine solche Assoziation zumindest ermöglicht. Der Dolch, als solcher auch schon oben erwähnt, ist zudem ein phallisches Zeichen, hier aber im Paar benutzt. Bald wird „klar", wer da eigentlich so bohrend schaut, es sind die Liebenwollenden selbst: „*Glasdolche sind es, wir sehen sie immer wieder durch verschimmernde Spiegel.*" Reflektiert wird über den Text als Text, als Spiegelfläche, die den Traum aufscheinen läßt. Das verhinderte Liebespaar verdoppelt sich so noch einmal und es vervielfältigen sich nicht nur die Figuren, sondern auch deren Begehren und, weil es sich unablösbar mit ihm in diesem Text verbunden hat, auch seine Versagung. Weil Spiegel, je nachdem, wie man sie hält, unendlich viele Spiegelungen hervorbringen können, ergibt sich aus diesen Phänomenen auch das Schlußbild. Das Unendliche setzt nicht nur als Begriff, sondern auch in drei „unendlichen" Punkten das Zeichen für das Unabgeschlossene, sich immer weiter Wiederholende der Erzählung.

In den drei folgenden Abschnitten differenzieren sich die beiden Figuren auseinander und die starre Versagung der Liebe erhält eine Erklärung: Während *Apollydes* von sich sagt, er könne nicht küssen, „*zagte [Tino] ihn zu küssen.*"[160] Verändert ist aber, daß *Apollydes* den ausdrücklichen Wunsch äußert, geküßt zu werden, das heißt, das Begehren wird in Sprache übersetzt. Später sind *Tino* und *Apollydes* aus ihrem Traum erwacht, gehen auf ein Himmelszeichen in eine Stadt, von der sie den Namen nicht wissen. Er bleibt ihnen ebenso ein Rätsel, wie auch *Tino* und *Apollydes* zuvor schon jegliche Orientierung vermissen ließen: „*Wir wissen nicht, in welchem Lande wir sind.*"[161]

Die Bewohnerinnen der verfallenen Stadt aber, sie „*tanzen alle denselben unermüdlichen Tanz in staubfälligen Tüchern, chabâah ... bâah ... nur das Auge inmitten ihres Leibes, das wurzelliebesverschlungene, blickt ...*"[162]

Der Kontext ist ein anderer geworden, aber auch das Bild selbst, das die Blickmetaphorik aufnimmt und dahingehend verändert, daß es dem phallischen Blick einen weiblichen entgegensetzt als vegetatives Naturbild, in dem sich auch noch das Motiv des Verschlingens aufhält.

So an einen anderen Ort versetzt, im Wachzustand, wird von der Liebe nicht mehr geträumt, sondern gesprochen und Apollydes findet nun auch eine mythische Erklärung dafür, warum er nicht küssen kann:

---

160   A.a.O., S. 83.
161   A.a.O., S. 81.
162   Apollydes und Tino kommen in eine morsche Stadt, Die Nächte der Tino von Bagdad, S. 82.

„Ich weiß nicht zu küssen, denn unsere Rosengöttin in Hellas war meinem Vater böse, da er der Kriegerin opferte."[163]

Die Erklärung ist keine, legitimiert sich aber im Figurenkarussell, das es bewegt: Wenn Götter streiten, dann kann auch der Göttersohn nicht lieben. Das Realisieren der Liebe in der Sprache, das heißt als Übertragen der Liebe auf eine andere Ebene, durchzieht auch den letzten Abschnitt der Erzählung von *Tino* und *Apollydes*. Fast beiläufig wird zunächst erwähnt, daß allem Anschein nach die zögerliche *Tino* ihre Vorsicht aufgegeben hat, wenn in einem kleinen Nebensatz steht:

„Da begannen meine Augen zu singen, [...], Liebeslieder, indes wir uns küßten."[164]

Das Belanglose, Nebensächliche teilt sich hier nur sprachlich mit, das bis zum Zerreißen Ersehnte, es geschieht einfach. Das Sprechen aber, die Töne, vor allem die Laute *Apollydes*, rufen den König *Amri Mbillre* auf den Plan. Kaum verwirklicht, wird die junge Liebe zwischen *Tino* und *Apollydes* zerstört, an ihre Stelle tritt Gewalt, denn anders läßt sich die folgende Textsequenz nicht lesen:

„Ich warnte Apollydes geöffnete Lippen - aber schon haben sie ihn angerufen. An eine Säule seines Palastes bindete der König den Griechenknaben und schwelgte in seinem blühenden Schmerz."[165]

Tino reagiert nicht mit Wut und Ohnmacht, sondern mit Kalkül. Als *Apollydes* nicht mehr auffindbar ist, zerstört sie *„mit [...] bangem Atem"*[166] den Weg zur namenlosen Stadt und läßt so die Ereignisse, die sich dort abspielten, in Vergessenheit geraten. Gerade Gewalt und Verlust sollen sich nicht wiederholen. Damit hat der Text seine Ausgangslage nicht nur erreicht, sondern noch weiter gefestigt. Jetzt ist das Begehren nicht nur unerfüllt, sondern es hat sein Ziel verloren. Das Liebesbegehren weicht der (phallischen, wenn man so will) Manifestation von Gewalt. So wie *Tino* aber ihre Weiblichkeit zu Beginn der Erzählung in Frage stellt, so verwischt sie am Schluß die Spuren männlichen Begehrens. Der androgyne Knabe aber, *Apollydes*, ist tot, ihm galt das Begehren *Tinos* ebenso wie sein Verlangen *Tino*, auch sie eine knabenhafte Gestalt, changierend zwischen männlich und weiblich. Eine Utopie ist das für Else Lasker-Schüler nicht, eher die Feststellung und Festschreibung eines Verlustes, vielleicht einer genuinen Unmöglichkeit der Erfüllung des Begehrens. Der dichte, verrätselte Text, der aber in seiner Psychologie greifbar wird, verwischt (wie die Figur *Tino* im Text) seine Spuren selbst, indem auch die

---

163 A.a.O., S. 83.
164 Ebda., Hervorhebung von mir.
165 Ebda.
166 Ebda.

Möglichkeiten von Sprache zurückgewiesen werden:"*Die namenlose morsche Stadt kann keiner nennen [...].*"¹⁶⁷

Der Text fasziniert auch durch die Montage seiner Bilder. Neben orientalisierenden verwendet er solche der Décadence, überlagert Bilder von Liebe und Tod im Bild der verfallenden Stadt, die man unschwer als ein typisches Jahrhundertwendebild von Venedig begreift.

Gewalt

Sexualität und Gewalt sind in der Prosa Else Lasker-Schülers nicht immer strikt voneinander zu trennen. Beide sind Entgrenzungsphänomene des Körpers, und wo Sexualität sich im aggressiven Agieren des Körpers äußert, vermischen sich Gewalt und Sexualität.

In der Geschichte von *Tschandragupta*¹⁶⁸, der als Halbjude aus Sehnsucht nach Palästina sein heidnisches Vaterland verläßt, bilden nicht Handlungssegmente, sondern wiederkehrende Motive und Bilder das Geflecht der Erzählung. Die Figuren sind aufgrund ihrer Verwandschaftsverhältnisse aufeinander bezogen, kaum aber in ihrem Agieren einander zugewandt. „Inhaltlich" handelt die Erzählung davon, daß der an heidnische Bräuche gewohnte *Tschandragupta* mit seinen ausgefallenen religiösen Praktiken den Unmut des Oberpriesters auf sich zieht, der ihm andererseits jedoch eine Art Asyl gewährt. Seine Tochter *Schlôme* aber verliebt sich in *Tschandragupta*. Als Fremdling bringt er das Unbekannte, Exotische und Unvorhersehbare ins Land und ist von Lasker-Schüler auch sehr phantastisch ausgestattet worden: Er trägt das Federkleid eines Vogels. Er wird sogar für einen Engel gehalten, bis sein sichtbares Geschlecht dem ein Ende setzt: Nun sieht man in ihm Schaitan, den leibhaftigen Satan. Else Lasker-Schüler gibt dem Geschlechtszeichen eine so starke Symbolik und Bedeutung mit, daß es den ganzen Text in seinen Bann zieht. So reihen sich Bilder aneinander, die zumindest unterschwellig den Sexualitätsdiskurs aufrechterhalten: „*Und den Frauen hilft er Rosen pflücken*" heißt es da und etwas später im Text:

„*Glieder waren aus seiner Glieder Glieder gewachsen, die sich sehnsüchtig umschlungen hielten, wie die sehnsüchtigen Götzen seiner Heimat.*"¹⁶⁹

Man könnte das als Fortsetzung des schon erwähnten Schlangen- bzw. Eingeweidebildes lesen, als sexuelle Anspielung mithin. Die Rosenmetapher

---

167 Im Garten Amri Mbillre, Die Nächte der Tino von Bagdad, S. 83.
168 Else Lasker-Schüler, Tschandragupta, Der Prinz von Theben, S. 97ff. In der Erstausgabe hatte die Erzählung noch den bezeichnenden Titel „Der Amokläufer".
169 A.a.O., S. 98.

zieht sich durch den Text und es vermag kaum etwas Gutes zu bedeuten, wenn aus dem erotischen Rosenpflücken wenig später das Fällen der „*Stämme der schwarzen Rosen*" wird. Unheil wird im Text zweimal explizit durch einen Seher angekündigt (und das allein ist schon mythisch), implizit teilt sich Unheil durch Bildveränderungen mit, wenn, wie erwähnt, aus Rosenpflücken Rosenabhacken wird. Am Schluß entläd sich die unterschwellige Bedrohung in einem blutigen Akt. Nachdem der Seher den Oberpriester (er ist wohl eine Lasker-Schülersche Variante des jüdischen Hohepriesters) vor *Tschandragupta* gewarnt und den Mord an *Schlôme* vorausgesagt hatte, kommt es zu Ausschreitungen gegen den Oberpriester, aber paradoxerweiser der Art, daß man von ihm verlangt, den Fremdling, der sich doch so sehr darum bemüht hat, „*zu Jehova* [zu] *führe*[n]"[170]. So unmotiviert wie diese Forderungen anmuten, so unvermutet bricht sich dann die Gewalt Bahn:

„*Und Schlôme steht auf dem Dach, die Stadt sieht zum ersten Mal ihr nacktes Angesicht. Wie eine lechzende Flamme seufzt ihre Stimme und schürt das Volk gegen ihren Vater auf. Vor seines ehrwürdigen Raumes Pforte lauscht Tschandragupta und seine Augen sind eingesunken und sein Atem hungert. Da kommt über ihn das Fieber seines Stammes nach verlorener Schlacht. Mit geöffnetem Rachen irrt der Fremdling an die Wände der Häuser vorbei. Die verscheuchten Rosen der Hecken flattern auf, sein Atem peitscht die Bäume und Sträucher um. Über die tobende Menge setzt er, „wer wagt Schaitan zu bezwingen!" Bis zu den Knien waten die bebenden Hirten heimwärts ihren Lämmern voraus, die sind von Menschensaft bespritzt. Um den Hügel, worauf der Tempel steht, kreist Tschandragupta, ein böser Stern, ihm rinnt das Blut schwarz aus den Poren.[...] Und Schlôme salbt ihre Glieder wie zur Hochzeit, sie hatte des Deuters Warnung vernommen. Und sie schwingt sich herab, eine zarte Wolke von der Höhe ihres Hauses und wandelt lächelnd immer näher dem tödlichen Kuß. Es finstern die Sterne wie das Haupt des Häuptlings; das drohte ihr unzählige Male auf dem Vorhang der heiligen Gerätschaften. Über die Namen der Wildväter, die in heidnischen Zeichen und Bildern geprägt sind in Tschandraguptas Fleisch, fließt Schlômes geweihte Süßigkeit, über seine goldenen Lenden hinab, wie rosenfarbener Honigseim. Zwischen seinen Zähnen trägt er verzückt sein letztes Opfer, ihren Leib hin über Jericho. Die schmeichelnde Dunkelheit beleckt die Straßen und Plätze, die Brunnen bluten nicht mehr. Und aus des Oberpriesters Haus, in den Schleiern Schlômes tritt Tschandragupta wie die Frauen der Stadt. O und sein Wesen so liebevoll tastend, wie ein kindtragendes Weib. Zwischen den schaudernden Frauen, hinter den Gittern setzt er sich in den Tempel und seine Gebete tönen zwischen seinen Lippen, sanftes Gurren der*

---

170   A.a.O., S. 100.

Taube. Niemand hemmt den Wandel des Melech's Enkel. Auch im ergrauten Feierkleid der tempelalte Knecht nicht."[171]

Die Gewalt bricht herein wie eine Krankheit, als Fieber, als völlig überhitztes Geschehen. Der Körper gerät außer sich, wirkt im Sinne Bachtins grotesk, der Rachen steht so weit offen, als wolle er sich die ganze Welt einverleiben. Der Atem ist kein Hauch, sondern entfaltet die verheerende Wirkung eines Wirbelsturms. Die Unheil ankündigenden Bilder werden variiert wieder aufgenommen. An die schwarzen Rosen knüpft das schwarz aus den Poren rinnende Blut *Tschandraguptas* an. Was sich dann abspielt, mutet an wie ein Ritualmord, eine mit teuflischer Lust besetzte Opferhandlung. Die Gegensätzlichkeit und Gemeinsamkeit von Lust und Tod wird ästhetisiert in Bildern erlesener Kostbarkeiten. Der Mord „verflüssigt" im Spiel mit liquiden Bildern die psychosexuelle Identität *Tschandraguptas*. Seine Herkunft, sichtbar in Zeichen, die seiner Haut aufgeprägt sind, wird unsichtbar gemacht im Herabfließen des Opferblutes *Schlômes*. Die überaus süßlich anmutenden Bilder der sterbenden *Schlôme* werden sofort inhaltlich und auch lautlich hörbar kontrastiert:

„*Zwischen seinen Zähnen trägt er verzückt sein letztes Opfer, ihren Leib hin über Jericho.*"[172]

Die Bilder dieser Mordszene erinnern sehr deutlich an Kleists *Penthesilea*. Auch dort ist die Verbindung von Liebe und Gewalt als eine Inversion des Liebeswahns aufgefaßt und die Parallelen zeigen sich auch in Einzelheiten: Auch bei Kleist spielen Rosen eine große Rolle: „*Ist dies das Rosenfest, das du versprachst?*"[173]

Das absolut Archaische des Zerreißens des Opfers mit den eigenen Zähnen ist nur möglich, weil beide, *Tschandragupta* bei Lasker-Schüler und *Penthesilea* bei Kleist, Verwandlungen durchgemacht haben, sich bis zur Unkenntlichkeit in jene Bestien verwandelt haben, die vor ihren Lustmorden nicht mehr zurückschrecken, sondern ihre ganze Ekstase in den Tötungsakt legen. Während *Penthesilea* männliche Züge erhält, wird *Tschandragupta*, umgekehrt, weiblich: Als alles vorbei ist, (angedeutet im alttestamentlichen Bild der nicht mehr blutenden Brunnen) ist *Tschandragupta* in *Schlômes* Haut geschlüpft, er hat sich mit ihrem Schleier umgeben, bewegt sich auch wie eine Frau und begibt sich unter die Frauen im Tempel. Aus der blutrünstigen Bestie ist eine Friedenstaube geworden, von ihm hört man „*ein sanftes Gurren*

---

171 A.a.O., S. 100f.
172 A.a.O., S. 101.
173 Heinrich von Kleist, Penthesilea, Dreiundzwanzigster Auftritt, in: Ders., Sämtliche Werke in vier Bänden, Bd. 1, S. 413.

der Taube"[174]. Daß *Tschandragupta* am Ende Gebete spricht, wirft einen Blick auf den Text, der deutlich werden läßt, wie man ihn verstehen könnte, eben nicht als psychologisch motiviertes Geschehen, sondern als heiligen Text, der gesprochen werden soll, hervorgebracht in einem oralen sinnlichen Akt, weitergesprochen und damit weitergereicht als Tradition, die nicht verstanden werden muß, sondern gerade im Rätselcharakter die eigentümliche Würde eines heiligen Textes bewahrt. Deshalb *„tönen die Gebete zwischen seinen Lippen"*. Der Z-Laut, grausames akustisches Zeichen für den Mord, taucht hier erneut auf, zum zweiten Mal im Satz sogar, der beginnt mit: *„Zwischen den schaudernden Frauen."* Das ist sicher kein Zufall, die lautliche Verbindung, die hier eingegangen wird, verknüpft Gegensätze, den Mord mit dem Gebet. Der Mord wird so nachträglich geheiligt und auch ästhetisch nobilitiert, zum einen, wie schon erwähnt, in der Verbindung mit „süßen Bildern", zum anderen durch seine akustische Verquickung mit heiligen Worten des Gebetes.

Tschandragupta und *Penthesilea*, beide haben im sakralen und erotisch besetzten Zerreißen ihrer Opfer Grenzen überschritten im Sinne Batailles, der in ihrem Tun, den Anderen zu zerreißen, eine ursprüngliche, animalische Gewalt erblicken würde:

„Ohne Bruch verschmolzen die Lebewesen mit ihrem Milieu in unvordenklicher Unmittelbarkeit, Intimität, die der Mensch im Eros, im Opfer, in der Verausgabung künftig verzweifelt zurückzugewinnen versuchen wird. Der Zustand der Unmittelbarkeit bedeutet eine durchgängige Verschmelzung der Lebewesen: Kontinuität. Keineswegs unterbrochen wird sie in der Ur-Szene der Animalität, die Bataille fasziniert: ein Tier frißt das andere. Vielmehr erweist sich die Intimität erst hier in ihrer Fülle, denn das überlegene Tier, so die Pointe, macht das unterlegene, das es zerreißt und verzehrt, nie zu einem Gegenstand, einem Objekt. In der ursprünglichen violence setzt sich die Verschmelzung der Lebewesen, das Geöffnetsein vor aller abschließenden Grenzziehung fort."[175]

So betrachtet ist das animalische Zerreißen durch die Figuren *Tschandragupta* und *Penthesilea* eine übersteigerte Form des Eros, Thanatos sein Extrem, ein nicht mehr rückgängig zu machender Verschmelzungsvorgang, der den Sinn des Textes zum Platzen bringt. Die Inversion des Liebeswahns hat ihren Grund in der Metaphorik des zerstückelten Körpers, wie Rolf Grimminger für Kleists *Penthesilea* luzide feststellt:

„Die exzessiv verkehrte Welt der Erotik entsteht aus der gefühlten Verselbständigung der Fragmente des Körpers; nun werden sie, wie zur Rache dafür, daß sie sich

---

174 A.a.O., S. 101.
175 Hans-Thies Lehmann, Ökonomie der Verausgabung - Georges Bataille, in: Merkur, 41(1987), S. 840f.

metaphorisch verselbständigen durften, physisch zerlegt, zerstückelt in ihrem organischen Zusammenhang. „Küsse, Bisse" reimt Kleist in einer Variante der Sprache der Hölle, die das Mysterium der Liebe in eine des Terrors stets verwandelt hat: *Beide sind in ihren Übersteigerungen so, weil sie so sind.*"[176]

Auch bei der im *Prinz von Theben* unmittelbar folgenden Erzählsequenz *Der Derwisch* handelt es sich um eine Phantasie, die zum allergrößten Teil aus Gewaltbildern besteht, die zudem in den meisten Fällen sexuelle Anspielungen enthalten. Im Mittelpunkt steht, wie der Titel ja schon sagt, ein *Derwisch*, ein islamischer Bettelmönch, dessen Charakteristikum die bekannten religiös-ekstatischen Drehtänze sind. Als ein solcher „Drehtanz" mutet auch der Text an, er kreist ständig um die Bilder, entwickelt keine Handlung, sondern läßt einzelne Segmente um eine Mitte kreisen, bis sich am Ende der Text nicht mehr bewegt, sondern still steht wie ein Gemälde. Wenn er auch keine erkennbare Psychologie aufweist, so setzt der Text dennoch Gefühlswerte. Ausgangspunkt, mit dem beginnenden Tanz des *Derwisch*, ist die Depression der Ich-Figur, schön formuliert als eines von den so zahlreichen „Herzbildern" Lasker-Schülers:

„*Mein Herz wird täglich magerer in der Brust, wie die Mondhälfte in den Wolken.[...] Ich trage den lammblutenden Hirtenrock Jussufs, wie ihn seine Brüder dem Vater brachten.*"[177]

Die Ich-Figur weist die bekannte *Jussuf*-Stilisierung auf, Lasker-Schülers arabische Variante der Josefsfigur aus dem Alten Testament.

Der Text gibt das Erzählen aber nicht gänzlich auf, „berichtet" von religiös motivierten Selbstopfern, die anläßlich des Todestages des Mohammedsenkels stattfinden, so daß „*Blutweihrauch entströmt den Poren der Stadt.*"[178]

Das Opfern geschieht, indem man sich hereilenden Kamelen, Dromedaren oder Pferden in den Weg wirft und dann von ihnen unweigerlich überritten wird. Das Bild des Überreitens kann darauf hinweisen, daß die religiösen blutrünstigen Geschehnisse auch sexuell gemeint sein können. Bedrohte und bedrohliche Sexualität kommt noch in zwei anderen Bildern zum Ausdruck, die beide zudem Anspielungen an antike Mythen enthalten. Eine Reminiszenz an den Uranosmythos findet sich an zwei Stellen: „*In einer Sänfte tragen Priesterknaben den erschöpften Priester schaumgeronnen in das Priestertum,*" und später, auf dem Höhepunkt der Erzählung, heißt es:

---

176   Rolf Grimminger, Eros und Kultur, Über Verschmelzen, Zerstören und Verzichten, in: Kursbuch Erotik, Heft 123, März 1996, S. 111.
177   Else Lasker-Schüler, Der Derwisch, Der Prinz von Theben, Bd. 4, S. 101.
178   A.a.O., S. 102.

„*Unser Tier sinkt in eine Blutlache, warm tröpfelt es von meinem Gesicht, es sind lebendige Regentropfen, bald naht die Zeit des segnenden Himmels: Allah begießt die Welt mit seinem Saft.*"[179]

Nach dem Uranosmythos entsteht ja aus den von Kronos abgehackten Genitalien seines Vaters Uranos im Schaum, den die Körperteile im Meer „erzeu-gen", die Aphrodite. Hier aber ist von geronnenem Schaum eines Erschöpften die Rede und das erscheint wie eine Umkehrung des Mythos, wie seine Verneinung.

Auch im zweiten Bild dominiert keine positiv betrachtete Fruchtbarkeit, sondern das Blutige des Bildes. Der Saft Allahs ist, betrachtet man den Kontext, „Blut", aber im Bild ist potentiell auch angelegt, daß man an Samen denken kann. Darauf deutet auch der nachfolgende Satz hin:

„*Aber Ismael-Hamed wird die duftenden Wunder, die* <u>wachsen werden</u> *[Hervorhebung von mir, I.H.], nicht sehen, er hält den Kopf in seinem Nacken versteckt.*"[180]

Das „Nichtsehen" ist hier nur angedeutet, während es im Text anderen Orts sehr wichtig wird. Über den Priester wird des weiteren gesagt:

„*[...] der Schatten seiner leeren Augenhöhlen fällt über die blutende Stadt. In Allah ruht sein frommsüchtiger Vater, der ihm die runden Lichte ausgestochen hat.*"[181]

Zuvor hieß es:

„*Nie hat ein Sohn oder eine Tochter der Stadt in die Augen des Derwischs gesehen, es warteten heimlich die Prinzessinnen Kairos vor seiner Wimper finsterer Sonne.*"[182]

Else Lasker-Schüler zitiert hier neben dem Uranosmythos die Ödipusgeschichte, die leeren blutigen Augenhöhlen künden von der erfolgten „Kastration", die sich der Priester nicht selbst zufügt, sondern die ihm durch seinen Vater geschieht. Die leeren blutigen Augenhöhlen haben in der deutschen Literatur, auch an Ödipus angelehnt, schon eine Tradition begründet. E.T.A. Hoffmann läßt seinen *Sandmann* so verletzt, so blicklos starren.

Am Ende der blutigen Opfer steht deren endgültige Vernichtung:

„*Wir waten rot über aufspritzendes Grellrot. Wir reiten in einem Gemälde. Der Nil ist rot gemalt. Ich zerschlage mir die Stirne an den harten Säulen der Häuser, ich bin im Finstern, meine Augen frieren. Ich habe im Grauen seiner heimlichen Gräber mein Jenseits verloren, es fiel in Ismael-Hameds, des Hirten Schoß. In der warmen Milch einer Kamelkuh badet er meine erstarrten Füße, aber mein Gesicht legt sich schon im Wind zur Seite. Blumen blühen; in Wasserfalten gehüllt schwemmt der Nil die verwesten Leiber jenseits weilender Seelen ans Ufer. Ich erkenne die drei Beduinen an ihrer*

---

179   A.a.O., S. 104.
180   A.a.O., S. 104.
181   Ebda.
182   A.a.O., S. 102.

Schlankheit und den Edelmohammedaner an seinem Gürtel wieder. Die armseligen, spielenden Kinder zerstampfte ein tanzender Pferdehuf; es fehlen ihnen die bettelnden Händchen.- Über Kairo schwebt der Gebetsschein des Korans."[183]

Als ausdrücklich so bezeichnetes „Gemälde" steht der Text an diesem Punkt nun endgültig still. Zugleich teilt er mit, daß er als Gemälde („*Wir reiten in einem Gemälde.*") Fiktion ist. Die Gewalt ist phantasiert, das Blut ist nicht „wirklich" geflossen: der Nil ist rot gemalt und es soll die Illusion gar nicht erst entstehen, hier ginge es um etwas „Reales". Die dann folgenden Sätze drängen mit ihrer Eindrücklichkeit den Gedanken der Fiktion wieder beiseite. Die Depression der Ich-Figur, die am Beginn des Textes schon erwähnt wurde, taucht hier, noch um ein weiteres gesteigert, als eine Art Textrahmen erneut auf. Die Ich-Figur erscheint wie die letzte Überlebende eines Massakers, ist selbst mehr tot als lebendig und schlägt sich das Überlebenwollen buchstäblich aus dem Kopf. Noch kann sie imaginieren, daß sich der *Derwisch* fürsorglich um sie kümmert, aber aus dem Baden in Milch scheint die Totenwaschung zu werden, die Todesnähe wird spürbar in Bildern wie diesem: „*Aber mein Gesicht legt sich schon im Wind zur Seite.*" Schwach wie das Blatt im Herbstwind ist die Ich-Figur geworden. Es ist die Rede davon, das Jenseits verloren zu haben, zuvor war dies vom Derwisch berichtet worden.[184] Was das heißt angesichts der sich selbst Opfernden, die „*wetteifern um den schnellen Weg ins funkelnde Jenseits*"?[185]

Vielleicht ist das Gefühl, das sich in dieser Phantasie von Zerstörung und Vernichtung mitteilt, jene „*äußerste Nuance von Verlassenheit*"[186], die Else Lasker-Schüler an anderer Stelle beklagt. In der äußersten Depression bekämpft das Ich sich selbst in Phantasien von Gewalt, die den Schmerz nur noch als in Gemetzeln erlittene Qual zu artikulieren wissen. „Kastration", die in den erwähnten Bildern präsent ist, meint das Abschneiden der Lebensmöglichkeiten und das geschieht in Situationen, die so gefährlich nicht scheinen, wenn „*Blumen blühen*" und „*Pferdehufe tanzen*", aber im Tanz werden Kinder zermalmt. Letztlich zeigt Lasker-Schüler: Es ist ernst, weil alles bedroht ist.

Gewalt stellt sie des weiteren in kriegerischen Auseinandersetzungen dar, in heiligen Kriegen feindlicher Stämme, oder zwischen Juden und Christen in Kreuzzügen. Eine Ich-Figur steht auch dort zumeist an exponierter Stelle, unerschrocken und manchmal so stark, daß sie von sich im *Malik* sagt: „*Ich warf den Speer und fing des Feindes Waffe auf mit entblößter Brust.*"[187]

---

183 A.a.O., S. 105.
184 A.a.O., S. 102.
185 A.a.O., S. 104.
186 Mein Herz, S. 30.
187 Der Malik, S. 27.

Oft entsteht der Eindruck, als würde Krieg gespielt in den entsprechenden Texten, als Beispiel mag *Der Kreuzfahrer* im *Prinz von Theben* gelten. Ernst und Unernst wechseln sich dort ab, einerseits verbindet sich mit dem Krieg von Christen gegen Juden eine deutliche Kritik an der abendländischen Zivilisation, andererseits wird der Krieg dort in Frage gestellt, wo sich die gegnerischen Krieger ineinander verlieben. Ernsthaft dekonstruiert ein unernstes Kriegsspiel das allzu ernste Abendland. So wird aus dem Krieg leicht der Tanz, der das Unflexible ins Wanken bringt, bis es dann ernsthaft fällt.

Pogrom

In den 1921 und 1932 erschienenen Erzählungen *Der Wunderrabbiner von Barcelona* und *Arthur Aronymus* schildert Else Lasker-Schüler auf unterschiedliche Weise und in verschiedenen Kontexten das Zusammenleben von Juden und Christen. Das alles ist äußerst problematisch und gipfelt in beiden Erzählungen in einem Pogrom. Im *Wunderrabbiner von Barcelona* werden mit dem Baumeister *Arion Elevantos* auch die anderen Juden Barcelonas umgebracht:

„*Sie knebelten ihn; er aber lachte in seiner Bestürzung, wie er als Knabe aufzujauchzen pflegte, wenn ein Spielgefährte ihn packte im Räuber- und Gendarmspiel; bis das Weib des Bürgermeisters nahte und die schon betroffenen Leute aufpeitschte, den Vater der Judentochter, die ihren Sohn entführt habe, zu töten. Sie selbst riß dem unschuldigen Opfer das Herz aus der Brust, einen roten Grundstein zu legen, daran die herrenlosen Hunde ihr Geschäft verrichten sollten. Und die Juden, die an den Namen Jehovas immer von neuem erwacht waren, lagen alle verstümmelt, zerbissen, Gesichter vom Körper getrennt, Kinderhände und Füßlein, zartestes Menschenlaub auf den Gassen umher, in die man die Armen wie Vieh getrieben hatte.*"[188]

Else Lasker-Schüler schreibt hier sehr schonungslos, fast mit einer Lust am Schmerzvollen, wie die Körper ganz wörtlich, und nicht mehr als Phantasma und als Imaginäres, zerstückt und in alle Einzelteile zerrissen werden. Im gewaltsamen Tod der Kinder ist das Bild des Grauens noch gesteigert. Im *Arthur Aronymus* liest sich die Geschichte vom Pogrom ganz ähnlich:

„*An den geschmückten Zweigen der hohen Tannenbäume im Rathaussaale, in der Aula der Schulen, hatte man kleine Judenkinder wie Konfekt aufgehängt. Zarte Händchen und blutbespritzte Füßchen lagen, verfallenes und totes Laub, auf den Gassen des Ghettos umher, wo man den damaligen Juden gestattete, sich niederzulassen. Entblöß-*

---

188 Else Lasker-Schüler, Der Wunderrabbiner von Barcelona, in: Der Prinz von Theben, Bd. 4, S. 297.

te Körper, sie eindringlicher mißhandeln zu können, bluteten zerrissen auf Splittern der Fenstergläser gespießt, unbeachtet unter kaltem Himmel."[189]

Das Bild vom „Menschenlaub" wiederholt sich hier, die Zerstückung der Körper erfährt noch eine Steigerung im Bild der aufgepflanzten Körperteile. Die Spiegel sind zerbrochen und mit ihnen auch die Kunst (die von Lasker-Schüler wie bei Nietzsche oftmals als Spiegelvorgang aufgefaßt wird), die Splitter dienen gar als Mordwerkzeuge. Wenn Lasker-Schüler *Peter Hille* in *Mein Herz* sagen läßt: „*Mir brach die Welt in Splitter*"[190], dann findet sich hier eine grausame Entsprechung als ganz leiblich aufgefaßte Todesdrohung. Dem Himmel in der zitierten Textpassage ist alles Himmelsmäßige abhanden gekommen, angesichts des Todes, des Auslöschens der kleinen lebendigen Leiber, ist alles nicht mehr oder es ist alles gleichgültig. Die Katastrophe ist da und sie ist präsent im Bild der zerstörten, vernichteten Körper, die auseinandergepflückt herumliegen. Die Gefahr ist die der Vernichtung des Leiblichen, davor muß alles andere kapitulieren. 1932 muß man das unbedingt politisch lesen, und die frühe Flucht Lasker-Schülers 1933 aus dem sich gerade etablierenden Nazi-Deutschland lassen diese Zeilen als düstere Zukunftsprognose erscheinen.

Im *Wunderrabbiner von Barcelona* kann Else Lasker-Schüler noch die Rache inszenieren: Der Rabbiner stürzt sich und seinen Tempel auf die mörderischen Christen und „*zermalmte ihre Körper*". Der Tempel ist dabei als riesiger Leib imaginiert und „*ein Volk stürzte sich vom heiligen Hügel.*"[191]

Arthur Aronymus endet in einer Versöhnungsphantasie, ob Else Lasker-Schüler daran jedoch 1932 noch glauben konnte? 1921 denkt sie, Gewalt phantasierend, an den Tod und das ist vielleicht einer der Hintergründe, warum Gewaltphantasien einen relativ großen Raum in ihrem Werk einnehmen:

„*O Gott und bei lebendigem Tage*
Träum ich vom Tod.
Im Wasser trink ich ihn und würge ihn im Brot.
Für meine Traurigkeit fehlt jedes Maß auf deiner
Waage."[192]

Wo Lasker-Schüler Bilder der Gewalt inszeniert, die auch da, wo sie nicht tödlich enden, den Tod mitdenken, geht es ihr um alles, da sagt sie, daß alles auf dem Spiel steht und alle erdenklichen Mittel erforderlich sind, um den drohenden Untergang abzuwenden. Gewalt wird bei ihr nicht nur erlitten,

---

189　Arthur Aronymus, S. 355f.
190　Mein Herz, S. 104.
191　Beide Stellen: Der Wunderrabbiner von Barcelona, S. 300.
192　Aus dem Gedicht „Gott Hör...", das dem Wunderrabbiner von Barcelona vorangestellt ist, S. 289.

sondern auch zugefügt. In archaischen Bildern, mit (griechischen) Mythen versetzt, in Urgewalten beschwörenden Tableaus, in Bildern wie sie auch im Alten Testament zu finden sind, und nicht zuletzt in phallozentrischen Bildern männlicher, oft aber auch androgyn inszenierter Stärke.

Das Werk Else Lasker-Schülers erweist sich dabei als eines, das „*kein Harmloses mehr duldet.*"[193] In harscher Unbedingtheit, Entschlossenheit und Unnachgiebigkeit wird gestritten. Alles Bestreben ist darauf gerichtet, nicht lau, sondern entschieden zu agieren. Die Poetik der Verausgabung hat hier ihre tödliche Seite, gewinnt im Anbinden an religiöse Muster fast etwas Fundamentalistisches:

„*Aber in unseren Gesichtern soll der Kampf heransprengen - in unseren Wangen sollen Dämme und Abgründe sich bilden. Ich fühle, daß auf meiner Stirn ein Gebot steht, daß auf der Tafel Moses stand oder im Koran.*"[194]

So lange noch erzählt wird, kann der Tod noch abgewendet werden, darin gleicht Else Lasker-Schüler *Scheherezâde* in *Tausendundeiner Nacht.* Ihre Kunst aber gleicht oftmals einer Kampfansage. Es ist eine Kunst, die, bevor sie ihre eigenen, sehr oft zerbrechlichen und vorsichtigen Bilder setzen kann, weiß, daß sie alte Konventionen zerbrechen, zerstören muß. Das ist das Bewußtsein jeder Avantgardeliteratur, als die Else Lasker-Schülers Prosa unbedingt zu lesen ist. Kunst macht -auch in Bildern der Gewalt- das Festgefügte der Identitäten zunichte, macht dabei vor der eigenen nicht halt, zerschmeißt den Spiegel, der die Identität suggerierte und schneidet sich mit den Splittern blutig und schmerzhaft in Stücke („*kein Harmloses mehr duldet*").

Artaud schreibt:

„*Ich habe den Bereich des Schmerzes und des*
Schattens gewählt
wie andere den des Glanzes und der Anhäufung
der Materie.
Ich arbeite nicht im Raum irgendeinen Bereiches.
Ich arbeite in der einzigen Dauer."[195]

---

193 Theodor W. Adorno, Ästhetische Theorie, Frankfurt a.M. 1990, S. 39.
194 Else Lasker-Schüler, Briefe I, S. 38.
195 Antonin Artaud, Fragmente eines Höllentagebuchs, in: Ders., Frühe Schriften, München 1983, S. 113.

3.4 Körpermetamorphosen oder die Welt als Leib

Eine Körperlichkeit, die zerspringt, zersprengt wird, steht einer solchen gegenüber, die sich verwandelt. Dann sind die Körper die einer steten Metamorphose. Welchen Metamorphosen unterliegen die Körperbilder in der Prosa Else Lasker-Schülers?

Die Körper sind so wandelbar gedacht wie die Räume, beide verschränken sich dabei. Mitunter sind die Verbindungen zwischen Raum und Körper so eng geknüpft, daß Raumfiguren und Figurenräume entstehen. Der Raum gewinnt leibliche Qualitäten und wird organisch:

„Ich ging so säumend vor mich hin über den starken uralten Knochen der Hauptstraße Jerusalems, über seiner Wirbelsäule balancierend. Wie Rippen zweigen sich hier Gassen der ältesten Synagogen vom Rückenstamme rechts und linkerseits."[196]

Die Stadt als riesiger Körper, in dem man herumwandern kann, läßt auch an Georg Heyms *Der Gott der Stadt* denken, das ist die Stadt als Moloch, Dämon und, hier in einem anderen Zusammenhang, als grausame *Penthesilea*:

„Die Auen und Wälder schlummerten in ihrer Grüne, dahinter die hungernde Stadt, ein furchtbares Gebiß von spitzgetürmten grauen Häusern."[197]

Für die Assoziation des Dämonischen reicht Lasker-Schüler (anders als Heym, der allegorisch den Gott Baal bemüht) nur ein Körperteil, das Gebiß. Der Blick konzentriert sich, wie so oft, auf ein Merkmal, eine Einzelheit, hier das verschlingende und potentiell Zerstörende im Bild reißender Zähne, die die Assoziation an *Penthesilea* wachrufen.

Im umgekehrten Verfahren imaginiert Lasker-Schüler Körper und Leiber als Gebäude, als Tempel o.ä. Wie schon erwähnt, imaginiert sie so im Stil von *Hohelied* oder auch den *Psalmen*:

„Manche Menschen möchte ich wohl betrachten, wie die Gottwerke alter Dome und Tempel."[198]

Es entstehen mitunter ganze Körperlandschaften, die auch in der Tradition der Groteske stehen[199] und jede realistische Rezeption von sich weisen. Körper können dort groß sein wie Türme und ganze Welten sich umgekehrt in einem Wassertropfen befinden (das ist die pantheistische Tradition des *Werther* und noch die des *Chandosbriefes*). Wie im *Hohelied* verbindet sich die Vorstellung von der Figur als Landschaft mit einem emphatischen Liebesdiskurs:

---

196 Das Hebräerland, S. 40.
197 Das Peter Hille-Buch, S. 46.
198 Mein Herz, S. 59.
199 Vgl. Ulrike Montigel, Der Körper im humoristischen Roman, S. 23.

„Deine Schlankheit fließt wie dunkles Geschmeide.
O du meine wilde Mitternachtssonne,
Küsse mein Herz, meine rotpochende Erde.
Wie groß aufgetan deine Augen sind -
Du hast den Himmel gesehen
So nah, so tief.
Und ich habe auf deiner Schulter
Mein Land gebaut -
Wo bist Du?
Zögernd wie ein Fuß ist der Weg -
Sterne werden meine Blutstropfen ...
Du, ich liebe Dich, ich liebe Dich ..."[200]

Das Beschwören der Einheit von Mensch und Natur ist eine literarische Tradition, die sich bei Goethe und seinen Epigonen findet, um dann in der Romantik zum Programm zu werden. Ähnlichkeiten zum Verfahren Lasker-Schülers lassen sich insbesondere bei Jean Paul erkennen:

„Gustavs Seele war ein gemäßigtes Land ohne Stürme, voll Sonnenschein ohne Sonnenhitze, ganz mit Grün und Knospen überzogen, ein magisches Italien im Herbst."[201]

Wo Raum und Körper zusammengedacht werden, lösen sich beide als voneinander geschiedene Einheiten auf, gehen in einer Metamorphose ineinander über, verschmelzen, und alles ist Raum und Körper zugleich. Der Raum wird versinnlicht, der Körper tritt aus sich, seine Körpergrenzen sprengend, hinaus. Ergebnis ist eine solchermaßen ästhetisierte Welt, in der alles, Kennzeichen des Körpers, sich zu bewegen vermag. Die Grenze zwischen Belebtem und Unbelebtem wird aufgehoben:

„Vor dem Palast in den Wandelhallen bewegen sich die Frauen Thebens, manche ließen ihr Gesicht mit dem leisen Winde spielen, viele hatten Augen wie Mandeln oder wie Nachtschatten, oder sie schimmerten bunt und sanft wie der Fluß, an dem Thebens Wange lag."[202]

Theben ist eine Frau, eine „Frau mit Flußlandschaft".

---

200 Die Nächte der Tino von Bagdad, S. 75.
201 Jean Paul, Die unsichtbare Loge, in: Ders., Sämtliche Werke, Abt. I, Bd. 2, S. 248f.
202 Der Malik, S. 76.

Tanz

Ist die Bewegung (und alles organische Funktionieren beruht darauf) Hauptmerkmal des Körperlichen, seine potentielle Veränderbarkeit programmatisch, dann ist der Tanz ihre ästhetisierte Form. Im Tanz wird das Verhältnis von Körper und Raum in den Blick genommen.

Entsprechend den Orientalismen ihrer Prosa der mittleren Periode, zitiert Else Lasker-Schüler die um die Jahrhundertwende in Europa als beunruhigendes Faszinosum auftauchende exotische Tanzform des „Danse du ventre".[203]

Als Bestandteil einer ganzen orientalischen Szenerie erscheinen die zahlreichen Tanzszenen vor allem in den *Nächten der Tino von Bagdad*. Der Text beginnt mit der sehr eindrucksvollen Beschreibung eines Tanzes:

„*Ich tanze in der Moschee*

Du mußt mich drei Tage nach der Regenzeit besuchen, dann ist der Nil zurückgetreten, und große Blumen leuchten in meinen Gärten, und auch ich steige aus der Erde und atme. Eine sternenjährige Mumie bin ich und tanze in der Zeit der Fluren. Feierlich steht mein Auge und prophetisch hebt sich mein Arm, und über die Stirne zieht der Tanz eine schmale Flamme und sie erblaßt und rötet sich wieder von der Unterlippe bis zum Kinn. Und die vielen bunten Perlen klingen um meinen Hals ...oh, machmêde macheiï.....hier steht noch der Schein meines Fußes, meine Schultern zucken leise - machmêde macheiï, immer wiegen meine Lenden meinen Leib, wie eine dunkelgoldenen Stern. Derwi, Derwisch, ein Stern ist mein Leib. Machmêde, macheiï, meine Lippen schmerzen nicht mehr... rauschesüß tröpfelt mein Blut, und immer träumender hebt sich mein Finger -geheimnisvoll, wie der Stengel der Allahblume.....Machmêde macheiî, fächelt mein Antlitz hin und her- streckt sich viperschnell, und in den Steinring meines Ohres verfängt sich mein Tanz. Machmêde macheiî, machmêde machmêde ...."[204]

Der Tanz, der hier inszeniert wird, ist allein deshalb schon merkwürdig, weil es der Tanz einer eigentlich schon Toten ist, einer „*Mumie*". Dem Tanz geht ihre wunderbare Belebung voraus, wie eine Pflanze vermag der feuchte Boden sie neu hervorzubringen. Der Ort ist: „*in der Moschee*", aber geschildert wird nur ein Garten, die Zeit ist weniger als ungefähr, sie ist mythisch. Die „*Zeit der Fluren*" orientiert sich lediglich am Naturgeschehen und fügt ihm die magische Dreizahl hinzu: „*drei Tage nach der Regenzeit*". Im Mittelpunkt aber und das macht ja den Tanz aus, steht seine eigentümliche Bewegung. Er beginnt mit dem an eine Auferstehung erinnernden „Aus-der-Erde-

---

203 S. zum Körperbild des exotischen Tanzes die sehr informative Studie von Gabriele Brandstetter, Tanz-Lektüren, Körperbilder und Raumfiguren der Avangarde, Frankfurt a.M. 1995.

204 Die Nächte der Tino von Bagdad, S. 59.

Steigen" und auffallend sind im Bewegungsablauf, so man von einem solchen überhaupt sprechen kann, die Nichtbewegungen, das Stehen z. B.: Das Auge steht und der „*Schein des Fußes*", nicht der Fuß selbst, aber der Eindruck von ihm. An den Tanz von Derwischen (Else Lasker-Schüler sagt es ja auch wörtlich) erinnert der langsame Beginn und das surrende schnellstmögliche Drehen zum Schluß. Im Bild des Blutes und der Flamme bereitet sich vor, was dann in der schon besprochenen Sequenz *Apollydes und Tino sind Zagende und träumen unter der Mondscheibe*[205] zum zentralen Bild wird: das Erotische und zugleich Verwundende des Farbwertes Rot. Der Bezug zum oben genannten Text ist auch an anderer Stelle zu bemerken: Wenn hier zu Beginn(!) steht: „*Meine Lippen schmerzen nicht mehr*" und später bei *Apollydes und Tino*: „*Unsere Lippen stehen geöffnet und schmerzen*"[206], dann erscheint das chronologisch vertauscht, so als wäre der Anfangstext eigentlich das Ende der *Nächte der Tino von Bagdad*. Der Text hat auch darüber hinaus etwas Abschließendes in sich selbst und so auch für die folgenden Texte: Sehr eindrucksvoll und rätselhaft läuft der Tanz in einer paradoxen, weil festgestellten Bewegung aus: „*In den Steinring meines Ohres verfängt sich mein Tanz.*" Im Bild vom Steinring findet sich, im deutlichen Kontrast zur Bewegtheit des Tanzes, etwas Festgefügtes und Starres und der Ring erinnert an das Wiederkehrende einer Kreisstruktur. Die Tanzbewegung wird aufgefangen, es wird ihr das Vorwärtsstrebende, nicht aber die Bewegung entzogen. Der Tanz dreht sich im Kreis, steht beweglich still, ist immer noch Bewegung an sich, aber nicht für etwas oder zu etwas hin. Die Eigenart der Darstellung betont die grundsätzliche Zwecklosigkeit des Tanzes, seine genuine Nichtlinearität, sein lustvolles Sich-im-Kreis-Drehen und doch schließlich seine Gefangennahme im Bild des Steinrings. Das ewig Kreisende ist auch ein Bild, das an Verdammung denken läßt, verdammt zu einer ewigen Bewegung, zum ewigen Umherziehen, wie der ewige Jude...

Die Charakteristik des Tanzes in dieser Eingangssequenz lohnt aber noch einen genaueren Blick. Der Tanz hat den Körperschwerpunkt vom Kopf in die Mitte des Körpers verlagert, auch hier ist bei den wiegenden Lenden an den Bauchtanz zu denken. Er erhält noch eine akustische Untermalung, in der *M* als Konsonant und *a* und *e* als Vokale dominieren, das hat etwas Weiches, mütterlich Wiegendes: *Ma...* Die Tanzrhythmik bildet sich darin ebenso ab wie im Klang der Perlen, ein Tanz, als perle er aus einer Quelle hervor. Die erotische Komponente ist hier manifest sexuell zu nennen: Männlich phallisch sind die Bewegung des Steigens und dann Stehens (Auge und Antlitz), die

---

205   A.a.O., S. 81ff.
206   Ebda.

Lippen könnten vielleicht auch als Schamlippen gelten. Wie fast immer ist die Ich-Figur bei Lasker-Schüler beides: phallisch und doch androgyn und auch weiblich. Das Flammenzeichen scheint die Ich-Figur in zwei Hälften zu spalten, im Tanz aber können sie als männliche und weibliche Bestandteile sich in immer neuen denkbaren Formen zusammenfinden. Das ist jedoch nicht ohne Verwundung zu denken, deshalb fließt auch Blut. Was an anderer Stelle schon als zentrales Bild aufgetaucht ist, begegnet auch hier: Die Zerstückung der Körper in blutigen Zeremonien, die beides bedeuten können und mitunter auch beides zugleich: Schmerz und Lust.

Im Brennpunkt von Liebe und Tod stehen denn auch fast alle übrigen in der Prosa Lasker-Schülers aufzufindenden Bilder des Tanzes. In den *Nächten der Tino von Bagdad* folgt auf den „Eingangstanz" einige Seiten später im Kontext von Gewalt- und Todesphantasien folgender Tanz:

„*Alle meine schwarzen Perlen sind eingesunken wie Höhlen - von meinem Stirnreif hängen die dunklen Häupter meiner Vorfahren. Meine Lippen sind tot, aber aus meinen Augen steigen Feuersäulen, die drängen aller Sterne Spur nach, seinem singenden Blute nach - ich tanze, tanze einen unendlichen Tanz, der zieht sich wie eine finstere Wolke über Bagdad, ich tanze über die Wellen der Meere, wirbele den Sand der Wüste auf, und vor dem Palaste lauscht das Volk und die jüdischen Knaben und Mädchen verstummen ....*"[207]

Fast alle Bilder stellen hier eine Verbindung zur ersten Tanzszene her. Der erste Tanz wird so zum Prototyp, ist der Tanz schlechthin, auf den sich immer bezogen werden wird, das Aleph der Tänze, heiliger, einziger Tanz.

Die wunderbar belebte Mumie hat nun aber deutliche Todeszeichen auf sich versammelt: Die Perlen klingen nicht mehr, sind schwarz geworden, sind als Gegenbewegung zu den Bildern des Steigens „*eingesunken*". Die Lippen sind „*tot*", während von ihrem gerade vergangenen Schmerz in der Eingangserzählung noch die Rede war. Ganz archaisch ist der Kopfschmuck und läßt fast erschaudern, sollte *Tino von Bagdad* wirklich die Schrumpfköpfe der Vorfahren an ihrem Stirnreif befestigt haben? Aus dem Alten Testament entlehnt ist das Zitat der Feuersäulen, sie haben das Flammenzeichen im ersten Tanz ersetzt und als die Feuersäulen Sodom und Gomorrhas erheblich gesteigert. Im ganzen hat sich die Tanzhaltung verändert, im Bild des Drängens hat Else Lasker-Schüler die Veränderung konzentriert. Der Tanz bekommt etwas Ausuferndes, bewegt sich über alle Grenzen, wird als kosmische Bewegung, als Wolke, Wellenschlag und Wüstensturm zugleich imaginiert. Er hat so vor allem akustische Qualitäten (obwohl die Lippen tot sind!) und seine unglaubliche, im wörtlichen Sinne entgrenzende Qualität läßt die Zuhörenden ver-

---

207   A.a.O., S. 65.

stummen. Das Verstummen einerseits und die starken akustischen Akzente andererseits, formulieren ein eigenartiges Paradox, so, als ob man vor allem dann verstummen müßte, wenn die Hör-eindrücke zu stark werden. Lauschen, ja, das ist noch möglich, nicht aber mehr das Antworten. Auf den Tanz folgt das Schweigen, eine Poetik des Schweigens, die die Todesnähe, den Schreck, die Unfähigkeit zu reagieren, andeutet.

Im Vergleich zum Tanz „*In der Moschee*" hat dieser Tanz zwischen Liebe und Tod eine Richtung, ein Ziel: „*aller Sterne Spur nach, seinem singenden Blute nach*". Er folgt seinem Begehren und scheint sich gerade so zu verlieren, weil die Todesnähe jetzt nicht mehr zu leugnen ist. So kann die Grenzenlosigkeit der Bilder auch die Leere bedeuten, in die der Tanz als Totentanz führen muß. Der Tanz endet dann auf dem Gipfel eines Berges, in Gottes Nähe, ist mystisches Ritual geworden. Der Geliebte ist Gott und so sagt die Ich-Figur:

„*Und ich bin eine tanzende Mumie vor seiner [Jehovas, I.H.] Pforte.*"[208]

In den *Nächten der Tino von Bagdad* folgt dann die (getanzte) Liebesgeschichte *Tinos* mit *Minn*, dem „*Sohn des Sultans von Marokko*".[209] Die beiden treffen sich, verbotenerweise wie es scheint, und beginnen nackt zu tanzen:

„*Wir tanzen, bis unsere Füße eins sind im Drehen.*"[210]

Das ist ein schönes Bild für die Verschmelzung in der Liebe. Die verbotene Tanznacht bleibt nicht ohne Folgen, allen Zuschauern werden die Augen ausgestochen und die Zungen durchbohrt. Die Szene als sexuelle Urszene soll sich in keinem Blick mehr widerspiegeln können, in keinem Sprechen weitergetragen werden. Auch hier ist das Motiv des Verstummens inszeniert, hier als Resultat von Gewalt, das ist der Mord am Text, nicht mehr nur sein beredtes Schweigen als noch eine Möglichkeit der poetischen Rede. Es gelingt dem Vater *Minns* sogar, *Minn* die Tanznacht vergessen zu machen, läßt aber dann aber in seiner Wut nicht nach, bis er ihn endgültig zerbissen hat, eine Wiederaufnahme des *Penthesilea*-Motivs. Der Tanz der Liebenden endet im Tod, als das unerhörte, unglaublich streng Verbotene beschwört er archaische Verhaltensweisen herauf. Auch hier aber, wie an anderer Stelle, inszeniert Else Lasker-Schüler den Ödipusmythos (und verschränkt ihn als Bild mit dem von *Penthesilea*): Der Vater ermordet den Sohn, der in seinem zügellosen Begehren gefährlich zu werden beginnt. Der erotische Blick ist dann unmöglich geworden, von *Tino* heißt es:

„*Ich halte die Augen gesenkt über dem trauernden Rosengarten...*"[211]

---

208   A.a.O., S. 66.
209   Ebda.
210   A.a.O., S. 67.
211   A.a.O., S. 68.

Fünf Jahre nach Erscheinen der *Nächte der Tino von Bagdad* zitiert Lasker-Schüler in *Mein Herz* die Tanzszene mit *Minn* noch einmal als „*meine neue Liebesgeschichte*". Nicht nur einzelne Bildmotive treten bei ihr eine Wanderung durch ihre Texte an, auch kleine Erzählungen werden „weitergereicht". In *Mein Herz* wird das Einswerden im Tanz mit *Minn* ausgestaltet:

„*Wir tauchen wie zwei Tanzschlangen, oben auf der Islambühne, wir krochen ganz aus uns heraus, nach den Locktönen der Bambusflöte des Bändigers, nach der Trommel, pharaonenalt, mit der ewigen Schelle [...]. Aber er und ich verirrten uns nach Tanger, stießen kriegerische Schreie aus, bis mich sein Mund küßte so sanft, so inbrünstig [...]*."[212]

Else Lasker-Schüler hat die Szene in einen Vergnügungspark versetzt. Der exotische Kontext existiert hier nur noch als ganz offen fiktiver, der Charakter des Erzählens ist ein im ganzen spielerischer und unernster. Das Verstummen ist hier machtvoll aufgehoben, der Tod ohne Bedeutung.

Grundsätzlich läßt Else Lasker-Schüler in ihren Tanzbildern nicht nur die Körper sich drehen, sondern bringt mitunter auch den ganzen Umraum dazu, ins Wanken zu geraten. Das kann ekstatisch geschehen wie an folgender Stelle:

„*Nach ihrer Musik tanzten die Prinzen und Prinzessinnen, und alle im Palast tanzten bis hin zu den Ziegenknechten. Und die Mauern der Gäste begannen sich zu drehen, und die ganze Stadt tanzte bis zum Ufer des Flusses.*"[213]

Auch hier werden Raum und Figuren bis zur Ununterscheidbarkeit verschmolzen und so auch Subjekt und Objekt austauschbar.

Im Tanz erweitert sich der zur Verfügung stehende Körperraum in den Umraum, der Raum wird mit der Tanzbewegung allseitig erfüllt, nicht linear durchschritten. Tanzend macht sich das Individuum den Raum in seiner Gänze zu nutze, so sehr, daß der Raum selbst als Bewegung erscheint. Das Körpererleben verändert sich, es zentriert sich in der Mitte des Körpers, nicht mehr im Kopf, wie es normalerweise der Fall ist. Je intensiver die Tanz-Bewegung sich darstellt, desto eher fallen die Barrieren zwischen Subjekt und Raum, Leib und Raum werden zumindest tendenziell nicht mehr getrennt erlebt. Im Tanz ist die Metamorphose das Bewegungsprinzip schlechthin, der Körper ist selbst mit dem Blick nicht mehr als homogene Gestalt fixierbar, sondern scheint aus ständig sich de- und remontierenden einzelnen Körperteilen zu bestehen. Der Körper erscheint in seiner Partikularität, ein Zusammenhang, der auch hier wieder auftaucht. Selbst die Metamorphosen der Körper im Tanz fügen ihn nicht zusammen zu dem einen, ganzen Körper. Das Sub-

---

212 Mein Herz, S. 7f.
213 Die Nächte der Tino von Bagdad, S. 72.

jekt gibt es nur als Collage, die der Zufall der Bewegung ständig neu zusammensetzt, um sie im nächsten Augenblick wieder aufzulösen. Der Tanz verschafft nur flüchtige Eindrücke, transitorisch sind die Einheiten, die entstehen. Die Zeichen, die er zweifelsohne setzt in einer „*écriture corporelle*"[214], bleiben flüchtig, sind im Augenblick der Wahrnehmung schon vorüber, sind nur da, um wieder zu verschwinden. Die Figur des Verschwindens ist ein wichtiges Charakteristikum des Tanzes. Als ein Phänomen des Flüchtigen, Transitorischen und so auch folgerichtig Kontingenten weist der Tanz alle die Merkmale auf, die Charles Baudelaire als Kennzeichen der Moderne genannt hat.[215] Für Gabriele Brandstetter wird in diesem Sinne der moderne Tanz zum Paradigma der Moderne schlechthin:

„*Damit sind nicht nur die Kriterien für die Bestimmung der Moderne benannt, sondern diese Merkmale kennzeichnen zugleich die Kunst des Tanzes: Das Transitorische, Flüchtige ist dem Tanz als exponierte Spielform der darstellenden Künste grundsätzlich zu eigen: und das Merkmal der Kontingenz wird nach dem Bruch mit dem ästhetischen Paradigma des Balletts zu einem spezifischen Kriterium des freien Tanzes: nämlich in der hervorgehobenen Bedeutung des Zufalls, der Improvisation und der Präsentation des Bewegungsbildes als eines „spontanen" Empfindungsausdrucks. Der Tanz verkörpert mithin ein Grundmuster der Ästhetik der Moderne und [...] er wird zum Symbol der Moderne und zum Schlüsselmedium aller Künste, die das neue technische Zeitalter als eine durch Bewegung definierte Epoche zu reflektieren suchen.*"[216]

Bei Lasker-Schüler sind die Tanzbilder Bestandteil eines Diskurses über den Körper und betonen so eine Körperlichkeit in den Texten, die sich in der Bewegung von Hervorbringen und Verschwinden aufhält. Es ist eine Dynamik, die feste Identitäten gar nicht erst zuläßt, deren grundsätzliche Aufhebung der Schwerkraft differenzierbare Einheiten davonträgt und schließlich auflöst. Der Körper aber ist in ihren Tanzbildern fast nur sichtbar als zerstückter, mitunter grausam zerrissener. Die Teile aber, sie werden von nobilitierenden Diskursen von Kosmos und Mystik vereinnahmt, als wären sie nicht vom Verschwinden bedroht. Ihre Sinnlichkeit geht so fast verloren, überlebt nur als Zitat im Drehschwindel des Tanzes.

Das Tanzmotiv, auch als Tanz heiliger Derwische, ist von Else Lasker-Schüler nicht allein verwendet worden. Es taucht beispielsweise auch bei Franz Werfel auf, in seiner Erzählung *Die tanzenden Derwische*. Er schildert die Beobachtung einer Tanzvorführung von Derwischen in Kairo. Die Meta-

---

214 Stephane Mallarmé, Ballets, Œuvres complétes, Paris 1945, S. 304.
215 „La modernité cést la transitoire, le fugitif, le contingent.", in: Charles Baudelaire, Le peintre de la vie moderne, Œuvres complétes, Paris 1954, S. 892.
216 Brandstetter, Tanz-Lektüren, S. 35.

morphose der Tanzenden wird hier von Beginn an erwartet, sie geschieht dann zum Schluß, der Text folgt der Tanzbewegung, zeichnet sie im wesentlichen nach:

„[...] Wie im Spiel hat der Blaue die Mitte gewonnen. Auf und nieder taucht er nun, als trügen ihn nicht Bretter, sondern die Wellen eines Zaubermeeres. Er kreist um den heiligen Punkt, ehe er sich mit ihm ganz vereint. [...] Alles an ihm ist Levitation. So tanzt der Prophet über die Wasserfläche und durch die Luft. Während die Musik ihre schwachen Lungen zum Platzen aufbläst, hat er den Mittelpunkt betreten. Und ohne auch nur einen Fußbreit vom Orte zu weichen, dreht er sich schweigend um die Achse, die Zenith und Hades miteinander verbindet. Im azurblauen Mantel, mit gekreuzten Armen, ganz in sich geschlossen, tanzt die Mitte der Welt. In weißen Leinengewändern, zu immer weiteren Abständen verurteilt, kreisen die Seelen, die mit der rechten Hand die Gnade empfangen und mit der linken die Schuld bezahlen müssen."[217]

Es gibt zwischen den Tanzszenen Lasker-Schülers und der bei Franz Werfel den entscheidenden Unterschied, daß Werfel noch eine Mitte denkt, die der Derwisch in seinem schwerelosen Tanz erreichen kann, was ihn allerdings von seinen Mittänzern unterscheidet. Er ist *„ganz in sich geschlossen"*, für ihn wird eine Identität behauptet. Das aber geschieht bei Lasker-Schüler nicht mehr, eine Mitte gibt es bei ihr zwar noch als ganz körperlich gedachte Schwerpunktverlagerung in die Mitte des Körpers, aber es gibt keine Mitte der Welt, sondern nur eine solche Welt, die selbst längst ins Wanken geraten ist, mittanzt. Welt ist nur vorstellbar als auftauchende und verlöschende; die Welt in der Metamorphose des Tanzes ist genau dies: eine prekäre, in der ein schwindelnder Eindruck den anderen ablöst, in der im Werden das Vergehen immer schon mitgedacht ist.

Körper und Weltverhältnis

Wie die poetische Welt Else Lasker-Schülers im Tanz in Bewegung gerät, habe ich diskutiert und es bleibt noch die Frage, wie der Rekurs auf eine intensive und extensive Körperlichkeit, wie sie in den Texten gefunden wird, zu lesen ist. Was hat es für einen Stellenwert, wenn unbelebte Dinge und abstrakte Zusammenhänge verkörpert und belebt werden? Wie ist das beobachtete Phänomen als ästhetisierendes Verfahren zu bewerten?

Es ist zunächst als Anähnelungsverfahren zu beschreiben. Die Dinge, das Gefühlte und Gedachte, erhalten eine Körperstruktur, werden mit einem Kör-

---

217 Franz Werfel, Die tanzenden Derwische, in: Ders., Gesammelte Werke in Einzelbänden, Die Erzählungen, Bd. 2, Frankfurt a.M. 1989, S. 44.

perbild versehen, damit sie so vertraut sind, wie die Körperlichkeit es generell ist. Die Welt soll so sein, wie der Körper ist und diese Absicht hat ebenso Konsequenzen, wie sie auf grundsätzlichen Entscheidungen beruht. Dem Verkörperungsverfahren liegt eine Bejahung des Körperlichen zugrunde, die an Nietzsche erinnert und doch bei Lasker-Schüler eine ganz eigene und andere Form findet. Wo die Welt in so bedeutendem Maß als körperliche imaginiert wird, da ist der Körper Gradmesser für Gedanken und Empfindungen. Die Perspektive ist körperlich, der Leib dient in seiner konkreten Gestalt als Orientierung und als kaum zu erschöpfendes Bildreservoir. An dieser Stelle knüpft Else Lasker-Schüler an mythische Verfahren an, die sich u.a. dadurch auszeichnen, daß sie Unbelebtes und abstrakte Zusammenhänge in Körperbilder überführen, oft in menschliche Figuren und die sie verbindenden Dramen (vor allem aber das sexuelle Drama) und Urszenen, aber auch, traumsymbolisch und archaisch zugleich, Tierkörper mit einbeziehen oder sogar vegetative Bilder aufrufen. All das sind Belebungsprozeduren, die das Verhältnis zur Welt wie das Verhältnis zum Körper sich vorstellen wollen: Als liebendes, begehrendes und weniger rationales und distanziertes, organisches, vergängliches und den Tod mitbedenkend. Solche Verlebendigungen setzen die Texte sichtbar Prozessen von Werden und Vergehen aus und formulieren letztlich die Aussage, daß es das Ewige, das als Konstanz Begehrte, so nicht geben kann. Es gibt es aber als Chaos, Lebendes, als Unberechenbares, Atmendes, Blutendes, als Sterbendes und Zerstücktes. Körperlich inszenieren heißt, Bewegung und Beweglichkeit zu beschwören, bedeutet, in Bildern des Verflüssigens feste Identitäten aufzulösen oder sie im Tanz ins Rotieren zu bringen, bis nur noch kubistisch zu rezipierende Einzelteile übrigbleiben.

Letztlich ist ein solches Verfahren als Ästhetik des Existentiellen zu beschreiben. Wer deutlich machen will, daß es um Dinge geht, die nicht mehr hintergehbar, die so bedeutend sind, daß man sie existentiell nennen muß, kann dies in Bildern von existentieller Körperlichkeit tun. Immer geht es da um Leben, um Tod, um den letzten nicht mehr weiter zu radikalisierenden Gegensatz.

Wo Erfahrungen in Körperbildern eingefangen werden, verändern sie auch die Bilder von ihnen. Eine ganz leiblich vorgestellte poetische Welt verwandelt die Körper. Bei Lasker-Schüler sind die Körper im wesentlichen partikulare, denen man mit keiner Hypothese von Ganzheit mehr zu begegnen wagt, dennoch vertreten sie einen seltsam radikalen Absolutheitsanspruch dort, wo einzelne Körperteile und Körpervorgänge eine fast absurde religiös-mythische Überhöhung erfahren, die jeden Kitschvorwurf rechtfertigen. Das Prinzip des Pars pro toto, auch ein mythisches Verfahren, wird in den Texten Lasker-Schülers vollständig ausgereizt. Was man dem Leib als Ganzes nicht mehr zutraut, das wird in partikulare Einheiten verlegt und umso intensiver utopisiert. Das genuin Körperliche, seine unmittelbare Sinnlichkeit, geht aber so verloren, es existiert nur noch als abstrakte Idee von etwas Sinnlichem.

Im Bild des Herzens läßt Else Lasker-Schüler Welt und Leib schnittpunktartig zusammentreffen. Es ist Körperding und es ist zugleich der Ort des Aufbewahrens von Welterfahrung und der Gefühle, die diese Erfahrungen hervorgerufen haben. Innenräume des Herzens geben den Blick frei auf eine innere Welt der Ich-Figur. Auch im Bild des Transparenten wird dem Blick nicht verwehrt, in ein imaginiertes Inneres zu schauen, es ist ja durch-sichtig. Ähnliches erlebt der Körper im Wechsel von Verhüllen und Enthüllen. Manchmal ist es eben möglich, dem Auge einen Blick auf Enthülltes zu gestatten und es ihm im nächsten Moment sofort wieder zu verwehren. All diese Phänomene stellen grundsätzlich die Zweiteilung in Innen- und Außenwelt in Frage. Der Blick wird angelockt und befriedigt, suggeriert wird, daß die Welt mit den Sinnen zu erfassen ist. Eine solche Ästhetik beschwört eine Poesie der Phänomene und ihrer unmittelbaren Erfahrbarkeit im Bild vom Leib.

Auskunft geben über Innen- und Außenwelt zugleich kann der Körper aber nur als potentiell zu verwandelnder, als einer zudem, der Subjekt und Objekt von Erfahrung zugleich ist. Als solche kann man die Körperbilder Lasker-Schülers in die Nähe von Baudrillards Konzept des Körpers der Metamorphose rücken. Der Körper ist dann auch seine eigene Differenz, ist ständig sich wandelnder, flexibler, die Gegensätze integrierender, eine immense Spannung aushaltender Körper. Die Spannung läßt ihn sich grotesk und monströs ausufern, dionysisch entgrenzen und schließlich verflüssigen. Oder er wird zerstört, seine Integrität ist ständig bedroht, in der Sexualität, in der Gewalt und im Hin- und Hergleiten zwischen beiden. Er wird geküßt und gleich darauf zerbissen. Das ist die mythische Tradition, die Kleist so eindrücklich in den Blick nimmt.

Die große Spannbreite, die das Körperliche in der Prosa Lasker-Schülers aufweisen kann, verweigert sich dem Gedanken, die Körperbilder könnten eine enge Repräsentationsfunktion übernehmen. Als beschrifteter Körper und atmende Schrift weisen die Körperbilder Zeichencharakter auf, sie lassen an eine mitzuteilende Bedeutung denken. Das Körperliche, gerade in der phantastischen und/oder mythischen Form, beansprucht über seine traditionelle Bedeutung hinaus die Bedeutung, eben alles zu sein, für sich zu sein, einzeln und verbunden mit tausend anderen Dingen zugleich. Es liegt alles in einem Körperteil und sonst ist nichts. Ihr Dasein, ihre Berührung mit anderen Dingen legitimiert ihr Sosein. In allen Einzelheiten hält sich das Ganze auf, aber das ist nicht absolut: Es existiert als Als-Ob, als Pseudo, es ist die ganze Welt, aber die Perspektive kann nur die eines Guckkastens sein.

In Bildern vom Körper ist Leibliches präsent, unmittelbar und untrennbar mit seiner Bedeutungsebene verschmolzen:

„Der ästhetische Ausdruck verleiht dem, was es ausdrückt, ein An-sich-sein, versetzt es als ein jedermann zugängliches Wahrnehmungsding in die Natur, oder umgekehrt, entreißt die Zeichen ihrerseits [...] ihrer empirischen Existenz und versetzt sie gleichsam in eine andere Welt. Niemand wird bestreiten, daß hier der Ausdruck nicht lediglich eine Übersetzung, sondern die Realisierung und Verwirklichung der Bedeutung selbst ist."[218]

Das ist ein Gedanke, der sich ähnlich bei Michel Foucault findet und sich dort noch stärker auf das Phänomen der Literatur konzentriert:

„Während des ganzen 19. Jahrhunderts und bis in unsere Zeit -von Hölderlin zu Mallarmé, zu Antonin Artaud- hat die Literatur nun aber nur in ihrer Autonomie existiert, von jeder anderen Sprache durch einen tiefen Einschnitt nur sich losgelöst, indem sie eine Art „Gegendiskurs" bildete und indem sie so von der repräsentativen oder bedeutenden Funktion der Sprache zu jenem rohen Sein zurückging, das seit dem sechzehnten Jahrhundert vergessen war.[...] In der modernen Zeit ist die Literatur das, was das signifikative Funktionieren der Sprache kompensiert (und nicht bestärkt)."[219]

Ein strenger Repräsentationsgedanke, Repräsentation als Ersetzen und Übersetzen, ist in der Ästhetik der Prosa Else Lasker-Schülers tatsächlich nicht zu finden. Leibniz Überlegung jedoch, das Repräsentierte als in der Repräsentation anwesend zu denken, erscheint noch möglich:

„Der von Leibniz eingeführte Repräsentationsbegriff bezeichnet [...] weder ein von der Sache oder dem Urbild abgezogenes Abbild, das sich gegenüber jenem verselbständigt hätte, noch einen unabhängig von jeder Wahrnehmung gegebenen Gegenstand, sondern die Erscheinung dessen, was mit der Monade -als seinem Spiegel- identisch und verschieden zugleich ist."[220]

Es gibt noch das Auszudrückende bei Lasker-Schüler, aber es entzieht sich verwandelnd dem leichten Zugriff. Die Zeichen stehen nicht für etwas, sondern sind Zeichen von etwas. Körperzeichen künden von einem Körperlichen, d.i. existentiell und verleiht so ihren Texten den Charakter von Unbedingtheit und Unhintergehbarkeit. Statt klarer Zeichenbedeutungen legt sich, wie eine Zwischenhülle, die nicht durchbrochen werden kann, um zum vermeintlich klareren Blick zu verhelfen, eine heilige Aura um die Texte. Das Zusammenfallen von Zeichen und Bild macht die Magie des Textes aus und rückt ihn in die Nähe von Mythen:

---

218   Merleau-Ponty, Die Phänomenologie der Wahrnehmung, S. 217.
219   Michel Foucault, Die Ordnung der Dinge, Frankfurt a.M. 1988, S. 76f.
220   Ralf Konersmann, Lebendige Spiegel, Die Metapher des Subjekts, Frankfurt a.M. 1991, S. 117f.

„*Die Lehre der Priester war symbolisch in dem Sinn, daß in ihr Zeichen und Bild zusammenfielen. Wie die Hieroglyphen bezeugen, hat das Wort ursprünglich auch die Funktion des Bildes erfüllt. Sie ist auf die Mythen übergegangen. Mythen wie magische Riten meinen die sich wiederholende Natur. Sie ist der Kern des Symbolischen: ein Sein oder ein Vorgang, der als ewig vorgestellt wird, weil er im Vollzug des Symbols stets wieder Ereignis werden soll. Unerschöpflichkeit, endlose Erneuerung, Permanenz des Bedeuteten sind nicht nur Attribute aller Symbole, sondern ihr eigentlicher Gehalt.*"[221]

Es gibt keine Deckungsgleichheit, so viel ist deutlich, das Ineinanderaufgehen von Signifikant und Signifikat beschränkt auch Else Lasker-Schüler auf Strukturen, die nur partiell und grundsätzlich auflösbar zu denken sind: „Lacansche Polsterknöpfe". Sie verstärkt den Gedanken der Mehrdeutigkeit dort noch, wo sie Körper, Leib und die Bilder von ihnen, als Illusionen kenntlich macht. In dem Essay *Gebet* heißt es u.a.:

„*Ich sagte schon einmal in einer Dichtung, daß ich den Weltenkörper und den Körper der Geschöpfe, überhaupt alles Körperliche, für eine Illusion der Seele halte, eine Kristallisierung der sich heimsehnenden Seele nach dem Geborgensein in Gottvaters Hand.*"[222]

Das Verkörpern ist Fiktion, ist erdichtet, ist vorgestellt. Aber ebenso wie es nicht „wirklich" ist, sondern nur Wirkliches sich vorzustellen vermag, ist es unabdingbar, um ein „Eigentliches" (Lasker-Schüler nennt das „*Seele*") darstellen zu können. So sind Körper und Leibliches eine Art Haut für Darunterliegendes, das aber nur so zu sehen ist, als Haut. Die Transparenz hört hier auf, und als Illusion ist der Körper aber nicht weniger wichtig. Das, worum es geht, scheint für Lasker-Schüler nur in körperlichen Bildern auffindbar zu sein, aber das Moment der Täuschung und der falschen Vorstellung ist im Begriff der Illusion angelegt. Illusion kann aber auch anderes meinen und das wirft ein zusätzliches Licht auf ihre Ästhetik des Existentiellen. Illusion meint auch die Täuschung, die ein Zauberkunststück erreicht, denkt Verwandeln, Verhexen und Verzaubern eben immer mit, das ist kennzeichnend für den Körper der Metamorphose.

Nicht zuletzt meint Illusion in seiner lateinischen Bedeutung auch Ironie. Ich habe gezeigt, wie viele der besprochenen Texte zwischen Ernst und Unernst changieren und von dieser Spannung auch „leben": Ironie im romantischen Sinne ist eine der Selbstreflexion, einer Selbstreflexion wie der folgenden vielleicht, die zudem eine zusätzliche, weitere Schicht in den Text einzieht:

---

221 Theodor W. Adorno u. Max Horkheimer, Die Dialektik der Aufklärung, S. 23.
222 Else Lasker-Schüler, Das Gebet, in: Konzert, Bd. 5, S. 190.

„Ich bin verliebt in die Welt. Auch in ihre Illusion, die hat ihre Berechtigung. [...] Mich verlangte es nur, meine Gedanken und Gefühle zu inkarnieren, sie in Worte zu kleiden. Darum zerstöre nicht meine Illusion, „ich komme sonst aus dem Häuschen", und ich möchte doch den Sommer von Körper zu Körper erleben in seiner ganzen verschwenderischen Gestalt."[223]

---

223 Else Lasker-Schüler, Konzert, in: Konzert, Bd. 5, S. 42.

4. Schrift

4.1 Sprache, Schrift, Kunst und Mythos

Über Raum und Körper in den Texten Else Lasker-Schülers zu schreiben, heißt, grundlegende Kategorien der Texte zu thematisieren. Hier geht es um etwas anderes, nicht mehr um Kategorien des Textes, sondern um sein ureigenstes Material selbst, um Sprache und Schrift. Thema ist weniger das von ihr, der Schrift, Hervorgebrachte als Phänomen, sondern sie selbst wird in den Blick genommen als Material, als Muster, als Stoff und Motiv. Das schließt grundsätzlich zwei Sichtweisen ein:

Michel Foucault geht davon aus, daß die Literatur sich seit der Romantik durch eine gesteigerte Selbstreflexivität auszeichnet, das heißt, zunehmend auf sich selbst als Gegenstand rekurriert, während ihr ansonsten das Verhandeln über Gegenstände abhanden zu kommen scheint:

„*Von der romantischen Revolte gegen einen in seiner Zeremonie immobilisierten Diskurs bis zur Entdeckung des Wortes in seiner ohnmächtigen Kraft durch Mallarmé sieht man wohl, welche Funktion die Literatur im neunzehnten Jahrhundert in Beziehung zur modernen Seinsweise der Sprache hat. Auf dem Hintergrund dieses wesentlichen Spiels ist der Rest nur Wirkung: Literatur unterschiedet sich mehr und mehr vom Diskurs der Vorstellungen, schließt sich ein in eine radikale Intransitivität [...]. Sie bricht mit jeder Definition der „Gattungen" als einer Ordnung von Repräsentationen angepaßter Formen und wird zur reinen und einfachen Offenbarung einer Sprache, die zum Gesetz nur die Affirmation -gegen alle anderen Diskurse- ihrer schroffen Existenz hat. Sie braucht also nur noch in einer ständigen Wiederkehr sich auf sich selbst zurückzukrümmen, so als könnte ihr Diskurs nur zum Inhalt haben, ihre eigene Form auszusagen. Sie wendet sich an sich selbst als schreibende Subjektivität, oder sie sucht in der Bewegung, in der sie entsteht, das Wesen jeder Literatur zu erfassen, und so konvergieren all ihre Fäden zu der feinsten -besonderen, augenblicklichen und dennoch absolut universalen- Spitze, zum einfachen Akt des Schreibens. In dem Augenblick, in dem die Sprache als ausgebreitetes Sprechen Gegenstand der Erkenntnis wird, erscheint sie wieder in einer streng entgegengesetzten Modalität: schweigsame, vorsichtige Niederlegung eines Wortes auf das Weiße eines Papiers, wo es weder Laut noch Sprecher geben kann, wo sie nichts anderes mehr zu sagen hat als sich selbst, nichts anderes zu tun hat, als im Glanz ihres Seins zu glitzern."*[1]

Eine solche Selbstreflexivität zugrundegelegt, ist davon auszugehen, daß sich in der Literatur der klassischen Moderne Bilder vom Sprechen und

---

[1] Michel Foucault, Die Ordnung der Dinge, S. 365f.

Schreiben, von Sprache und Schrift finden. Bei Lasker-Schüler, die in ihrer Prosa ebenso wie in der Lyrik in Bildern redet, sind sie so zahlreich, wie man aufgrund dieser Annahme vermuten kann. Der Blick auf ihren Bilderkosmos der Schrift wiederum ermöglicht einen Zugang zu ihrer Poetologie, zur grundsätzlichen Ästhetik der Texte. Ihr gilt die abschließende Aufmerksamkeit als der Frage nach der Eigenart ihres Schreibens, nach dem Muster ihrer Schrift.

Wie jede literarische Generation vor ihr, wird auch der Generation der Expressionisten die Sprache ihrer Vorgänger und Vorgängerinnen problematisch. Problematisch deshalb, weil ihr Erfahrungshorizont, der den 1. Weltkrieg miteinschließt, eine Sprache suchen muß, die ihren neuen und anderen Erlebnissen, Erlebnissen der Stille vor dem großen Knall (so wie Rilke sie in den *Aufzeichnungen des Malte Laurids Brigge* beschreibt)[2], des nachfolgenden Schocks und der sich anbahnenden gesellschaftlichen Umwälzungen und Nivellierungen. Else Lasker-Schüler aber ist älter als die Expressionisten, sie hat den Expressionisten das Schreiben in Bildern eher vorgemacht, als es mit ihnen zusammen entwickelt. Sie schöpft aus Traditionen, die in das 19. Jahrhundert und weiter zurückreichen. Ihr Sprechen ist eines im Zwischenraum, erklingt und wird sichtbar zwischen zwei literarischen Generationen, das heißt zwischen Jahrhundertwende und Avantgarden, zwischen Symbolismus und Expressionismus. So ist sie Hofmannsthal, Rilke, George, Nietzsche, Musil, Klages und Karl Kraus zeitlich näher als der jungen Generation der Expressionisten. Das klingt schematisierend, hat aber in diesen schnellen Umbruchjahren seinen Sinn. Else Lasker-Schüler ist vertraut, was unter der Vokabel „Sprachkrise" das Schreiben um die Jahrhundertwende prägte, die Auseinandersetzung mit einer Sprache, die man nur noch als erstarrte Konvention empfand. Die „Sprachkrise" war dabei kein Nebenschauplatz, sondern der zentrale „Kampfplatz" der Moderne. Rolf Grimminger analysiert treffend:

„Das ist die Ausgangsposition: die verkappte Zensur in der Bildungssprache des 19. Jahrhunderts. Von Tabus überwacht, die auszugrenzen hatten, was nicht in den Diskurs der Konventionen hineinpaßte, pflegte sie wie alles, was ist, vor allem die Aufrechterhaltung ihrer selbst. Die Kritik daran setzt verschiedene Akzente in gleicher Richtung: Man attackiert die Enge des konventionell erstarrten Sprachgehäuses, man bezweifelt die Wahrheit der in ihm eingesperrten Bildung, man entwirft Alternativen für einen anderen Sprachgebrauch, der die tabuisierten Bezirke des Lebens zurückero-

---

2   „Aber es gibt hier etwas, was furchtbarer ist: die Stille. Ich glaube, bei großen Bränden tritt manchmal so ein Augenblick äußerster Spannung ein, die Wasserstrahlen fallen ab, die Feuerwehrleute klettern nicht mehr, niemand rührt sich. Lautlos schiebt sich ein schwarzes Gesimse vor oben, und eine hohe Mauer, hinter welcher das Feuer auffährt, neigt sich, lautlos. Alles steht und wartet mit hochgeschobenen Schultern, die Gesichter über die Augen zusammengezogen, auf den schrecklichen Schlag. So ist hier die Stille."
    (Rainer Maria Rilke, Die Aufzeichnungen des Malte Laurids Brigge, S. 10).

bern will. *Vom Fin de siècle, dem Ende der Epoche, bis weit über die Jahrhundertwende hinaus sucht man Auswege aus den Sprachkonventionen der alt gewordenen „belle époque". Die Naturalisten verhalten sich in dieser Hinsicht nicht anders als die Dekadenten des späten 19. Jahrhunderts, „modern", dieses Etikett nahmen ohnehin beide für sich in Anspruch. Sprachkritik steht am Beginn der Moderne, und sie wird ihre weitere Geschichte dauerhaft begleiten."*[3]

Alle, die um die Jahrhundertwende schreiben und die, die es auch später noch tun, der Reflex der „Sprachkrise" ist noch in den radikalsten Innovationen der Avantgarden spürbar, schreiben in Auseinandersetzung mit diesem Problematischwerden des Materials selbst, schreiben im Angesicht dessen, daß es zwar etwas zu sagen gibt, die Sprache aber diese Bewegung nicht mehr ausführen kann, zu unbeweglich, zu gelähmt ist sie für eine Gesellschaft, die gerade dabei ist, viele Fesseln zu lösen. Das ist zwar eine historische Situation, aber die Kritik an der Sprache ist ein ebenso grundlegendes wie richtungsweisendes Phänomen. Wenn Sprache ein Problem wird, gibt es längst andere, wo das Sprechen schmerzt, tun auch andere Dinge weh. Wo immer man sich mit Sprache beschäftigt, ist ein solcher Hintergrund denkbar, beachtens- und wünschenswert. Wünschenswert deshalb, weil nur die Unzufriedenheit, das Scheitern, das Potential bereithält für Veränderung. Das Bewußtsein, auf Unsagbares zu stoßen, ist die Voraussetzung für die sprachliche Innovation, die einen neuen Artikulationsversuch wagt. Sprache erneuert sich dort, wo sie sich zu alt glaubt und wo sie sich verknöchert findet, da kann sie sich verflüssigen. Und noch im Verstummen weist sie hinaus auf eine intensive Auseinandersetzung mit ihr, ist ihr Schweigen das bewußte Schweigen Wittgensteins, der weiß, warum es dann nichts mehr zu sagen gibt. Wenn Else Lasker-Schüler sagt: *„Ich kann die Sprache dieses kühlen Landes nicht"*[4], dann hat

---

[3] Rolf Grimminger, Der Sturz der alten Ideale. Sprachkrise, Sprachkritk um die Jahrhundertwende, in: Ders., Literarische Moderne, Europäische Literatur im 19. und 20. Jahrhundert, Hamburg 1995, S. 170.

[4] Im Gedicht Heimweh hat Else Lasker-Schüler ihre „Sprachkrise" formuliert:
„Heimweh
Ich kann die Sprache
Dieses kühlen Landes nicht,
Und seinen Schritt nicht gehn.

Auch die Wolken, die vorbeiziehn,
Weiß ich nicht zu deuten.

Die Nacht ist eine Stiefkönigin.
Immer muß ich an die Pharaonenwälder denken
Und küsse die Bilder meiner Sterne.

Meine Lippen leuchten schon

sie gleichzeitig ein Problem um die Sprache formuliert und auch einen Ausweg daraus. Daß die Sprache ihr so fremd ist, daß sie sie gar nicht sprechen kann, kommt einer Radikalisierung des Problems gleich, auch wenn sie gleichzeitig die Sprachkrise als nur „geographisch" entschärft. Wenn es darum geht, daß die Sprache so wenig taugt, daß es auch nicht lohnt, sie zu lernen, dann kann man doch vielleicht an anderen Orten, in anderen Räumen, eine Sprache finden, die die eisig erstarrte Zunge löst. Gerade die orientalischen Sequenzen in Else Lasker-Schülers Werk scheinen diese Möglichkeit sehr intensiv zu prüfen und unglaublich wörtlich genommen zu inszenieren. Der Ausweg, den das Schreiben Lasker-Schülers aus der Sprachkrise nimmt, ist aber nicht nur als Fluchtbewegung zu kennzeichnen, es hat viele, vor allem an Bildern reiche, Facetten. Und es knüpft an vorhandene Strategien des Umgangs mit der problematisch gewordenen Sprache an.

Die grundlegende Skepsis, wie sie sich im Problem „Sprachkrise" zeigt, wurde nicht zuletzt auch von Nietzsches berühmtem Text *Über Wahrheit und Lüge im außermoralischen Sinne* inszeniert. Inszeniert deshalb, weil der eigentliche Kritikpunkt, das Verstellende, die mangelnde Eindeutigkeit der Sprache, von Nietzsche im weiteren Verlauf des Textes in einem jähen, aber wohldurchdachten Schachzug positiv gewendet wird, indem er den Metapherntrieb als anthropologische Konstante begreift. Sprache, das ist Nietzsches Credo, ist dann stark und lebendig, wenn sie als bildhafte und unbegriffliche sich der Welt in einem ästhetischen Akt nähert, Kunst wird und es so am ehesten vermag, Wirkliches einzufangen und zu artikulieren.

In seinem *Ausblick auf eine Theorie der Unbegrifflichkeit* nimmt Hans Blumenberg die Wendung Nietzsches auf, es handle sich bei der Metapher um eine „Störung", freilich um eine sehr nützliche und notwendige. Der Be-

---

Und sprechen Fernes,

Und bin ein buntes Bilderbuch
Auf Deinem Schoß.

Aber dein Antlitz spinnt
Einen Schleier aus Weinen.

Meinen schillernden Vögeln
Sind die Korallen ausgestochen,

An den Hecken der Gärten
Versteinern sich ihre weichen Nester.

Wer salbt meine toten Paläste-
Sie trugen die Kronen meiner Väter,
Ihre Gebete versanken im heiligen Fluß." (Gedichte, Bd.1, S. 166).

zug zu einem fremden Kontext, den die Metapher in einem Text herstellt, ist nicht als Hindernis des Verstehens zu betrachten, sondern als dessen eigener Reiz. Metaphorisches Sprechen ist eben deshalb kein uneigentliches Sprechen, sondern Sprache mit verschiedensten Anschlußmöglichkeiten, Sprache mit einem offenen Weltbezug. Diese Eigenschaft von Metaphern erweist sich da als besonders wichtig, wo es um existentielle Welterfahrung geht:

„Je mehr wir uns von der kurzen Distanz der erfüllbaren Intentionalität entfernen und auf Totalhorizonte beziehen, die für unsere Erfahrung nicht mehr zu durchschreiten und abzugrenzen sind, um so impressiver wird die Verwendung von Metaphern."[5]

Wo Erfahrungen[6] sich an der Grenze von Sagbarkeit artikulieren, ist die Metapher wie jedes unbegriffliche Sprechen (die Metapher ist ja nur ein Spezialfall einer Sprache der Unbegrifflichkeit) die sprachliche Funktion, die die Grenze zum nicht mehr Benennbaren auszuweiten oder sogar als sogenannte „Spreng-metaphorik"[7] zur Explosion zu bringen vermag. Damit operiert die Sprengmetapher an der Grenze des Vorstellbaren, ist gekennzeichnet vom Paradox des heterogen zusammengebundenen Bildmaterials. Als solche radikale Ausweitung von Wahrnehmungsbeschreibung ist sie wichtig für ein Sprechen, das sich an seine von Konventionen und Traditionen gesteckten Grenzen vortastet, in dem Willen, diese zu überwinden. Beschreibt Blumenberg mit der Sprengmetapher als radikale Funktion von Sprache deren Zersplitterung von Sinn in einer Detonation von Wortkaskaden, die auch Else Lasker-Schüler zu kennen scheint[8], dann muß man neben dem Aufsprengen die umgekehrte Leistung der Metapher bedenken, ihre Verdichtung von Eindrücken, ihr Übereinanderschichten. Das ist die Metapher dort, wo sie vielleicht mehr ist als „nur" Metapher, fast (Traum-) Symbol. Ludwig Klages entwirft in der Nachfolge Nietzsches ein fast sakrales Plädoyer für das Sprechen in Bildern, für ihn ist Sprache nicht unmittelbar da, sie vermittelt sich erst über Bilder und gewinnt so eine starke Körperlichkeit. Klages führt die Bilder der Sprache auf wenige elementare Urbilder zurück, die er in einem

---

5   Hans Blumenberg, Ausblick auf eine Theorie der Unbegrifflichkeit, in: Ders., Schiffbruch mit Zuschauer, Frankfurt a. M. 1993, S. 80.
6   Solche „ausgeweiteten" Erfahrungen können sich dort ergeben, wo sie bewußt gesucht und hervorgerufen werden im Rekurrieren auf Bereiche, die solches versprechen. Die Kunst der Jahrhundertwende hat versucht, produktive Erfahrungen zu machen im Eindringen in bislang kaum thematisierte und vor allem tabuisierte Bereiche wie den Wahnsinn, Krankheit, Kriminalität, Sexualität. Auch der Bezug auf archaische Vorbilder, auf Mythen und ihre speziellen Strukturen, ist so funktionalisiert worden. Blumenberg spricht in diesem Zusammenhang von einem „Einsatzmythos", der ausdrückt, was sich in begrifflicher Sprache nicht hätte sagen lassen.
7   Hans Blumenberg, a.a.O., S. 84.
8   „Überall liegt ein Wort von mir [...]. Mir brach die Welt in Splitter." (Else Lasker-Schüler, Mein Herz, Bd. 2, S. 103f.).

assoziativen Verfahren, das fast an magische Verfahrensweisen erinnert, mit Bedeutung versieht. In Anlehnung an Herders *Abhandlung über den Ursprung der Sprache* (1772) entwirft er eine Sprachentstehungstheorie und geht dabei von einer vorvernünftigen Ursprache aus, die er als „Singsprechen" in die Nähe zur Musik rückt und damit ihre sinnlich-lautliche Komponente betont. Das ist die Sprache als ihr Klangmaterial. Den Sprachvorgang stellt sich Klages als Sprechvorgang so vor, daß sich an ein elementares Geschehen ein Gefühlswert knüpft und sich dann in Lauten ausdrückt. Diesen Vorgang imaginiert Klages als sehr körperlichen, wenn er über die Wichtigkeit der Resonanzerzeugung dieser Laute im Körper nachdenkt und deutlich macht, daß die Ausdruckskraft der Laute in der Rhythmik liegt, die der Körper unmittelbar spürt, das heißt, über Tastvorgänge ebenso wie über das Hören. Klages glaubt an die Magie der Sprache, an ihre Hervorrufungskraft, die sich nicht an der traditionellen Bedeutung der Worte bemißt, sondern an ihrem sinnlichen Gehalt, an ihrer Korrespondenz mit dem Körper. So körperlich er Sprache begreift, geht aber auch Klages von ihrer grundsätzlichen Ambivalenz aus, die darin besteht, daß sie, insbesondere dort, wo sie Schrift ist, einerseits den sinnlichen Eindruck abstrahiert, in vergleichsweise abstrakten Zeichen aufbewahrt, andererseits Eindrücke in einem „Wortleib" verkörpert.[9]

Einer der Auswege aus dem Ärgernis der Sprachkrise scheint hier zu liegen, im Anbinden der Sprache an den sie hervorbringenden Körper, im Beschwören der Sinnlichkeit des Sprechens. Eine Wahrheitsdiskussion gibt es nicht mehr, sie ist abgelöst von der Suche nach der Authentizität des Materials, das als Material des Körpers existentielle Ausdruckskraft erhält.

Was heißt das aber, die Sprache wie einen Körper aufzufassen? Dann sind in der Sprache Lust-und Schmerzerfahrungen möglich, hat Sprache Sinne und eine spezifische Zeitlichkeit, eine Entwicklung und ein Alter, erleidet sie den Tod. Der Sprachkörper, der sie ist, öffnet und verschließt sich der äußeren Welt.

Wo Sprache Körper ist, ist auch der Körper Sprache. Er kann beschriftet werden, seine Haut ist dann Pergament, Blut wird zur Tinte, seine Bewegungen hinterlassen Spuren einer Schrift, Lasker-Schülers *„Schrift des Atems"*. Der Körper bietet das Sprachmaterial an als sein eigenes, im sinnlichen Hervorbringen, im Sprechen: In ihrer klanglichen Qualität sind Worte Wortleiber. Man könnte sie verführen oder verführt werden.

In *Le Plaisir du Texte*[10] beschreibt Roland Barthes die Verführungskünste der Sprache. Etwas mechanisch und nicht immer glücklich unterscheidet er

---

9 Vgl. Ludwig Klages, Der Geist als Widersacher der Seele, Kapitel 66, S. 1143ff.
10 In der deutschen Übersetzung: Roland Barthes, Die Lust am Text, Frankfurt a.M. 1992.

zwischen der Lust und der Wollust, die ein Text hervorrufen kann, zum einen als gelesener Text (hier knüpft Barthes an rezeptionsästhetische Modelle an), zum anderen als geschriebener bzw. zu schreibender oder auch gesprochener Text. Während die Lust (*Plaisir*) am Text sich fast in einer Praxis behaglichen Lesens zu erschöpfen scheint,[11] und so auch wenig innovative Kraft entfaltet, eher entspannt, als die Kräfte anspannt, wärmt und keine Überhitzung oder Vereisung zuläßt, ist Wollust (*Jouissance*) weit mehr oder vielleicht sogar etwas ganz anderes als eine bloß gesteigerte Lust am Text. Die Wollust lebt vom mehr als Zuträglichen, Extremen, ist Sprache als deren orgasmatisches „Überlaufen" als *„mächtiger Wortstrahl"*[12]. Sie ist die Sprache, die Grenzerfahrungen zuläßt, ja provoziert, ist die Sprache, die erschüttert, die Krise beschwört, den Skandal entfacht, der Lust den Schmerz hinzufügt. Sie setzt den Zustand des Sichverlierens und der Entgrenzung ebenso voraus, wie sie ihn erst hervorruft in einer Inszenierung von krassen Brüchen und splitternden Stücken ohne die Chance auf Herstellung einer Identität. Die Wollust der Sprache führt sie hart an die Grenze des Sagbaren, tastet sich nicht heran an die Angst vor dem Verstummen, sondern wirft sich ihr ohne Rücksicht auf Verluste geradewegs in die Arme. An dieser Grenze, im Aushöhlen von Zwischenräumen, entfaltet die Wollust der Sprache ihr Potential:

„Es geht darum, durch Transmutation (und nicht mehr nur durch Transformation) einen neuen alchimistischen Zustand der Sprachmaterie in Erscheinung treten zu lassen; dieser unerhörte Zustand, dieses glühende Metall ohne Ursprung und außerhalb der Kommunikation, das ist dann <u>Sprache,</u> *und nicht* <u>eine</u> *Sprache, mag sie auch noch so sehr verfremdet, gemimt, ironisiert sein."*[13]

Das, was diese wollüstige Sprachpraxis hervorbringt, ist nicht das Gold der Alchimisten als vielmehr eine Variante der Blumenbergschen *Sprengmetapher*, etwas, das *„explodiert, detoniert"*.[14] Sie bringt es hervor zum einen als Begehren des Neuen, Niedagewesenen, als Innovation, die überkommene Traditionen wegfegt und zum anderen als magische Wiederholung im genießerischen Auskosten der Worte (Malte Laurids Brigge: *„Ja, es ist möglich."* Er wiederholt es <u>siebenmal</u>)[15].

---

11 „Die Lust am Text läßt sich durch eine Praxis definieren (ohne jede Gefahr von Repression): Ort und Zeit der Lektüre: Haus, Provinz, nahe Mahlzeit, Lampe, Familie, wo sie hingehört, das heißt weit weg und nicht weit (Proust in seinem Arbeitszimmer beim Duft von Schwertlilien), usw. Außerordentliche Verstärkung des Ich (durch das Phantasma); gedämpftes Unbewußtes." (Barthes, Die Lust am Text, S. 77).
12 Barthes, Die Lust am Text, S. 14.
13 A.a.O., S. 47f., Hervorhebung im Text.
14 A.a.O., S. 64.
15 Rainer Maria Rilke, Die Aufzeichnungen des Malte Laurids Brigge, S. 23f.

„Kurz, das Wort kann nur unter zwei entgegengesetzten, gleicherweise exzessiven Bedingungen erotisch sein: wenn es bis zum Äußersten wiederholt wird oder aber, im Gegenteil, es unerwartet, durch seine Neuheit saftig ist."[16]

Das alles ist natürlich nicht inhaltlich gemeint, es geht um keinen Inhalt als Text, es geht um seine Inszenierung, um sein körperliches Hervorbringen, sein Produziertwerden als körperliche Funktion, als „lautes Schreiben", als

„die mit Haut bedeckte Sprache, einem Text, bei dem man die Rauheit der Kehle, die Patina der Konsonanten, die Wonne der Vokale, eine ganze Stereophonie der Sinnlichkeit hören kann: die Verknüpfung von Körper und Sprache, nicht von Sinn und Sprache."[17]

„Lautes Schreiben" ist dann die Dokumentation dieser Sprache „in ihrer ganzen Materialität", das heißt, „in ihrer Sinnlichkeit den Atem, die Rauheit, das Fleisch der Lippen, die ganze Präsenz des menschlichen Mauls hören zu lassen [...]und schon gelingt es [...], das Signifikat ganz weit weg zu rücken und den anonymen Körper [...] in ein Ohr zu werfen: das knirscht, das knistert, das streichelt, das schabt, das schneidet: Wollust."[18]

Während Barthes an Nietzsche so anknüpft, daß er das körper- und lustbetonte sinnliche Potential der Sprache beschwört, und somit der Sprache jenseits aller Stereotype eine Art Frischzellenkur verordnet, gibt es andere Auffassungen davon, woraus poetische Sprache, denn um die geht es hier, schöpft und so den beklagten Erstarrungsprozessen entgehen kann. Ähnlich wie Klages geht Julia Kristeva von der Vorstellung einer vorvernünftigen Ursprache aus, wenn sie annimmt, es gäbe ähnlich dem Unbewußten einen Bereich der Sprache, an den das vernünftige Sprechen nicht so einfach heranreicht, aus dem es sich aber dennoch speist. Diesen vorvernünftigen Sprachraum bezeichnet Kristeva als „semiotische Chora", die noch nicht dem Diskurs der Repräsentation folgt, sondern im wesentlichen noch eine bewegliche, „ausdruckslose Totalität" darstellt, ein unbewußtes Material der Sprache und als solches unentbehrlich.[19] Wichtig ist hier vor allem das Adjektiv „semiotisch", das Kristeva substantivisch, an das Griechische sich anlehnend, als „Unterscheidungsmerkmal, Spur, Kennzeichen, Vorzeichen, Beweis, graviertes oder geschriebenes Zeichen, Aufdruck, Hinweis, Gestaltung"[20] übersetzt. Das Semiotische geht in diesem Verständnis dem Symbolischen voraus, das im wesentlichen mit „sozial" und, im Bereich der Sprache, „thetisch" zu nennen wäre. Das Semiotische ist als eine Art Rhythmus zu kennzeichnen, als Mar-

---

16 Barthes, Die Lust am Text, S. 63.
17 A.a.O., S. 97f.
18 A.a.O., S. 97.
19 Julia Kristeva, Die Revolution der poetischen Sprache, Frankfurt a.M. 1978, S. 30ff.
20 A.a.O., S. 35.

kierung, Energiestrom innerhalb der *Chora*. Als solches ist es ein musikalisch zu verstehendes Phänomen:

> *„Mallarmé kennzeichnet diesen der Sprache inhärenten semiotischen Rhythmus, wenn er vom Geheimnis in den Buchstaben spricht (Mystere dans les lettres): gleichgültig gegenüber der Sprache, rätselhaft und weiblich, ist dieser dem Schreiben zugrunde liegende Bereich rhythmisch, entfesselt und nicht auf seine intelligible, verbale Übersetzung reduzierbar; er ist musikalisch, geht dem Urteilen voraus, und nur eine einzige Gewähr gibt es, die ihn zu mäßigen vermag - die Syntax."*[21]

Auch wenn zunächst die Differenz ins Auge fällt, gibt es bei Kristeva und Barthes durchaus eine siginfikante Gemeinsamkeit. Auch Kristeva spricht, ähnlich wie Barthes, vom zerstückelnden Potential der *„semiotischen Motilität"*[22], von der Zerrüttung der Ordnung, vom Zusammenbruch der Grammatik, wenn das Semiotische in einer thetischen Phase zweiten Grades in die Sprache wiederaufgenommen wird.[23]

Das Beunruhigende der Sprache, ihr metaphorisches und metonymisches Sprechen nobilitiert zu haben, dieses Verdienst gebührt Nietzsche, Klages lernt von ihm, Blumenberg, Barthes und Kristeva (u.a.), in ihrem je eigenen Kontext, verschärfen Nietzsches Vorstellung vom *„Metapherntrieb"* zum *„Sprengmetapherntrieb"*. Sie trauen insbesondere den Extremen und dem vorvernünftig Sinnlichen eine Belebung der poetischen Sprache zu. Die Auswahl der oben Genannten ist nicht zufällig erfolgt. Sie ließ sich leiten von den schon gesammelten Beobachtungen zum Schreiben Lasker-Schülers, ihrer intensiven Beschreibung von Räumen als leeren Räumen, Zwischenräumen ohne festgelegte Konnotierung. Ihre Poetik einer existentiell zu nennenden Verausgabung läßt einen dazu passenden Befund von ihrer Sprache, dem Umgang mit ihr als poetischem Material, erwarten. Fest steht aber auch, das

---

21 A.a.O., S. 40f.
22 A.a.O., S. 55.
23 „Beim sprechenden Subjekt artikuliert das Phantasma den Triebeinbruch in die Ordnung des Signifikanten: es zerrüttet die Ordnung und verschiebt die Metonymie des Begehrens, die auf den Ort des Anderen wirkt, hin zu einem Lusterleben, das die Besetzung des Objekts rückgängig macht und sich wieder dem autoerotischen Körper zuwendet, während die sprachliche Abwehr auf diese Weise die Ambiguität der Sprache enthüllt - den ihr zugrunde liegenden Todestrieb. Wenn Sprache, die über narzißtische, spiegelbildliche, imaginäre Besetzungen als Symbolisches konstituiert wurde, den Körper vor dem Triebangriff schützt, indem sie ihn zu dem Ort des Signifikanten macht, wo sich dieser Körper mittels Positionen bezeichnet, wenn also Sprache im Dienste des Todestriebes zur narzißtischen Hülle wird, in die der Todestrieb umgeleitet werden kann, dann führt das Phantasma uns wieder vor Augen, was ihnen entgangen sein könnte: die Insistenz der Triebheterogenität. [...] In den Praktiken der Kunst offenbart sich das Semiotische nicht nur als Bedingung des Symbolischen, sondern auch als dessen Aggressor; insofern gibt die Kunst auch Aufschluß über die Funktionsweise des Semiotischen." (Kristeva, Revolution der poetischen Sprache, S. 58f.).

erfordert allein schon die notwendige Differenzierung, daß mit der oben genannten Vorstellung allein, Lasker-Schülers Schreiben nicht hinreichend zu erfassen ist. Es geht um eine Ästhetik der Sprachkunst Lasker-Schülers, die sich nicht nur nach vorne, als Sprachavantgarde artikuliert, die nicht nur prometheisch zerschlägt und die Splitter scharfkantig schillern läßt, sondern ebenso auch sich speist aus gelungenem traditionellem Umgehen mit Sprache im Einsatz von Material aus der Kunst symbolistischer, romantischer und archaisch mythischer Traditionen. Lasker-Schüler vertraut der Sprache als Körperdiskurs nicht so rückhaltlos, daß sie nicht, wie schon gezeigt, auch Entkörperungsstrategien einer gesteigerten Abstrahierung verfolgen würde. Bei ihr soll in einem alchimistischen Prozeß schon noch „Gold" herauskommen und nicht nur „*glühendes Metall*"[24], wird noch von etwas gesprochen, wenig geschwiegen, wenn auch großartig metonymisch verschoben und metaphorisch entgrenzt. Das alles sind auch Bewegungen des Sichentziehens, des Nicht-Festlegen-Lassens und sei es das Fixieren auf das Ungefähre, Bewegliche, Nichtfestgelegte. Das ist Sprache mit phantastischem Mehrwert unter dem Primat des Wunderbaren, im magischen Viereck von Sprache, Kunst, Körper und Mythos:

„Es ist etwas Wunderbares um die Sprache. Sie entkörpert die Massivität der Körper-Dinge, die sich in den akustischen Schwingungen der Wörter verflüssigen, als wären sie ganz und gar gewichtslos, als könnten sie durch Zeit und Raum beliebig forttransportiert werden. Wie leicht die Wörter die Schwerkraft der Natur überwinden, wie mühelos sie über den Wassern wandeln und aus den Gräbern steigen. So weit ab vom ziehenden Sog des Wassers und dem steinernen Druck der Gräber, wie sie sind, ist ihnen keine Phantasie mehr verwehrt. Sie können zaubern, und alle weiteren mythischen Wunder entstehen aus diesem einen der Sprache, deren Semantik nur einer fast schon verschwindenden Materie anhängt - den hörbaren Lauten. Sinnliche Naturlaute der menschlichen Stimme, von intelligiblen Bedeutungen wie von einem transparenten Firniß überzogen: Hier hält sich die Imagination für alles und jedes auf, hier erheben sich auch die Luftschlösser um den Tod, den Gott und das Jenseits."[25]

Hier könnte man Lasker-Schülers Umgehen mit Sprache verorten, hier ließe sie sich, vorsichtig operierend, betasten, der lähmenden „*Schwerkraft*" enthoben, „*mühelos*", „*transparent*", ohne „*Massivität*".

Das Verflüssigende von Sprache zu betonen, kann auch bedeuten, keine strenge Grenze zwischen Sprechen (als Oralem) und Schrift (als literalem Phänomen) zu ziehen. Derridas Schriftbegriff unterläuft in seiner Vorstellung

---

24 Barthes, Die Lust am Text, S. 48.
25 Rolf Grimminger, Die ewige Geschichte von Leben und Tod, in: Kursbuch Todesbilder, Heft 114, Dezember 1993, S. 140.

von der Spur (*trace*) die Entgegensetzung von Mündlichkeit und Schriftlichkeit:

> *„Die Spur ist die Differenz, in welcher das Erscheinen und die Bedeutung ihren Anfang nehmen. Als Artikulation des Lebendigen am Nicht-Lebendigen schlechthin, als Ursprung aller Wiederholung, als Ursprung der Idealität ist die Spur so wenig ideal wie reell, intelligibel wie sinnlich, und so wenig transparente Bedeutung wie opake Energie; kein Begriff der Metaphysik kann sie beschreiben. Und da sie a fortiori der Unterscheidung zwischen den Sinnesorganen, dem Laut und dem Licht vorgängig ist, wie könnte es dann noch sinnvoll sein, eine „natürliche" Hierarchie zwischen dem akustischen Eindruck und dem visuellen (graphischen) Eindruck zu errichten? Das graphische Abbild wird nicht gesehen und das akustische Abbild wird nicht gehört. Unerhört bleibt die Differenz zwischen den erfüllten Einheiten der Stimme. Und unsichtbar auch die Differenz im Korpus der Inschrift."*[26]

Dieser grundsätzliche Verzicht auf Unterscheidung zwischen Oralität und Literalität heißt nicht, daß man nicht über orale Phänomene einerseits, literale Phänomene andererseits, fruchtbar nachdenken könnte. Aber die Grenzen werden als osmotische gedacht, Orales und Literales diffundiert auch in den folgenden Analysen.

Phänomene von Schriftlichkeit in den Blick zu nehmen, bedeutet zunächst, eine Entwicklung innerhalb der Prosa Else Lasker-Schülers zu bemerken. Sie entwirft ihre Hauptfiguren, von *Tino* zum *Malik*, als Schreiblehrlinge bzw. Schreibende. So ist die Prosa durchgängig auch als Kommentar des Produktionsprozesses zu lesen, mithin als Selbstreflexion. Wie das im einzelnen geschieht, soll im ersten Teil dieses Kapitels diskutiert werden.

Des weiteren verändert dieses Kapitel im Vergleich zu den beiden vorangegangenen seinen Blickwinkel, indem es ganz bewußt auf der Folie der dort schon vorliegenden „Befunde" argumentiert (und dabei mitunter die zuerst gewählte Reihenfolge umkehrt). Das heißt im einzelnen: Wie verhält es sich mit dem Problem von Sprache und Mythos in der Prosa Else Lasker-Schülers? Was läßt sich unter dem Perspektiv Sprache und Körper in den Blick nehmen?

Zum Schluß des Kapitels soll eine Metapher betrachtet werden, die eigentlich in allen Kapiteln unter dem jeweiligen Aspekt mit Recht hätte verhandelt werden können: die Metapher des Spiegels. Traditionell gilt sie als Metapher der Selbsterkenntnis und, orientiert an Nietzsche, auch als Metapher für die Kunst und ihre Art der Wahrnehmung. Sie gesondert zu thematisieren, soll den Weg öffnen, am Schluß der Untersuchung noch einmal grundsätzlich über die Ästhetik der Texte Else Lasker-Schülers nachzudenken. Spiegel aber ver-

---

26 Jacques Derrida, Grammatologie, Frankfurt a.M. 1994, S. 114.

ändern, schaffen auch Räume und so hat sie, sehr vermittelt, auch mit der in den Texten vorliegenden Raumerfahrung zu tun.

4.2 Schreibwege

Schreibinitiationen

Die Prosa Lasker-Schülers thematisiert in vielfältiger Weise ihren eigenen Produktionsprozeß und reflektiert ihre eigene Ästhetik. Wenig nur ist nicht in diesem Zusammenhang zu sehen.

In ihrer ersten Prosaveröffentlichung, im *Peter Hille-Buch* (1906), zeichnet Else Lasker-Schüler die verschlungenen Wege, die die Ich-Figur *Tino* geht, um eine Schreibende zu werden. Der Text zeigt Initiationsriten, Rituale, die das Schreiben spürbar werden lassen am eigenen Körper. In solchen Riten ist das Schreibenlernen sexuell aufgeladen. Dolche dringen in sie ein[27], aber sie ritzen ihr auch die Haut und verwandeln sich als Schreibgerät in einen „*Riesenbleistift*"[28]. Objekt der Lust, Subjekt des Schreibens, ist die als *Zarathustra-Petrus* gestaltete Figur des Dichters, in ihm konzentrieren sich alle Schreibbemühungen. Die *Zarathustra*-Stilisierung zeigt sich auf mehreren Ebenen: Ähnlich wie *Zarathustra* ist auch der *Petrus* des *Peter Hille-Buches* ein (Wander)Prediger, der mit seinem Rückzug von der menschlichen Gesellschaft ebenso spielt wie mit seinem plötzlichen Auftauchen. Auch der sakrale, aber oft unernste Gestus erinnert an den *Zarathustra* Nietzsches. Ihre (*Zarathustras* und *Petrus*) dionysisch inszenierte Entgrenzung läuft parallel, ihre Lust am Körper, ihr Schwelgen in kosmisch-mythischen Bildern. In Ihrem Schreiben mit Blut als Tinte geben sie jene Unbedingtheit und Lebendigkeit vor, die auch Rilkes *Malte* nur wenig später sagen läßt:

„*Denn die Erinnerungen selbst sind es noch nicht. Erst wenn sie Blut werden in uns, Blick und Gebärde, namenlos und nicht mehr zu unterscheiden von uns selbst, erst dann kann es geschehen, daß in einer sehr seltenen Stunde das erste Wort eines Verses aufsteht in ihrer Mitte und aus ihnen ausgeht.*"[29]

---

27 „Und als ich zu Petrus zurückkehrte, brannte mein Leib, und er zog den Dolch aus meinem Gürtel, der blutete." (Else Lasker-Schüler, Peter Hille-Buch, Bd. 4, S. 35).
28 Das Peter Hille-Buch, S. 27.
29 Rainer Maria Rilke, Die Aufzeichnungen des Malte Laurids Brigge, S. 22.

Das *Peter Hille-Buch* wählt, auch darin dem *Zarathustra* verwandt, ausdrücklich Bilder der jüdischen Schrifttradition[30] und fügt ihr eine nietzscheanisch-dionysische Leseweise hinzu. Es ist ein Buch des Nietzschekultes, der um die Jahrhundertwende um sich greift und es nimmt diesen *Zarathustra* in seiner Nachformung radikal wörtlich und funktionalisiert ihn. *Zarathustra-Petrus* ist eine Allegorie der Schrift als synästhetischem Klangkörper, als Funktion von Entgrenzung, als kosmische Liturgie und mythische Magie, als die Wünsche erfüllende Träume, als zweckloses Spiel mit Preziosen, als Sprache Venedigs und des Todes (reine Jahrhundertwende) und immer auch und zuerst, nicht zuletzt, als Inbegriff eines phallisch inszenierten Begehrens.

Tino trifft auf einen Zyklopen, versucht, in der Auseinandersetzung mit diesem unruhigen, sich entziehenden, aber begehrlichen Phantasten, einen eigenen Zugang zum Schreiben zu finden. Nachdem der erste Versuch, ein *„zauber-blaues Sprüchlein"* zu lernen, scheitert[31], lernt *Tino* von *Petrus*, Dinge zu benennen und, *„salbungsvoll wie ein Prediger zu sprechen"*.[32] Das alles ist die poetische Schilderung von Lernprozessen, wie sie in primären oralen Kulturen beobachtet werden können:

„Sie [die Lernenden in oralen Kulturen, I.H.] lernen in Lehrzeiten - zum Beispiel jagen sie mit erfahrenen Jägern - sie lernen als „Jünger", was einer Lehre gleicht, sie lauschen und wiederholen das Gehörte, sie beherzigen Sprichwörter, lernen, sie zu kombinieren und neu zu verknüpfen, sie eignen sich anderes formelhaftes Sprachmaterial an, sie haben Teil an einer Art von kollektiver Erinnerung."[33]

Die ersten Versuche, mythische Traditionen zu benutzen in einem Sprech- und Schreibprozeß, schlagen nicht mehr fehl, aber sie vermischen die Kontexte, der Ton des ausdrücklich genannten *Hohenliedes* verträgt sich nicht mit anderen, *Petrus* lacht.[34] Ist es das Gelächter *Zarathustras*, das Lachen Nietzsches, das wir hier hören, dann ist es ein die Traditionen dekonstruierendes. Auch *Tino* dekonstruiert sie, indem sie sie auseinanderpflückt, ihr brauchbar erscheinende Elemente isoliert und in andere Kontexte einbaut. Das ist naiver, souveräner und respektloser Eklektizismus und dieses Prinzip (angeblich)

---

30 „Leise las Petrus die hebräischen Gesänge der Bibel: „Wundervoll ist die Gestalt dieser alten Sprache; wie Harfen stehen die Schriftzeichen und etliche sind gebogen aus feinen Saiten." (Else Lasker-Schüler, Das Peter Hille-Buch, S. 22).

31 „Zu Raba wollte ich, daß sie mich ihr zauberblaues Sprüchlein lehre. Unermüdlich werde ich es hersagen, unzählige Male auf jeder Perle meiner Kette, bis das Wolkenfenster droben aufspringt und sich Tausendwärme über Petrus neigt. Aber der Weg, der zu den steilen Felsgehängen führte, war versperrt; ..." (Das Peter Hille-Buch, S. 24).

32 Das Peter Hille-Buch, S. 27.

33 Walter J. Ong, Oralität und Literalität, Die Technologisierung des Wortes, Opladen 1987, S. 16.

34 Ebda.

postmodernen Zitierens und lustvollem Sich-zu-Nutzen-Machens von Traditionen wird *Tino* fortan genauso beibehalten, wie es Lasker-Schülers Poetik grundsätzlich kennzeichnet.

Petrus findet für *Tinos* Vorgehen das Bild der Quelle, die überströmt, die die Kontexte verflüssigt, vermischt und im gegebenen Augenblick auch wieder kristallisieren läßt dort, wo *Tino* das Dichten als Spiel mit bunten Steinen im wahrsten Sinne des Wortes begreift. *Petrus* und *Tino* suchen nach bunten Steinen:

„*Vor uns schimmerte der See in grünen Strahlensplittern. Wir sitzen auf einem niederen Hügel aus Kies und lassen die kleinen Dinger durch unsere Finger gleiten.* „*Sieh, was ich hier gefunden habe!*" *rief Petrus, und in der Hand hielt er einen durchsichtigen Stein und prüfte seine Reine.* „*Einen durchsichtigen Smaragd habe ich gefunden! Du glücklicher kleiner Schelm, ich lasse ihn Dir in Strahlen fassen.*"[35]

Gefundenes, Gesammeltes, ein „objet trouvé" wie bei den Dada-Projekten wird zum auserkorenen Material der Kunst und läßt Heterogenes in Arrangements des Zufalls bewußt aufeinandertreffen.

Samuel Beckett wird später das Bild der Steine in seiner berühmten „Lutschsteinepisode" im *Molloy* wiederaufnehmen. Diese Episode wird wie aus dem „Off" erzählt, wie immer ist sich der Erzähler seines Erzählten nicht sicher, und so ist die Lutschsteinepisode schon bevor sie überhaupt erzählt wird, von ihrer Unmöglichkeit her zu lesen:

„*Und manchmal fragte ich mich, ob ich von dieser Fahrt jemals zurückgekehrt bin. Denn wenn ich mich aufs Meer hinausfahren und lange auf den Fluten treiben sehe, sehe ich keine Rückkehr, keinen Tanz auf der Brandung, und ich höre den schwachen Kiel nicht auf dem Sand knirschen. Ich nutzte diesen Aufenthalt, um mich mit Steinen zum Lutschen zu versorgen.*"[36]

Im folgenden räsoniert *Molloy* dann seitenlang über die günstigste Verteilung von Lutschsteinen in seinen Hosentaschen, die es ihm ermöglichen würde, immer wieder einen anderen Stein in den Mund zu nehmen und erst wenn alle einmal gelutscht wären, wieder von vorn mit dem zuerst gelutschten Stein zu beginnen. Was hier absurd klingt und es auch ist, die analytische Durchdringung eines per se Zufälligen (und das sind die gefundenen Steine ebenso wie gefundene Worte), wird in seiner wirksamen Ironisierung zum ebenso mächtigen Plädoyer für das Über-Bord-Werfen von allzu bewußten Anordnungsprinzipien und so beendet auch *Molloy* sein amüsantes Lutschsteinkopfzerbrechen:

---

35   Das Peter Hille-Buch, S. 39.
36   Samuel Beckett, Molloy, Frankfurt a.M. 1975, S. 81.

„*Und die Lösung, die ich endgültig annahm, war, alle meine Steine in die Luft zu werfen, mit Ausnahme von einem, den ich bald in der einen, bald in der anderen Tasche aufbewahrte und den ich natürlich in kürzester Zeit verlor oder wegwarf oder verschenkte oder hinunterschluckte.*"[37]

Während Lasker-Schüler sich noch vorstellen kann, zufällig einen „*Smaragd*" im Kieshaufen zu finden und ihn als Kostbarkeit, eben als glänzende Preziose der immer wieder durchschimmernden Jahrhundertwendeästhetik[38] auf den Markt zu werfen, zu „veröffentlichen"[39], läßt Beckett seinen *Molloy* das mit so viel Sorgfalt bedachte Gefundene einfach wieder wegwerfen. Finden oder Verlieren ist ihm eines, Setzen und Verwerfen, auch Sprechen und Verstummen: Die *Lutschsteine* lassen als orales Bild an das Hervorbringen von Sprache denken (paradox ist an diesem Bild von den Lutschsteinen freilich, daß man mit solchen Steinen im Mund wohl kaum artikuliert sprechen kann, Dada-Worte aber wären vorstellbar).

Anders im *Peter Hille-Buch*: Zuletzt wird *Tinos* Dichtenlernen überhöht, es tritt in das sakrale Sprechen der Götter ein, wird imaginiert als Sprechen auf heiligen Bergen.[40] *Tino* <u>entziffert</u> eine Traumschrift, eine „mütterliche" Schrift im Herzen des „väterlichen" *Petrus*. Das Entziffern ist begleitet vom synästhetischen Erleben Venedigs, jener Stadt der Jahrhundertwende, die auf engstem Raum, im engen Kontakt von Wasser und Erde, sich zu einem changierenden Bild von Liebe und Tod verdichtet:

„*Am liebsten hörte ich von der Lagunenstadt der Lieblingsstadt meiner Mutter; dann stiegen Wohlgerüche auf, die mich einwiegten. Schon ihre Vorfahren mit dem Zeichen Davids waren die Gäste der Dogen gewesen. „Manchmal dünkt es mich,"* sagte Petrus, *„Du hast dieselben Augen meines tiefsten Traumes." Auf seinem Herzen stand er geschrieben mit den Sternenlettern meiner Mutter, und die Gondoliere erzählen ihn heute noch den fremden Fahrgästen, wenn sie am St. Markusplatz vorbeigondeln.*"[41]

Mit solchen Wahrnehmungsmöglichkeiten des Fin-de-Siècle ausgerüstet, ist *Tino* dann zur Dichterin geworden, der Schleier ist zerrissen, aber auch ihre Unschuld geraubt, wie die nachfolgende Andeutung einer Vergewaltigung

---

37 Molloy, S. 87.
38 Zur Edelsteinmetaphorik um die Jahrhundertwende s. den informativen Aufsatz von Heide Eilert, Die Vorliebe für kostbar erlesene Materialien und ihre Funktion in der Lyrik des Fin de Siècle, in: Roger Bauer u.a. (Hg.), Fin de Siècle: Literatur und Kunst der Jahrhundertwende, Frankfurt a.M. 1977, S. 421ff.
39 Das Peter Hille-Buch, S. 39f.
40 Sechs aufeinanderfolgende Sequenzen sind betitelt: „Petrus und ich auf den Bergen" (Das Peter Hille-Buch, S. 44ff.).
41 Das Peter Hille-Buch, S. 48.

erahnen läßt.[42] Am Ende ist *Petrus* tot und läßt die nun ganz selbständige Dichterin *Tino* zurück, die, das Sakrale zunächst hinter sich lassend, ganz schlicht in die Erde schreibt:

„*Er h e i ß t wie die Welt h e i ß t.*"[43]

Petrus, die figurierte Dichtung, hat den Namen der Welt, ihrem Gegenstand. Die Sprache der Dichtung ist die Sprache der Dinge, ähnlich wie bei Büchner, erdnah, auch ganz materiell. Das heißt auch, daß man nichts, was Gestalt gewonnen hat, ausschließen kann als Gegenstand von Kunst. So wie Baudelaire dies zuerst mit *Une charogne* zeigt, Rilke es noch einmal für seinen *Malte* nachvollzieht (*„Auswahl und Ablehnung giebt es nicht* [...]. *Es kommt mir vor, als wäre das das Entscheidende: ob einer es über sich bringt, sich zu dem Aussätzigen zu legen und ihn zu erwärmen - mit der Herzwärme der Liebesnächte, das kann nicht anders als gut ausgehen.* [...] *Es wundert mich manchmal, wie bereit ich alles Erwartete aufgebe für das Wirkliche, selbst wenn es arg ist.*"[44]), scheint auch Else Lasker-Schüler, etwas spielerisch gewendet wie immer, ihre Kunst so zu begreifen. Keineswegs als Abschildern einer „Realität", aber als Kunst, die sich alles vorstellen kann, auch Tod, Gewalt und das Schreckliche der Liebe: *Penthesilea* als immer anwesendes Motiv. Die braune Erde aber, in die *Tino* schreibt, wird benetzt von der bunten rauschenden Quelle der Elemente unterschiedlicher Schrifttraditionen, die *Tino* mythisch ernst und postmodern lachend im Schreiben hervorbringt.

Traumschriften

In den ein Jahr später, 1907, erscheinenden *Die Nächte der Tino von Bagdad*, ist das Bild der Quelle wiederaufgenommen, aber es ist umgedeutet:

„*Ein Feuerberg ist sie, der an seinem Feuer verdorrt, eine bunte Quelle, die nicht von ihrem Schäumen erzählen darf und in ihrem eigenen Gesprudel ertrinkt.*"[45]

Damit ist jener Dualismus von Sprechen und Verstummen markiert, der die einzelnen Erzählsequenzen der *Nächte* durchzieht. Die *Nächte*, das ist ganz folgerichtig die erste Dichtung der *Tino*, die im *Peter Hille-Buch* als Figur entworfen wird und hier weiteragiert und von der man fiktional annimmt, sie sei die „*Dichterin Arabiens*".[46] Was uns da als Dichtung *Tinos* begegnet, ist Weichenstellung und Wegweiser zumindest für die folgenden orientalisch

---

42   Ebda.
43   A.a.O., S. 55.; gesperrt gedruckt im Text.
44   Rainer Maria Rilke, Die Aufzeichnungen des Malte Laurids Brigge, S. 62f.
45   Else Lasker-Schüler, Die Nächte der Tino von Bagdad, in: Der Prinz von Theben, Bd.4, S. 72.
46   A.a.O., S. 70.

gefärbten Dichtungen, wenn nicht gar programmatisch und befruchtend für die ganze Prosa Lasker-Schülers.

Zunächst liegt Irritation vor. Von Sequenz zu Sequenz werden die Orte der Handlung ebenso schnell gewechselt wie es immer unklar bleibt, ob man von einer Chronologie der geschilderten Ereignisse ausgehen darf oder nicht. (Man merkt es schon, man darf nicht). Indische Würdenträger wechseln ab mit phantastisch arabischen und bald ist man dann erleichtert, wenn man das Prinzip dahinter, das Willkür und damit Entlastung von Identifizierung bedeutet, bemerkt. Die einzelnen Sequenzen stehen also, handlungstechnisch gesehen, unverbunden nebeneinander, werden aber dennoch wirksam zusammengehalten über andere Strukturprinzipien. So sind z. B. (fast) alle Figuren auf irgendeine geheimnisvolle Art und Weise miteinander verwandt.[47] Die Sequenzen sind sich ähnlich, sehen sich ähnlich, hören sich ähnlich an, sind synästhetisch aufeinander bezogen. Sie leben davon, daß sie einen vergleichsweise reduzierten Bildvorrat immer wieder neu, in endlos ritualisierten Wiederholungen, heranziehen und so vor allem eines thematisieren: den Umgang mit Sprache im Hervorbringen und Verstummen, im Bezeichnen und Verweigern von Entziffern zugleich.[48]

Die Körper der Figuren werden beschrieben:

„*Deine Stirne ist mit Gold beschrieben, wie sollen die Unwissenden ihre Sprache deuten können.*"[49]

Dieses Bild eines phantastisch mythischen Körpers ist projizierbar auf das abstrakte Vorgehen des Textes. Die Figuren werden mit Zeichen versehen, es wird etwas zu ihnen und von ihnen gesagt, aber zugleich wird eine Deutung abgewiesen, die Schriftzeichen sind Hieroglyphen[50], Sprache als Bild und als solches mit vielen möglichen Anschlußmöglichkeiten versehen. Die Bilder stammen aber, großzügig betrachtet, aus dem orientalischen Raum, nicht erst um die Jahrhundertwende eine literarische Tradition, sondern wohl seit Goethe. Warum aber wählt Else Lasker-Schüler gerade solche Bilder, gerade diese

---

47 „Das Grundmuster aller Ordnungsschemata des Nächte-Bandes sind Verhältnisse der Verwandtschaft. Dies betrifft sowohl die Konstellation der Figuren, deren Attribute und die Schauplätze als auch bestimmte Formulierungen und Wörter, die identisch oder in leichter Abwandlung immer wieder auftauchen. Auch hier verschränkt sich die thematische Ebene untrennbar mit der formalen. Die Erzählungen sind von einem Netz der Ähnlichkeiten überzogen, die alles miteinander in Kontakt bringen, Attribute wechseln mit atemberaubender Geschwindigkeit ihren „Besitzer", die Wörter verbreiten sich wie durch Ansteckung." (Meike Feßmann, Spielfiguren. Die Ich-Figurationen Else Lasker-Schülers als Spiel mit der Autorrolle. Ein Beitrag zur Poetologie des modernen Autors, Stuttgart 1992, S. 168).
48 Die Nächte der Tino von Bagdad, S. 75ff.
49 A.a.O., S. 85.
50 Vgl. a.a.O., S. 64.

Tradition, auch wenn die Häufigkeit, mit der dies um 1900 geschieht, schon Erklärung genug sein mag? Goethe wurde für seinen *West-östlichen Diwan* von den Ghaselen des persischen Dichters Schams od-Din Mohammed angeregt, die ihm in der Übersetzung von J. v. Hammer-Purgstall (1812) vorlagen. Dieser persische Dichter aus dem 14. Jahrhundert hatte den Beinamen *Hafis*, was nichts anderes bedeutet als „Bewahrer", und das bezeichnet in den arabischen Ländern einen Mann, der den Koran auswendig kennt, wobei außerhalb des arabischen Sprachraums damit gerechnet werden muß, daß er den Inhalt dessen, was er in korrektem Arabisch wiederzugeben vermag als heiligen Ritualtext, gar nicht versteht.

Das ist Lexikonwissen, aber dennoch für den orientalischen Zusammenhang bei Lasker-Schüler interessant. Die Annahme liegt nahe und erhält so ihre Begründung, daß es sich bei ihren orientalischen Texten um solche handelt, die magisch mythisch mit Sprache umgehen, sie hervorbringen als eine Art Liturgie, die eher eine Geste meint als einen zu bezeichnenden Inhalt. Wichtig ist, daß auf eine bestimmte spielerische und ernste Weise gesprochen wird, geschrieben, aber es ist nicht entscheidend, was. Es müssen Geschichten erzählt werden, aber welche genau, ist weniger wichtig als der Gestus, in dem das geschieht. Dies zu Ende gedacht, kommen ihre dadaistisch anmutenden Sprachexperimente dabei heraus, die gerade in ihren orientalischen Büchern auftauchen:

„Muktagirân!" Silika Unu geivuh ...." „ Gadivatin" „biwila jati hi!!!"[51]

Sie bezeichnen jene Schicht von Sprache, die vor allem ihr Klang ist, ihr Appell an das Ohr und ihres Rhythmus an den Körper. Es ist das Vertrauen in ein Sprechen, das jenseits von ihm nur das Verstummen kennt und noch einmal sich aufbäumt als Lallen, als Musik, als Beschwörung, letztlich als Beweis dafür, daß Sprache auch da noch Wirkung zeigt, wo man sie nicht mehr versteht, nur noch als Raunen hört. Was einerseits ein mächtiges Plädoyer für die Sprache als Klang ist, sprengt andererseits jede Konvention einer Verständigungssprache (hier wird die ganze Sprache zu einer einzigen großen „Sprengmetapher").

In *Der Tod Georgs* erzählt Richard Beer-Hoffmann in der „Tempelepisode" von heiligen Fischen, mit denen Priester in einer Sprache redeten, die sie selbst nicht mehr, die Fische aber noch verstehen konnten. Das allein hielt das Sprechen der Priester lebendig, seine Wirkung auf die Fische, seine Magie, kein Inhalt:

„Weißgewandete Priester warfen ihnen des Morgens ihr Futter und riefen sie mit fremdklingenden Worten, die, unverstanden, Priester einander überliefert - die letzten,

---

51 A.a.O., S. 70.

die darauf hörten, waren rotglänzende Fische, die mit feisten Rücken, die aus dem Wasser ragten, und schnappenden, rosenrot bebarteten Lippen sich ans Ufer drängten, und dann satt sich sinken ließen, bis sie nur mehr wie große Blutstropfen aus der dunkeln Tiefe schimmerten."[52]

Wenn in den *Nächten der Tino von Bagdad* die Rede von „Khedivenfischen" ist, die mit „bunten Bonbons" gefüttert werden,[53] dann ist das ein ähnliches Bild und womöglich eine Anspielung auf diese Sequenz bei Beer-Hoffmann. Bunte Bonbons haben eine ähnliche Qualität wie die bunten Steine, die bei Lasker-Schüler nahezu durchgängig als das Material poetischen Sprechens aufgefaßt werden können. Man kann sie lutschen, im Mund bewegen wie die Sprache.

Vor diesem Hintergrund betrachtet, gewinnt die Vernetzungstechnik Lasker-Schülers über die Beschaffenheit ihres Bildmaterials hinaus, zusätzliche Legitimation, die sich aber auch aus einem anderen zusätzlichen Kontext zu speisen vermag. Im letzten Abschnitt „verrät" sich die Poetik des Textes in folgendem Bild:

„*Sechs Feierkleider, aus Traumseide gesponnen- rauschen in meinem Nachtgemach auf goldenen Bügeln in Glasschränken.*"[54]

Die Verknüpfung der Textsequenzen ist traumlogisch erfolgt, das ist der Faden („*Traumseide*"), der den Text zusammenbindet. Das Bild der verknüpfenden Fäden wird Else Lasker-Schüler fortan immer wieder in diesem Sinne benutzen[55], als zentrales Bild für den Zusammenhalt eines Textes, der sich eben nicht aus einer Handlungslogik ergibt, sondern der sein Gewebe aus anderen Elementen bildet, aus Bildern, verdichtet als Metaphern, verschoben als Metonymie. Die Zahl der „*Feierkleider*" findet eine Entsprechung in den sechs Städten, die dem Text als Schauplätze dienen, als Anlaß und Verortung, die den imaginierten Geschichten ihr Gewand, d.h. die Art ihrer Bilder vorgibt. Die wichtigsten Merkmale hat Lasker-Schüler selbst zusammengestellt: (dionysisch) *rauschend*, im (blauen)[56] „*Nachtgemach*", der Traumfabrik, hinter Glas, transparent und spiegelnd, wo *Tino und Apollydes träumen unter der Mondscheibe*, schließlich mit Gold bestäubt, alchimistisch verzaubert. Das Bild erinnert zudem an eine „Kleiderkiste": In ihr sind alle (orientalischen) Requisiten des Textes aufbewahrt und harren der Wiederverwendung. Wiederverwendet hat Lasker-Schüler sie dann, nachdem sie sie schon abgelegt

---

52 Richard Beer-Hoffmann, Der Tod Georgs, Stuttgart 1980, S. 26f.
53 Die Nächte der Tino von Bagdad, S. 62.
54 A.a.O., S. 90.
55 Für viele andere Stellen exemplarisch und programmatisch: „[...] aber die Leute, wie gesagt, lächeln immer zu langwierig, wenn ich was sage, auch verstehen sie nicht meinen gaukelnden Worten ein Seil zu spannen." (Mein Herz, S. 22).
56 Vgl. die Sequenz Das blaue Gemach, a.a.O., S. 59ff.

hatte, in mindestens zwei Prosawerken: *Der Prinz von Theben* (1914) und in *Der Malik*, der zwischen 1913 und 1917 als Folge von Briefen veröffentlicht wird und schließlich 1919 in Buchform vorliegt.

Schlachtengesänge

Im *Prinz von Theben* ist manches, was in den *Nächten* sich andeutet, krasser gewendet und greller ausgemalt. Die zaghaft erotischen Bilder sind solchen gewichen, die Sexualität und Gewalt untrennbar verknüpfen, alles Sprechen des Textes muß sich diesen Extremen stellen. Else Lasker-Schüler findet grauenvoll archaische Bilder, die in apokalyptischen Szenarien gipfeln:

„*Auf dem Acker die Ähren und die Stöcke der Weinberge begannen zu brennen und die Herzen der Menschen in Theben waren zu Asche verfallen und die Flügelgestalten an den Brunnen der Gärten flogen auf.*"[57]

Das ist das Ende von Hölderlins dionysischem *Brot und Wein*, das Ende auch der Weinberge Palästinas und der Kornfelder Ägyptens, selbst in Stein gehauene mythische Figuren fliehen am Ende der Geschichte. Das ist eine Belebung von Steinfiguren, die selbst Pygmalion, dem die vermittelte Schönheit in Stein nicht reichte, wohl so nicht gewollt hätte. Wer aber das Verlebendigen beschwört, auch des Steinernen, der müßte selbst damit rechnen, daß die „*Monstren der Vergangenheit*" aus dem Park von Bomarzo[58] wieder zum Leben kämen, wie das wohl ausginge? Sehr absichtsvoll erscheint im Gegenteil hier das Versteinern Trakls als invertierte Pygmaliongeste. Die Schrecken des Lebendigen werden so abgewiesen, Else Lasker-Schüler setzt sich dem, ganz im Gegensatz, bewußt aus.

Für diesen Schrecken, das Grauen, hat sie keine Geste des Verstummens gewählt, nicht zu einem Unsagbarkeitstopos Zuflucht genommen, sondern sorgsam ihr jüdisches Erbe bemüht im Ton der Apokalypse und dennoch sehr eigene Bilder daraus geformt.

Die Auseinandersetzung, die Liebe und Tod bei ihr nimmt, unterscheidet sich von so manchen Texten der Jahrhundertwende. Sie greift zurück auf Archaisches, ist damit moderner und extremer und läßt die preziose Todesästhetik zunehmend beiseite. Da findet kein Kokettieren mit dem Tod statt (so als sei der Tod eine vollendete Liebe), sondern, radikaler und sich der Radikalität verweigernd zugleich, ist Tod bei Lasker-Schüler gleich die zerstampfende Zerstörung, nicht die zerfließende Auflösung, ist die Zerstückelung eines Hie-

---

57 Der Prinz von Theben, S. 125.
58 S. Rolf Grimminger, Monstren der Vergangenheit, Amiels Tagebücher und der Park von Bomarzo, in: Merkur, 41(1987), S. 661ff.

ronymus Bosch eher als die so hübsch gestorbene und ewig konserviert erscheinende weibliche Wasserleiche.[59]

Wenn man sich fragt, warum diese Gewalt, warum diese Anähnelung des Textes an alttestamentliche Greuel, dann gibt es dafür eine Erklärung, die Else Lasker-Schüler selbst in *Mein Herz* dafür findet:

„Ich habe alles abgegeben der Zeit, wie ein voreiliger Asket, nun nimmt der Wind noch meine letzten herbstgefärbten Worte mit sich. Bald bin ich ganz leer, ganz weiß, Schnee, der in Asien fiel. So hat nie die Erde gefroren, wie ich friere, woran kann ich noch sterben! Ich bin verweht und vergangen, aus meinem Gebein kann man keinen Tempel mehr bauen. Kaum erinnerte ich mich noch an mich, wenn mir nicht alle Winde ins Gesicht pfiffen. O, du Welt, du Irrgarten, ich mag nicht mehr deinen Duft, er nährt falsche Träume groß. Du entpuppte grauenvolle Weltsagerin, ich habe dir die Maske vom Gesicht gerissen. Was soll ich noch hier unten, daran kein Stern hängt.

Ich bin nun ganz auf meine Seele angewiesen, und habe mit Zagen meine Küste betreten. So viel Wildnis! Ich werde selbst von mir aufgefressen werden. Ich feiere blutige Götzenfeste, trage böse Tiermasken und tanze mit Menschenknochen, mit Euren Schenkeln. Ich muß Geduld haben. Ich habe Geduld mit mir.

Schmidt-Rotluff hat mich im Zelt sitzend gemalt. Ein Mandrill, der Schlachtengesänge dichtet. "[60]

Es ist nach dem Gedicht *Heimweh* der zweite Hinweis auf eine Reflexion über mit der Vokabel „Sprachkrise" zu versehende Probleme. Die „Sprachkrise" ist eine sehr persönliche und erschöpft sich aber nicht darin. Die (weiße) Leere der Ich-Figur korrespondiert mit der leeren Seite Papier, die man nicht mehr zu beschreiben vermag. Eine Replik an die barocke „Frau Welt", hier „*Irrgarten*" und „*grauenvolle Weltsagerin*" als ihrer üblen Kehrseite, mischt sich mit den Erfahrungen eines modernen Ich. Mit dem Erkennen der Kehrseite ist die völlige Desillusionierung verbunden, das Spiel der Buchstaben (sie sind bei Lasker-Schüler oft, wie hier, als „*Sterne*" imaginiert) scheint tatsächlich beendet. An diesem Punkt der radikalen Desillusionierung, nach dem Schiffbruch, läßt die Ich-Figur sich noch einmal „ans Land spülen" („*habe mit Zagen meine Küste betreten*") und beschreibt einen Weg in die eigene „terra incognita", ins archaische Innere, ins Unbewußte: „*So viel Wildnis!*" Die Ich-Figur findet allerhand exotisches Barbarisches, auch das ist eine Parallele zu den Vorlieben von Dada für z.B. afrikanische Traditionen. Das sind etwas andere *Feierkleider* als die in den *Nächten*, aber gut verbergende Masken allzumal. Dieser Ausweg aus der „Sprachkrise" über unverbraucht Archaisches

---

59   Wenig später stimmt das so auch nicht mehr, in den berühmten Gedichten Heyms und Benns spielen längst Ratten die Hauptrolle und ist niemand häßlicher gestorben als gerade die entmystifizierten Ophelia-Figuren.
60   Mein Herz, S. 81.

scheint zu gelingen gerade dort, wo das Barbarische sich bis ins Animalische steigert. Als „*Mandrill, der blutige Schlachtengesänge dichtet*", läßt sich die Ich-Figur malen und gewinnt dann ihre dichterische Identität wieder. Diese Entwicklung, die nicht geradlinig ist, sondern eher einen jähen Umschwung markiert, ist in einem Satz eingefangen, der eine gebrochene Syntax aufweist:

„*Bin entzückt von meiner bunten Persönlichkeit, von meiner Urschrecklichkeit, von meiner Gefährlichkeit, aber meine goldene Stirn, meine goldenen Lider, die mein blaues Dichten überwachen.*"[61]

Die archaische Maskerade wird wieder abgelöst von jenem preziösen Sprechen, das Jahrhundertwende und Orient zu verbinden vermag und hier mit den Farbwerten Gold und Blau sich verrät. Der Umschwung selbst jedoch, der wird nicht recht deutlich, nur das „*aber*" markiert den Kontrast und es bleibt unklar, ob nun der Verlust dieses Sprechens beklagt oder seine Wiederkehr beschworen wird. Das Ganze jedoch, und deshalb lohnte auch diese Exkursion in *Mein Herz*, wirkt wie eine Illustration der Dynamik des Schreibens im *Prinz von Theben*, bzw. der *Prinz* erscheint im Kontext dieser Stelle wie die Antwort darauf, ist doch hier gerade die orientalische Bebilderung mit noch archaischeren Elementen bestückt, die wie ein Konglomerat aus alttestamentlichen und sogenannten „primitiven" Kulturen sich zeigt. Dennoch wirkt der *Prinz von Theben* geschlossener, seine Rede „legitimer" als die Träume der *Nächte*. Else Lasker-Schüler vernetzt die einzelnen Geschichten (Der Untertitel des *Prinz von Theben* heißt: *Ein Geschichtenbuch*) und die heterogenen Elemente in Figuren mit immer variierten Bildern der Schrift, Büchern, heiligen Schrifttraditionen. In der Eingangsgeschichte, an wichtiger Stelle, werden ausdrücklich die jüdischen Gesetzestafeln und das Buch Mose erwähnt:

„*Mschattre-Zimt besaß in seiner Sammlung außer den Blöcken der Gesetztafel des Sinaï, auch unter andern eines der Bücher Mose, ein medizinisches, naturwissenschaftliches Werk in althebräischer Schrift.*"[62]

Die Schrift aber und das mag ein Hinweis auf die Ästhetik des *Prinz von Theben* sein, wird imaginiert als jene Verbindung von Sprache, Schrift und Bild und Klang, die Klages ebenso beschwört, wie Nietzsche sie ständig vorführt. Das bedeutet nichts anderes, als das Sprechen synästhetisch aufzufassen, zum Beispiel wie an folgender Stelle:

„*Ein großes Buch mit grausamen Bildern breitet er auf den Teppich hin. Seine Stimme schlängelt sich ein lüsterner Bach um die fiebernden Sinne der Frauen.*"[63]

---

61   A.a.O., S. 81f.
62   Else Lasker-Schüler, Der Prinz von Theben, in: Der Prinz von Theben, Bd. 4, S. 93f.
63   A.a.O., S. 106.

Wenig später heißt es dann: „[...] *Tänzer und Tänzerinnen schlängelten sich über die Mosaikblumen der Böden* [...]."[64]

Der Mosaikboden hat hier eine ähnliche Qualität wie das aufgeschlagene Buch „*mit grausamen Bildern*", er ist bei Lasker-Schüler eine Metapher für die aus vielen heterogenen Elementen zusammengesetzte Sprache, die sich zu Bildern fügt, auf denen sich gehen und agieren läßt. Schrift ist auch jene écriture corporelle im Sinne Mallarmés, die im Tanz, aber auch im Zusammenfügen von Leibern zu einem neuen Schriftbild sich zeigt:

„*Aber die Zebaothknaben bauten eine goldene Mauer aus ihren leuchtenden Leibern um ihren Melech und schützten seinen Odem, und lauschten den Worten seiner sprechenden Träume, und sie bereicherten ihre Sprache, daß jeder Fremde, der die Zebaothknaben sprechen hörte, sich der Schönheit ihrer Rede kaum entziehen konnte.*"[65]

Das Sprechen des *Melech* trifft auf die Körper, wird von ihnen aufgesogen und neu hervorgebracht in einem nie endenwollenden Kreislauf des Sprechens. Zurück aber zum Bild des Teppichs (und ähnliches ist vom Mosaik zu sagen): Als *Tibetteppich* der Lyrik müßig zu erwähnen, kennzeichnet die Metapher des Teppichs hier sehr prägnant das Vorgehen des Textes als ein Verweben von Zeichenmaschen, die als Wandteppich Bild und fast auch Schriftstück sind, Materie gewordene Sprache und Bild in einem. Wo die Zeichenmaschen als Arabesken die Repräsentation verweigern, geben sie Auskunft über das Gemachtsein des Sprachteppichs:

„*Als Kunstwerk im Kunstwerk deutet die Arabeske -besonders als Teppich und als Gewebe- ebenfalls auf Form und Struktur des Textes, in dem sie erscheint. Darüber hinaus verweist die Arabeske als Mäander auf unendliches Erzählen, wie etwa in der -arabischen- Tradition von Tausendundeiner Nacht*".[66]

Und auch hier ist Rilke zu nennen, der die Worte, die *Malte* für seine begehrte Tante *Abelone* <u>nicht</u> findet, ihn in einer Beschreibung von Wandteppichen dennoch sagen läßt in einer zum Bild geronnenen Sprache, die, im Akt des Beschreibens, selbst wieder Sprache wird:

„*Es gibt Teppiche hier, Abelone, Wandteppiche. Ich bilde mir ein, du bist da, sechs Teppiche sinds, komm, laß uns langsam vorübergehen. Wie ruhig sie sind, nicht? Es ist wenig Abwechslung darin. Da ist immer diese ovale blaue Insel, schwebend im zurückhaltend roten Grund, der blumig ist und von kleinen, mit sich beschäftigten Tieren bewohnt. Nur dort, im letzten Teppich, steigt die Insel ein wenig auf, als ob sie leichter*

---

64 A.a.O., S. 120.
65 A.a.O., S. 121f.
66 Kerstin Behnke, Romantische Arabesken, Lineatur ohne Figur und Grund zwischen Ornament-Schrift und (Text-) Gewebe, in: Hans Ulrich Gumbrecht u. K. Ludwig Pfeiffer (Hg.), Schrift, München 1993, S. 118.

geworden sei. Sie trägt immer eine Gestalt, eine Frau in verschiedener Tracht, aber immer dieselbe. [...] Hast du gesehen, willst du beim ersten beginnen? [...] Abelone, ich bilde mir ein, du bist da. Begreifst du, Abelone? Ich denke, du mußt begreifen."[67]

Später nennt Rilke die Teppiche „*Bilder, die alles preisen und nichts preisgeben*"[68]. Das scheint mir die herausragende Eigenschaft eines Sprechens zu sein, das in Bildern geschieht. Man könnte das, was zu sagen ist, nicht deutlicher und plastischer sagen als im Bild und in der Metapher. Zugleich hält man sich so einen Fluchtweg offen. Wo Sinn sich verschiebt und damit vervielfältigt, hat er sich der Eindeutigkeit entzogen und hinterläßt jenen freien, leeren Raum, in dem Höhenflüge der Phantasie erst möglich werden: Fluchtpunkt ins Unendliche.

Bilderbriefe

Im Zwischenraum zwischen den *Nächten der Tino von Bagdad* und dem *Prinz von Theben* ist *Mein Herz* geschrieben, das von allen Prosaveröffentlichungen als am „welthaltigsten" gilt, weil es, so scheint es, Else Lasker-Schülers Lebenswelt der Berliner Caféhausdichterin in den Text aufnimmt und (fast ganz) auf die bekannten Orientalismen verzichtet. Der authentisch wirkende Charakter von *Mein Herz* ergibt sich u.a. daraus, daß Lasker-Schüler eine literarische Form verwendet, die gerade aus diesem Grunde, Authentizität zu verleihen, Eingang in den Roman fand. Ich meine die literarische Tradition des Briefromans[69], die im 18. Jahrhundert ihren Höhepunkt erlebte und sich u.a. einem Legitimationsproblem verdankt. Wie Rolf Grimminger gezeigt hat,

„ *ist der Roman kein repräsentatives Kulturgut. Daß er außerdem im Unterschied zu den hohen Gattungen der Tragödie und des Epos keine durch die Vorbilder der klassischen Antike geheiligte Tradition hat und weder von metrischen Prinzipien noch von Reimen organisiert wird, begründet vollends, weshalb ihn die gelehrten Autoren gleichgearteter Poetiken wenn nicht überhaupt als bloß rhetorische, der Geschichts-*

---

67   Rainer Maria Rilke, Die Aufzeichnungen des Malte Laurids Brigge, S. 104ff.
68   Rilke, a.a.O., S. 107.
69   Zur Tradition des Briefromans s. u.a. R. Mandelkow, Der deutsche Briefroman. Zum Problem der Polyperspektivität im Epischen, in: Neophilologus 44(1964), S. 200ff.; Hans Rudolf Picard, Die Illusion der Wirklichkeit im Briefroman des achtzehnten Jahrhunderts, Heidelberg 1971; Wilhelm Vosskamp, Dialogische Vergegenwärtigung beim Schreiben und Lesen. Zur Poetik des Briefromans im 18. Jahrhundert, in: DVjs 45(1971), S. 80-116; Gottfried Honnefelder, Der Brief im Roman, Untersuchungen zur erzähltechnischen Verwendung des Briefes im deutschen Roman, Bonn 1975; Monika Moravetz, Formen der Rezeptionslenkung im Briefroman des 18. Jahrhunderts: Richardsons Clarissa, Rousseaus Nouvelle Héloise und Laclos' Liaisons dangereuses, Tübingen 1990.

schreibung ähnliche, so doch auf jeden Fall als äußerst niedrige poetische Gattung einstufen."[70]

Ein probates Mittel, die Wahrhaftigkeit der Romane zu unterstreichen, bestand darin, ihnen möglichst dokumentarischen Charakter zu verleihen. Das konnte zum Beispiel durch die erzähltechnischen Mittel von Briefen und Briefwechseln, bis hin zum Briefroman, geschehen. Die wichtigsten (dialogisch konzipierten) Briefromane entstammen der englischen und in ihrer Rezeption der französischen Tradition: Neben Richardsons *Pamela* (1740) und *Clarissa* (1747/48), gelten Rousseaus *Julie ou a la Nouvelle Héloise* (1761) und Laclos' *Les Liaisons Dangereuses* (1782) als die international bedeutendsten. Im deutschsprachigen Raum bleibt es neben anderen[71] Goethe vorbehalten, mit seinem *Werther* an die Vorbilder anzuknüpfen. Im Unterschied aber zu ihrer kunstvoll dialogischen Komposition verfährt Goethe sehr schlicht, indem er seinem monologischen Roman lediglich die Fiktion eines Herausgebers hinzufügt, um so den dokumentarischen Charakter zu unterstreichen. Wenn nun Else Lasker-Schüler (1912!) einen ebenso monologischen Briefroman vorlegt, dann ist das gerade deshalb erklärungsbedürftig, weil man sich in der Forschung einig zu sein scheint, daß sich im gewandelten Roman des 20. Jahrhunderts mit den prominenten Mitteln der erlebten Rede und vor allem des inneren Monologs viel eher jene innere Bewußtseinsebene, die in der Kunst ab der Jahrhundertwende eine so herausragende Rolle spielt, darstellen läßt als mit dem vergleichsweise mechanischen und schwerfälligen Erzählmittel des Briefes.[72] Warum also greift Else Lasker-Schüler zum längst historisch gewordenen Genre des Briefromans?

Wie in keiner anderen Prosaveröffentlichung geht es in *Mein Herz* um das Schreiben, deshalb ist es das „Herzstück" der Lasker-Schülerschen Prosa. Es geht um Dichtung, um Kunst, um Bilder, Manuskripte, veröffentlichte und abgelehnte, Vorträge, (wiederabgedruckte) Essays, um magisches Sprechen, um Diskussionen über Geschriebenes, Beziehungen unter Schreibenden, Ungeschriebenes, Verstummen und um ... Briefe:

„Ich freue mich so auf Euer Geweih! Aber ich dachte mir gleich, daß Ihr so leicht nicht von der Schlittengegend fortkämet. Und habe also früh Schluß mit meinen Briefen an Euch gemacht. Übrigens empfing ich schon viele bedauernde Anfragen deswegen; also bleibt noch, friert ein bißchen. Ganz recht, ich werde anfangen, meine Briefe

---

70 Rolf Grimminger, Roman, in: Ders., Hansers Sozialgeschichte der deutschen Literatur vom 16. Jahrhundert bis zur Gegenwart, Band 3, Deutsche Aufklärung bis zur Französischen Revolution 1680-1789, Zweiter Teilband, München 1980, S. 636.
71 Musäus, Grandison der Zweite (1706-62), Hermes, Sophiens Reise von Memel nach Sachsen (1769-73), La Roche, Fräulein von Sternheim (1771) und Wieland, Aristripp und einige seiner Zeitgenossen (1800).
72 Vgl. Honnefelder, Der Brief im Roman, S. 228.

an Euch zu sammeln, und sie später unter dem Titel „Herzensbriefe, alleinseligmachender Liebesbriefsteller, gesetzlich geschützt" herausgeben."[73]

Verbürgt sich der Briefroman im 18. Jahrhundert für die Authentizität des Geschriebenen, so geschieht hier das Gegenteil: Indem Else Lasker-Schüler Briefe schreibt, legt sie ihren Anlaß zum Schreiben offen, um ihn sodann als rein fiktiven zu entlarven: Die Adressaten sind längst nicht mehr in Norwegen, wie zu Beginn suggeriert:

„Ich schreibe nun schon drei Monate oder noch länger norwegische Briefe. Verreist Ihr beide nicht wieder bald? Vielleicht regt mich eine zweite Reise auch so an, wie Eure Nordpolfahrt."[74]

Eigentlich gibt es da nichts mehr zu schreiben - und die Ich-Figur schreibt doch. Das genau ist das Thema von *Mein Herz*: die Fiktion des Schreibens, das So-Tun-als-ob, aber nicht als Desillusionierung, sondern in dem Bewußtsein, daß nur das Vorgestellte wirklich ist: *„Ich träume mit offenen Augen Wirklichkeiten."*[75]

Else Lasker-Schüler läßt die Ich-Figur auf einer Metaebene agieren, formuliert einen verschachtelten Kommentar zum Schreiben und ähnelt in dieser Absicht, das Fiktive des traditionellen Schreibens zu diskutieren, ganz dem Beckett seines Romans *Molloy*. Beckett läßt seinen Ich-Erzähler die Fiktion des Erzählten vorführen, indem er gerade Gesetztes stante pede wieder zurücknimmt oder zumindest doch grundsätzlichen Zweifel an den eigenen Behauptungen äußert.[76] Einen Spaziergänger betrachtend, sagt *Molloy*:

„Er war vielleicht von weit her gekommen, vielleicht sogar von der anderen Seite der Insel, er ging möglicherweise zum ersten Mal in diese Stadt, oder er kehrte nach einer langen Abwesenheit dahin zurück. Ein kleiner Hund folgte ihm, ein Spitz, glaube ich, aber das glaube ich nicht. Ich war mir schon damals nicht klar darüber und bin es auch heute noch nicht, wenn ich auch sehr wenig darüber nachgedacht habe [...]. Doch, es war ein orangefarbener Spitz; je mehr ich es mir überlege, umso fester bin ich davon überzeugt. Und dennoch."[77]

Während sich Becketts Roman beim Geschriebenwerden fast über die Schulter sehen und die Lesenden unmittelbar am Zusammenbasteln der Imaginationen teilhaben läßt, führt Else Lasker-Schüler das Fiktive des Schreibens auf etwas andere Weise vor. Sie verschachtelt ein Schriftstück ins nächste, eine Erfahrung in einen oft vergleichsweise lyrisch anmutenden Text, die-

---

73 Mein Herz, S. 28.
74 A.a.O., S. 86.
75 A.a.O., S. 97.
76 In meinen Augen immer noch das Beste, was zu Beckett in dieser Hinsicht geschrieben wurde: Manfred Smuda, Becketts Prosa als Metasprache, München 1970.
77 Samuel Beckett, Molloy, S. 12f.

sen montiert sie dann in einen Brief, der mit anderen zusammengestellt wird und so den „*Liebesbriefsteller*" ergibt. Indem die Briefe aber nur als „gemacht" erscheinen, ihre Authentizität als nur vorgestellte enttarnt wird, ist alles in ihrem Briefroman in verschiedenen Textsorten Aufbewahrte der Bewußtseinsinhalt, der er als Erfahrung auch ist. Das, was wir vorfinden, ist eben nicht ein dokumentierter authentischer Inhalt, sondern, umgekehrt, einzig authentisch ist, daß er aufnotiert wurde. Da hat eine Bedeutungsverschiebung stattgefunden: Nicht das Signifikat des Schreibens, sein Gegenstand, wird beglaubigt, sondern wichtiger als alles, was dieser sagen könnte, ist sein Aufgeschriebensein. Das Schreiben selbst, die verschiedenen, ineinander verschachtelten Schreibakte, sind das Thema, um das es geht. Wirklichkeit ist wirklich, und das heißt wirksam, als aufgeschriebene. Der Brief ist dann selber Zeichen, ist performativer Sprechakt im Sinne Austins, ist eine schriftliche Form, die in ihrem Geschriebensein schon eine Handlung ist. So führt Else Lasker-Schüler vor, für was sie Schreiben hält: für die notierte Bewußtseinsbewegung, die notwendig perspektivisch ist und deshalb auch so zum Ausdruck gebracht werden muß, z.B. im Brief, der als das „*perspektivisch erzählende Mittel*" schlechthin gilt.[78] Es gibt keinen einheitlichen Standpunkt, von dem aus erzählt werden könnte, jeder einzelne Brief hat eine andere Perspektive, der aus dem in der Zeit sich verändernden Horizont resultiert. Selbst dort, wo wie in *Mein Herz* nur ein Ich-Erzähler auftritt, bleibt der Blick multiperspektivisch, weil sich auch dieses Ich nie als dasselbe präsentiert, sondern von Brief zu Brief stetig als ein anderes auftritt. Diese Mehrperspektivität der Erzählerfigur ist genauso intendiert, wie der Gestus des Briefes selbst sich als mehrdeutig erweist. Er ist als Brief, der sich auf sein Geschriebensein zurückzieht, keinen Kommentar mehr liefert, nichts mehr sagt als das, was gesagt ist, notwendig uneindeutig, offen für eine Vielzahl von Interpretationen:

„*Die Schriftlichkeit hat aber noch eine bedeutsamere Konsequenz: So sehr sie das Gemeinte und Gesagte an feste, definitive und endgültig werdende Ausdrucksformen bindet, so stark lockert sie durch die Ablösung des schriftlich Gesagten vom Schreiber und seiner Situation und durch seine Verselbständigung die strenge Korrelation von Zeichen und Bedeutung. Die schriftliche Form reduziert die Mitteilung auf das vermittelnde reine schriftliche Zeichen, die Eindeutigkeit von Zeichen und Bedeutung ist dadurch weniger festgelegt, ihr Schwinden macht Platz für eine mögliche Mehrdeutigkeit der Zuordnung von Zeichen und Bedeutung [...]. Kurzum, die Zerbrechlichkeit der Zuordnung von Zeichen und Bedeutung ist es, die den Brief der gewollten oder ungewollten, verdeckenden oder entbergenden Mehrdeutigkeit aussetzt.*"[79]

---

78 Gottfried Honnefelder, Der Brief im Roman, S. 225.
79 A.a.O., S. 9f.

Die prinzipielle Offenheit der Briefe, das heißt ihre durch das Genre „Brief" noch nicht festgelegte Erzähl- und Redeweise (auch Lyrisches ist dort integrierbar ebenso wie im Szenischen der Brieffolge Dramatisches anklingt), die bewußte Perspektivität des Briefromans, seine Verbindung von heterogenem Briefmaterial, sein offen vorgetragener Schreibakt, nicht zuletzt seine Mehrdeutigkeit, all das sind eingebettet in eine Tradition des 18. Jahrhunderts Elemente, die schon auf das 20. Jahrhundert verweisen. Mit *Mein Herz* steht Else Lasker-Schüler an der Schwelle zu einem Schreiben, das sich aleatorischen Prinzipien unterwirft als dem Notieren eines Bewußtseinsstroms, dem einzig noch der Rang des Wirklichen zukommt im Gegensatz zu einer äußeren Welt, die sich in der klassischen Moderne zunehmend als eine fremde erweist. Das Kompositionsprinzip, Zerstückelung nicht nur zuzulassen, sondern bewußt zu intendieren, ist Ausdruck eines Fragmentscharakters, der spätestens seit Büchners *Lenz* seine Modernität erwiesen hat. Das Zerstückelnde markiert auch Pausen des Verstummens, in *Mein Herz* immer wieder angedeutet im Bild des *„ungeschriebenen Briefes"*[80], der dann aber doch noch wie ein Geständnis zur Sprache kommt. Das Bewußtsein, daß man eigentlich zu schweigen hätte und in dieser Haltung aber dennoch Worte findet, durchzieht den Briefmonolog und zeichnet noch einmal einen Ausweg vor, den andere nach Lasker-Schüler nicht mehr zu finden vermochten. Das Schreiben in *Mein Herz* rettet sich über einen Ausweg, der noch im 19. Jahrhundert entsteht und der Schrift einen zusätzlichen Horizont verleiht: Wo Schrift zum Bild wird, gewinnt sie jenen synästhetischen Charakter, der sie von ferne an der Gesamtkunstwerkutopie teilnehmen läßt: Wenn Schrift alle Sinne anspricht, dann ist sie alles, dann ist die Schrift, die die ganze Kunst ist, das Leben. Es ist aber das Leben als aufgeschriebenes, und das macht sie zu einem doppelten Bild: Als Schrift notiert sie das Bild, bildet es mitunter in typographisch beredter Form ab und ist so selbst ein Bild, ist *„Harfenschrift"*.[81] Daß die Bildhaftigkeit der Schrift nicht unbedingt zur Anschaulichkeit beiträgt, wird u.a. dort deutlich, wo die Ich-Figur sich wünscht, einen definitiven Antwortbrief auf die Briefe zu entwerfen, die sie so zahlreich zu bekommen vorgibt (und von denen die Lesenden nichts erfahren). Als Endpunkt des Schreibens, als Stillstand von Schrift imaginiert sie folgendes:

„Ich habe mir in Hieroglyphen-Schrift ein für allemal eine Antwort drucken lassen auf die vielen Briefe, die ich empfangen, auf jeden Brief ohne Ausnahme von wem er kommen mag."[82]

---

80 Mein Herz, S. 53, S. 64 und S. 101.
81 „Ich habe die Gebete fast zu sprechen vergessen, die wie Harfen eingeschnitten sind." (Mein Herz, S. 99).
82 A.a.O., S. 63.

Bild und Rätselhaftigkeit sind in den Hieroglyphen eins. Auch wenn die Hieroglyphen zur Zeit Else Lasker-Schülers längst entziffert sind, so unterstreicht die Metapher doch das Changierende ihrer Schrift zwischen Bild und Rätsel, Sehen und Verwundern, Erkennen und Zweifeln. So wie Else Lasker-Schüler Schrift als Bilderschrift imaginiert, gibt es noch weitere „Einfallstore" für Bildlichkeit in ihrem poetischen Schreiben, so wie es sich in *Mein Herz* manifestiert. Es ist, wie es ein nicht endenwollendes Reden über Schreiben ist, auch Reden über Bilder, Gemälde. Indem sie Bilder beschreibt, wird nicht nur das Bild zur schriftlich fixierten Sprache, sondern gewinnt auch umgekehrt die Sprache Bildcharakter, notiert das Bild, wie gezeigt, in einem zweiten Bild.

„*Er [...] malt, wie ich dichte. [...] O, seine mannigfachen Buntheiten an den hellen Wänden! Wer denkt da an Linie, ebensowenig, wie man der Sonnenflecke Umrisse nachspürt. Alle die spielende Farbe wirft die strahlende Phantasie seiner Kunst.*"[83]

Clownesk[84], mitunter als „*Schattenspiel*"[85] wie bei *Molloy*, als „*Till Eulenspiegel Spielen*"[86], werden die Bilder, die Sprache und Schrift werfen, in zahlreichen Spiegelbildern verdoppelt, vervielfacht. Der machtvollste Spiegel aber ist die Kunst, als Sprache, als Gedicht:

„*Ich habe bald überhaupt nichts mehr zu sagen, dünkt mich; wer wird ferner meine Gedichte sprechen. Nur der Prinz Antoni von Polen kann sie sprechen, seine Mondscheinstimme ist durchsichtig und alle Gesichte, die horchen, werden sich in meinen Gedichten spiegeln. [...] Er, der Prinz, spricht meine Gedichte, daß sie über alle Wege scheinen, immer allen Gestalten, die da wandeln, ins Blaue oder ins Ungewisse voraus.*"[87]

Gespiegelt werden Gesichter, auch das der Ich-Figur, der Text spiegelt eine nur noch in Splittern facettierte Identität, die keine mehr ist, es ist „*Ich, ich, ich, ich*", aber gespiegelt wird in der mythologischen Figur der Venus, das ist die „*Venus von Siam*", Synonym für Kete Parsenow:

---

83   A.a.O., S. 37.
84   „Ja, ja, man muß Clown werden, um sich mit dem Publikum zu verständigen, und - damit man dran kommt. Ich habe Dir schon lange gesagt, Herwarth, ich trete auf als Aujuste und spreche so mit dem Gänseschnabel meinen Fakir und meinen Ached-Bey und meine Gedichte." (Mein Herz, S. 30f.)
85   „Ein vielgliedriger Schatten zeichnete sich auf der Mauer ab: ich und mein Fahrrad. Ich vergnügte mich mit einem Schattenspiel, gestikulierte, schwenkte meinen Hut, schob mein Fahrrad hin und her, vor und zurück, und hupte [...]. Die Schildwache vor dem Tor forderte mich auf, mich davonzumachen. Ich hätte mich schon ganz von allein beruhigt. Der Schatten ist schließlich kaum amüsanter als der Körper." (Samuel Beckett, Molloy, S. 29).
86   Mein Herz, S. 64.
87   A.a.O., S. 98.

„Ich sah die Venus lächeln, ich spiegelte mich in den Tränen der Venus, ich sah die Venus sterben. Ich, ich, ich, ich, kann mich kaum mehr berühren vor Süße."[88]

Das ist Schreiben fast wie als Daumenkino, wer es in aller Schnelligkeit ablaufen läßt, bringt die Bilderschrift zum Tanzen. Die Kinoenthusiastin Else Lasker-Schüler lehrt nicht nur die Bilder das Laufen, bei ihr kann es, weil sie stärksten Bildcharakter besitzt, auch die Schrift. Manchmal aber bleibt die Leinwand leer, der Spiegel reflektiert nicht mehr und ein resignierendes Ich konstatiert das Ende seines Sprechenkönnens:

„Hier und nicht weiter!
Ende."[89]

Mein Herz endet hier aber nicht, noch folgen drei Briefe, in allen dreien ist von Bildern die Rede, von Selbstbildnissen, auf die das Sprechen ebenso schrumpft, wie es andererseits mythisch aufgeladen und damit überhöht wird. Aus einer sehr schlichten Zeichnung[90] ist als Beschreibung folgende Selbststilisierung geworden:

„Ich suche in meinem Portrait das wechselnde Spiel von Tag und Nacht, den Schlaf und das Wachen. Stößt mein Mund auf meinem Selbstbilde den Schlachtruf aus?! Eine ägyptische Arabeske, ein Königshieroglyph meine Nase, wie Pfeile schnellen meine Haare und wuchtig trägt mein Hals seinen Kopf. So schenk ich mich den Leuten meiner Stadt. Oßman und Tekofi Temanu, meine schwarzen Diener, werden mein Selbstbildnis auf einer Fahne durch die Straßen Thebens tragen. So feiert mich mein Volk, so feiere ich mich.

Euer Prinz von Theben."[91]

Hier wird schreibend gezeichnet, und es entsteht nicht nur ein Bild, sondern fast ein Film. Das Schrift-Bild wird mit einer Dynamik ausgestattet, die man sich nur noch als Bewegtheit vorstellen kann. Noch gelingt hier das Sprechen, das Schreiben im Medium des Briefes, der aber wird in einer so rahmenlosen Bildbeschreibung nahezu aufgelöst. Else Lasker-Schüler hält an ihrem Briefkonzept noch fest. Robert Musil wird in seinem *Mann ohne Eigenschaften* radikaler sein und letztlich auf das Briefeschreiben, das ihm als Folie diente, um das Problematischwerden von Sprechen und Schreiben zu diskutieren,[92] ganz verzichten:

---

88   A.a.O., S. 79.
89   A.a.O., S. 104.
90   Else Lasker-Schüler, Mein Selbstbildnis (Prinz von Theben), in: Mein Herz, Mit Zeichnungen der Autorin aus der Ausgabe von 1912, Frankfurt a.M. 1986, S. 161.
91   Mein Herz, S. 105f.
92   Vgl. Gottfried Honnefelder, Der Brief im Roman, S. 229ff.

„*Da schrillte der Fernsprecher, und Walter, der am Apparat war, sprach plötzlich auf ihn ein, mit überstürzten Begründungen und in eilig zusammengerafften Worten. Ulrich hörte gleichgültig und bereitwillig zu, und als er den Hörer weglegte und sich aufrichtete, empfand er noch immer das Klingelzeichen, das nun endlich aufhörte; Tiefe und Dunkelheit strömten wohltuend in die Umgebung zurück, aber er hätte nicht zu sagen vermocht, ob das in Tönen oder Farben geschah, es war wie eine Tiefe aller Sinne. Lächelnd nahm er das Blatt Papier, auf dem er seiner Schwester zu schreiben begonnen hatte und zerriß es, ehe er das Zimmer verließ, langsam in kleine Stücke.*"[93]

Das Schreiben findet gar nicht erst statt, es wird nicht einmal mehr versucht, es kommt zu keinem Setzen und Durchstreichen mehr. Else Lasker-Schüler jedoch scheint mit dem Verstummen nur zu spielen, es durchzuspielen und dann dennoch zu schreiben. Der ominöse *ungeschriebene* Brief wird doch geschrieben, ja diktiert[94], sogar abgedruckt[95], um dann zum Schluß noch einmal Erwähnung zu finden als noch zu schreibender, aber auf jeden Fall nicht zur Veröffentlichung bestimmter Brief.[96] Dieses Hin- und Herwenden von Schrift, ihr Setzen und Wiederlöschen, ähnelt Becketts Gestus im *Molloy*. Auch Lasker-Schüler zeigt uns Schattenspiele, den Schatten der Worte: „*Ich habe [...] verlernt, mit Sonne zu schreiben.*"[97]

Tödliches Spiel

Der ähnlich fragmentiert erscheinende *Malik* ist in vielem eine Mischung aus den zuvor veröffentlichten orientalischen Texten und dem Roman *Mein Herz*. Wie *Mein Herz*, ist er zunächst ein monologischer Briefroman, aber die Metaphorik ist durchgängig „orientalisch". Ähnlich wie dort spielen die Briefe mit ihrer (möglichen?) Identifizierbarkeit, zumindest der Adressat aber ist als Franz Marc deutlich erkennbar.[98] Die Briefe wirken duch die einheitlichere Metaphorik weniger heterogen als die in *Mein Herz*, gerade aber mit dieser Metaphorik entziehen sie sich, sind als Briefmaterial befremdender. Stellt *Der Malik* eine Verbindung fast aller bis dahin verwendeten Elemente dar (ob es sich nun um einzelne Bilder oder um eine generelle Redeweise handelt), dann geschieht dies so, daß die poetische Imagination, besonders aber die Reflexion über sie, auf die Spitze getrieben wird. Noch einmal entführt Else Lasker-

---

93 Robert Musil, Der Mann ohne Eigenschaften, Hamburg 1978, S. 827.
94 Mein Herz, S. 53.
95 A.a.O., S. 64.
96 A.a.O., S. 101.
97 Mein Herz, S. 86.
98 Vgl. Sigrid Bauschinger, Else Lasker-Schüler, Ihr Werk und ihre Zeit, Heidelberg 1980, S. 151.

Schüler die Lesenden in ihr orientalisches Labor, um dort ihre poetischen Experimente durchzuführen. Schon zu Beginn wird deutlich: Die Texte sind solche des Rausches („*Ich nehme schon seit Wochen Opium, dann werden Ratten Rosen*") und des Traumes („*In der Nacht spiele ich mit mir Liebste und Liebster*").[99] Von Franz Marc zu träumen, gerät ihr so, wie die Briefe (die haben ja halb dokumentarischen Charakter, vergleicht man sie mit den tatsächlich an Franz Marc geschriebenen Postkarten)[100] aussehen und wie es sich selbstreflexiv mehr als andeutet:

„*Mein sehr geliebter Halbbruder. Es ist kein Zweifel, Du warst Ruben und ich war Joseph, Dein Halbbruder zu Kanazeiten. Nun träumen wir nur noch Träume, die biblisch sind. Manchmal narrt mich so ein Traum, wie heute nacht. O, ich hatte einen boshaften Traum; allerdings mein sehnlichster Wunsch erfüllte sich -ich war plötzlich König, in Theben- trug einen goldenen Mantel, einen Stern in Falten um meine Schultern gelegt, auf dem Kopf die Krone des Malik. Ich war Malik.*"[101]

Bei aller Kontinuität der schon vorhandenen Texte, bei aller vorgetragenen Redundanz, die vor allem eines bewirkt: Intensität, weist der Text etwa in der Mitte einen Bruch auf, das heißt, er inszeniert ihn regelrecht. Vom Gestus des Briefromans, der die Textsequenzen rahmenden Struktur, gleitet der Text ab in die in den Briefen vorgeführten, das heißt aufgeschriebenen Imaginationen. Die Vorstellungen verselbständigen sich und treten aus der Struktur der Briefe heraus. Das Briefeschreiben wird aufgegeben, das Schreiben nicht, es geht über in Körperbilder, Schreiben wird Spielen:

„*Seitdem schimmerten seine Augen bunt wie der Fluß, an dem seine Stadt lag. Nachts verbrachte er in seinem Lieblingsgarten, reihte die roten Beeren der Astrantsträucher auf Schnüre oder bog wie ein Kind die Stengel der Pusteblumen wilder Wiesen zu Ringen und fertigte Ketten. Lauter Spielereien.*"[102]

Aus den Figuren werden „Mitspieler", solche, die dem *Malik* vorspielen, andere zu sein als die, die sie „eigentlich" sind:

„*Doch als die abendländische Botschaft sich wieder unterwegs befand, auf Theben zuschritt, einigten sich die künstlerischen Krieger untereinander, Abigail Jussuf einen Streich zu spielen, der sein buntes Herz erobern würde. Wieland Herzfelde, dem jüngsten der dichtenden Kürassiere, der den Plan ausgeheckt, saßen zwei leuchtend blaue Schelme im Gesicht, denen man nie böse sein konnte; [...] „Was meint ihr, wenn wir uns dem Jussuf als seine Lieblingsgestalten alter Sagen repräsentieren?*"[103]

---

99   Else Lasker-Schüler, Der Malik, Bd. 3, S. 7.
100   Klaus Peter Schuster (Hg.), „Der Blaue Reiter präsentiert Eurer Hoheit sein blaues Pferd", München 1987.
101   Der Malik, S. 11.
102   A.a.O., S. 47.
103   A.a.O., S. 56f.

Figuren im Text (durchaus mit Anschlußfäden an Else Lasker-Schülers Biographie versehen, so heißt z.b. der, der sich den Streich ausdenkt, Wieland Herzfelde) übernehmen dort ihre Rolle, in der sie, wie gezeigt, noch eine andere Rolle wahrnehmen wollen, die von mythischen Figuren in Legenden. An Textstellen wie diesen wird durch die offensichtliche Fiktion, dem Vorspielen, der fiktive Charakter des Textes zugleich verdeckt und aufgedeckt. Der Text selbst scheint dort in Strudel von Erzähltem zu geraten, wo dieses Erzählen so doppelbödig auftritt. Das Erzählte ist selten vollständig, einzelne Elemente lösen sich wieder aus dem erzählten Zusammenhang heraus, können so aber wieder neu verwendet werden. Diesen Zusammenhang könnte Else Lasker-Schüler in folgendem Bild festgehalten haben, das aber auch Hinweis auf die Unvollkommenheit der Text-Maskerade ist:

„*Ruben, denke Dir, es fehlen zwei Smaragde im Kaisermantel: Glaubst du, das falle auf?*"[104]

Das Erzählen als Spiel endet tödlich, der *Malik* hängt sich auf, wie ein Todes-trieb hat das Schreiben gewirkt. Wer schreibt, kann dem nicht entgehen, aber „*indem ich spreche, schiebe ich den Zeitpunkt des Unabänderlichen hinaus.*"[105]

4.3 Schrift und Mythos

In welche Verbindung tritt in der Prosa Else Lasker-Schülers das Schriftmotiv mit mythischen Elementen? Ich richte die Perspektive auf die Begegnung von Schriftlichkeit mit mythischen Traditionen und Erzählungen. Was geschieht mit Schrift, wenn sie auf mythische Zitate stößt? Was sagt das über sie aus, wenn Schrift im Kontext einer mythischen Erzählung, bzw. Elementen aus solchen Erzählungen, sich artikuliert?

Mythisches „Als-Ob"

Unter dem Perspektiv „Schrift" fällt die Mitte der schon erwähnten Prosaskizze *Das Meer*[106] ins Auge. Nachdem der erste Teil im Imaginationsstil der *Genesis* einen leeren Raum vor der eigentlichen Schöpfungstat zeigt (so zum Beispiel ein Ich ohne alle Eigenschaften, im Chaos des Wassers verbleibend, eher aufgelöst, als entgrenzt) oder aber einen gleitenden, nicht zu fixierenden

---

104 A.a.O., S. 37.
105 Georges Bataille, Das Unmögliche, Frankfurt a.M. 1994, S. 37.
106 Else Lasker-Schüler, Das Meer, in: Konzert, Bd.5, S. 170f.

Zwischenzustand: „*Schiffe gleiten über den Ozean von Erdteil zu Erdteil*" als Sinnbild einer Reise der Imagination und der Phantasie, ist der zweite Teil ein Tableau der Genese des Schreibens. Genese der Schrift, der das Zerbrechen der Welt vorausgeht („*wie meine Mutter starb, zerbrach der Mond*"), das als ein Menetekel ähnlich dem im Palast Belsazars gelesen werden kann.[107] Schöpfung, Schöpfung des Schreibens, geschieht durch Zeichen am Himmel, also sind die Sterne Schriftzeichen, sind Buchstabensternschnuppen, die blitzartig erhellen und ebenso blitzartig zerfallen. Das ist eine Schöpfungstat, die einer plötzlichen, schnellen Begattung gleicht und auch an anderer Stelle, im Essay *Elberfeld im Wuppertal* deutlich so zu lesen ist:

„*Wenn die Gewitter kamen von den vier Himmelsrichtungen, die schwarzgezückten Reiter nahten, setzte sich meine teure Mama auf den Balkon, der zwischen Osten und Westen in der Luft frei zu schweben schien. So war's einem. Im kleinen Nachen glaubte man zu sitzen zwischen den Luftwellen; das bewog meine kühne Mutter zum Einsteigen. Es blitzte aus vier Wolken. Da, in Form einer Zacke, dort im Osten stach ein brennender Dolch in die wogende erregte wolkige Himmelsbrust.*"[108]

Die sexualisierte Schreibmetapher des Dolches findet sich auch im *Peter-Hille-Buch*, hier wird sie apokalyptisch gewendet, es sind die vier apokalyptischen Reiter, die das Bild vom Gewitter bestimmen, der Ton aber bleibt ganz unernst und kindlich. In seiner Plötzlichkeit gleicht die Begebenheit auch im Text *Das Meer* einem Erweckungserlebnis („*erleuchtete mich*").

Marianne Schuller erinnert daran, daß Else Lasker-Schüler auch hier an jüdisch mystische Texttraditionen anknüpft:

„*Das Ausgangsbild einer Kindheitsidylle verwandelt sich. Es geht über in apokalyptische Bilder von barocker Exzentrik und mythischer, geisterhafter Qualität. Wie der Märchenton zu einem pathetischen Gestus hinüberwechselt, so tauchen auch Bilder der mystischen jüdischen Schrifttradition auf. Denn es ist die Thora, die „geschrieben wurde mit Blitz und Donner von Gott selbst in Harfenschrift." Es gibt also Anspielungen an die große jüdische Texttradition, nach der „die Schöpfung ein Akt des göttlichen Schreibens [ist], in welchem die Schrift die Materie der Schöpfung gestaltet." Wie in der mystischen jüdischen Texttradition das Schreiben als Nachvollzug der göttlichen Schrift auftaucht, so findet sich auch bei Else Lasker-Schüler diese Nachfolge: sie stellt sich als eine von Gott Gezeichnete dar.*"[109]

Im dritten Teil der Skizze kehrt der Text wieder zum leeren Raum des Meeres zurück, der jetzt mit Vorstellungen des Uranosmythos bebildert wird.

---

107   Buch Daniel Kapitel 5.
108   Else Lasker-Schüler, Elberfeld im Wuppertal, in: Konzert, Bd. 5, S. 7.
109   Marianne Schuller, Literatur im Übergang, Zur Prosa Else Lasker-Schülers, in: Jutta Dick u. Barbara Hahn (Hg.), Von einer Welt in die andere, Jüdinnen im 19. und 20. Jahrhundert, Wien 1993, S. 236.

Der Schöpfungstat verdankt sich weniger ein besonderes Tun, also Schreiben etwa, als eine Atmosphäre, in der sich das Schreiben entfalten kann. Diese Atmosphäre ist gekennzeichnet durch die Zeit der Nacht, eine Liebessituation zwischen Hingabe und Verweigerung, die blasse Konturlosigkeit aller Formen und nicht zuletzt die Vermischung der poetischen Elemente im Bild des changierenden Perlmutt. Das Ende der Skizze scheint eine Auflösung zu geben:

„Neugierige sammeln sich am Strand und messen
Sich am Meer und mir der Dichterin vermessen.
Doch ihre Redensart löscht aus der Sand.
Ich hab die Welt vor Welt vergessen,
Getränkt von edlen Meeresnässen.
Als läge ich in Gottes weiter Hand."[110]

Daß es eine solche aber nicht geben kann, sondern es um die Stabilität des Vorgeführten schlecht bestellt ist, darauf weist das *„Vergessen"* ebenso hin wie der Konjunktiv am Schluß: *„Als läge ich"*, nicht, weil ich liege. So ist das Ganze, wie immer bei Lasker-Schüler, die Phantasie (der Genese von Schrift), die ihrerseits als Fiktion vorgeführt wird. Und es bleibt offen, ob diese doppelte Fiktion zu ihrer Verdichtung beiträgt oder sie zumindest imaginär dem sogenannten Realen zurückgibt. Aber letzteres ist so wenig wahrscheinlich.

Ist dies der Text als Text, dann weist er darüber hinaus etliche Anschlußstellen auf. Die mythische Überladung mit der Genesis, der Belsazargeschichte und dem Uranosmythos ist ja schon genannt, aber es gibt auch literarische Vorbilder. Hier ist vor allem der folgende Text Clemens Brentanos zu nennen:

„Selig, wer ohne Sinne
Schwebt, wie ein Geist auf dem Wasser,
Nicht wie ein Schiff - die Flaggen
Wechselnd der Zeit und Segel
Blähend, wie heute der Wind weht,
Nein ohne Sinne, dem Gott gleich,
Selbst sich nur wissend und dichtend
Schafft er die Welt, die er selbst ist,
Und es sündigt der Mensch drauf,
Und es war nicht sein Wille!
Aber geteilet ist alles.
Keinem ward alles.
Keinem ward alles, denn jedes
Hat einen Herr, nur der Herr nicht;
Einsam ist er und dient nicht,

---

110 Das Meer, S. 171.

So auch der Sänger!"[111]

Zunächst fallen die so anderen Positionen auf, wehrt doch Brentano einen Inspirationsgeber, Gott, als Schöpfer ab und setzt an seine Stelle den „*Sänger*" als „*alter deus*"[112], als Schöpfer seiner selbst („*sich nur wissend und dichtend*") und seiner Welt („*schafft er die Welt, die er selbst ist*"). Und doch gibt es zwischen Brentanos und Lasker-Schülers Text wichtige Anknüpfungspunkte: Auch Brentano zitiert das prominente Bild der *Genesis* des „*Geistes auf dem Wasser*" und das „*Ohne Sinne*"-Sein korrespondiert mit der Schwerelosigkeit und Eigenschaftslosigkeit der Lasker-Schülerschen Ich-Figur in *Das Meer*, ganz zu schweigen davon, daß beide Texte den Ort des Wassers, konzipiert in beiden als leerer Raum, zur Reflexionsfläche ausbreiten. Und beide denken auch ganz mythisch bis dorthin zurück, wo kein weiteres Zurück mehr möglich ist, an den Anfang der Welt, vor der Geburt („*Auch das Meer war einmal vom Körper umfangen gewesen, bevor es losbrauste*"), im Blick auf eine noch ganz „jungfräuliche" Welt, unberührt und (noch) nicht begehrt. Wolfgang Lange schreibt zu Brentano:

„*Statt von den Tendenzen und Parteiungen des Zeitgeistes umgetrieben zu werden und aus ihnen die Inspiration für die Schaffung von Literatur zu beziehen, liegt das Glück, aber auch der Antrieb und der Fluchtpunkt radikalästhetischen Bewußtseins in einem Zustand des Außer-Sich-Seins, in einem zeit- und ziellosen Schweben auf und über den Untiefen des Seins.*"[113]

Brentano ist in diesem Punkt radikaler als Lasker-Schüler, er verneint fast alle Mythen der Kreativität, nennt nur noch die *Genesis*, aber bezieht alle Schöpfungsmacht nur auf den „*Sänger*", nicht auf eine andere Macht, während Lasker-Schüler zumindest drei mythische Erklärungsansätze, mit Gott als zentraler Figur, vorführt, um das Schreiben als Schöpfung zu legitimieren und zu überhöhen.[114] Zugleich aber dekonstruiert Lasker-Schüler den Mythenreichtum mit dem alles vernichtenden Konjunktiv und es bleibt nur das Zitat als letzte Fluchtburg, die aber nicht mehr ist als eine Ruine, zumindest aber ein lange verlassenes Schloß. In dieser Vergeblichkeit berühren sich Brentano und Lasker-Schüler wieder, ist, wie noch einmal Wolfgang Lange für Brentano (und es auch für Lasker-Schüler gilt) so expressiv konstatiert, nur noch im Text selbst zu finden, als Vorführung einer „Schriftpotenz", eines letzten Vertrauens in das eigene Produzieren:

---

111 Clemens Brentano, Werke, Bd. 1, München 1968, S. 309f.
112 Wolfgang Lange, Der kalkulierte Wahnsinn, Innenansichten ästhetischer Moderne, S. 83 u. S. 85.
113 A.a.O., S. 86.
114 Das ist die Auffassung von der Schöpfung als Worttat Gottes, vgl. Hans Blumenberg, Die Lesbarkeit der Welt, S. 23.

"Wird nicht gerade die christlich-religiöse Metaphorik durch ihre hybride Verwendung als Bild eines ästhetischen Zustandes in ihrem theologischen Gehalt sabotiert? [...] Ist das von Brentano evozierte gottgleiche Schweben nicht vielmehr nur ein Wunschtraum, eine Seligkeit im Konjunktiv, eine zerebrale Ekstase realisiert im Gestus des Schreibens und sonst nirgendwo?"[115]

Das „Gelobte Land" ist ein Buch

Am Ende ihres Lebens wird für Else Lasker-Schüler etwas „Wirklichkeit", was sie zwar immer zu träumen wagte, aber nie vorher zu leben sich entschloß: Sie trifft in Palästina auf den zu realem Leben geronnenen Mythos vom „Gelobten Land" und muß damit zurecht kommen, daß der Traum auch im Wachzustand anzuhalten scheint. Ihre Reflexion über diese rücksichtslose Konfrontation mit dem nur zum Träumen Tauglichen ist das 1937 erschienene *Hebräerland*. In heterogenen Verknüpfungen finden sich Reisebeschreibungen, deren imaginäre Stoßrichtung offenkundig ist, Kindheitserinnerungen und im Gestus der Selbstreflexivität das Sichtbarmachen solcher Phantasien. Vielleicht noch deutlicher als in den übrigen Werken ihrer Prosa zeigt sie das Gemachtsein, das Dokumentierte ihres Buches, in zahlreichen Hinwendungen wie dieser an die Lesenden:

„Mühsam bahnte ich mir durch mein Buch „Das Hebräerland" zwischen Stein und Stein einen geebneten Weg. Du, Leser, schreitest ihn mühelos, den Weg, der mir auferlegt, den ich zurücklegte in meinem Buch, oft stöhnend und schluchzend, wie anfänglich mit Leib und Seele im gelobten Lande weilend, schon vor einem Jahr einmal.[...] So schwer wie beim Schreiben meines Hebräerlandes habe ich anfänglich gelitten, im Lande hinter den Toren der gebenedeiten Stadt; zwischen Gesteinen Palästinas gefangen, zwischen Erde und Himmel."[116]

Wenn sie hier die Mühsal des Schreibens mit der Mühsal ihres Aufenthaltes in Palästina in Beziehung setzt, dann beschreibt sie nicht nur vordergründig diesen Aufenthalt, sondern es wird deutlich, daß das Schreiben am *Hebräerland* selbst dieser Aufenthalt ist, ja, daß das, was hier die Fiktion des Sichaufhaltens in Palästina ausmacht, doch eigentlich Metapher für ihr Schreiben (eben an diesem Buch) ist.

Wie sehr die „Reiseauskünfte" ihre (aufgeschriebenen) Phantasien meinen, wird auch da deutlich, wo aus dem übrigen Werk Lasker-Schülers zitiert wird. Die *Hebräischen Balladen* werden zum großen Teil abgedruckt, und einige andere Gedichte der frühen Sammlung *Styx*, das Ganze endet mit dem

---

115 Lange, a.a.O., S. 86.
116 Else Lasker-Schüler, Das Hebräerland, Bd. 6, S. 179ff.

Gedicht *Sulamith*. Das Zitieren ist nicht nur die Wiederaufnahme eines schon Geschriebenen, sondern auch die Dokumentation eines Vortrags, den die Ich-Figur in Palästina hält. Diese dreifache Medialisierung der Gedichte knüpft zwischen den Worten Lasker-Schülers jene immer wieder im Bild der Fäden beschworenen Verbindungen, die eine Ganzheit im Schein und loser Verknüpfung noch einmal erreichen, die außerhalb der Kunst nicht mehr möglich ist. Diese Wiederaufname entspricht zudem einem mündlichen Sprachgestus. Schon einmal Geschriebenes noch einmal abzudrucken, zumal unter der Fiktion eines mündlichen Vortrags, notiert das Wort als gesprochenes, übermittelt indirekt seinen sprachmagischen Charakter. Die Magie hält sich gerade darin auf, in der mehrfachen Wiederholung des Geschriebenen und Gesagten.

„Neu wird gekleidet vom Judenvolk von Jahrhundert zu Jahrhundert Palästina, das liebliche Land: im neuen Einband Gott gereicht. Gerade die Juden, die zurück in das Land kommen, entdecken seine Brüchigkeit und Vergilbtheiten."[117]

Lasker-Schüler imaginiert Palästina als Buch, das heißt als Aufenthaltsort ihres Schreibens. Die Metapher des Buches speist sich aus zwei Traditionen: Palästina ist zum einen eine „Offenbarung", wie auch die Bibel, das Buch der Bücher, eine „Offenbarung" Gottes ist:

„Will man von Palästina erzählen - geschmacklos, sich einen Plan zu konstruieren. Ganz Palästina ist eine Offenbarung! Palästina getreu zu schildern, ist man nur imstande, indem man das Hebräerland dem zweiten - offenbart. Man muß gerne vom Bibelland erzählen; wir kennen es ja alle schon von der kleinen Schulbibel her. Nicht wissenschaftlich, nicht ökonomisch; Palästina ist das Land des Gottesbuchs, Jerusalem - Gottes verschleierte Braut."[118]

Neben dieser biblischen Herkunft der Metapher steckt noch die romantische Tradition vom Buch der Natur darin und vor allem aber Else Lasker-Schülers eigene Metaphorik für Phänomene von Buch und Schrift. Da fällt zum Beispiel die Metapher vom *„Bilderbaukasten"*:

„Man bewegt sich keineswegs zwischen einzelnen Menschen in den Hängen und Gängen Zions, aber zwischen Völkern! Die sich gefundenen Stämme Judas ruhen methodisch geborgen, jeder einzelne Stamm der bunten Blöcke, im Stadtviertel seines Bilderbaukastens. Um diese gewaltigen Stammbausteine bewegen sich die verschiedenartigsten morgenländischen und abendländischen Völker und Religionen."[119]

Religionen, das sind mythische Elemente, die biblischen zwölf Stämme Judas, dienen als einzelne *„Bilderbausteine"* des Buches Palästina. Else

---

117 A.a.O., S. 11.
118 A.a.O., S. 7f.
119 A.a.O., S. 11.

Lasker-Schüler läßt dieses Bild an anderer Stelle in einem Jahrhundertwendetopos zu Edelsteinen werden:

„*Die holde tausendmalsteinige Stadt birgt hinter der rauhen Schale ihrer nackten, wuchtigen Felsen: Amethyst, Hyazinth, Chrysolith, Blut- und Milchachat. Wie freut sich Gott über seine Menschen, die sich zufrieden bewegen in den Hängen und Gängen des ihnen geschenkten Landes.*"[120]

Diese sehr unterschiedlichen Traditionen im Bild des Buches zusammenfließen zu lassen, ist jenes Kombinieren heterogener Elemente, das an anderer Stelle schon notiert wurde und auch hier noch weitere Bilder für das Buch Palästina hervorbringt: Es wird ebenso imaginiert als „*Mosaik*"[121], seine Erde ist Schreibfläche, wie sie auch im *Peter Hille-Buch* als Schreibgrund dient:

„*Ein Stern malt mit buntem Licht das Bild Josephs auf die Leinwand der gelblichen Sanderde. Gelehnt an dieser Einfalt Träumerei, ruht meine Seele vom Tag aus.*"[122]

Nur so können dann auch die mythisch-religiösen Traditionen rezipiert werden: als Bild, als Träumerei, das heißt als Dichtung:

„*Nur der dichtende Mensch, der sich bis auf den Grund der Welt versenkende, zu gleicher Zeit sich zum Himmel Emporrichtende, erfaßt, inspiriert von begnadeter Perspektive aus, Palästina, das Hebräerland! Und teilt mit dem Herrn die Verantwortung Seiner Lieblingsschöpfung.*"[123]

Zunächst aber sind Traditionen nicht die eigenen Imaginationen, sondern eine Poesie, die die Ich-Figur vorfindet, wie das Poesiealbum der Ruth:

„*Ich fand im Sand in der Nähe eines Gartens ein niedliches Poesiealbum, hob es auf und las auf der ersten Seite hinter dem buntgeblümten Einband: Ruth.*"[124]

Das Bild enthält eine Anspielung auf das alttestamentliche Buch *Ruth* und es stimmt mit dem oben Gesagten überein, wenn das biblische Buch als reine Poesie, als kindliches Poesiealbum „daherkommt". Else Lasker-Schüler stellt sich bewußt in die jüdische Schrifttradtion („*Ich zitiere* [Hervorhebung I.H.] *das Hohelied, in dem König Schlôme die feinen Muscheln der Nase seiner Sulamith besingt.*"[125]) und das Wichtige ist vielleicht weniger, daß sie als jüdische Schriftstellerin diese Traditionen rezipiert, als vielmehr, wie sie sie in ihr Schreiben integriert. Sie diskutiert dieses ihr besondere Wie in folgender Begebenheit:

---

120   A.a.O., S. 143.
121   A.a.O., S. 144.
122   Ebda.
123   A.a.O., S. 13.
124   A.a.O., S. 29.
125   A.a.O., S. 12.

„Im Zwillingsneste des zweiten Baus bereichert sich an der Lehre der Kabbâla: Scholem, der angesehene kabbalistische Gelehrte. Mein irrtümlicher, unverschuldeter Besuch -ich verwechselte die Pforte- scheint den Kabbalisten in der Lektüre nicht zu beglücken. Doch ich bleibe! Reichlich in meinem Beharren Rache übend, bemüht sich Adon Scholem mit dem Gifte der Logik, mir die Legenden des heiligen Israels zu enthimmeln. Zugutterletzt den Papyros, auf dem die erste Initiale unseres Volkes geschrieben steht, zu entwurzeln. „ Das Wunder", sage ich, „mit Schulmeisterlogik zu verehelichen, ergebe eine Mesalliance." Ich schob ungehalten ab."[126]

Bei einer erneuten Begegnung mit Scholem, den Lasker-Schüler ja tatsächlich kannte, heißt es von der Ich-Figur programmatisch:

„Ich zeigte über die grandiose Landschaft - zu unserer Rechten und zu unserer Linken und dann streckte ich mich hoch zum Himmelsgewölbe auf und versicherte den aufgetauchten jugendlichen Gelehrten, aus dem Buch der himmlischen Bilderfibel lernte ich im Originaldruck die Geschichten der Propheten unserers Volkes kennen."[127]

Das ist zum einen Rationalitätskritik (gegen Scholems wissenschaftliche Rezeption der Kabbala) und gleichzeitig ein Plädoyer dafür, die *„Legenden"* *„der himmlischen Bilderfibel"* als *„Geschichten"* zu lesen, also als Dichtung, was in Lasker-Schülers Diktion heißt, sie nicht zu *„enthimmeln"*[128], sondern ihr Wunderbares, das heißt auch ihr Inkommensurables, stehen zu lassen. Das schließt sowohl mit ein, sie als Offenbarung zu betrachten, als auch, ihr erstes Aufgeschriebensein entsprechend hoch zu bewerten: *„im Originaldruck zu kennen"*.[129] Und es meint noch mehr: Wo mythische Traditionen im *Hebräerland* ihr phantastisches und poetisches Potential entfalten, da tritt es vor allem körperlich-sinnlich auf:

„Die Thora ist ein Wunderkind; die Gebote Gottes: Glieder. Im weißen Kleide oder im samtnen Tragkleid, sorglich verwartet und nach dem Tode bestattet, zwischen gestorbenen Kindern. Israels weinende Gemeinde pflanzte einer im Pogrom zerfleischten Thora einen Rosenstrauch aufs Grab."[130]

Ihre Rezeption heißt dann, sie wiederzubeleben, ihnen neues Leben einzuhauchen:

---

126 A.a.O., S. 22.
127 A.a.O., S. 22f.
128 Wie zentral für Lasker-Schüler die Metapher des Himmels ist, zeigt u.a. ihr Essay Vom Himmel. Er ist der Ort, von dem alles Wunderbare ausgeht, etwas, das blau ist, „die Wunder der Propheten, die Werke der Künstler und alle Erleuchtungen [...]." Wie wichtig ihr dieser Essay war, läßt sich daran ablesen, daß Else Lasker-Schüler ihn dann noch einmal in Mein Herz aufnimmt, und am Schluß des Romans schreibt: „Der Himmel ist mein Spiegel." (Mein Herz, S. 45ff. und S. 107).
129 Das Hebräerland, S. 23.
130 A.a.O., S. 103.

"Im Sohar, dem ersten Buch der Kabbala, steht geschrieben: „Gottes Ebenbild ist verlorengegangen." Fromme Frauen in den kleinen Tempeln Jerusalems, die Köpfe in dunkle Tücher gehüllt, sehe ich oft aus diesem Engelbüchlein lesen. Ihre Augen wandeln über seine Seiten, bescheinen die kleinen vergilbten Felder mit herzblutendem Mohn. Es sind die einzigen wildwachsenden Blumen, die auch in blumenlosen Monaten unter den Augen Gottes aufflackern in den Urumgegenden Palästinas."[131]

Ähnliches gilt für den Umgang mit der jüdischen Gebetstradition. Else Lasker-Schüler läßt ihre Ich-Figur im *Hebräerland* an einem Schabbatabend teilnehmen, der ähnliche Konflikte heraufbeschwört wie die zuvor schon geschilderte Begegnung mit Scholem. Ein orthodoxer Jude, ein, wie sie es nennt „*Talmudmönch*",[132] mißbilligt ausdrücklich das „zwecklose", eben nicht fromme Umgehen Lasker-Schülers mit den heiligen Worten des hebräischen Gebetes „*Schmah*":

"Das ehrfürchtigste Gebet der Juden, das „Schmah" - wohlwissend dem Tische des Schabbatts nicht einverleibt - stürzte plötzlich und schäumte in hohen Intervallen über die Düne meines Mundes, aus seinem Bett getretener Strom. Der Beifall, den ich erntete von seiten des Adons und seiner Adona, und meine Frage an den frommen Gelehrten, ob ich nicht das „Schmah" vorbildlich zum Herrn gesprochen, befreiten den Mönch gänzlich von seiner Schüchternheit. Er betonte, aus sich vollends heraustretend, die Art und Weise, wie ich, seine Nachbarin, es sich erlaubt habe, das ehrerbietigste Gebet zum Herrn zu sprechen, beleidige, ja kränke Seine Heiligkeit durch alle Seine Himmel. Der lege kein Gewicht, weder auf Aussprache noch Klangfarbe [...]."[133]

Gerade darauf kommt es aber dort an, wo Sprache und ihr Sprechen poetisch sind, auf ihren Klang, auf ihr besonderes Gesprochenwerden, Sprache nicht als Inhalt, sondern als ihr sinnliches Material, so wie Klages und später Roland Barthes es so deutlich vertreten. Die Ich-Figur antwortet dem frommen Juden auf seine Vorwürfe mit einem rätselhaften Gleichnis:

"Es war einmal eine Hirtin im Volke Israel, die, wenn sie nicht Lämmer hütete, Verse dichtete an den Herrn. Eines Morgens dürstete sie sehr und sie neigte sich tief über einen Brunnenrand, um zu trinken. Als über dem Quell ein Tropfen des Wassers der unzähligen Tropfen emporstieß, in dem sich die ganze Schöpfung widerspiegelte, der Schöpfer Selbst. Und die Hirtin ging eine Schale zu suchen, die unaussprechliche Kostbarkeit zu bergen; aber sie fand nicht eine einzige, die der Schönheit des kleinen geschliffenen Wassers entsprach, weder in den Nischen der Tempel noch in den Gärten der Paläste. Da spann sie aus den roten Fäden ihres durchsichtigen klaren Herzens einen Kelch, kristallen im Klang und von holder Dunkelheit seiner Darreichung, und

---

131   A.a.O., S. 111.
132   A.a.O., S. 54.
133   A.a.O., S. 55.

legte die bebende Ewigkeit, verwahrt in einem winzigen Tropfen, den Demant der Gebete, das „Schmah" - *zwischen den gesponnenen Wänden ihres gottgeopferten Herzens. Das „Schmah", der heilige Hieroglyph auf dem Plan der Schöpfung, überlebt die Welt.*"[134]

Das Besondere dieses Gleichnisses ist weniger seine Kraft der Erklärung, als die Art und Weise, wie es das Verhalten der dichtenden Ich-Figur erläutert. Die das Gebet als Klang rezipierende Dichterin am Schabbatabend erhält hier gleichnishaft eine Parallelfigur. Sie „findet" dieses Gebet als kleinen Tropfen, in dem sich aber alles Geschaffene zu spiegeln scheint, auch ist der Tropfen eigentlich hart wie ein Kristall, wie die Edelsteine der Dichtung, und erinnert als Tropfen dennoch ganz an *Werthers* Pantheismus. Gleichwohl gibt es nichts Vorhandenes, in dem dieser Tropfen angemessen (und das heißt ästhetisch angemessen) zu bergen wäre, die Dichterin verwahrt den Tropfen in ihrem Inneren, dem als Kelch imaginierten Herzen. Die Gefäßmetaphorik ist biblisch und steht für den Menschen, der sich mit Gott füllen läßt.[135] Das Ungewöhnliche der Bilder sind die Metamorphosen der Aggregatzustände, die die Dinge durchmachen: Der Tropfen ist zugleich geschliffener Kristall, die „*Fäden*" des Herzens vermögen sich zu einem ebenso kristallenen „*Kelch*", der eine Klangfarbe hat, zu formen. Darin liegt das Wunderbare und es ist deutlich, daß erst diese ganz eigentümliche Rezeption der Dichterin, die Worte in ihrem Herzen zu bewahren wie Maria die Worte des Engels, zum Überleben des „*Hieroglyphen*" beiträgt, eben, weil er verrätselt ist, als Klang, als heiliges Sprechen, das mehr ist als seine Semantik. Was Else Lasker-Schüler die Dichterinnenfigur des *Hebräerlandes* vorführen läßt, ist das Vertrauen auf Poesie als etwas Gefundenem, nicht sehr Perfektem (und läßt sie das auch in einer „schadhaften" Syntax sagen), das aber jene Kraft des Wunderbaren sich entfalten läßt, die Sprache spürbar macht als Magie, die weit über ein rationales Verständnis hinausweist. Hier ist Mythisches ganz Sprache, ist Sprache ganz mythisch und als solche ganz natürlich, wie ein Ding der Natur: als Tropfen Wasser, als Stein, als Klang und immer transparent, weil sie, die Sprache, immer wieder zeigt, wie sie wirkt: Sie ist durchschaubar, aber nicht greifbar.

---

134   A.a.O., S. 55f.
135   „Kann ich mit euch nicht tun wie dieser Töpfer, Haus Israel? spricht der Herr. Siehe, wie Ton in der Hand des Töpfers, so seid ihr in meiner Hand, Haus Israel." (Jeremia Kap. 18,6) und im Neuen Testament: „O Mensch, jawohl, wer bist du, dass du mit Gott rechten willst? Wird etwa das Gebilde zum Bildner sagen: Warum hast du mich so gemacht? Oder hat der Töpfer nicht Macht über den Ton, aus der nämlichen Masse das eine Gefäß zur Ehre, das andere zur Unehre zu machen?" (Römerbrief Kap. 9, 20f.).

4.4 Schrift und Körper

Tätowierungen

Das Körperliche von Sprache und Schrift zeigt sich auf mehreren Ebenen: In der Materialität seiner Produktion, im oralen und auralen Akt des Sprechens und Hörens, im Einbeziehen des Körpers in den Schreibprozeß, nicht nur als schreibender Körper, sondern als beschriebener. Nicht nur als *„die mit Haut bedeckte Sprache"*,[136] aber ebenso als mit Sprache bedeckte Haut. Wenden wir den Blick auf das Schreiben, auf das ursprüngliche Schreiben, so wie es in Mesopotamien als Einritzen der Oberfläche von Ziegeln begann, dann tritt gerade diese Bewegung hervor: das Kratzen, das Schaben. Schreiben ist „graphein":

„Es ging darum, Löcher zu machen, die Oberfläche zu durchdringen, und das ist immer noch der Fall. Schreiben heißt immer noch, Inskriptionen zu machen. Es handelt sich nicht um eine konstruktive, sondern um eine eindringende, eindringliche Geste."[137]

Die Oberfläche, die beschrieben wird, setzt sich dem Schreibakt aus, empfängt den Eindringling, öffnet die Wunde des Schreibens und ist, so gesehen, ein ähnlicher Akt wie der sexuelle Akt. Beiden gemeinsam ist der Gestus des Sich-Verausgabens, der Hingabe, des Zulassens, und, aus der Sicht des Ritzenden und Schabenden, die Geste des Besitz Ergreifenden, Eindringenden: Im Bild des Einverleibens erfährt diese hier zunächst als so starr beschriebene Relation eine Inversion: Gerade wer sich aussetzt, kann im Aufnehmen des Eindringenden diesen verschlucken, ihn in die eigene Welt inkorporieren, ihn verschwinden machen.

Wo man Schrift und Körper zusammendenkt, Schrift als Einritzen und Einstechen, den Körper als die Schreibfläche, tritt das Bild vom tätowierten Körper in den Blick. Die Geschichte des tätowierten Körpers scheint so alt zu sein, wie es die Assoziation, es handele sich um einen „primitiven" Akt, vermuten läßt.[138] Als archaisches Relikt hat das Tätowieren eine erstaunliche Kontinuität bewiesen, die auf wichtige Funktionen des Tätowierens schließen läßt:

„Jede Kultur wird durch Verdrängung und Sublimierung der Triebe errichtet; aber das Verdrängte kehrt fatal zurück. Dieses Sichtbar- und Spürbarwerden vollzieht

---

136   Roland Barthes, Die Lust am Text, S. 97.
137   Vilém Flusser, Gesten, Versuch einer Phänomenologie, Frankfurt a.M. 1994, S. 32.
138   Man findet es bestätigt beispielsweise bei Michel Thévoz, Der bemalte Körper, Zürich 1985. S. auch Stephan Oettermann, Zeichen auf der Haut, Die Geschichte der Tätowierung in Europa, Frankfurt a.M. 1985.

sich beim zivilisierten Menschen wider Willen, in der Form von neurotischen Symptomen. Bei den primitiven Gesellschaften hingegen wird es hingenommen, oder, besser, innerhalb eines rituellen Rahmens halluziniert, indem es bildhaft auf der Haut erscheint."[139]

Tätowierungen sind Oberflächenkunst, die „tätowierte" Salomé von Gustave Moreau ist ein Beispiel dafür. Über und über mit Arabesken und Ornamenten verziert, wirkt sie wie tätowiert, ihre Körpergrenzen lösen sich auf, sie geht über in eine Umgebung, in der sich die auf ihren Körper gemalten Linien fortsetzen. Tätowieren heißt aber auch, nicht nur daß Farbe aufgetragen, sondern Oberfläche durchstoßen wird. Die Farbe kommt unter die Haut, da, wo es wehtut und man sich erinnert. Aus dem Unbewußten kommend, wird ein Bild auf den Körper projiziert und in der gewaltsamen Geste des Eindringens ins Körperinnere zurückgestoßen. Ohne die Verletzung gewinnt man der Zeit das Bild nicht ab: Tätowierungen sind Bilder, von denen man annimmt, sie überdauerten selbst den Körper, der sie aufnimmt. Es ist der Schmerz, der die Erinnerung wachhält, sein Schrecken ist die Spur zum Tätowierungsakt, zur Geste des Schreibens, da, wo alles begann, was dann Bild wurde. Das Eindringliche ist nicht nur das Eindringen, sondern der mit ihm verbundene Schmerz. Bei Nietzsche finden wir den Gedanken eines Schmerzkontinuums formuliert:

„*Man brennt etwas ein, damit es im Gedächtnis bleibt: nur was nicht aufhört wehzutun, bleibt im Gedächtnis.*"[140]

Der Vorgang des Tätowierens ist paradox, es ist nicht das Schreiben, weil Blut fließen soll, nicht Blut wird zur farbigen Tinte, sondern es wird geschrieben, obwohl Blut fließt. An die Stelle des rötenden Blutes tritt die dunklere Farbe der Tinte in einem Verdrängungsprozeß, den Kunst notwendigerweise immer bedeutet als ein Vorgang, der Natur durch Künstlichkeit ersetzt oder zumindest überlagert.

Else Lasker-Schülers Prosa enthält zahlreiche Bilder des Tätowierens. Aufgeprägte Signaturen sind es, Piktogramme im Gesicht und besonders auf der Stirn, die wie ein Brandzeichen die so markierten Figuren als Eigentum des Reiches der Dichtung kennzeichnen:

„*Ich liebe die Pferde. Es sind gestaltgewordene Sagen, Legenden, Märchen aus Tausendundeiner Nacht. Wann setzen die wiehernden Paschas über den Bankzaun, im Kreis den Sand aufwirbelnd zur Wolke! Ihre Nacken schmückt der Halbmond mit dem Stern.*"[141]

---

139   Michel Thévoz, Der bemalte Körper, S. 30.
140   Friedrich Nietzsche, Zur Genealogie der Moral, in: KSA, Bd. 5, München 1993^5, S. 295.
141   Else Lasker-Schüler, Zirkus Busch, Gesichte, in: Der Prinz von Theben, Bd. 4, S. 206.

Die Tätowierung ist mehr als Dekor. Eingekerbt und eingeschnitten wird sie bewegt von der Haut, in die sie geritzt ist. Tätowierungen sind Bilder, die atmen können:

„Ich habe Minn verloren, alle marokkanischen Träume und den tätowierten Halbmond an seinem vibrierenden Nasenflügel."[142]

Es ist diese bunte Wunde, die wie eine unlöschbare Schrift das Gesagte und Erlebte nicht nur beglaubigt, sondern verortet. Es ist Bildersiegel der Schrift und nimmt die Figur sichtbar in Besitz, verleibt sie sich ein in ein Reich des Imaginären. Die den Körper tätowierende Schrift ist eine blutige Prozedur, eine chirurgische Operation: *„[...] man muß zeichnen, wie man operiert."*[143] Ein solches Zeichnen und Bezeichnen versenkt das Bild nicht nur in der Haut, es präpariert umgekehrt auch die unter der Haut liegenden Schichten heraus, wissend, daß die Oberfläche ein Darunterliegendes abschließt. So betrachtet ist die Tätowierung eine blutige Archäologie, die den Blick freigibt auf in der Regel Bedecktes: *„Sieben Häute tiefer schlummerte die Nacht in seines Sohnes Stirn."*[144]

Die tiefer liegenden *„Häute"* sind wie mythische Schichten (ihnen ist die numinose Siebenzahl beigegeben), unter denen *„die Nacht"*, personifiziert als Schlafende, imaginiert wird. Ziel des freipräparierenden Blicks ist die Stirn als Bewußtseinsort, dem aber ein Unbewußtes, auf das die Nacht hindeutet, zugrunde liegt:

„Die Stirn gehört zu den Körperregionen, die dem Einzug des Unbewußten besonders offenstehen - denn Stirnen ist es eigentümlich, sich selbst nie zu sehen. Sie sind das schlechthin den anderen Zugekehrte und liefern somit ein Beispiel für den seltsamen Sachverhalt, daß nichts öffentlicher sein kann als das mir Unsichtbare. Was ich selbst nicht anschaue, ist a priori den anderen ausgesetzt. Menschen wachsen in ihre Individualität nicht anders hinein, als indem sie sich einen Reim auf die Differenz von innen und außen machen lernen: sich selbst zu entgehen und für die anderen ein Gegenstand zu sein. [...] Das Stirnbeispiel, beim Wort genommen, legt einen bizarren Zug des Unbewußten frei: was wesentliches Unbewußtes ist, hat die Eigenschaft, sich selbst nicht nicht verraten zu können. Sein Selbstverrat gehört zu seiner Wirklichkeit ebenso wie das Schimmern der Tinte zur schriftunterlaufenen Haut. Es schreit sich immer selbst hinaus, doch können die Tätowierten ihre Schriftbilder und Brandzeichen unmöglich selber lesen. Die Inschriften stehen regelmäßig an den entzogenen Stellen, an die kein eigenes Hinsehen und Hinfühlen reicht - am blinden Fleck der Seele, an den

---

142   Mein Herz, S. 23.
143   A.a.O., S. 87.
144   Die Nächte der Tino von Bagdad, S. 66.

unzugänglichen Rändern, auf den Kehrseiten und Rückenflächen des dunklen Körpers, der ich bin."[145]

Gerade die Bilder von tiefgrabenden Wunden, Tätowierungen, sind es, die auf ein Darunterliegendes verweisen. Die bunte Wunde bleibt als solche präsent, hilft dem Erinnern auf als eine eindringliche Mnemotechnik.

Wo Schrift als Tätowierung sich zeigt, wird ein Zusammenhang zwischen Schmerz und Schreiben hergestellt, dessen Angriffspunkt der Körper ist. An dieser Stelle greift der Körperdiskurs sichtbar hinaus in eine Reflexion über das Schreiben und fast scheint es so, als gäbe es das Schreiben ohne den Schmerz nicht, der bei diesen verletzenden Operationen entsteht. Mit der Erzählung *In der Strafkolonie* hat Franz Kafka wie keiner vor oder nach ihm (aber fast zeitgleich mit den orientalischen Tätowierungsbildern Lasker-Schülers) die Relation von Schreiben und Schmerz mit allen erdenklichen Konnotationen zu seinem Thema gemacht. Im exakt ausgemalten Bild einer „Körperschreibmaschine" werden Schreiben und Foltern zu Synonymen.[146] Nicht metaphorisch, sondern höchst real zeigt sich der Terror und nur der Terror in den Tätowierungspraktiken der Nazis in den Konzentrationslagern. Die eintätowierten Nummern werden zu Zeichen der Gewißheit, daß mit dem Schlimmsten, der Zerstörung, bald zu „rechnen" ist.[147] Hier aber ist die Folter nicht ohne Verführung zu denken, „*die Maschine ist sehr zusammengesetzt*"[148] und ermöglicht so das Äußerste: Verführung und Verurteilung, Ausgeliefertwerden und Sich-Ausliefern. Im Mittelpunkt aber steht das Verfahren, das die Extreme ermöglicht als Stanzen einer Schrift in einen Körper. Das ist Schreiben als Unmittelbarkeit (die Schrift wird unmittelbar mit dem Körper gespürt) und distanzierter und zuletzt erfolgloser Vermittlung zugleich, denn: „*Es ist sehr kunstvoll, [...] aber ich kann es nicht entziffern.*"[149] Im Paradox einer Schrift, die Kunst und Terror zugleich ist, liegt das Ungeheuerliche dieser Körperschreibmaschine. Wer sich, verurteilt zum Schreiben, wie sich auch Lasker-Schüler gelegentlich zeigt[150], ihr sich ausliefert in einem Akt der Selbstentblößung und masochistischen Lust, verbindet damit, im genauen

---

145   Peter Sloterdijk, Zur Welt kommen - Zur Sprache kommen, Frankfurter Vorlesungen, Frankfurt a.M. 1988, S. 25f.
146   Vgl. Detlef Kremer, Kafka, die Erotik des Schreibens: Schreiben als Lebensentzug, Frankfurt a.M. 1989, S. 143.
147   Vgl. Alois Hahn, Handschrift und Tätowierung, in: Hans Ulrich Gumbrecht u. K. Ludwig Pfeiffer (Hg.), Schrift, München 1993, S. 215.
148   Franz Kafka, In der Strafkolonie, in: Ders., Sämtliche Erzählungen, Frankfurt a.M. 1970, S. 109.
149   A.a.O., S. 107.
150   „Einsam wandelte ich durch das nachtverdunkelte Zürich und sagte zu Gott: „Nimm die Bürde der Dichtung von mir." (Else Lasker-Schüler, Ein Brief, 28.1.1937, in: Verse und Prosa aus dem Nachlaß, Bd. 8, S. 47.).

Wissen, gefoltert zu werden, eine Erlösungshoffnung, die sich daraus speist, noch einmal gekreuzigt zu werden (die Anleihen an die christliche Kreuzigungsszene sind unübersehbar). Schmerz wird in diesem Kontext zum Zeichen der Erlösungshoffnung. Gerade das aber gewährt die Maschine nicht, sie zerbricht unter der Last der mit ihr verbundenen Hoffnungen, zeigt sichtbar ihr unvollkommenes Gemachtsein und zerbricht gerade dann, wenn sich ihr jemand in völliger Freiwilligkeit ausliefert. Da kommt der Tod direkt und ohne jegliche Verklärung, es wird nicht mehr sublim geritzt, *„die Egge schrieb nicht, sie stach nur."*[151] Und noch einmal zitiert Kafka im grauenvollen Akt des Sterbens christliche Tradition, indem er sie umkehrt: Auf ein imaginär anwesendes „Tod, wo ist dein Stachel, Hölle, wo ist dein Sieg?" antwortet Kafka: „[...] *(kein Zeichen der versprochenen Erlösung war zu entdecken;)* [...] *durch die Stirn ging die Spitze des großen eisernen Stachels."*[152] Der „*kleine Stichel*"[153], in einer plötzlichen Erektion zum Stachel geworden, ist das Einzige, was von der Maschine übrig bleibt, deren Zerbrechen ja erst den sofortigen Tod bedeutet und so sichtbar die Unmöglichkeit des Projektes der Schrift vorführt. Gerade in dieser Schlußpassage werden signifikante Unterschiede zu den Tätowierungsschriften Lasker-Schülers deutlich. Auch ihre Einritzungen wählen sehr oft als Ort ihres Auftauchens die Stirn als Kreuzungspunkt von Bewußtem und Unbewußtem. Während aber Kafka die grausamst mögliche Exekution als Produkt der Körperschreibmaschine imaginiert, gibt es bei Else Lasker-Schüler überhaupt keinen Hinweis auf das Blutige der Tätowierungsprozedur, sie thematisiert das Verfahren selber nicht, spricht lediglich von *„eingeschnittenen Bildern"*[154]. Die Verbindung von Schmerz und Schrift vollzieht sich bei ihr weit sublimer, wird im tätowierten Bild lediglich angedeutet und gleicht oftmals eher einer wörtlich genommenen Prägung, die dann auch noch die Figur selbst vornimmt:

„Mühsam gräbt er nach Gold in den Wäldern der Oase und belegt den Hügel, auf dem der ersehnte Gottestempel steht, mit seinem Fleiß. Prägt ein Stück Leben seines Nackens nach der edelsten Münze des Judenlandes und legt das atmende Gold zu dem verglommenen."[155]

Gezeigt wird hier ein alchimistischer Prozeß, der vor dem Körper nicht haltmacht, ihn benutzt als Material, aus dem Gold wird. Das Gold ist ein besonderes, ein Simili einer jüdischen Goldmünze, die der hier agierenden Figur des *Tschandragupta* Einlaß gewähren soll in die ersehnte jüdische Tradition

---

151		Kafka, In der Strafkolonie, S. 121.
152		Ebda.
153		A.a.O., S. 105.
154		Die Nächte der Tino von Bagdad, S. 80.
155		Der Prinz von Theben, S. 99.

(so der Kontext). Tätowierungen sind bei Lasker-Schüler fast immer auch mit mythisch-religiösen Traditionen verbunden, als geronnener Bildextrakt, als auf der Haut getragenes Versprechen, dazuzugehören:

„Ich sah die vereinten einigen Chassidimväter, achtzig ehrwürdige Rabbiner in Synagogentücher gehüllt, ein einziges Schaubrot, ein heiliger, einiger, gebenedeiter Leib mit den Lederriemen der Tefillin geschmückt, den Jaffaroad herab zur Klagemauer schreiten. Dieser Gobelin aus ewigen Fasern und Adern und seidigem Greisenhaar uralten Judenstammes tätowierte die Zeit großzügig in die Haut meiner Schläfe."[156]

Eine Parallele zu Kafka stellt sich aber dort wieder ein, wo Else Lasker-Schüler in den *Nächten der Tino von Bagdad* eine Hinrichtungsszenerie entwirft, in der eine mit Hieroglyphen versehene Hand mit Heben oder Senken Tod oder Verschonung gebietet:

„Mein Oheim, der Kalif, ruht zwischen zwei Marmorsäulen auf einem Kissen, das ist rot wie ein Mal, und er hebt und senkt die große Hand blutstrafend in den Tod.[...] Die große Hand meines Oheims flattert in meinem Schoß, aber ich kann den sich aufbäumenden Hieroglyphen im Pochen seines Pulses nicht deuten. Er senkt endlich seine große Hand. Durch die Risse der Steintore tropft des Fremdlings Blut über die rauhen, breiten Steine der Höfe hinweg bis vor die Füße des Kalifen."[157]

Die Schrifthand wird hier, archaischer und ohne anonyme Maschinerie, zum Todesfanal, zur Urteil sprechenden. Das ist tödlich wie bei Kafka und es scheint, als wäre die Erzählung „In der Strafkolonie" doch ganz gut geeignet, um Else Lasker-Schülers Tätowierungsbilder zu lesen. Bei beiden hat der Tod nicht das letzte Wort: *Tino* entkommt, sterbend, aber tanzend, dem unerbittlichen Urteil, und auch der Reisende bei Kafka vermag sich zu retten. Das letzte Wort ist noch nicht geschrieben.

Oralität und Literalität

Und auch nicht gesprochen. Im *Peter Hille-Buch* lernt *Tino* erst einmal poetisch sprechen, bevor sie daran denken kann, zu schreiben. Sie rezipiert zunächst orale Traditionen, weil gerade die als geeignet erscheinen, ihr das Dichten beizubringen. Oralität und poetische Sprache werden zusammengefügt, sie verweisen aufeinander. Diese Auffassung, daß orale Tradition und dichterische Sprache zusammen zu denken seien, geht auf Hamann und Herder zurück, die von der Vorstellung ausgehen, eine ursprüngliche Mündlich-

---

156 Das Hebräerland, S. 35.
157 Die Nächte der Tino von Bagdad, S. 64.

keit hätte poetischen Charakter gehabt, ja, „*die Poesie sei Abbild der in den Anfängen der Menschheit gesprochenen Sprache.*"[158]

Die Einführung von Schrift bedeutete aber das Sterben der oralen Traditionen, die deshalb als übriggebliebene Restformen, als Märchen, Legenden, Sagen u.ä. von den Herderschülern Arnim, Brentano und natürlich den Brüdern Grimm gesammelt wurden. Ein Schatz poetischen Sprechens sollte so gehoben und aufbewahrt werden, was, paradox genug, ja nur in der Überführung in schriftliche Aufzeichnungen gelang.[159] Im Vordergrund steht aber nicht das Gelingen eines solchen Projektes der Rettung oraler Kultur, sondern die Beweggründe, mit denen es begonnen und der Enthusiasmus, mit dem es verfolgt wurde. Die Emphase, zu einer ursprünglichen Mündlichkeit wenigstens in ihren Resten zurückkehren und aus diesem Kontakt heraus das eigene Dichten entscheidend befruchten zu können, teilte die Romantik mit den Avantgarden des 20. Jahrhunderts. Auch Else Lasker-Schüler beruft sich auf eine „*Ursprache, [...] die ich wahrscheinlich im Traume einatmete*", ein „*mystisches Asiatisch*", das sich aus arabisch anmutenden Silben dadaistisch zusammensetzt.[160]

Die Annahme, das Orale habe einen poetischen Gestus, wird bestätigt, wenn man sich seine Sprechstrategien ansieht:

„*Elemente der Sprache, die wir heute als poetisch identifizieren, sind als Hilfsmittel einer auf das Gedächtnis gestützten Tradition erfunden worden. In diesem eher technischen Sinn trifft die schwärmerische Vermutung der Romantiker, daß die ursprüngliche Sprache der Menschheit Poesie gewesen sei, eine historische Tatsache. Allerdings war es die eigentliche Absicht der mündlichen Kultur gewesen, soziales Wissen zu sichern, nicht, Poesie hervorzubringen. Erst einer späteren Zeit, die bequemere Techniken zur Konservierung des Wissens besitzt, erscheint die ältere, nun unnötig gewordene Methode der Belehrung als befremdlich schöne Verschwendung und Steigerung menschlicher Potentiale, die nun im Zauber des Überflüssigen als Poesie eine neue Geltung gewinnen.*"[161]

Das bewußte Rekurrieren auf orale Traditionen besitzt auch eine psychische Komponente. Sie vor allem scheint Rousseau im Blick zu haben, wenn er davon spricht, daß „*man seine Gefühle wieder*[gibt]*, wenn man spricht, und seine Ideen, wenn man schreibt.*"[162]

---

158   Heinz Schlaffer, Einleitung zu Jack Goody, Ian Watt u. Kathleen Gough (Hg.), Entstehung und Folgen der Schriftkultur, Frankfurt a.M. 1991, S. 13.
159   Vgl. ebda.
160   Else Lasker-Schüler, Ich räume auf! Meine Anklage gegen meine Verleger, Bd. 4, S. 316.
161   Heinz Schlaffer, Einleitung, S. 14f.
162   Jean Jaques Rousseau, Essai sur l'origine des langues, Paris 1974, zit. nach Heinz Schlaffer, Einleitung, S. 12.

Das Sprechen liefert, so betrachtet, das authentischere Material, authentisch auch deshalb, weil es den Körper immer „mitspricht":

„*Gesprochene Wörter sind stets Modifikationen einer totalen, existentiellen Situation, die immer auch den Körper mit einschließt: Körperbewegungen, auch wenn sie nicht mit Gesang einhergehen, sind bei der oralen Kommunikation nie zufällig oder unwillkürlich, sondern natürlich und sogar unvermeidlich. Selbst absolute Bewegungslosigkeit während eines mündlichen Vortrags, vor allem eines öffentlichen, ist eine machtvolle Geste.*"[163]

Bevor über mögliche orale Merkmale in der Prosa Else Lasker-Schülers die Rede sein kann, ist es notwendig, Charakteristika des Oralen zu benennen. In seinem dankenswerten Überblickswerk *Oralität und Literalität, Die Technologisierung des Wortes*[164], auf das ich mich bei den folgenden Ausführungen im wesentlichen stütze, entwickelt Walter Ong zahlreiche Kriterien, die es erlauben, orale Traditionen hinreichend zu beschreiben und die auch noch dann erkennbar bleiben, wenn es wie hier darum geht, in zwangsläufig schriftlich vorliegenden Texten, orale Elemente zu bemerken. Demnach ergeben sich aus den Erfordernissen des begrenzten Gedächtnisses der Vortragenden und Sprechenden einer oralen Kultur, folgende Merkmale von Oralität: Eine orale Darstellung ist additiv, nicht analytisch, sondern aggregativ, sie ist redundant und wiederholend, greift auf Traditionelles eher zurück, als daß man sie innovativ nennen könnte. Sie bezieht sich auf die menschliche Lebenswelt und ist kaum abstrakt, gibt sich einfühlend, nicht distanziert und entwickelt keine übergeordneten Kategorien. Vor allem aber zeichnet sie sich durch ihren narrativen (und nicht kausalen) und mythischen (und nicht historischen) Charakter aus.[165] Oralität und Literalität unterscheiden sich somit nicht nur dadurch, daß sie sich verschiedener Medien bedienen und sich deshalb an verschiedene Sinne wenden (das Orale an das Ohr, das Literale an das Sehen), sondern gerade dadurch, daß sie auch strukturell ganz verschieden sind, verschieden „denken".

Ein sich vom literalen Gestus differenzierender oraler Charakter zeigt sich in der Prosa Else Lasker-Schülers auf verschiedenen Ebenen: Auf der Ebene der Bilder ist es das Bild von Perlenschnüren und Perlenketten, die eine bildliche Entsprechung oralen Sprechens einflechten: „*Und die vielen bunten Perlen klingen um meinen Hals* [...]"[166]. Perlen sind notwendig aneinandergereiht, „additiv verknüpft". Metaphorisch stehen sie ein für das Material der Dich-

---

163 Walter Ong, Oralität und Literalität, Die Technologisierung des Wortes, Opladen 1987, S. 71.
164 S. Anmerkung 163.
165 Vgl. Walter Ong, Oralität und Literalität, S. 42-61.
166 Die Nächte der Tino von Bagdad, S. 59.

tung, sind die bei Lasker-Schüler viel beschworenen bunten Steine, aus denen sich das Mosaik der Dichtung zusammensetzt, oder aber eine Perlenschnur ergibt. Steine oder Perlen sind dabei eben nicht als Geschriebenes gedacht, sondern als Klang einer Stimme, als Töne:

> *„Dann begann er wieder zu summen und es war seine Stimme, die bald an den Säulen des Saales brandete. [...] Des Doktors Stimme ist stellenweise noch ungeheftet, ich könnte manche von den schwarzen Perlen in die Hand nehmen. Wüllners Töne sind alle schön geordnet auf Golddrähten, die Meeresstimme des Doktors wäre auf Taue zu reihen."*[167]

Der Textausschnitt aus *Mein Herz* „hört", bzw. teilt mit, wie er hört. Er selbst produziert wenig Klang, aber er schwelgt in Bildern vom Hören, die wie ein „Meta-Hören", wie eine Reflexion über Hörbares anzusehen sind. Der Klang ist nur ein vermittelter, es wird über ihn geschrieben, er wird als Bild aufgeschrieben, aber dennoch, wenn auch nur indirekt, wird seine lautliche Qualität betont. Diese Klangreflexion, den Klang einer Stimme als aneinandergereihte Perlentöne zu betrachten, das entspricht dem griechischen „rhapsodein", das ursprünglich nichts anderes meint als „Lieder zusammennähen" (von „rhapten" nähen und „õide" das Lied).[168]

Wo Else Lasker-Schüler immer wieder auf die menschliche Stimme und ihren Klang sich bezieht, wirkt das wie eine Bebilderung zu Roland Barthes Vorstellung vom *„lauten Schreiben"*[169], das ja eigentlich nichts anderes meint als die Aufmerksamkeit für das körperliche Hervorbringen von Sprache im Sprechakt. Lasker-Schüler hebt nicht nur die sinnliche Qualität des Klanges hervor, sondern für sie verknüpfen sich mit der Stimme eines Menschen starke Bilder, mal mythisch geprägt (wie im ersten Zitat), mal dem immer wieder verwendeten Fin-de-Siècle-Tableau entnommen (wie im zweiten):

> *„Seine Stimme ist mythenhaft, olympisch, auch Krater rauchen darin, und dröhnen kann sie wie Zeuswort."*[170]

Und an anderer Stelle heißt es:

> *„Aber ich war sehr überrascht von der Vorlesung der Marie, die ist eine italienische Sprecherin; in ihrer Stimme tönen venezianische Glasblumen, und echte Spitzen aus den Palästen knistern unter ihren Worten."*[171]

Synästhesie heißt hier, daß aus Tönen Gemälde werden, die Gemälde aber klingen.

---

167 Mein Herz, S. 40.
168 Vgl. Ong, S. 20.
169 Roland Barthes, Die Lust am Text, S. 97.
170 Mein Herz, S. 19.
171 A.a.O., S. 12.

Klingen sollte es auch, wenn Else Lasker-Schüler ihre Werke vortrug. Sie bildete einen eigenen Rezitationsstil aus, benutzte zusätzlich zum Klang ihrer Stimme eigenartige Klangerequisiten. Ernst Blass galt sie als „Zungentänzerin"[172], Werner Kraft hebt ihre Nüchternheit hervor:

„Sie liest meisterhaft vor. Die Nüchternheit eines so ekstatischen Menschen ist einfach erstaunlich. Den „Tibetteppich" z.B. liest sie zu nüchtern vor. Für mich wenigstens."[173]

Wieland Herzfelde schreibt über ihre Vortragsweise:

„Ich dachte immer, sie spräche sanft, traurig, träumend. Hart, gläsern waren ihre Worte. Wie Metall glühten sie. Niemals bebten sie. Und ganz plötzlich brachen die Gedichte immer ab ... Das war kein Sprechen, das war Singen, ekstatisch, ewig tönend ... Man hörte fast nur geschleuderte Vokale, keine Konsonanten. Ein Hiatus nach dem andern ... Nur manchmal hörte man unendlich irdisch, traut ein „r", wie das Kichern einer Quelle, ganz kurz, aber unvergeßlich."[174]

Wo Geschriebenes in einer Rückverwandlung zum Klang wird, setzt es sich einer Kurzlebigkeit aus, die für alle Töne kennzeichnend ist. Ein Ton thematisiert in seinem Auftauchen und jähem Verschwinden Vergänglichkeit, ist wie ein Gespinst, wenn man es einfangen will, ist schon alles vorbei. Wo Else Lasker-Schüler ihre Worte zu Tönen werden läßt, die aus ihrem Körperinneren kommen, läßt sie diese in die Leiber ihrer Zuhörer eindringen. Das Zu-Gehör-Bringen ist eine eindringlichere Geste als das Präsentieren eines Textes nur als geschriebenen. Ein Ohr kann man kaum so souverän zuklappen wie ein Buch.

Wendet man den Blick zurück auf die Prosatexte Lasker-Schülers, dann entdeckt man, daß in ihnen wiederum Texte zitiert werden, denen man deutlich ihre Herkunft aus einer oralen Kultur anmerkt. Das ist insbesondere dort der Fall, wo Else Lasker-Schüler Anleihen macht an die *Thora* und vor allem dort, wo sie die *Genesis* als (Bild-)Material verwendet:

„Diese biblischen Passagen sind offensichtlich schriftliche Berichte, sie entstammen jedoch einer oral begründeten Gefühlswelt und Tradition. Sie stellen sich nicht dar als etwas Dingliches, sondern sie lassen Ereignisse in der Zeit wiedererstehen. Oral begründete Sequenzen sind stets Erscheinungen in der Zeit, nicht überprüfbar,

---

172 Ernst Blass, Kritische Symphonie, in: Paul Raabe (Hg.), Ich schneide die Zeit an, Expressionismus und Politik in Franz Pfemferts Aktion 1911-1918, München 1964, S. 126.
173 Werner Kraft, Else Lasker-Schüler in den Tagebüchern, ausgewählt von Volker Kahmen, in: Erika Klüsener u. Friedrich Pfäfflin (Hg.), Else Lasker-Schüler 1869-1945, Marbacher Magazin 71/1995, Marbach 1995, S. 342, Eintragung vom 15.11.1937.
174 Wieland Herzfelde, Else Lasker-Schüler, in: Sinn und Form, Beiträge zur Literatur, (1969), S. 1307, zit. nach Erika Klüsener, Else Lasker-Schüler. Mit Selbstzeugnissen und Bilddokumenten, Hamburg 1980, S. 79.

denn sie werden nicht visuell präsentiert, sondern sind lediglich Aufführungen, welche angehört werden können."[175]

Die Schöpfungsgeschichte in der *Genesis* (1,1-5) verwendet, je nach Übersetzung variierend, auffällig oft die additive Verknüpfung „und", verzichtet auf eine kausal erklärende Struktur, konstatiert aber so mit großem Gewicht. An anderen Stellen der *Thora* tauchen ständig wiederholende Strukturen wie z.B. Formeln auf, die eine gewisse Rhythmisierung bewirken und auch Zeichen von Redundanz sind, ein vom Oralen dringend benötigter Wiedererkennungseffekt.[176]

Lasker-Schüler formt in *Das Meer* den *Genesis*-Gestus nach, das heißt sie schreibt ebenso konstatierend. Eine Erklärung gibt es deshalb nicht, weil etwas so machtvoll geschieht, als Schöpfung eben, daß dies keiner Herleitung bedarf.

Betrachtet man ihre Prosa als ganze, dann fällt auf, daß es da keinen „Atem" für ein längeres Werk gibt und auch die einzelnen Werke sich aus einzelnen kleineren Sequenzen zusammensetzen. Auch das ist ein orales Charakteristikum, keinen in chronologischer Abfolge organisierten Handlungsablauf zu produzieren, sondern kleine Sequenzen anzubieten, die nicht einer Handlungslogik folgen, aber sehr eindrucksvoll von stets wiederkehrenden Bildern und einem überschaubaren Figurenreservoir „zusammengehalten" werden.

Natürlich sind die Textgewebe Else Lasker-Schülers keine „oralen Szenarien", sie sind vor allem Produkte von Literalität, weisen aber, wie gezeigt, orale Charakteristika auf. Was aber passiert, wenn aus oralen Traditionen Geschriebenes wird? Aus dem Wort als Klang wird das Wort als Sichtbares, das Sehen dominiert fortan über das Hören. Diese besondere Sichtbarkeit der Worte als Zeichen ist genau der wesentliche Unterschied, der zwischen den Künsten Musik und Literatur besteht. Der differente Umgang mit Zeit ist eines der signifikantesten Merkmale. Während Töne verklingen, versucht Schrift, das Ereignis in der Zeit im Akt des Aufschreibens nicht nur festzuhalten, sonden stillzustellen, ja letztlich sogar Veränderungen, die die Wirkung von Zeit hervorruft, zu eliminieren. Eliminiert aber wird mit dem Zeitlichen auch seine Lebendigkeit, radikal formuliert, es besteht ein Zusammenhang zwischen Schrift und Tod. Dieser Zusammenhang ist im wesentlichen paradox:

„Die Schrift ist die Rede eines abwesenden Sprechers, und der Autor [...] ist der abwesende Sprecher eines aufgezeichneten Textes. Der Tod ist die paradigmatische

---

175   Ong, Oralität und Literalität, S. 101.
176   Vgl. Ong, S. 100.

Form solcher Abwesenheit. Der Sprecher, der zur Feder greift (oder welchem Schreibgerät auch immer), stirbt gleichsam als Sprecher, um als „Autor" zu leben, indem er seiner Rede die materielle Präsenz der Schrift verleiht, tritt er selbst in die Distanz der Abwesenheit, aus der die Schrift ihn vergegenwärtigen und der Text ihm zum Denkmal werden kann."[177]

Die schon erwähnte Textstelle im *Hebräerland*, die die Vorstellung vermittelt, die *Thora* werde beim Lesen wiederbelebt, ja ihre Buchstaben blühten auf[178], erfährt in diesem Zusammenhang einen neuen Kontext. Versucht wird hier, die Wirkungen von Literalität „rückgängig" zu machen, den toten Buchstaben zu erwecken. Den Blumen, die man manchmal zwischen die Seiten legt und sie so konserviert, ihnen aber auch das Leben auspreßt, phantasiert man einen neuen Frühling und belebt so auch den Text?

Else Lasker-Schülers Umgang mit Oralität und Literalität läßt sich als ein prekäres, gleichwohl intendiertes, Schweben zwischen beiden beschreiben, das die Auflösung des einen und des anderen nach sich zieht. Wo sie orale und das heißt insbesondere mythische Traditionen verwendet, wo sie Schreiben ständig reflektiert als Transformationsprozeß mit dem Ziel des Phantastischen, da tritt hervor, was man die Magie von Sprechen und Schreiben nennen könnte. Die Magie zeigt sich dort, wo das machtvoll gesprochene zeitliche Ereignis noch einmal neu evoziert wird in einer Schrift, die von der oralen Begebenheit berichtet und diese so zu verdoppeln versucht. Literalität und Oralität schließen sich nicht aus (und das ist nach Derridas Schriftauffassung ganz klar), beide haben als zwei Weisen, mit Sprache umzugehen, letztlich eine Funktion, die für Else Lasker-Schüler eine der zentralsten ist, das heißt nämlich, jenen Mehrwert an Wunderbarem zu gewährleisten, der ihr im Rahmen ihres Dichtens unentbehrlich ist. Dieses phantastisch Märchenhafte ist für Gert Mattenklott aber vor allem Ergebnis von Schrift: „*Das Geschriebene tritt verwunschen in die Welt, kaum daß es aus der Feder fließt.*"[179]

4.5. Spiegelungen

Else Lasker-Schülers Prosa setzt sich Tätowierungen aus und sie setzt sich aus einem Blick, der auf Spiegel trifft. In der Spiegelmetaphorik der Prosa verdichtet sich das Bild, das sich von ihrem Schreiben in ihrem Schreiben ständig selbst erzeugt. Spiegel finden sich überall dort, wo sich Schrift selbst zum

---

177 Jan Assmann, Schrift, Tod und Identität, in: Aleida und Jan Assmann und Christof Hardmeier (Hg.), Schrift und Gedächtnis, München 1983, S. 70.
178 Das Hebräerland, S. 111.
179 Gert Mattenklott, Der übersinnliche Leib, Hamburg 1983, S. 133.

Thema macht, wo Reflexionen Reflektionen sind und umgekehrt. In der Metapher vom Spiegel schreibt Else Lasker-Schüler sich ein in eine Tradition, die, mit wohlwollend weitem Blick, sich bis in Platons Höhle zurückführen läßt. Zwar geht es da um Schatten, um nur „Abgeschattetes", das man statt der eigentlichen Dinge erblickt, aber Schatten sind zumindest bis zum Mittelalter vom Spiegel nicht so deutlich zu unterscheiden. Das läßt sich wortgeschichtlich begründen:

„Der Ausdruck „Spiegel" kommt erst im Mittelalter auf; vorher regiert, mächtig in allen Formen, die Wurzel „skau", die am Sehen den magischen Aspekt betont. Ins Althochdeutsche bringt sie scû-kar - Schattenbehälter für den Spiegel ein, ins Altisländische skuggja - Schattensehen, ins Sanskrit entläßt sie „kavi"; das ist der Seher, der (wie ein „weiser" Spiegel) das sonst Verborgene sieht."[180]

Noch Beckett läßt seinen *Molloy* mit seinem Schatten wie mit einem Spiegelbild spielen, so als handele es sich um einen schwarzen Spiegel, der nur Umrisse zeigt:

„Ein vielgliedriger Schatten zeichnete sich auf der Mauer ab: ich und mein Fahrrad. Ich vergnügte mich mit einem Schattenspiel, gestikulierte, schwenkte meinen Hut, schob mein Fahrrad hin und her, vor und zurück, und hupte."[181]

Die lange Geschichte der Spiegelmetapher ist Indiz ihrer Universalität, ihrer vielfältigen Anknüpfungspotentiale. Ralf Konersmann diskutiert in seinem Buch *Lebendige Spiegel, Die Metapher des Subjekts*[182], den Spiegel als eben dies, als Ort und Möglichkeit der Begegnung des Subjekts mit sich selbst. Wo aber die Kategorie des Subjekts problematisch wurde, da wurden es auch die häufig mit ihnen als Bild verbundenen Spiegelinszenierungen. Ein schwindendes Vertrauen in sie meint Konersmann spätestens mit Kleist zu bemerken, insbesondere in der Spiegelszene der Schrift *Über das Marionettentheater*, in der Kleist die Unmöglichkeit der Selbstvergewissserung über das Spiegelbild aufzeigt:

„Er fing an, tagelang vor dem Spiegel zu stehen; und immer ein Reiz nach dem anderen verließ ihn."[183]

Konersmann bemerkt dazu luzide:

„Im akuten Stadium der Selbstverfehlung, dem das Hauptaugenmerk von Kleists Aufsatz gilt, ist das Bild vom Selbst auf „unendliche" Entfernung entrückt. [...] An die Stelle des unbefangenen Blicks tritt nun die Abstraktion der Distanz, und der Proband

---

180   Joachim Schickel, Spiegelbilder, Sappho/Ovid, Wittgenstein/Canetti, Marx/Piranesi, Stuttgart 1975, S. 33.
181   Samuel Beckett, Molloy, S. 29.
182   Ralf Konersmann, Lebendige Spiegel, Die Metapher des Subjekts, Frankfurt a.M. 1991.
183   Heinrich von Kleist, Über das Marionettentheater, in: Ders., Sämtliche Werke in vier Bänden, Bd. 3, S. 346.

nimmt sich selbst rein als Oberfläche wahr und als Objekt des Sehens. Die Fläche des Spiegels streicht alles Körperliche von ihm ab. Ungreifbar, geruchlos und stumm, beschränkt das Spiegelbild seine Leistung ganz auf zeitgleiche Wiederholungen, mit anderen Worten: der Blick, der ihm gilt und den es zeigt, wird nicht erwidert, denn der Spiegel ist leblos. "[184]

Gerade aber darin treffen die erschütterte Subjektidentität und die Metapher des Spiegels zusammen: Weil beide fragwürdig geworden sind, vermögen sie sich wechselseitig zu erhellen. Die Spiegelmetapher eignet sich gerade deshalb zum Thematisieren von Subjektivität, weil sie für die Perspektive des Subjekts einsteht, die durchaus als hinterfragbar und mitunter verzerrt gelten kann.

Wenn Else Lasker-Schüler die Metapher des Spiegels in ihrer Prosa noch einmal entfaltet, dann stehen ihr wie ein bis an den Rand gefülltes Magazin alle je entworfenen Bilder des Spiegels zur Verfügung. Vor allem aber ist ihr der Spiegel Bild für die Kunst selbst, im Sinne Nietzsches, der die Entstehung von Kunst in der *Geburt der Tragödie* als doppelten Spiegelvorgang betrachtet:

„*Er [der Lyriker, I.H.] ist zuerst, als dionysischer Künstler, gänzlich mit dem Ur-Einen, seinem Schmerz und Widerspruch, eins geworden und producirt das Abbild dieses Ur-Einen als Musik, wenn anders diese mit Recht eine Wiederholung der Welt und ein zweiter Abguss derselben genannt worden ist; jetzt aber wird diese Musik ihm wieder wie in einem gleichnisartigen Traumbilde, unter der apollinischen Traumeinwirkung sichtbar. Jener bild- und begrifflose Widerschein des Urschmerzes in der Musik, mit seiner Erlösung im Scheine, erzeugt jetzt eine zweite Spiegelung, als einzelnes Gleichniss oder Exempel. Seine Subjectivität hat der Künstler bereits in dem dionysischen Prozess aufgegeben: das Bild, das ihm jetzt seine Einheit mit dem Herzen der Welt zeigt, ist eine Traumscene, die jenen Urwiderspruch und Urschmerz, sammt der Urlust des Scheines, versinnlicht.*"[185]

Die zwei Spiegel der Kunst sind zum einen die Musik, des weiteren ein „Traumbild", eine Versinnlichung des noch verhüllten Spiegels der Musik, der zwar klingt, aber noch kein Erkennen ermöglicht. Das ist die Kunst als Schein, „*Spiegel des Scheins*", der „*gegen das Einswerden und Zusammenschmelzen mit seinen Gestalten*"[186] schützt, eine Art Reizschutz also, wie Sigmund Freud ihn in seiner berühmten Metapher vom *Wunderblock* am

---

184   Konersmann, a.a.O., S. 55.
185   Friedrich Nietzsche, Die Geburt der Tragödie, in: KSA, Bd. 1, S. 43f.
186   A.a.O., S. 45.

Werke sieht und als Versinnlichung des seelischen Wahrnehmungsapparates beschreibt.[187]

Zunächst geht es aber hier um Kunst, auch wenn Spiegel nicht nur in der literarischen, sondern auch in der psychologischen Tradition prominent geworden sind. In Bildern mit vielfachen Spiegeleffekten knüpft Else Lasker-Schüler an die Nietzscheanische Auffassung von Kunst als einem doppelten Spiegelvorgang an, versinnlicht die bei Nietzsche artikulierte Vorstellung eines Prozesses in einzelnen Bildsegmenten, die wie Eckpfeiler den Imaginationsvorgang ausleuchten.

„Heute besuchte mich der Bildhauer Georg Koch und brachte mir Chokoladenbonbons mit. Ich aß alle die süßen Dinger mit Marzipan und Zuckerfüllung hintereinander auf. Die waren in silbergrünes Papier eingewickelt mit Goldsternen. Ich spielte die ganze Nacht damit; erst trug ich einen Mantel aus dem seligen Märchenschein, dann standen meine Füße in silbergrünen Schuhen mit Sternen, eine Krone glänzte in meinen Haaren, ich saß plötzlich im Zirkus mit Lorchen Hundertmarck, die durfte mich begleiten - [...] Lieschen Hundertmarck hat eine Kommode, darauf stehen: ein Muschelkästchen, in seinem Spiegel starrt der goldene Porzellanengel vom Sockel. Ein kleiner, blauer Glasleuchter mit einer gelben, gerippten Weihnachtskerze, und ein Wachsherz auf einer Karte liegt neben einem glitzernden Osterei, man sieht darin das Feenreich. Und daneben liegt ein Gebetbuch aus grünem Samt, aus ihm hing ein Buchzeichen aus silbergrünem Glanzstaniol mit goldenen Sternen."[188]

Den einzelnen Bildern ist ihre Spiegelqualität gemeinsam, das „*silbergrüne Papier*", aus dem phantasierend und spielend u.a. eine glänzende „*Krone*" wird, der „*Spiegel*" des „*Muschelkästchens*", der „*Glasleuchter*", ein glitzernde[s] *Osterei* und das Schließen der Bildreihe mit der Wiederaufnahme des, allerdings variierten, Anfangsbildes: Aus dem „*silbergrünen*" Bonbonpapier wurde ein „*Buch*[!]*zeichen aus silbergrünem Glanzstaniol*": Schrift- und Spiegelmotiv sind hier im glitzernden Lesezeichen verbunden. Spielend, spiegelnd, träumend entsteht ein imaginäres Reich des Phantastischen, für das das Versetzen an andere Orte (hier in den Zirkus) kein Problem darstellt. Darin gleicht das Spiegeln dem Traum und im weiteren Kontext bestätigt sich das Traumhafte des Imaginierens im Erzählen eines Traumes, der seine Requisiten zum Teil aus der zitierten Phantasie bezieht, die ja auch in der Zeit der Nacht angesiedelt ist: Vom „*silber-grünen*" Papier ist aber nur noch ein „*grünlich abgetragener Rock*"[189] übriggeblieben, dennoch ist die Verwandtschaft der Signifikanten nicht zu übersehen. Die Spiegel mit dem Spielzeug-

---

187 Sigmund Freud, Notiz über den „Wunderblock" (1925), in: Sigmund Freud, Das Ich und das Es, Metapsychologische Schriften, Frankfurt a.M. 1992, S. 311ff.
188 Mein Herz, S. 60.
189 A.a.O., S. 61.

charakter weisen mehr als nur die Eigenschaft auf, die in ihnen aufleuchtenden Dinge zu verdoppeln. Sie scheinen sie zu verzaubern, mehr noch, sie scheinen sie mitunter erst zu erfinden, so wie der Spiegel in Adolph Menzels Bild *Das Balkonzimmer* ein Bild reflektiert, das eigentlich gar nicht da ist, nicht da sein kann, dennoch aber da ist, weil der Spiegel es zeigt, sich die Strahlen auf ihm so innovativ bündeln, daß ein Neues aufscheint.[190] Das neue Bild kann ein „altes" sein, eine Erinnerung, eine Kindheitserinnerung, wie es sich im Zitat andeutet, dann ist die Imagination, die Dichtung *„kein platter Spiegel der Gegenwart, sondern der Zauberspiegel der Zeit, die nicht ist."*[191] Erst spiegelnd scheint die *„Zeit, die nicht ist"*, auf, schaut man, wie Else Lasker-Schüler es ausdrückt, ins *„Feenreich"* und erst der Spiegel ist es, der das Spiel mit Requisiten eines gefüllten Magazins zu jenem „Mehr" zusammensetzt, das sichtbar hervortritt. Ähnlich geschieht das fast zeitgleich mit Lasker-Schülers *Mein Herz* in Rilkes *Die Aufzeichnungen des Malte Laurids Brigge*. Rilke läßt *Malte* von einem verwirrenden, bunten Spiel mit einem *„Maskenzeug [...], dessen phantastisches Ungefähr mir das Blut in die Wangen trieb"*[192], berichten, in dessen Mittelpunkt die Begegnung mit dem Spiegel steht als einer so existentiellen, daß mit ihr alles steht und fällt. Der Spiegel, den Rilke hier beschreibt, ist dabei alles andere als eine unproblematisch spiegelnde Fläche, sondern ein

„Pfeilerspiegel, der aus einzelnen ungleich grünen Glasstücken zusammengesetzt war. Ach, wie man zitterte, drin zu sein, und wie hinreißend, wenn man es war. Wenn da etwas aus dem Trüben heran sich näherte, langsamer als man selbst, denn der Spiegel glaubte es gleichsam nicht und wollte, schläfrig wie er war, nicht gleich nachsprechen, was man ihm vorsagte. Aber schließlich mußte er natürlich."[193]

Spiegel, die sich aus einzelnen heterogenen Splittern zusammensetzen, sind aber vor allem solche, wie sie bei Else Lasker-Schüler zu finden sind. Es sind Spiegel mit *„Tausendschliff, tausendkantig geschliffene Fenster"*, ein *„See mit grünen Strahlensplittern"*[194], viel mehr eigentlich als Spiegel, es sind *„gläserne Spielereien".*[195] Mit der Tausendzahl stellt Lasker-Schüler den Orientbezug her, der bei ihr in der Prosa wichtig ist, und das Tausendfache ist beides zugleich, „tausendfache" Bündelung und Streuung des Lichtes. Bündeln und Streuen aber sind optische Vorgänge, die, als Metapher betrachtet,

---

190 Für diese luzide Beobachtung danke ich Martin Schöndienst.
191 Jean Paul, Vorschule der Ästhetik, in: Ders., Werke in zwölf Bänden, Bd. 9, München 1975, S. 447, zit. nach Ralf Konersmann, Lebendige Spiegel, Die Metapher des Subjekts, S. 100.
192 Rainer Maria Rilke, Die Aufzeichnungen des Malte Laurids Brigge, S. 86.
193 Rilke, Die Aufzeichnungen des Malte Laurids Brigge, S. 85.
194 Das Peter Hille-Buch, S. 12, S. 29 u. S. 39.
195 Der Prinz von Theben, S. 107.

eine intensive Verdichtung oder Vereinzelung bedeuten, auf jeden Fall eine bis ins Äußerste gehende Neuordnung von Dingen, die zuläßt, die so entstandenen Eindrücke von Räumen als *„Chiffren des Unbekannten"* zu lesen, wie Marianne Thalmann es für Brentanos Landschaftsentwürfe tut.[196] Wo etwas tausendmal gebrochen imaginiert wird, ist längst nicht mehr klar, was das Ausgangsbild war, es existiert eben nur noch als gebrochenes, zerstücktes, wie die schon erwähnten partikularen Körperbilder. Von solchen Zusammenhängen wird noch die Rede sein.

Auf die Spitze getrieben begegnen die zerstückten Spiegelungen in Carl Einsteins *Bebuquin*.[197] Hier wird der Spiegel selbst zur Figur, das Spiegeln ihr Agieren und Sprechen. Der Text erscheint wie ein Kommentar zu Else Lasker-Schülers Spiegelmetaphorik, er benutzt das Spiegelmotiv vor allem als Bild für eine letztlich erkenntnistheoretische Haltung, die weiß: „[...] *Das Umgekehrte ist genau so richtig"* und *„über den sich fortwährend verändernden Kombinationen verlieren Sie das unglückselige Gedächtnis für die Dinge und den peinlichen Hang zum Endgültigen."*[198] Die unglaublichen Vervielfältigungen des Spiegels aber, bewirken wie in der Prosa Else Lasker-Schülers die notwendigen Flexibilitäten, die das Kunstschaffen erst ermöglichen:

„Wenn man frei und kühn zum Leben in neuen Formen ist, wenn man den Tod als ein Vorurteil, einen Mangel an Phantasie ansieht, dann geht man aufs Phantastische, das ist die Unermüdlichkeit in allen möglichen Formen."[199]

In einem Spiegelbild heißt das:

„Nebukadnezar neigte den Kopf über Euphemias massigen Busen. Ein Spiegel hing über ihm. Er sah, wie die Brüste sich in den feingeschliffenen Edelsteinplatten seines Kopfes zu mannigfachen fremden Formen teilten und blitzten, in Formen, wie sie ihm keine Wirklichkeit bisher zu geben vermochte. Das ziselierte Silber brach und verfeinerte das Glitzern der Gestalten. Nebukadnezar starrte in den Spiegel, sich gierig freuend, wie er die Wirklichkeit gliedern konnte, wie seine Seele das Silber und die Steine waren, sein Auge der Spiegel."[200]

Das Spiegeln ist eine Angelegenheit des Kopfes, seinen unglaublichen Wahrnehmungsleistungen, *„da es jede Erscheinung potenzierte"* [...]. *Es vervielfachte seine Kraft, er glaubte in einer anderen, immer neuen Welt zu sein mit neuen Lüsten."*[201]

---

196 Marianne Thalmann, Formen und Verformen durch die Vergeistigung der Farben, in: Alexander Ritter (Hg.), Landschaft und Raum in der Erzählkunst, S. 359.
197 Carl Einstein, Bebuquin, Stuttgart 1985.
198 Carl Einstein, Bebuquin, S. 18 u. S. 10.
199 A.a.O., S. 19.
200 A.a.O., S. 5f.
201 Einstein, a.a.O., S. 6.

Orte des Dichtens können auch für Else Lasker-Schüler neue, andere sein, eine eigene Welt der schon diskutierten Zwischenräume, denen Rilke wiederum Spiegelcharakter zuschreibt (und deshalb aber noch lange nicht weiß, um was es sich dabei handelt):

„Spiegel: noch nie hat man wissend beschrieben,
was ihr in eurem Wesen seid.
Ihr, wie mit lauter Löchern von Sieben
erfüllten Zwischenräumen der Zeit. "[202]

Spiegelnde Zwischenräume sind bei Else Lasker-Schüler kosmisch, sie gipfeln in der Metapher vom Himmel: *„Der Himmel ist mein Spiegel"* heißt es am Schluß von *Mein Herz*. Dieser Satz ist eine späte Hinzufügung zu dem in *Mein Herz* erfolgten Wiederabdruck ihres Essays *Vom Himmel*,[203] der als Metapher für die Kraft des Imaginären, für Phantasie und Dichtung gelesen werden kann. Als solche aber lockt er den Blick als *„seliges Aufblicken"*, als *„Ausblick"* und das erscheint gleichbedeutend damit, daß man *„auf sich herabblickt"*, denn *„man kann nicht tief genug in sich schauen und zum Himmel aufblicken."* Das Himmelsbild in seiner Spiegelqualität erfüllt auch die Funktion der Subjektmetapher und das schließt hier ein wechselseitiges Spiegeln mit ein, auch der Himmel *„spiegelt sich gerne im Menschen, unbegreiflich, wie Gott selbst."* Wenn hier Gott genannt wird, dann ist das auch ein Hinweis auf die schon in der *Genesis* ausgesprochene Gottesebenbildlichkeit des Menschen, dann ist der Mensch Spiegel, in dem Gott nur so und nicht anders erscheint. Die religiösen Elemente treten bei Else Lasker-Schüler in einen unauflösbaren Zusammenhang mit Kunst und Dichtung:

„Aber Wertewiges bedingt den Himmel. [...] Die Wunder der Propheten, die Werke der Künstler und alle Erleuchtungen, auch die unberechenbare Spiellust im Auge steigen aus der Ewigkeit, die bleibende Bläue des Herzens."

Die Augen- und Lichtmetaphorik (*„Erleuchtung"*) knüpft die Verbindung zur Spiegelmetapher, die anderen Orts noch deutlicher hervortritt:

„Wunderbar aber spielen sich die tiefsten Erinnerungen meines Blutes in dem Glanze meines Blaus wieder. Fata Morgana."

Streng genommen ist hier vom Spiegeln gar nicht die Rede, statt dessen heißt es: *„Fata Morgana"*. Eine Fata Morgana wird im allgemeinen als eine Sinnestäuschung erfahren, ist aber eine Spiegelung in der Luft, ohne die Materialität der üblichen Spiegelfläche:

„Der kritische Beobachter kann sie [die Fata Morgana und andere Phänomene, I.H.] als Symptome für eine bestimmte Situation im atmosphärischen Kanal und für

---

202   Rainer Maria Rilke, 2. Teil der Sonette an Orpheus, Gedicht III, in: R.M. Rilke, Die Gedichte, Frankfurt a.M. 1993, S. 696.
203   Else Lasker-Schüler, Mein Herz, Bd. 2, S. 45ff. Die folgenden Zitate finden sich hier.

das Vorhandensein eines fernen Objektes verstehen. Dies festgestellt, kann er sie auch als Spiegelbilder jenes Objektes, folglich als Prothesen benutzen."²⁰⁴

Statt „Widerspiegeln" heißt es dann im Essay Lasker-Schülers *„wieder spielen"*. *„Wieder spielen"* geht über Widerspiegeln hinaus, es ist nicht nur das Aufscheinen des Geschehens einer Zeit *„die nicht ist"*, sondern dessen „Wieder-Belebung". Die Erinnerung ist so lebendig, daß sie wieder „spielbar" geworden ist, all das aber im *„Glanze meines Blaus"*, also bei aller Lebendigkeit auch so nur als Schein; als Widerschein in der Farbe ihrer Dichtung, Blau, von der noch Derek Jarman bemerkt:

„Blau ist sichtbar gemachte Finsternis [...]. Für Blau gibt es keine Grenzen oder Lösungen."²⁰⁵

Ein „Nachtstück", in dem Spiegel eine bedeutende Rolle spielen, findet sich als die Geschichte *Der Fakir* im *Prinz von Theben*. Der Text entfacht eine Deutungswut gerade dadurch, daß er sich deutenden Operationen entzieht durch seinen Traumcharakter, der Symbole „anhäuft" und eine kausale Logik eliminiert hat. Aber der Text hat eine Traumlogik, die vor allem anhand des Spiegelsymbols sich entwickelt. Daß es sich dabei um einen Traum handelt, wird explizit nicht gesagt, aber zu Beginn des Textes wird schon gewarnt: *„Wir Träumerinnen aus Bagdad haben von altersher schlimmen Einfluß gehabt."*²⁰⁶ Zum ersten Mal taucht daraufhin das Spiegelmotiv auf: *„[...] Seine Edeltöchter weisen die gläsernen Spielereien zurück, die ich ihnen mitbrachte."*²⁰⁷

Gerade diese Zurückweisung ist es aber, die die „Spiegelspielereien" in Gang zu setzen scheinen. Ein nicht endenwollender Blick ist der Traum, der sein (Liebes-) Objekt gefangen zu nehmen scheint:

*„Ich habe meine Augen, seitdem Singâle ihn mir gezeigt hat, noch nicht geschlossen. Immer starren sie herüber über die Zuckerfelder weiter nach der Richtung der wilden Waffengesänge."*²⁰⁸

Der Blick jedoch trifft auf einen Spiegel, erblickt dort aber nicht sich selbst, sondern einen anderen:

*„Und ich erschrak, als ich beim Schminken in meinem Spiegel den Fakir sah; er saß auf der Mauer des Hofes und küßte seine Schlangen. Die eine, die sich ihm wild ergab, steckte er zur Hälfte in seinen grauen, kriechenden Mund."*²⁰⁹

---

204 Umberto Eco, Über Spiegel und andere Phänomene, München 1995, S. 54.
205 Derek Jarman, Chroma, Das Buch der Farben, Berlin 1995, S. 149f.
206 Der Prinz von Theben, S. 107.
207 Ebda.
208 A.a.O., S. 108.
209 A.a.O., S. 109.

Was in diesem „Nachtstück" inszeniert wird, ist gerade diese eine Begegnung im Spiegel, ein Erkennen, das zugleich auch ein Verkennen miteinschließt. Jaques Lacan hat mit der schon im Kapitel „Körper" diskutierten Vorstellung vom Spiegelstadium eine solche Dialektik des Spiegelblicks zwischen Erkennen und Verkennen entwickelt, einen Blick der in dieser Spannung eine Verwandlung bewirken kann:

„Man kann das Spiegelstadium als eine Identifikation verstehen im vollen Sinne, den die Psychoanalyse diesem Terminus gibt: als eine beim Subjekt durch die Aufnahme eines Bildes ausgelöste Verwandlung."[210]

Das Ich erkennt im Spiegel vermeintlich nur sich selbst, aber gerade im Akt des Erkennens wird das Erkennen selbst zum Thema, das Ich wird anders erfahren, als es sich bisher begriffen hat. *„Ich ist ein anderer"*, der Satz, der auch Rimbaud gehört (und zugleich an Freuds Vorstellung erinnert, das Ich sei nicht Herr im eigenen Hause), ist Lacans Denken immer unterlegt als seine Basis, die von der Erschütterung, dem Prekären, geradezu lebt. Das Erblicken des Spiegelbildes ist für den Säugling im Spiegelstadium noch ein „Fest":

„Es ist die triumphale Setzung eines Ideal-Ich, vermittelt durch die Spiegel-Imago, die dem Kind als Garant jener Einheit und Dauerhaftigkeit, jener Präsenz und Omnipotenz dient, die seine körperliche Existenz ihm noch nicht verleihen kann. Diese Setzung der Identität konstituiert sich in Bezug zum eigenen vorgestellten Körper, den das Kind als erlebbare Ganzheit zu erfassen und somit zu beherrschen glaubt."[211]

Es wird deutlich, daß sich diese Identität über ein Imaginäres, eine antizipierte Vorstellung, ausbildet. Das Kind hat ja noch nicht diesen ganzen Körper, es erscheint ihm nur so und bietet ihm aber den imaginären Reiz, sich zu einer Ganzheit zu entwickeln. Das ist notwendig eine prekäre Angelegenheit, ohne Bild, ohne den Spiegel, ohne das Imaginäre und Symbolische, wäre diese Selbstgewißheit sofort verschwunden, sie ist nicht manifest, sondern vorgestellt. Diese Spannung zeichnet das Erkennen im Spiegel aus, es ist ebenso ein Verkennen, im Französischen: me connaître und méconnaître. Identität ist dann nichts anderes als ein besonders gefährdetes Produkt eines Dramas, das ständig zwischen der Selbstgewißheit und Erfahrung des Anderen sich bewegt. Was sich bei Ovids *Narziß* beobachten läßt, setzt sich fort da, wo es um die Selbstbegegnung im Spiegel geht. Doppelgänger in der Romantik und besonders noch bei Hofmannsthal artikulieren jene spannungsgeladene Dialektik, die den Doppelgänger schließlich zum Todesboten werden läßt. Gerda Pagel untermauert diesen literarischen Zusammenhang philosophisch mit Hegel (im Wissen darum, daß auch Lacan von seiner Hegellektüre profitierte):

---

210 Jaques Lacan, Das Spiegelstadium als Bildner der Ich-Funktion, S. 64.
211 Gerda Pagel, Lacan zur Einführung, Hamburg 1991, S. 26.

„*Auf philosophischer Ebene ist es Hegel, der die Dialektik von Konstitution und Unterwerfung, von Herrschaft und Knechtschaft, besonders eindrucksvoll thematisiert. Im 4. Kapitel seiner [...]Phänomenologie des Geistes zeigt er auf, daß das menschliche Selbstbewußtsein eine „gedoppelte Bedeutung" hat. Zunächst verliert es sich, denn es findet sich als „anderes Wesen" vor, dann aber hat es damit das andere aufgehoben, da es das Andere nicht als Wesen sieht, „sondern sich selbst im Anderen". Diese Bewegung des Selbstbewußtseins in der Beziehung auf ein anderes Selbstbewußtsein begreift Hegel als „Begierde" nach Anerkennung, die jedoch nicht befriedigt werden kann, da dem „Tun des Einen" gleichwohl dasselbe „Tun des Anderen" gegenübersteht. Indem sich aber die „Begierde" des einen auf die „Begierde" des anderen richtet und somit zur Begierde nach der Begierde des anderen wird, kann diese Beziehung nur brüchig bleiben, da jeder versucht, das Anderssein des anderen aufzuheben, um sich selbst in ihm zu gewinnen. So scheint -wie im Mythos von Narziß- der aus der Koexistenz von Selbständigkeit und Unselbständigkeit, von Herrschaft und Knechtschaft resultierende Konflikt nur im Tod des Einen seine Lösung zu finden.*"[212]

Die Herr-Knecht-Relation ist ohne aggressive Potentiale nicht denkbar, letztlich sind sie auch Ausdruck der Unmöglichkeit, sich im Anderen zu spiegeln, Faszination und Entfremdung sind in gleichen Teilen vorhanden. Im Akt des Selbsterkennens mit einem Anderen konfrontiert zu werden, ist eine unsichere Übung, die nur noch eine flottierende Identität zuläßt, eine schwankende, die je nach Blick und Interpretation des Erblickten umschlagen kann in Entsetzen und schließlich Zerstörung, so wie Guelfo in Friedrich Maximilian Klingers Drama *Die Zwillinge*[213] sein eigenes Spiegelbild zerschlägt. Ralf Konersmann interpretiert ganz parallel zu Lacan:

„*Das Leitbild subjektiver Selbstentfaltung, der Genius, scheitert in der Selbstbegegnung, weil diese Konfrontation stets ein Anderes wachruft, welches das Selbst überblendet. Das genialische Subjekt kann nicht sein, was es seinem Selbstbild nach zu sein begehrt.*"[214]

Der Kommentar wäre aber ebenso passend für die schon erwähnte Verkleidungsszene in Rilkes *Malte*, die folgendermaßen endet:

„*Heiß und zornig stürzte ich vor den Spiegel und sah mühsam durch die Maske durch, wie meine Hände arbeiteten. Aber darauf hatte er nur gewartet. Der Augenblick der Vergeltung war für ihn gekommen. Während ich in maßlos zunehmender Beklemmung mich anstrengte, mich irgendwie aus meiner Vermummung hinauszuzwängen, nötigte er mich, ich weiß nicht womit, aufzusehen und diktierte mir ein Bild, nein, eine Wirklichkeit, mit der ich durchtränkt wurde gegen meinen Willen: denn jetzt war er der Stärkere, und ich war der Spiegel. Ich starrte diesen großen, schrecklichen Unbe-*

---

212   A.a.O., S. 29.
213   Maximilian Klinger, Die Zwillinge, Stuttgart 1972.
214   Ralf Konersmann, Lebendige Spiegel, S. 166.

kannten vor mir an, und es schien mir ungeheuerlich, mit ihm allein zu sein. Aber in demselben Moment, da ich dies dachte, geschah das Äußerste: ich verlor allen Sinn, ich fiel einfach aus. Eine Sekunde lang hatte ich eine unbeschreibliche, wehe und vergebliche Sehnsucht nach mir, dann war nur noch er: es war nichts außer ihm."[215]

Gibt es einen Ausweg aus dieser todbringenden Konstellation, aus diesen in sich kreisenden narzißtischen Spiegelungen? Lacan nennt den Ort der Sprache als grundsätzliche Möglichkeit, das Ich mit seinem Anderen so zu korrelieren, daß die Spannung produktiv ausgehalten und genutzt werden kann. Diese Emphase für die Sprache teilt er, grob betrachtet, mit „der gesamten" Psychoanalyse, die glaubt, wenn sie Sprache zu rekonstruieren, Konflikte zu „verwörtern" vermag, daß dann Lösungen aufscheinen, die, wenn auch als imaginäre, oder gerade als solche, ihre Wirkungsmöglichkeiten entfalten.

In Else Lasker-Schülers Text *Der Fakir* begegnet die Ich-Figur beim erotisierenden „*Schminken*" im Spiegelblick dem Fakir als einem Anderen: Er ist der Begehrende, gleichwohl Ausgegrenzte (die Verwandten „*schämen sich seiner Verkommenheit*"[216]), „*Bettelnde*", „*Dudelnde*"[217], Verschlingende, Männliche. Die Ich-Figur erschrickt zwar, aber Erschrecken und Faszination sind eins. Auf die mit Sexualsymbolen inszenierte Begegnung im Spiegel reagiert sie mit „*Lippen*", die „*krampfhaft geöffnet*"[218] sind von einer „*nächtlichen Speise*", schließlich mit „*Freudengebrüll*".[219] Wichtiger aber noch: Die Begegnung im Spiegel führt zu einer sinnlich wahrnehmbaren Ich-Spaltung, dies aber wiederum geschieht im Hinwenden zu der Figur des Fakirs im Spiegel: „*Und ich habe über mein Kinn einen glühenden Streif gezogen, mein Spiegel dudelte dazu Hochzeitsmusik.*"[220]

Das „*Dudeln*" des Fakirs ist auf den Spiegel übergegangen, wie zur Vereinigung von Ich-Figur und Fakir-Figur ertönt „*Hochzeitsmusik*". Die Dialektik von Erkennen, Entfremdung und Spaltung ist in diesem Bild sehr subtil eingefangen und wird wenig später noch gesteigert: „*Der Streif über meinem Kinn zieht sich durch meinen ganzen Körper, teilt ihn in zwei Hälften.*"[221]

Das Zerfallen der Identität ist vollzogen, die Begegnung mit dem Anderen des Ich, das sich vor allem als phallisch Begehrendes präsentiert, hat keine Einheit bewirkt, sondern, ganz im Gegenteil, eine völlige Entzweiung. Ein Zusammenfügen des Differenten ist auch in der Sprache nicht möglich, wie folgendes Bild vom Ort der Sprache als Begräbnisstätte suggeriert:

---

215   Rainer Maria Rilke, Die Aufzeichnungen des Malte Laurids Brigge, S. 88f.
216   Der Prinz von Theben, S. 107.
217   A.a.O., S. 108.
218   A.a.O., S. 109.
219   A.a.O., S. 110.
220   Ebda.
221   A.a.O., S. 111.

„*Ich stolpere über aufgeworfene Erde und greife in ein bereitgehaltenes Grab. Kleine, blitzende Gerätschaften liegen auf dem geöffneten Erddeckel, die dienen zur Ablösung des Häutchens, das die Zunge mit dem Unterkiefer verbindet. Ich sah es im Spiegel: man steckte sie ihm zum Luftabschluß wie einen Pfropfen in den Schlund. Ich muß so traurig summen: Schalôme kriecht ihm nach ins Grab. Und kann mich gar nicht mehr finden.*"[222]

Das Verstummen (des Fakirs und auch der Ich-Figur: „*Ich bin müde, ich möchte mich begraben lassen, wie der verkommene Oheim es tut, einige Male im Jahre.*"[223]) ist das Ergebnis einer Operation, die wie eine Kastration der Sprechorgane aussieht. Mundtot ist die Fakir-Figur und auch die Ich-Figur als sein Anderes kann nur noch summen, die Lippen sind jetzt nicht mehr geöffnet. So plastisch wie das hier beschrieben wird, so deutlich wird sein imaginierender Charakter betont, auch die Operation geschieht im Akt des Spiegelns, ist ein Traumgesicht, das in der Konfrontation des Subjekts mit sich selbst entstanden ist. Die Hinwendung zum Spiegel endet blutig, wo die zu Beginn zurückgewiesenen „*gläsernen Spielereien*" nun auf die Ich-Figur zurückweisen, taugen sie nicht mehr dazu, dieses Ich imaginär „zusammenzuhalten", sondern gerade das Gegenteil geschieht:

„*Ich schneide meine Adern auf mit meinen gläsernen Spielereien. Der Palast ist taubstumm, Lilâme und Singâle sind zwei alte Götzenbilder.*"[224]

Aus Erkennen und Verkennen, aus einem Begehren ist die selbstaggressive Zerstückelung geworden. Auch das „Gesetz des Vaters"[225] konnte das nicht verhindern:

„*Ich wollte, mein Vater wäre da, ich schwebte auf seinem langen Bart in den Palast zurück in Schalômes Schoß, der wiegt sich wie eine tanzende Schlange.*"[226]

Der Vater erhält Attribute zugesprochen, die zunächst zum Fakir gehört hatten und als Sexualsymbolik gelesen werden können, gemeint ist hier der

---

222   A.a.O., S. 110f.
223   A.a.O., S. 110.
224   A.a.O., S. 111.
225   „Im Kontext des Ödipuskomplexes ist der Vater nicht ein Teil der Dualbeziehung zwischen Mutter und Kind, sondern jener Dritte, der im „Namen des Gesetzes" („nom du père"), dem auch er untersteht, der Symbiose von Mutter und Kind ein „Nein" („non du père") entgegenbringt. Dadurch befreit er das Subjekt aus den imaginären Umgarnungen, in denen es sich im Liebesanspruch der Mutter verfangen hat. Es ist nicht der „reale" Vater, der ein „reales" Verbot ausssspricht. Vielmehr repräsentiert der Vater die symbolische Dimension - und diese beschränkt sich nicht ausschließlich auf ihn. [...] Das Gesetz entreißt also das Subjekt der Fatalität des „Sich-Spiegelns" und errichtet dem schrankenlosen Lusterleben eine Barriere, weniger um es zu verbieten, vielmehr, um damit den Prozeß zwischen dem Begehren und der Sprache zu ermöglichen." (Gerda Pagel, Lacan zur Einführung, S. 107f.).
226   Der Prinz von Theben, S. 111.

Bart als Schlange (wobei der Text unklar bleibt: Der Relativsatz könnte sich auch auf „*Schalômes Schoß*" beziehen). Der Traumcharakter des Textes zeigt sich gerade darin, daß die Figuren bald nicht mehr zu unterscheiden sind. Ihnen zugesprochene Eigenschaften gehen in unmerklichen Bewegungen und Variationen auf Figuren mit anderen Namen über und diese Wechselspiele beziehen sogar gegenständliche Motive mit ein: Nachdem der Fakir mundtot gemacht wurde, ist auch der Palast taubstumm. Wie im Traum scheinen die einzelnen Figuren Varianten der einen Ich-Figur zu sein: Singâle liebt Hascha-Nid, den auch die Ich-Figur begehrt, die auch wiederum den Fakir liebt, und auch Schalôme „*kriecht ihm nach ins Grab*".[227]

Das Ende der Spiegelgeschichte im Verstummen bietet einen pessimistischen Blick auf die Integrationsmöglichkeiten der Sprache. Stummheit und Zerstückelung sind eins. Die Literatur sieht sich vor den Spiegel gestellt, in dem sie sich nie so erblickt, wie sie hinein geschaut hat. Das Spiegeln ist keine leichte Sache:

„*Der im jubilatorischen Akt der „Selbsterkenntnis" ausgeschlossene Wahnsinn wird durch die Effekte der zivilisatorischen Abstraktion allein nicht daran gehindert, übermächtig wiederzukehren: es bedarf auch der tätigen Erinnerung der Wildnis und der Bereitschaft zu imaginieren; Subjektivität ist, so betrachtet, ein fragiles Resultat, nicht sicherer Besitz oder feste Herrschaft.*"[228]

Wenn ich noch einmal zu Derek Jarmans Betrachtung der Farbe Blau zurückkehre, Blau, dem Else Lasker-Schüler Spiegelfunktion zuschreibt, dann sagt er mit seiner Betrachtung, daß Blau die Finsternis sichtbar mache, daß da etwas aufscheint, was eigentlich nicht sichtbar sein kann (und auch nicht sichtbar sein darf wie Gott). Dann wird der Spiegel zur Folie, auf der sich die von Klages beschworenen Urbilder abbilden als ein Sinnliches, dem seine Herkunft, Zeichen eines „Ureinen" zu sein, noch deutlich anzumerken ist. Identifizierung ist aber so nicht möglich, es gibt kein Urbild mehr, keinen unmittelbaren Zugang zu mythischen „Ursachen", es gibt Mythos auch nur als Abbild, als Imaginäres, Vorgestelltes:

„*Und ich schenke Dir mein Herz, das kannst Du in die Hand nehmen und damit gaukeln. In ihm spiegelt sich der brennende Dornenstrauch des heiligen Bergs und die Nacht und ihre unsäglichen Sterne.*"[229]

Mythische Traditionen wie der brennende Dornbusch, der auch wiederum als eine Art akustischer Spiegel betrachtet werden kann (Gott läßt sich in ihm

---

227 A.a.O., S. 111.
228 Dietmar Kamper, Das Phantasma vom ganzen und zerstückelten Körper, in: D. Kamper u. Ch. Wulf (Hg.), Die Wiederkehr des Körpers, Frankfurt a.M. 1982, S. 135.
229 Mein Herz, S. 67.

hören[230]), lassen sich als gespiegelte noch einmal nennen. Als Spiegelbild sind sie zitiert, aber gebrochen, gebündelt, zerstreut, im Wissen darum, daß es sie als Originale nicht mehr gibt, nur noch als andere, eben reflektierte:

„Die Repräsentation verflicht sich mit dem, was sie repräsentiert; dies geht so weit, daß man spricht, wie man schreibt, daß man denkt, als wäre das Repräsentierte lediglich der Schatten oder der Reflex des Repräsentierten. Gefährliche Promiskuität, unheilvolle Komplizität zwischen Reflex und Reflektiertem, welches narzißtisch sich verführen läßt. In diesem Spiel der Repräsentation wird der Ursprungspunkt ungreifbar. Es gibt Dinge, Wasserspiegel und Bilder, ein endloses Aufeinander-Verweisen, aber es gibt keine Quelle mehr. Keinen einfachen Ursprung. Denn was reflektiert ist, zweiteilt sich in sich selbst, es wird ihm nicht nur sein Bild hinzugefügt. Der Reflex, das Bild, das Doppel zweiteilen, was sie verdoppeln. Der Ursprung der Spekulation wird eine Differenz."[231]

Daß als ständig neu erzeugte Differenz die ganze Welt sich ver-rückt, ist ebenso klar, wie der Spiegel nicht blind ist. Im Spiegel treffen wie an den Körperöffnungen Inneres und Äußeres zusammen, wie sie (die Körperöffnungen) ist auch der Spiegel eine erogene Zone und bewahrt doch seine glatte, abweisende Fläche. Er ist die Suggestion, es gäbe ein Drinnen und Draußen und in diesem Drinnen und Draußen eine große farbige Welt. Es gibt nur Gespiegeltes und Reflektiertes und was das Eigentliche ist, kann man nicht mehr unterscheiden. Daß aber gespiegelt wird, daß eine Welt aufscheint im Spiegel, das ist ebenso wahr, wie es auch wahr ist, daß es diese Welt nur im Schein geben kann. Es gibt sie, solange sich der Blick nicht senkt, solange geschaut wird und der Spiegel gehalten.

---

230 „Das Wunderbare am brennenden Dornbusch ist nicht, daß er vom Feuer nicht verzehrt wird, sondern daß das, was hinter dem Busch verborgen ist, eine Stimme hat, die Mose hören konnte." (Johannes Vetter, Über heilige Stätten und klingende Masken, Unveröffentlichtes Manuskript, Bielefeld 1996, S. 2.)
231 Jacques Derrida, Grammatologie, S. 65.

5. Momentaufnahme

Die Entfaltung der Bilderwelt der Prosa Else Lasker-Schülers hat zahlreiche Anschlußstellen freigelegt, die an mythische, literarische, auch psychologische und philosophische Traditionen und Zusammenhänge anknüpfen lassen. Ein solches Vorgehen des Auffächerns kann man nur schlecht bündeln, seine Nuancierungen, von denen ein solches Vorgehen lebt, ihr Aufmerken gerade auf Details, kann so nicht eingefangen werden. Am Schluß soll deshalb keine Zusammenfassung stehen, sondern eine Art Momentaufnahme, die sich verdichtend einem zentralen Punkt zuwendet. Es ist der Zusammenhang, in dem bei Else Lasker-Schüler Spiel und Tod stehen und eine existentielle Dialektik entwickeln, die ihrem Werk als eigentümliche Spannung unterlegt ist. In einem eher unscheinbaren Essay sagt Else Lasker-Schüler programmatisch:

"In einem Buch allerdings befleißigt sich der Niederschreibende, methodisch die Dinge und Undinge nebeneinander zu vereinen.[...] Für mich bedeutete schon als Kind jedes Buch [...] einen Spielraum."[1]

Die Methode ist, Paradoxes, Heterogenes, Nichtidentisches, mithin Differenz nicht nur zuzulassen, sondern bewußt und kalkuliert zu inszenieren. Raum dafür ist im *„Spielraum"* des Textes, und spielerisch ist auch der Gestus und das Material eher Katzensilber als Gold. Aber es ist transparent, seine Durchsichtigkeit läßt die Mechanik des Produktionsprozesses, der ein Verwandlungsprozeß ist, gläserne Alchimie, sichtbar werden:

"Ob man mit grünen, lila und blauen Steinen spielt oder ob man dichtet, das ist ganz dasselbe, man hat dasselbe Glücksgefühl, denn bunter kann man die Welt auch nicht durch den Rausch als durch die Gläser sehen."[2]

Im Bild der bunten Steine sind Traditionen berührt: Stifters *Bunte Steine*[3] ebenso wie die ausgeprägte Edelsteinmetaphorik der Jahrhundertwende, nicht zuletzt auch *Molloys* Lutschsteine (als ironische Variante). Bei Stifter und Lasker-Schüler steht nicht das Preziose, tatsächlich Kostbare der Steine im Vordergrund (so ist es um die Jahrhundertwende), sondern einzig ihre Fähigkeit, Farbigkeit und „schönen Schein" zu erzeugen (und so doch Jahrhundert-

---

1 Else Lasker-Schüler, Stadt, Buch, Läden, in: Konzert, Bd. 5, S. 89.
2 Else Lasker-Schüler, Briefe an Karl Kraus, Köln/Berlin 1959, S. 11.
3 So heißt eine Sammlung von Erzählungen, die Stifter 1853 veröffentlichte. Die einzelnen Erzählungen tragen sämtlich Namen von Steinen: Granit, Kalkstein, Turmalin, Bergkristall, Katzensilber und Bergmilch. In der Einleitung schreibt Stifter:"Wenn ich Zeit hatte, legte ich meine Schätze in eine Reihe, betrachtete sie, und hatte mein Vergnügen an ihnen. Besonders hatte die Verwunderung kein Ende, wenn es auf einem Stein so geheimnisvoll glänzte und leuchtete und äugelte, daß man es gar nicht ergründen konnte, woher denn das käme." (Adalbert Stifter, Bunte Steine, Stuttgart 1994, S. 16).

wendeästhetik zu zitieren) und eine „glänzende" Metapher für die Kunst und ihr Material abzugeben:

„Freilich war manchmal auch ein Stück Glas darunter, das ich auf den Feldern gefunden hatte, und das in allerlei Regenbogenfarben schimmerte. Wenn sie dann sagten, das sei ja nur Glas, und noch dazu ein verwitterndes, wodurch es eben diese schimmernden Farben erhalten habe, so dachte ich: Ei, wenn es auch nur ein Glas ist, so hat es doch die schönen Farben, und es ist zum Staunen wie es in der kühlen feuchten Erde diese Farben empfangen konnte."[4]

Stifter begnügt sich damit, ein Widerspiegeln auf den zufällig gefundenen Steinen wahrzunehmen, doch die „Kunststeine" Else Lasker-Schülers dienen vor allem als poetisches Instrument der Verwandlung. Glassteine werden als Spielmarken benutzt und sind Perspektiv und Material zugleich. Wie Jean Paul imaginiert Else Lasker-Schüler ihr poetisches Material als gefülltes Magazin:

„Ich habe ungefähr drei Türme voll von bunten Steinen aus allen Ländern der Erde. Du kannst es mir glauben, ich schlug den Torhütern die Köpfe ab und drang in alle Schatzkammern, sonst könnte ich ja gar nicht nicht so viele gläserne Farben haben. Was sollte ich anfangen ohne Geklizer in den dunklen Nächten hier. Immer lag ich auf den Dächern unserer sägnenden Stadt und spielte mit den [viele verstreute Sterne]. Ich bin krank, lieber Kalif, süßer König. Wie das hell klingt, die klarste Harfensaite. Manchmal sage ich auch nur so etwas, weil es schön klingt, oder weil es glücklich in Blicken macht."[5]

Tand, *„Geklizer"*, *„Schaumglaskugeln in allen Farben"*[6]: Was für eine kindliche Seligkeit ist das? Das Kindliche aber ist unleserlich geworden, es ist gebrochen, in der Brechung treten die Paradoxa immer mehr hervor, das Spiel wird ernst und es wird gefährlich: *„Ich schneide meine Adern auf mit meinen gläsernen Spielereien."*[7] Das ist ein sehr zentraler Satz (s.o.) und geeignet, die Beobachtungen zu bündeln. Gerade die Spielwerkzeuge sind es, die für den Körper, das Leben, eine tödliche Gefahr bedeuten. Kunst und Tod sind eins, ja Kunst zeichnet für den Tod verantwortlich. Eine solche Kunst ist nicht die einer Differenz, sondern die einer Indifferenz. Merkmal ist nicht die Unterscheidung, sondern gerade das Zusammendenken von Gegensätzen. Es ist eine Indifferenz gegenüber dem Zweck: als zweckloses Spiel, und eine existentielle Indifferenz gegenüber dem Leben: als Todestrieb. Der zerstückelte Körper (Effekt dieser Poesie des Zerschneidens und paradoxen Zusammenfü-

---

4 Ebda.
5 Else Lasker-Schüler, Brief an Eduard Plietzsch, Brief 320, in: Wo ist unser buntes Theben, Briefe von Else Lasker-Schüler, Bd. 2, München 1969, S. 32.
6 Mein Herz, S. 71.
7 Der Prinz von Theben, S. 111.

gens) weist ebenso todbringende Spuren auf wie Liebesspuren. Das sind Verschmelzungsvorgänge, in denen Vereinigung und Verschlingung ebenso eins werden wie Hingabe und Gier. Das Eine der Liebe kann ohne das Andere des Todes und der Gewalt nicht gedacht werden, immer gehören Liebe und Haß zusammen. Das Phantasma des zerstückelten Körpers bildet diese Zerrissenheit, die Gleichzeitigkeit von Liebe und Zerstörung, sinnfällig ab.

Die mythischen Traditionen, die in der Prosa Else Lasker-Schülers verwendet werden, unterstehen alle diesem Phantasma des Nichtidentischen, des Zerstückten, alle thematisieren in irgendeiner Form Liebe als Tod und Tod als Liebe. Das beginnt beim Bild des zerstückelten Körpers selbst, der sich in der Figur des Dionysos ebenso verkörpert findet wie auch im Uranosmythos: Aphrodite entsteht aus der Verwundung, der Zerstückelung der Genitalien des Uranos. Das setzt sich fort im Ödipusmythos oder in Varianten davon und noch *Penthesilea* gehört in diesen Zusammenhang.[8]

Else Lasker-Schüler bemüht diese mythischen Traditionen, um das Schmerzvolle wachzuhalten, die nie heilende Wunde, die darin besteht, daß das, was begehrt wird, im Verschlingen sich zerstört, zerstört wird. Keiner ist ganz, sondern gerade in der Sehnsucht nach Ganzheit, im Vollziehen der Vereinigung mit dem Anderen ist nur immer wieder neu Teilung, Zerstörung und Trennung zu erfahren.

Den Schmerz dieses Zerschneidens darzustellen, ist Ausdruck einer Kunst, die sich entäußert, dem nicht mehr hintergehbaren Widerspruch aussetzt und sich so manifestiert als eine Poetik der Verausgabung.[9] Bei Georges Bataille ist die Verausgabung wie bei Nietzsche utopisch besetzt und auch die Prosa Else Lasker-Schülers versieht die ihr eigene Intensität mit einem Anspruch an Authentizität und Wahrhaftigkeit, der keiner Idee gilt, sondern einem Gestus.

Im Anschluß an den schon in der Einleitung zitierten Satz (*„Ich halte Realismus für einen Irrtum"*) setzt Bataille fort:

---

8   „Für uns, die Nachgeborenen Freuds, klingen all diese Geschichten um das Werden der Welt, den Widerstreit der Naturkräfte, das Entstehen sittlicher Prinzipien ungemein freudianisch: Die Väter morden die Söhne, sie verschlingen sie, sie verleiben sich ein, was aus ihnen hervorgegangen. Die Söhne trachten sich zu behaupten, greifen zur List, rächen sich an den Vätern. Aggression, Gewalt und Lust und Gier, erotische Komponenten und die der schieren Freßlust gehören zum Kannibalismus in Hesiods Theogonie, die ein wesentlich pessimistischeres Weltbild entwirft als das, was uns aus vielen anderen literarischen und nichtliterarischen Zeugnissen griechischer Kunst und Kultur entgegentritt." (Alexander Schuller, Friß und Werde. Kannibalismus und Sexualität, in: Merkur, 50(1996), S. 285).

9   Der Begriff der Verausgabung ist Georges Bataille entlehnt: Der Begriff der Verausgabung, in: Ders., Die Aufhebung der Ökonomie, München 1985, insbesondere S. 8.

„Nur Heftigkeit entgeht der armseligen Empfindung solch realistischer Erfahrung. Nur der Tod und das Verlangen haben beklemmende, atemberaubende Kraft. Nur die Maßlosigkeit des Verlangens und des Todes ermöglicht, die Wahrheit zu erreichen."[10]
In dieser Radikalität ist aber das Verfahren der Prosa Else Lasker-Schülers nicht zu denken. Alles, was bei Bataille möglich ist, ist auch ihr möglich, doch Lasker-Schüler setzt ihr Schreiben nicht völlig losgelösten Entgrenzungen aus, sondern läßt es darüber reflektieren, wie es wäre, dächte man den Untergang. Ihr Sichaussetzen ist eines in der Reflexion, das *„Unmögliche"* (so Batailles Buchtitel) erscheint bei ihr im sichtbaren Nachdenken über es, als seine Möglichkeit und nicht die seiner Existenz. Wo Bataille ein Agieren imaginiert (und auch das ist schon Reflexion), führt Else Lasker-Schüler das Imaginieren als solches auch vor. Sie entwirft Bilder der Gewalt und gleichzeitig zeigt sie, daß es „nur" Bilder sind: in reflektierenden und kommentierenden Sentenzen, die Distanzierung und Annäherung zugleich sind. Indem der Text über das Berührtwerden spricht, rückt er ab. Die Distanz aber verweigert ein utopisches Moment und das ist das entscheidend andere bei Lasker-Schüler im Vergleich zu Bataille. Das ist nicht hoffnungsloser, denn es erreicht die Lesenden und auch die Autorin nur wie unter Glas gelegt, vielleicht unter das nicht ganz transparente Milchglas (*„unter der Mondscheibe"*). Nie trifft etwas direkt, wie alle Kunst leistet auch diese Prosa die Vermittlung zwischen den Extremen (und ist trotzdem auch ihre deutliche Verstärkung, indem sie sie zur Darstellung bringt; natürlich ist das paradox). In einem solchen reflexiven Sprechen wird der Spiegel zur wichtigsten Imaginationsmetapher und die zahlreichen Spiegelbilder in der Prosa Else Lasker-Schülers sind Indiz dafür. Sie sind Indiz einer Kunst, die sich fortwährend im Spiegelstadium wähnt, die immer wieder neu die Frage nach Identität, nach Ganzheit und Zerstückelung, nach Macht und Ohnmacht, nach Selbstbewußtsein und Selbstverlust stellt. Die Spiegel, vor denen das alles geschieht, haben sich längst dem Verfahren selbst geähnelt, sie tragen die Zerstückelung in sich. Das sind Spiegel, die zusammengesetzt sind aus vielen einzelnen Spiegelfragmenten, die das, was sie spiegeln, nur zerstückt und verschoben zeigen. Diese Spiegel weigern sich, den Auftrag des imaginären Bildes im Spiegelstadium, eine Ganzheit zu provozieren, indem sie als vorgespiegelte erscheinen, zu erfüllen. Es geschieht alles nie ganz. Wo man ganz sich wähnte, wäre man schon ganz zerschnitten. Und kann doch zusammengefügt sich vorstellen. Aber anders, anders.

---

10 Georges Bataille, Das Unmögliche, S. 7.

Literaturverzeichnis

Werke Else Lasker-Schülers

- Gesammelte Werke, Bd. 1-3, München 1959-62; Bd. 1 (Hg. v. Friedrich Kemp) Gedichte 1902-1943; Bd. 2 (Hg. v. Friedrich Kemp) Prosa und Schauspiele; Bd. 3 (Hg. v. Werner Kraft) Verse und Prosa aus dem Nachlaß.
- Gesammelte Werke in acht Bänden, München 1986. Enthalten sind die unter dem Titel „Gesammelte Werke" bei Kösel veröffentlichten Werke und das aus dem Nachlaß publizierte Theaterstück „Ichundich". Die Einzelbände: Gedichte 1902-1943 (Bd. 1), Mein Herz (Bd. 2), Der Malik (Bd. 3), Der Prinz von Theben und andere Prosa (Bd. 4), Konzert (Bd. 5), Das Hebräerland (Bd. 6), Die Wupper und andere Dramen (Bd. 7), Verse und Prosa aus dem Nachlaß (Bd. 8). Die Zitatangabe folgt, wenn nicht anders angegeben, dieser Ausgabe.
- Mein Herz, Nachdruck, Mit Zeichnungen der Verfasserin aus der Ausgabe von 1912, Frankfurt a.M. 1986.
- "Ich suche allerlanden eine Stadt", Gedichte, Prosa, Briefe, Schlenstedt, Silvia (Hg.), Leipzig 1988.
- Briefe von Else Lasker-Schüler in zwei Bänden, Kupper, Margarete, (Hg.), München 1969; Bd. 1 Lieber gestreifter Tiger; Bd. 2 Wo ist unser buntes Theben.
- Briefe an Karl Kraus, Gehlhoff-Claes, Astrid (Hg.), Köln 1959.
- "Was soll ich hier?", Exilbriefe an Salman Schocken, Dokumentarische Erstausgabe mit vier Briefen Schockens im Anhang, Bauschinger, Sigrid u. Hermann, Helmut G. (Hg.), Heidelberg 1986.

Andere Literatur und Darstellungen

Adorno, Theodor W. und Horkheimer, Max: Die Dialektik der Aufklärung, Frankfurt a.M. 1988.
Adorno, Theodor W.: Ästhetische Theorie, Frankfurt a.M. 1990 [10].
Arnold, Heinz Ludwig (Hg.): Text und Kritik, Else Lasker-Schüler, Heft 122, 1994.
Artaud, Antonin: Fragmente eines Höllentagebuchs, in: Ders., Frühe Schriften, hg. von Bernd Mattheus, München 1983.
Assmann, Aleida u. Assmann, Jan u. Hardmeier, Christof: Schrift und Gedächtnis, München 1983.
Bachelard, Gaston: Poetik des Raumes, Frankfurt a.M. 1987.
Bachtin, Michail: Literatur und Karneval, Frankfurt a.M. 1990.
Baldrian-Schrenk, Brigitte: Form und Funktion der Bildlichkeit bei Else Lasker-Schüler, Freiburg 1962 (Diss.).
Bandhaus, Andrea: Die Motivik des Tanzes und der Bewegung in Else Lasker-Schülers Werk, Ein komparatistischer Beitrag zur Tanz- und Bewegungsmotivik in der Literatur, Innsbruck 1985.

Barthes, Roland: Die Mythen des Alltags, Frankfurt a.M. 1964.
Barthes, Roland: Die Lust am Text, Frankfurt a. M. 1992.
Bataille, Georges: Das Unmögliche, Frankfurt a.M. 1994.
Bataille, Georges: Die Aufhebung der Ökonomie, hg. von Gerd Bergfleth, München 1985.
Baudelaire, Charles: Œuvres complétes, Paris 1954.
Baudrillard, Jean: Vom zeremoniellen zum geklonten Körper: Der Einbruch des Obszönen, in: Dietmar Kamper u. Christoph Wulf (Hg.), Die Wiederkehr des Körpers, Frankfurt a.M. 1982.
Bauschinger, Sigrid: Else Lasker-Schüler, Ihr Werk und ihre Zeit, Heidelberg 1980.
Beckett, Samuel: Molloy, Frankfurt a.M. 1975.
Beer-Hoffmann, Richard: Der Tod Georgs, Stuttgart 1980.
Benn, Gottfried: Briefe, hg. von Max Rychner, Wiesbaden 1957.
Binswanger, Ludwig: Traum und Existenz (1930), in: Ders., Ausgewählte Vorträge und Aufsätze, Bd. 1, Zur phänomenologischen Anthropologie, Bern 1947.
Binswanger, Ludwig: Das Raumproblem in der Psychopathologie (1932), in: Ders., Ausgewählte Vorträge und Aufsätze, Bern 1955, S. 174ff.
Blanchot, Maurice: L'espace littéraire, Paris 1955.
Blumenberg, Hans: Die Lesbarkeit der Welt, Frankfurt a.M. 1993 [3].
Blumenberg, Hans: Schiffbruch mit Zuschauer, Frankfurt a. M. 1993 [4].
Bodenheimer, Alfred: Die auferlegte Heimat, Else Lasker-Schülers Emigration in Palästina, Tübingen 1995.
Bohn, Volker (Hg.): Bildlichkeit, Frankfurt a.M. 1990.
Bohrer, Karl Heinz (Hg.): Mythos und Moderne, Frankfurt a.M. 1983.
Bollnow, Otto Friedrich: Mensch und Raum, Köln 1994 [7].
Börsch-Supan, Eva: Das Motiv des Gartenraumes in Dichtungen des neunzehnten und frühen zwanzigsten Jahrhunderts, DVjs 39(1965), S. 87ff.
Brandtstetter, Gabriele: Tanz-Lektüren, Körperbilder und Raumfiguren der Avantgarde, Frankfurt a.M. 1995.
Brentano, Clemens von: Werke, hg. von W. Frühwald, B. Gajek u. F. Kemp, Bd. 1, München 1968.
Brynhildsvoll, Knut: Der literarische Raum, Konzeptionen und Entwürfe, Frankfurt a.M. 1993.
Calvino, Italo: Wenn ein Reisender in der Winternacht, München 1993 [7].
Cassirer, Ernst: Mythischer, ästhetischer und theoretischer Raum (1931), in: Alexander Ritter (Hg.), Landschaft und Raum in der Erzählkunst, Darmstadt 1975, S. 17ff.
Cassirer, Ernst: Philosophie der symbolischen Formen, Bd. 2, Zweiter Teil, Das mythische Denken, Darmstadt 1987 [8] u. Darmstadt 1994 [9].
Cassirer, Ernst: Wesen des Symbolbegriffs, Darmstadt 1983 [7].
Cohn, Hans W.: Else Lasker-Schüler, The broken world, London 1974.
Coulmas, Florian: Über Schrift, Frankfurt a.M. 1982.
Derrida, Jacques: Die Schrift und die Differenz, Frankfurt a.M. 1994.

Derrida, Jacques: Grammatologie, Frankfurt a.M. 1994 [5].

Duden, Barbara: Anmerkungen zu einer Kulturgeschichte des Herzens, in: Farideh Akashe-Böhme (Hg.), Von der Auffälligkeit des Leibes, Frankfurt a.M. 1995.

Eco, Umberto: Über Spiegel und andere Phänomene, München 1995 [4].

Eilert, Heide: Die Vorliebe für kostbare erlesene Materialien und ihre Funktion in der Lyrik des Fin de Siècle, in: Roger Bauer u.a. (Hg.), Fin de Siècle, Zu Literatur und Kunst der Jahrhundertwende, Frankfurt a.M. 1977, S. 421ff.

Einstein, Carl: Bebuquin, Stuttgart 1985.

Feßmann, Meike: Spielfiguren: die Ich-Figurationen Else Lasker-Schülers als Spiel mit der Autorrolle; ein Beitrag zur Poetologie des modernen Autors, Stuttgart 1992.

Foucault, Michel: Wahnsinn und Gesellschaft, Frankfurt a.M.1973.

Foucault, Michel: Die Ordnung der Dinge, Frankfurt a.M. 1974.

Flusser, Vilém: Gesten, Versuch einer Phänomenologie, Frankfurt a.M. 1994.

Flusser, Vilém: Die Schrift, Frankfurt a.M. 1992.

Frazer, James George: Der goldene Zweig, Das Geheimnis von Glauben und Sitten der Völker, Reinbek bei Hamburg 1989.

Freud, Sigmund: Die Traumdeutung, in: Ders., Gesammelte Werke, hg. von Anna Freud, Bd. 2/3, London 1972[4].

Freud, Sigmund: Das Ich und das Es, Metapsychologische Schriften, Frankfurt a.M. 1992.

Freud, Sigmund: Das Unbehagen in der Kultur, in: Gesammelte Werke, hg. von Anna Freud, Bd. 14, London 1972[4].

Goethe, Johann Wolfgang von: Wilhelm Meisters Wanderjahre, in: Ders., Berliner Ausgabe, Bd. 11, Berlin 1984.

Goody, Jack, Watt, Ian u. Gough, Kathleen: Entstehung und Folgen der Schriftkultur, Frankfurt a.M. 1991.

Grimminger, Rolf: Roman, in: Ders.(Hg.), Hansers Sozialgeschichte der deutschen Literatur vom 16. Jahrhundert bis zur Gegenwart, Bd. 3, Deutsche Aufklärung bis zur Französischen Revolution 1680-1789, Zweiter Teilband, München 1980.

Grimminger, Rolf: Die Ordnung, das Chaos und die Kunst, Frankfurt a.M. 1986.

Grimminger, Rolf: Monstren der Vergangenheit, Amiels Tagebücher und der Park von Bomarzo, in: Merkur, Heft 8, Nr. 462, 41(1987), S. 661ff.

Grimminger, Rolf: Die ewige Geschichte von Leben und Tod, in: Kursbuch Todesbilder, Heft 114, Dezember 1993, S. 131ff.

Grimminger, Rolf: Der Sturz der alten Ideale. Sprachkrise, Sprachkritik um die Jahrhundertwende, in: Ders. u.a. (Hg.), Literarische Moderne, Europäische Literatur im 19. und 20. Jahrhundert, Hamburg 1995.

Grimminger, Rolf: Eros und Kultur. Über Verschmelzen, Zerstören und Verzichten, in: Kursbuch Erotik, Heft 123, März 1996, S. 101ff.

Guder, Gotthard: Else Lasker-Schülers Conception of herself as a Poet, in: Orbis litterarum, Heft 3/4, 1960, S. 184ff.

Gumbrecht, Hans Ulrich u. Pfeiffer, K. Ludwig (Hg.): Schrift, München 1993.

Hasecke, Ursula: Die Kunst Apokryphen zu lesen, Zu einigen Momentaufnahmen weiblicher Imagination in der literarischen Arbeit Else Lasker-Schülers, in: Irmela von der Lühe (Hg.), Entwürfe von Frauen in der Literatur des 20. Jahrhunderts (Argument Sonderband 92), Berlin 1982.

Hedgepeth, Sonja M.: „Überall blicke ich nach einem heimatlichen Boden aus", Exil im Werk Lasker-Schülers, New York 1994.

Heidegger, Martin: Sein und Zeit, Halle 1935.

Heilige Schrift des Alten und Neuen Testamentes, Zürcher Bibel, Zürich 1971.

Hess, Gerhard: Die Landschaft in Baudelaires „Les Fleurs du mal", Heidelberg 1959.

Hessing, Jakob: Else Lasker-Schüler, Biographie einer deutsch-jüdischen Dichterin, Karlsruhe 1985.

Hintze, Brigitte: Else Lasker-Schüler in ihrem Verhältnis zur Romantik, Ein Vergleich der Thematik und des Sprachstils, Bonn 1972.

Hoffmann, Paul; Symbolismus, München 1987.

Höllinger, Eva: Das Motiv des Gartenraumes in Goethes Dichtung, DVjs 35(1961), S. 12ff.

Honnefelder, Gottfried: Der Brief im Roman, Untersuchungen zur erzähltechnischen Verwendung des Briefes im deutschen Roman, Bonn 1975.

Jamme, Christoph: „Gott an hat ein Gewand", Grenzen und Perspektiven philosophischer Mythos-Theorien der Gegenwart, Frankfurt a.M. 1991.

Jarman, Derek: Chroma, Das Buch der Farben, Berlin 1995.

Jean Paul: Dr. Katzenbergers Badereise, in: Ders., Sämtliche Werke, hg. von Eduard Berend, Abt. I, Bd. 3, Weimar 1927ff.

Kafka, Franz: In der Strafkolonie, in: Ders., Sämtliche Erzählungen, Frankfurt a.M. 1969.

Kamper, Dietmar u. Wulf, Christoph (Hg.): Die Wiederkehr des Körpers, Frankfurt a.M. 1982.

Kamper, Dietmar u. Wulf, Christoph (Hg.): Das Schwinden der Sinne, Frankfurt a.M. 1989.

Kassner, Rudolf: Gehör und Gesicht, in: Ders., Der goldene Drachen, Stuttgart 1957.

Kirsch, Sarah, Serke, Jürgen, Jahn, Hajo (Hg.): Meine Träume fallen in die Welt, Ein Else-Lasker-Schüler-Almanach, Wuppertal 1995.

Kirschner, Mechthild: Die Metaphorisierung des vegetativen Lebensbereiches in der frühen Lyrik Else Lasker-Schülers und Georg Trakls, Frankfurt a.M. 1990.

Kittler, Friedrich A.: Aufschreibesysteme 1800 · 1900, München 1995 [3].

Klages, Ludwig: Der Geist als Widersacher der Seele, Bonn 1981 [6].

Kleemann, Elisabeth: Zwischen symbolischer Rebellion und politischer Revolution, Studien zur deutschen Bohème zwischen Kaiserreich und Weimarer Republik - Else Lasker-Schüler, Franziska Gräfin Reventlow, Frank Wedekind, Ludwig Derlith, Arthur Moeller van den Bruck, Hanns Johst, Erich Mühsam, Frankfurt a.M./Bern 1985.

Kleinspehn, Thomas: Der flüchtige Blick, Hamburg 1989.

Kleist, Heinrich von: Sämtliche Werke in vier Bänden, hg. von Helmut Sembdner, München 1982.

Klinger, Maximilian: Die Zwillinge, in: Ders., Sämtliche Werke, Bd. 1, Die Zwillinge. Sturm und Drang. Damokles. Betrachtungen und Gedanken, Berlin (Ost) 1970³.

Klüsener, Erika: Else Lasker-Schüler in Selbstzeugnissen und Bilddokumenten, Reinbek 1980.

Klüsener, Erika u. Pfäfflin, Friedrich: Else Lasker-Schüler 1869-1945 (Marbacher Magazin 71/1995), Marbach 1995.

Koch, Angelika: Die Bedeutung des Spiels bei Else Lasker-Schüler im Rahmen von Expressionismus und Manierismus, Bonn 1971.

Konersmann, Ralf: Lebendige Spiegel, Die Metapher des Subjekts, Frankfurt a.M. 1991.

Koopmann, Helmut: Entgrenzung, Zu einem literarischen Phänomen um 1900, in: Roger Bauer u.a. (Hg.), Fin de siècle, Zu Literatur und Kunst der Jahrhundertwende, Frankfurt a.M. 1977, S. 73ff.

Kremer, Detlef: Kafka, Die Erotik des Schreibens, Schreiben als Lebensentzug, Frankfurt a.M. 1989.

Kreuzer, Helmut: Die Bohème, Beiträge zu ihrer Beschreibung, Stuttgart 1968.

Kristeva, Julia: Die Revolution der poetischen Sprache, Frankfurt a.M. 1978.

Kuckart, Judith: Ich streife heimatlos durch bleiche Zeiten, Über Else Lasker-Schüler, in: Neue Rundschau, Heft 1, 1985, S. 102ff.

Kuckart, Judith: Im Spiegel der Bäche finde ich mein Bild nicht mehr, Gratwanderung einer anderen Ästhetik der Dichterin Else Lasker-Schüler, Frankfurt a.M. 1985.

Küter, Bettina: Mehr Raum als sonst, Zum gelebten Raum im Werk Franz Kafkas, Frankfurt a.M. 1989.

Lange, Wolfgang: Der kalkulierte Wahnsinn, Innenansichten ästhetischer Moderne, Frankfurt a.M. 1992.

Lacan, Jacques: Das Spiegelstadium als Bildner der Ich-Funktion, in: Ders., Schriften I, Weinheim/Berlin 1991 ³.

Lehmann, Hans-Thies: Die Raumfabrik - Mythos im Kino und Kinomythos, in: Karl Heinz Bohrer (Hg.), Mythos und Moderne, Frankfurt a.M. 1983, S. 572ff.

Lessing, Gotthold Ephraim: Laokoon oder über die Grenzen der Malerei und Poesie, in: Ders., Werke, Illustrierte Ausgabe, hg. v. Heinrich Laube, Bd. 3, Wien/ Leipzig/ Prag o.J.

Zur Linde, Otto: Charon, Auswahl aus seinen Gedichten, München 1952.

Maier, Johann: Die Kabbalah, München 1995.

Mallarmé, Stephane: Œuvres complétes, hg. von H. Mondor und G. Jean-Aubry, Paris 1945.

Mandelkow, R.: Der deutsche Briefroman. Zum Problem der Polyperspektivität im Epischen, in: Neophilologus 44(1964), S. 200ff.

Mann, Thomas: Tonio Kröger, in: Ders., Sämtliche Erzählungen, Bd.1, Frankfurt a.M. 1966/67.

Martens, Günter: Vitalismus und Expressionismus, Ein Beitrag zur Genese expressionistischer Stilstrukturen, Stuttgart 1971, S. 116ff.

Mattenklott, Gert: Das gefräßige Auge, in: Dietmar Kamper u. Christoph Wulf (Hg.), Die Wiederkehr des Körpers, Frankfurt a.M. 1982.

Mattenklott, Gert: Der übersinnliche Leib, Hamburg 1983.

Mecklenburg, Norbert: Erzählte Provinz, Regionalismus und Moderne im Roman, Königstein/Ts. 1982.
Mendelssohn, Moses: Schriften zur Philosophie und Ästhetik, hg. von Fritz Bamberger, Bd.1, Berlin 1929.
Merleau-Ponty, Maurice: Phänomenologie der Wahrnehmung, Berlin 1966.
Meyer, Hermann: Raumgestaltung und Raumsymbolik in der Erzählkunst, in: Alexander Ritter (Hg.), Landschaft und Raum in der Erzählkunst, Darmstadt 1975, S. 208ff.
Montigel, Ulrike: Der Körper im humoristischen Roman. Zur Verlustgeschichte des Sinnlichen, Frankfurt a.M. 1987.
Moravetz, Monika: Formen der Rezeptionslenkung im Briefroman des 18. Jahrhunderts: Richardsons „Clarissa", Rousseaus „Nouvelle Heloise" und Laclos' „Liaisons dangereuses", Tübingen 1990.
Moritz, Karl Philipp: Anton Reiser, Stuttgart 1986.
Müller, Heiner: Landschaft mit Argonauten, in: Ders., Texte, Bd. 7, Herzstück, Berlin 1983.
Musil, Robert; Der Mann ohne Eigenschaften, Hamburg 1978.
Muschg, Walter: Von Trakl zu Brecht, Dichter des Expressionismus, München 1961.
Newton, Robert P.: Eye imagery in Else Lasker-Schüler, in: Modern Languages Notes, Heft 3, 1982, S. 694ff.
Nibbrig, Christiaan L. Hart: Die Auferstehung des Körpers im Text, Frankfurt a.M. 1985.
Nibbrig, Christiaan L. Hart: Übergänge, Frankfurt a.M./Leipzig 1995.
Nietzsche, Friedrich: Die Geburt der Tragödie, in: Ders., Sämtliche Werke, Kritische Studienausgabe, hg. v. Giorgio Colli u. Mazzino Montinari, Bd. 1, München 1988 [2].
Nietzsche, Friedrich: Also sprach Zarathustra, in: Ders., Sämtliche Werke, Kritische Studienausgabe, hg. v. Giorgio Colli u. Mazzino Montinari, Bd. 4, München 1993 [3].
Nietzsche, Friedrich: Zur Genealogie der Moral, in: Ders., Sämtliche Werke, Kritische Studienausgabe, hg. v. Giorgio Colli u. Mazzino Montinari, Bd. 5.
Nietzsche, Friedrich: Über Wahrheit und Lüge im außermoralischen Sinne, in: Ders., Sämtliche Werke, Kritische Studienausgabe, hg. v. Giorgio Colli u. Mazzino Montinari, Bd. 1, München 1988 [2].
Ningel, Meike: Die Unzulänglichkeit des Eigenen, Zur Logik von Else Lasker-Schülers Umgang mit Sprache, in: Jochen Schütze (Hg.), Die Fremdheit der Sprache, Studien zur Literatur der Moderne (Argument Sonderband 177), Berlin 1988, S. 113ff.
Novalis: Die Lehrlinge zu Sais, Das Märchen von Hyacinth und Rosenblüthe, in: Ders., Die Werke Friedrich von Hardenbergs, hg. von Paul Kluckhohn u. Richard Samuel, Bd. 1, Darmstadt 1977 [3].
Oettermann, Stephan: Zeichen auf der Haut, Die Geschichte der Tätowierung in Europa, Frankfurt a.M. 1985.
Ong, Walter J.: Oralität und Literalität, Die Technologisierung des Wortes, Opladen 1987.
Paetzold, Heinz: Ernst Cassirer zur Einführung, Hamburg 1993.
Pagel, Gerda: Lacan zur Einführung, Hamburg 1991 [2].

Paul, Jean: Dr. Katzenbergers Badereise, in: Ders., Sämtliche Werke, hg. von Eduard Berend, Abt. I, Bd. 3, Weimar 1927ff.

Paul, Jean: Die unsichtbare Loge, in: Ders., Sämtliche Werke, hg. von Eduard Berend, Abt. I, Bd. 2, Weimar 1927ff.

Petsch, Robert: Raum in der Erzählung, in: Alexander Ritter (Hg.), Landschaft und Raum in der Erzählkunst, Darmstadt 1975, S. 36ff.

Picard, Hans Rudolf: Die Illusion der Wirklichkeit im Briefroman des achtzehnten Jahrhunderts, Heidelberg 1971.

Picht, Georg: Kunst und Mythos, Vorlesungen und Schriften, Stuttgart 1993 [4].

Raabe, Paul (Hg.): Ich schneide die Zeit an, Expressionismus und Politik in Franz Pfemferts Aktion 1911-1918, München 1964.

Rabelais, François: Gargantua und Pantagruel, hg. v. Horst u. Edith Heinze, Frankfurt a.M. 1974.

Ranke-Graves, Robert und Patai, Raphael: Hebräische Mythologie, Über die Schöpfungsgeschichte und andere Mythen aus dem Alten Testament, Hamburg 1986.

Rilke, Rainer Maria: Die Aufzeichnungen des Malte Laurids Brigge, Frankfurt a.M. 1982.

Rilke, Rainer Maria: Briefe aus den Jahren 1906 bis 1907, hg. von Ruth Sieber-Rilke und Carl Sieber, Leipzig 1930.

Rilke, Rainer Maria: Die Gedichte, Frankfurt a.M. 1993 [6].

Ritter, Alexander (Hg.): Landschaft und Raum in der Erzählkunst, Darmstadt 1975.

Ritter-Santini, Lea: Mit den Augen geschrieben, München/Wien 1991.

Rössner, Michael: Auf der Suche nach dem verlorenen Paradies: zum mythischen Bewußtsein in der Literatur des 20. Jahrhunderts, Frankfurt am Main 1988.

Scheler, Max: Idealismus-Realismus, in: Philosophischer Anzeiger 2(1927).

Schickel, Joachim: Spiegelbilder, Sappho/Ovid, Wittgenstein/Canetti, Marx/Piranesi, Stuttgart 1975.

Schlenstedt, Silvia: Bilder neuer Welten, in: Hiltrud Gnüg u. Renate Möhrmann (Hg.), Frauen, Literatur, Geschichte, Stuttgart 1985, S. 300ff.

Schmid, Michael (Hg.): Lasker-Schüler. Ein Buch zum 100. Geburtstag der Dichterin, Wuppertal 1969.

Schmid-Ospach, Michael (Hg.): Mein Herz Niemandem, Ein Else Lasker-Schüler-Almanach, Wuppertal 1993.

Schmidt, Harald: Melancholie und Landschaft, Die psychotische und ästhetische Struktur der Naturschilderungen in Georg Büchners „Lenz", Opladen 1994.

Schmitz, Hermann: Leib und Gefühl, Materialien zu einer philosophischen Therapeutik, Paderborn 1992.

Schuller, Alexander: Friß und Werde, Kannibalismus und Sexualität, in: Merkur, Heft 4, Nr. 566 50(1996), S. 281ff.

Schuller, Marianne: Literatur im Übergang, Zur Prosa Else Lasker-Schülers, in: Jutta Dick u. Barbara Hahn (Hg.), Von einer Welt in die andere, Jüdinnen im 19. und 20. Jahrhundert, Wien 1993.

Schuller, Marianne: „Ich bin Wasser, darum bin ich keine Frau". Zu Else Lasker-Schülers melancholischer Prosa, in: Fragmente, Schriftenreihe für Kultur-, Medien- und Psychoanalyse, Juli 1994, Bd. 44/45, S. 11ff.

Schuster, Klaus Peter: Franz Marc - Else Lasker-Schüler: Der Blaue Reiter präsentiert Eurer Hoheit sein Blaues Pferd, Karten und Briefe, München 1989.

Simmel, Georg: Philosophie der Landschaft, in: Ders., Brücke und Tor, Stuttgart 1957.

Sloterdijk, Peter: Zur Welt kommen - Zur Sprache kommen, Frankfurter Vorlesungen, Frankfurt a.M. 1988.

Smuda, Manfred: Becketts Prosa als Metasprache, München 1970.

Smuda, Manfred (Hg.): Landschaft, Frankfurt a.M. 1986.

Sprengel, Peter: Exotismus bei Paul Scheerbart und Else Lasker-Schüler, Zur Literatur der Bohème, in: Begegnung mit dem Fremden, Grenzen - Traditionen - Vergleiche, Akten des VIII. Internationalen Germanisten-Kongresses, Tokio 1990, Bd. 7, 1991, S. 465ff.

Stammler, Wolfgang: Der allegorische Garten, in: Alexander Ritter (Hg.), Landschaft und Raum in der Erzählkunst, Darmstadt 1975, S. 248ff.

Steiner, Hans M.: Tagtraum und Innenwelt, Basel 1986.

Stifter, Adalbert: Bunte Steine, Stuttgart 1994.

Suk-Sull, Young: Die Lyrik Else Lasker-Schülers, Stilelemente und Themenkreise, Washington D.C. 1980.

Tellenbach, Hubertus: Die Räumlichkeit der Melancholischen, in: Der Nervenarzt, Bd. 27, 1956.

Thalmann, Marianne: Formen und Verformen durch die Vergeistigung der Farben, in: Alexander Ritter (Hg.), Landschaft und Raum in der Erzählkunst, Darmstadt 1975.

Thévoz, Michel: Der bemalte Körper, Zürich 1985.

Thies-Lehmann, Hans: Ökonomie der Verausgabung - Georges Bataille, in: Merkur Heft 9/10, Nr. 463/464, 41(1987), S. 840f.

Todorov, Tzvetan: Einführung in die fantastische Literatur, Frankfurt a.M. 1992.

Trakl, Georg: Dichtungen und Briefe, Salzburg 1987 [5].

Vetter, Johannes: Über heilige Stätten und klingende Masken, Unveröffentlichtes Manuskript, Bielefeld 1996.

Vinçon, Hartmut: Topographie: Innenwelt-Außenwelt bei Jean Paul, München 1970.

Vosskamp, Wilhelm: Dialogische Vergegenwärtigung beim Schreiben und Lesen. Zur Poetik des Briefromans im 18. Jahrhundert, in: Dvjs 45(1971), S. 80ff.

Wallmann, Jürgen: Else Lasker-Schüler, Genius der Deutschen, Mühlacker 1966.

Werfel, Franz: Gesammelte Werke in Einzelbänden, hg. v. Knut Beck, Bd. 2, Die tanzenden Derwische, Frankfurt a.M. 1989.

Weissenberger, Klaus: Zwischen Stein und Stern, Mythische Formgebung in der Dichtung von Else Lasker-Schüler, Nelly Sachs und Paul Celan, Bern 1976.

Zimmermann, Inge: Der Mensch im Spiegel des Tierbildes, Untersuchungen zum Werk Else Lasker-Schülers, Ann Arbor (University Microfilms International) 1981.

Nachschlagewerke

Der kleine Pauly, Lexikon der Antike, Stuttgart 1964-1975.
Roscher, W.H.: Ausführliches Lexikon der griechischen und römischen Mythologie, Leipzig 1884-1932.